全国水利水电类高职高专统编教材

城市水利工程施工技术

主　编　钟汉华
副主编　陶家俊
主　审　王　安

黄河水利出版社

内 容 提 要

本书是全国水利水电类高职高专统编教材，是根据全国水利水电高职教研会制定的《城市水利工程施工技术》课程指导性教学计划及教学大纲编写完成的。全书共分11章，包括施工导流与水流控制、爆破工程、土石方工程、砌筑工程、模板工程、钢筋工程、混凝土工程、地基处理与基础工程、土石建筑物施工、混凝土建筑物施工及供、排水管网施工等。本书为高职高专和成人高校城市水利专业教材，可供土木工程设计、施工技术人员使用，也可供土木类各专业大、中专学生及各类职业学校学生学习参考。

图书在版编目(CIP)数据

城市水利工程施工技术/钟汉华主编. —郑州：黄河水利出版社，2008.7

全国水利水电类高职高专统编教材

ISBN 978-7-80734-462-9

Ⅰ.城… Ⅱ.钟… Ⅲ.市政工程：水利工程－工程施工－高等学校：技术学校－教材 Ⅳ.TU991.1

中国版本图书馆CIP数据核字(2008)第105010号

组稿编辑：王路平　电话：0371-66022212　E-mail：hhslwlp@126.com

出 版 社：黄河水利出版社

地址：河南省郑州市金水路11号　邮政编码：450003

发行单位：黄河水利出版社

发行部电话：0371-66026940、66020550、66028024、66022620(传真)

E-mail：hhslcbs@126.com

承印单位：黄河水利委员会印刷厂

开本：787 mm×1 092 mm　1/16

印张：20.00

字数：459千字　印数：1—4 100

版次：2008年7月第1版　印次：2008年7月第1次印刷

定价：36.00元

前　言

本书是根据教育部《关于加强高职高专教育人才培养工作意见》和《面向21世纪教育振兴行动计划》等文件精神，以及由全国水利水电高职教研会拟定的教材编写规划，报水利部批准，由全国水利水电高职教研会组织编写的水利水电类全国统编教材。

本书内容包括水利水电土建工程常见工种施工工艺及建筑物施工技术两大部分。在编写过程中，我们努力体现高等职业技术教育教学特点，并结合城市水利工程施工的实际精选内容，以贯彻理论联系实际、注重实践能力的整体要求，突出针对性和实用性，便于学生学习。同时，我们还适当照顾了不同地区的特点和要求，力求反映城市水利工程施工的先进经验和技术成就。为了便于学生自学和方便教师授课，在每章的开始列有该章的学习目标，在每章的最后列有本章小结及复习思考题。

参加本书编写的有湖北水利水电职业技术学院钟汉华（绪论、第10章）、徐宏广（第11章），安徽水利水电职业技术学院陶家俊（第6章、第7章、第9章），重庆水利电力职业技术学院陈永志（第1章、第3章、第8章），山西水利职业技术学院吕中东（第2章、第4章、第5章）。全书由钟汉华任主编并对全书统稿，由陶家俊任副主编，由山东水利职业学院王安担任主审。

本书大量引用了有关专业文献和资料，未在书中一一注明出处，在此对有关文献的作者表示感谢。由于编者水平有限，加之时间仓促，难免存在错误和不足之处，诚恳地希望读者批评指正。

编　者

2008年3月

目　录

绪　论

城市水利工程施工技术是一门理论与实践紧密结合的专业课。它是在总结国内外水利工程建设经验的基础上,从施工技术、施工机械等方面研究水利水电建设基本规律的一门学科。

0.1　我国水利工程施工的成就与发展

我国水利建设有着卓越的成就,积累了许多宝贵的施工经验。几千年来,修建了都江堰工程、黄河大堤、南北大运河以及其他许多施工技术难度大的水利工程。在抗洪斗争中,创造了平堵与立堵相结合的堵口方法,取得了草土围堰等施工经验。这些伟大的水利工程和独特的施工技术,至今仍发挥作用,有力地促进我国水利水电建设的发展。

新中国成立后,我国水利建设事业取得了辉煌的成就。在水利建设中,江河干支流上加高加固和修建了大量的堤防,整治江河提高了防洪能力;修建了官厅、佛子岭、大伙房、密云、岳城、潘家口、南山、观音阁、桃林口、江垭等大型水库,为防洪、蓄水服务;修建了三门峡、青铜峡、丹江口、满拉、乌鲁瓦提等水利枢纽,为防洪、蓄水、发电等综合利用;在跨流域引水工程方面,修建了东港供水、引滦入津、南水北调东线一期、引黄济青、万家寨引黄入晋等工程。我国取水、输水技术达到了国际水平。

在防洪方面,修建和加高加固大江大河堤防 26 万 km,兴建水库 8.5 万座,总库容 4 924 亿 m^3,初步控制了常遇洪水,保护了 4 亿多人口、470 座城市、0.33 亿 hm^2 耕地和大量交通道路、油田等基础设施。新中国成立后,战胜了历次大洪水和严重的干旱灾害,黄河年年安澜。1998 年大洪水,长江堤防保持安澜,松花江、嫩江主要城市和河段保证了安全。

在供水水源方面,兴建了大量蓄水、引水、扬水工程,抽用地下水,农业灌溉和城市工业供水已经初具规模,乡镇供水发展迅速,水利工程年供水能力达 5 800 亿 m^3。修建各种农村饮水工程 315 万处,解决了 2 亿多人和 1.3 亿头牲畜的饮水问题。

在水资源调配方面,兴建了一批流域控制性工程,以及跨流域调水工程,初步解决了区域水资源分布不均和城乡工农业用水的矛盾,缓解了国民经济和社会发展用水的需要。三峡工程和小浪底工程建成后,水资源紧缺问题将得到进一步缓解。南水北调工程规模巨大,正在施工中。

在水电建设中,修建了狮子滩、新安江、刘家峡、新丰江、六郎洞、葛洲坝、白山、东江、龙羊峡、李家峡、鲁布革、天生桥、二滩等各种类型的大型水电站,还修建了数以万计的中小型水电站。目前大中型水电站装机 6 400 多万 kW,年发电量约为 2 080 亿 kWh。大型水电站供应了工业和城市用电,支持了灌溉用水量。中小型水电站供应全国 1/3 的县、45% 国土面积和 70% 贫困山区的用电。

施工技术也不断提高,采用了定向爆破、光面爆破、预裂爆破、岩塞爆破、喷锚支护、预应力锚、滑模和碾压混凝土及混凝土防渗面板等新技术、新工艺。

施工机械装备能力迅速增长,使用了斗轮式挖掘机、大吨位的自卸汽车、全自动化混凝土搅拌楼、塔带机、隧洞掘进机和盾构机等。

水利工程施工学科的发展,为水利水电建设事业展示了一片广阔的前景。在取得巨大成就的同时,应认识到我国施工水平与先进国家相比,尚有较大差距。如新技术、新工艺研究、推广、使用不够普遍;施工机械还比较落后、配套不齐、利用率不充分,施工组织管理水平不高。这些和我国水电建设事业的发展是不相适应的,这就要求我们必须认真总结过去的经验和教训,努力学习和引进国外先进的技术和科学的管理方法,走出一条适合我国国情的水利水电工程建设新路。

0.2 水利水电工程施工技术的特点

水利水电工程施工技术主要有以下特点:

(1)水利工程施工多在河流上进行,因而需要采取导截流、基坑排水、施工度汛、施工期通航及下游供水等措施,以保证工程施工的顺利进行。

(2)水利工程施工经常遇到复杂的地质条件,如渗漏、软弱地基、断层、破碎带及滑坡等。因而要进行相应的地基处理,以保证施工质量。

(3)水利工程多为露天施工,需要采取适合冬季、夏季、雨季等不同季节的施工措施,保证施工质量和进度。

(4)水利工程一般都是挡水或过水建筑物,这些建筑物的安全往往关系到国计民生和下游千百万人民生命财产的安危。因此,必须确保施工质量。

0.3 课程内容和方法

本课程将系统地阐述城市水利土建工程中各主要工种的施工工艺、主要水工建筑物的施工程序与方法等内容。通过学习,要求了解城市水利工程中施工常用的施工机械的主要组成部分、工作原理、主要性能及其选择;掌握主要工种的施工过程、施工方法、操作技术、质量控制检查、施工安全技术,以及主要水工建筑物的施工特点、施工程序和施工技术要求、施工方法以及质量控制检查。

根据教材内容和课程实践性很强的特点,学习中应掌握基本概念、基本原理、基本方法,结合所学过的课程,循序渐进地进行。必须密切联系生产实际,配合生产实习、生产劳动、生产现场教学、电化教学、多媒体教学、课程作业、毕业设计等教学环节,运用所学的施工知识,才能有效地掌握本课程的内容。

第1章　施工导流与水流控制

学习目标

- 了解施工导流的主要方法。
- 掌握施工导流流量的确定、导流的布置及截流的施工方法。
- 了解施工排水的方法及排水量计算;掌握基坑开挖的施工方法。
- 了解施工期度汛的要求及措施。

在江河上修建水工建筑物,施工期间往往与通航、筏运、渔业、供水、灌溉及水电站运行等水资源利用的要求发生矛盾。

水利水电工程整个施工过程中的水流控制(简称施工水流控制,又称施工导流)就是指利用"导、截、拦、蓄、泄"等工程措施,来解决施工和水流蓄泄之间的矛盾,避免水流对水工建筑物施工产生不利影响,把水流全部或部分导向下游或拦蓄起来,以保证水工建筑物的干地施工以及尽可能少影响水资源的综合利用。

施工导流与水流控制主要包括以下内容:①工程枢纽的施工导流方法和截流;②导流建筑物的类型与导流方案的选择;③导流设计流量的确定;④工程的拦洪度汛与工程防护;⑤基坑排水方法;⑥临时导流建筑物的封堵与拆除。

1.1　施工导流

1.1.1　施工导流方法

施工导流的方式大体上可分为三类:全段围堰法导流、分段围堰法导流和淹没基坑法导流。全段围堰法是用围堰拦断整个河床,河水通过以外的临时或永久泄水建筑物往下游宣泄;分段围堰法是用围堰将河床分段分期围护起来,水流通过被束窄的河床、坝体底孔、缺口等向下游宣泄;淹没基坑法是一种辅助导流方法,当挡水围堰可以过水时,都可以采用。

1.1.1.1　全段围堰法

全段围堰法导流,就是在修建于河床上的主体工程上下游各建一道拦河围堰,使水流经河床以外的临时或永久泄水建筑物下泄,主体工程建成或将建成时,再将临时泄水建筑物封堵。该法多用于河床狭窄、基坑工作量不大、水深、流急、地质条件差、难于实现分期导流的地方。全段围堰法常见的泄水类型有以下几种。

1. 隧洞导流

山区河流由于河谷狭窄、两岸地形陡峻、山岩坚实,一般采用隧洞导流较为普遍。但由于隧洞泄水能力有限,造价较高,一般在汛期泄水时可采用淹没基坑或与其他导流建筑物联合泄流的方案。导流隧洞设计时,应尽量与永久隧洞相结合。隧洞导流的布置型式如图 1-1 所示。

2. 明渠导流

明渠导流是在河岸或滩地上开挖渠道,在基坑上、下游修建围堰,使河水经渠道下泄。它主要用于岸坡平缓或有宽广滩地的平原河道上。若当地有可利用的老河道或工程修建在弯道上时,采用明渠导流截弯取直是比较经济合理的方法,如图 1-2 所示。

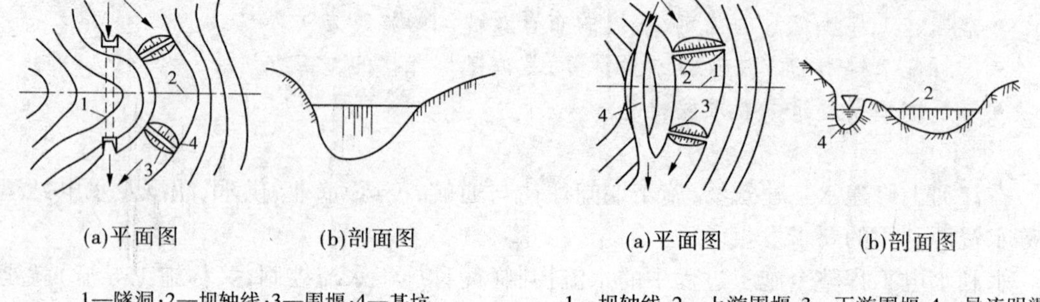

(a)平面图　(b)剖面图

1—隧洞;2—坝轴线;3—围堰;4—基坑

图 1-1　隧洞导流示意图

(a)平面图　(b)剖面图

1—坝轴线;2—上游围堰;3—下游围堰;4—导流明渠

图 1-2　明渠导流示意图

3. 涵管导流

涵管导流一般在修筑土坝、堆石坝中采用。由于涵管的泄水能力较小,因此一般用于流量较小的河流上或只用来担负枯水期的导流任务,如图 1-3 所示。

4. 渡槽导流

渡槽导流方式结构简单,但泄水流量较小,一般用于流量小、河床窄、导流期短的中小型工程,如图 1-4 所示。

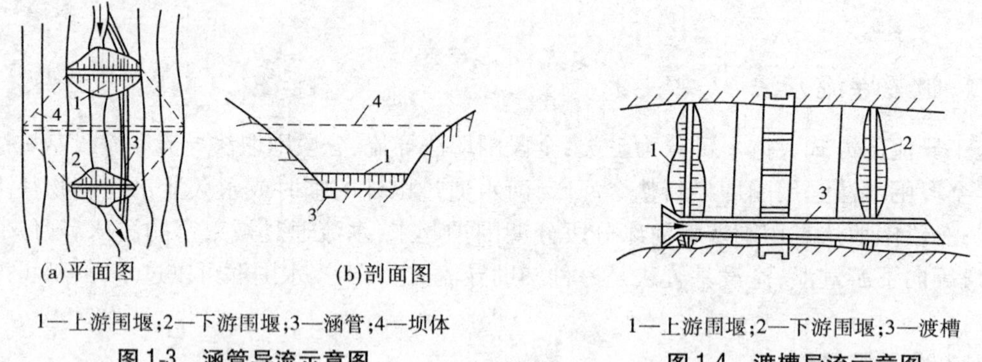

(a)平面图　(b)剖面图

1—上游围堰;2—下游围堰;3—涵管;4—坝体

图 1-3　涵管导流示意图

1—上游围堰;2—下游围堰;3—渡槽

图 1-4　渡槽导流示意图

1.1.1.2　分段围堰法

分段围堰法又称分期围堰法,就是用围堰将水工建筑物分段、分期围护起来进行施工的方法,如图 1-5 所示。所谓分段,就是指在空间上用围堰将建筑物分为若干施工段进行施工;所谓分期,就是指在时间上将导流分为若干时期。导流的分期数和围堰的分段数可以不同,如图 1-5、图 1-6 所示。

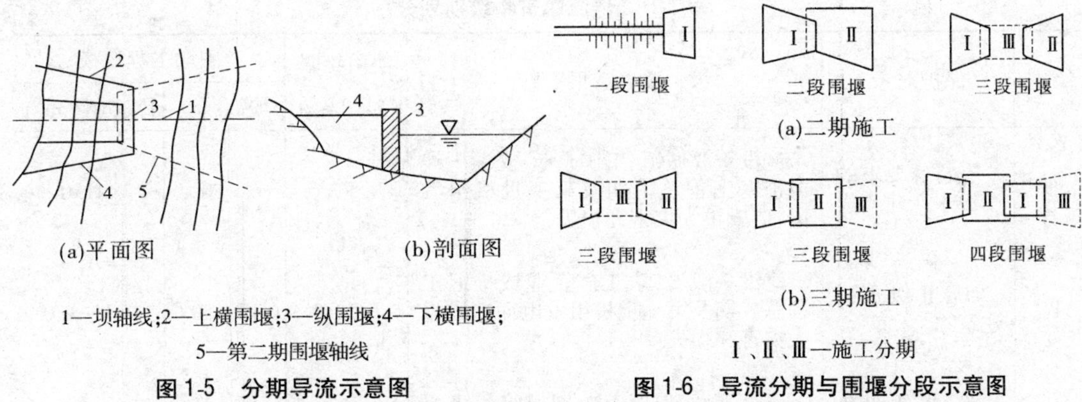

1—坝轴线;2—上横围堰;3—纵围堰;4—下横围堰;
5—第二期围堰轴线

图 1-5　分期导流示意图

Ⅰ、Ⅱ、Ⅲ—施工分期

图 1-6　导流分期与围堰分段示意图

分段围堰法前期主要由束窄的河道导流,后期可利用已经修好的泄水建筑物导流。分段围堰法导流一般适用于河流流量大、槽宽、施工工期较长的工程。常见的泄水类型有以下两种。

1. 底孔导流

采用底孔导流时,应事先在混凝土坝体内修建临时或永久底孔,导流时让水流通过底孔宣泄到下游。如为临时底孔,应在工程接近完工或需要蓄水时加以封堵。

导流底孔的尺寸、数目和布置应通过相应的水力学计算决定,底孔的布置应满足截流、围堰工程及其封堵等要求。底孔导流时,挡水建筑物上部的施工不受干扰,有利于均衡连续施工,这对修建高坝有利,但在导流期有被漂浮物堵塞的危险,封堵时,水头较高,安放闸门及止水均较困难。

2. 坝体缺口导流

混凝土施工工程中,为了保证在汛期河流暴涨暴落时能继续施工,可在兴建的坝体上预留缺口宣泄洪峰流量,待洪峰过后,上游水位回落,再继续修筑缺口,这种方法就叫做缺口导流。

1.1.1.3　淹没基坑导流

淹没基坑导流是指洪水来时临时围堰过水,基坑被淹没,河床部分停工,待洪水退落,再利用围堰挡水继续施工。这种方法由于基坑淹没停工时间不长,施工进度容易保证,在河道泥沙含量不大的情况下,导流总费用较节省,比较经济合理。

1.1.2　导流建筑物

1.1.2.1　导流设计流量

导流设计流量是选择导流方案、设计导流建筑物的主要依据。而导流建筑物设计洪水标准,即导流标准是选择导流设计流量进行施工导流设计的标准。导流设计流量一般需结合导流标准和导流时段的分析来决定。

1. 导流标准

导流建筑物是指枢纽工程施工所适用的临时性挡水和泄水建筑物。根据其保护对象、失事后果、使用年限和工程规模划分为Ⅲ ~ Ⅴ级,如表 1-1 所示。

表 1-1　导流建筑物级别划分

级别	保护对象	失事后果	使用年限(a)	围堰工程规模	
				堰高(m)	库容(亿 m^3)
Ⅲ	有特殊要求的Ⅰ级永久建筑物	淹没重要城镇、工矿企业、交通干线或推迟工程总工期及第一批机组发电,造成重大灾害和损失	>3	>50	>1.0
Ⅳ	Ⅰ、Ⅱ级永久建筑物	淹没一般城镇、工矿企业或推迟工程总工期及第一批机组发电而造成重大灾害和损失	1.5~3	15~50	0.1~1.0
Ⅴ	Ⅲ、Ⅳ级永久建筑物	淹没基坑,但对总工期及第一批机组发电影响不大,经济损失较小	<1.5	<15	<0.1

注:1. 导流建筑物包括挡水和泄水建筑物,两者级别相同;

2. 表列四项指标均按施工阶段划分;

3. 有、无特殊要求的永久建筑物均系针对施工期而言,有特殊要求的Ⅰ级建筑物系指施工;

4. 使用年限指导流建筑物每一施工阶段的工作年限,两个或两个以上施工阶段共用的导流建筑物,如分期导流一、二期共用的纵向围堰,其使用年限不能叠加计算;

5. 围堰工程规模一栏,堰高指挡水围堰最大高度,库容指堰前设计水位所拦蓄的水量,两者必须同时满足。

导流建筑物设计洪水标准应根据建筑物的类型和级别进行选择,见表 1-2,并结合风险度综合分析,使所选标准经济合理,对失事后果严重的工程,要考虑对超标洪水的应急措施。

表 1-2　导流建筑物洪水标准划分

导流建筑物类型	导流建筑物级别		
	Ⅲ	Ⅳ	Ⅴ
	洪水重现期(a)		
土石坝	50~20	20~10	10~5
混凝土坝	20~10	10~5	5~3

注:在下述情况下,导流建筑物洪水标准可用表中的上限值:

1. 河流水文实测资料系列较短(小于 20 a),或工程处于暴雨中心区;

2. 采用新型围堰结构型式;

3. 处于关键施工阶段,失事后可能导致严重后果;

4. 工程规模、投资和技术难度用上限值与下限值相差不大;

5. 过水围堰的挡水标准应结合水文特点、施工工期、挡水时段,经技术经济比较后在重现期 3~20 a 范围内选定,当水文系列较长(大于等于 30 a)时,也可根据实测流量资料分析选用。

当坝体填筑高度不需围堰保护时,其临时度汛洪水标准应根据坝型及坝前拦洪库容按表 1-3 规定的洪水重现期进行选择。

表1-3　坝体施工期临时度汛洪水标准

坝型	拦洪库容(亿 m^3)		
	≥1.0	1.0~0.1	0.1
	洪水重现期(a)		
土石坝	≥100	100~50	50~20
混凝土坝	≥50	50~20	20~10

2. 导流时段

导流时段就是按照导流程序来划分的各施工阶段的延续时间。划分导流时段,需正确处理施工安全可靠和争取导流的经济效益的矛盾。因此,要全面分析河道的水文特点、被围护的永久建筑物的结构型式及其工程量的大小、导流方案、施工进度等,这些都是确定导流时段的关键。在枯水期导流时,尽可能采用低水头围堰挡水是降低导流费用、加快工程进度的重要措施。

总之,在划分导流时段时,要确保枯水期,争取中水期,还要尽力在汛期中争取工期。既要安全可靠,又要力争工期。

山区性河流,其特点是洪水流量大,历时短,而枯水期流量小。在这种情况下,经过技术经济比较后,可采用淹没基坑的导流方案,以降低导流费用。

导流建筑物设计流量即为导流时段内根据导流标准确定的最大流量,据此进行导流建筑物的设计。

1.1.2.2　**围堰**

1. 围堰的分类

围堰是导流工程中的临时挡水建筑物,用来围护基坑,保证水工建筑物能在干地施工。在导流任务完成以后,如果围堰对永久建筑物的运行有妨碍,或没有考虑作为永久建筑物的一部分时应予以拆除。

围堰按其所使用的材料可分为土石围堰、草土围堰、钢板桩围堰、混凝土围堰等。按围堰与水流方向的相对位置可分为横向围堰和纵向围堰。按围堰是否过水可分为过水围堰和不过水围堰。

1) 围堰的基本要求

围堰的基本要求如下:

(1) 安全可靠,能满足稳定、抗渗、抗冲要求;

(2) 结构简单,施工方便,宜于拆除并能充分利用当地材料及开挖弃料;

(3) 堰基易于处理,堰体便于与岸坡或已有建筑物连接;

(4) 在预定施工期内修筑到需要的断面和高程;

(5) 具有良好的技术经济指标。

2) 围堰的构造

(1) 土石围堰。土石围堰能充分利用当地材料,地基适应性强,造价低,施工简便,设计应优先选用,如图1-7所示。土石围堰按其是否过水可分为不过水土石围堰和过水土石围堰。

不过水土石围堰。对于土石围堰，由于不允许过水，且抗冲能力较差，占地面积较大，一般不宜作为纵向围堰，在河谷较宽，采取了防冲措施工程中，可适当考虑作为纵向围堰。土石围堰的水下部分一般采用混凝土防渗墙防渗，水上部分一般采用黏土心墙、黏土斜墙、土工合成材料（如土工膜）等防渗。

过水土石围堰。当采用淹没基坑方案时，为了降低造价、便于拆除，许多工程采用了过水土石围堰型式。为了克服过水时水流对堰体表面和下游的冲刷及下游边坡的深层滑动，目前采用较普遍的是在下游和堰顶上压盖混凝土面板，或者是加筋土的施工。

（2）草土围堰。草土围堰是黄河上传统的筑堤方法，它是一种草土混合结构，如图1-8所示。施工时，先用稻草或麦草做成长1.2～1.8 m、直径0.5～0.7 m的草捆，再用长6～8 m、直径4～5 cm的草绳将两个草捆扎成件，重约20 kg。堰体由河岸开始修筑，首先沿河岸迎水面在围堰整个宽度内分层铺设草捆，并将草绳拉直放在岸上，以便与后铺的草捆互相联结。铺草时，应使第一层草捆浸入水中1/3，各层草捆按水深大小迭接1/3～1/2，这样逐层压放的草捆就形成了35°～45°的斜坡，直至高出水面1.0 m为止。随后在草捆的斜坡上铺上一层厚0.25～0.30 m的散草，再在散草上铺上一层厚0.25～0.30 m的土层。土质选用遇水易于崩解和固结的为好，可采用黄土、砂壤土、黏壤土、粉土等。铺好的土只需用人工踏实即可。接着在填土面上同样做堰体压草、铺散草和压土工作，如此继续进行，堰体即可向前进占，后部的堰体也逐渐深入河底。

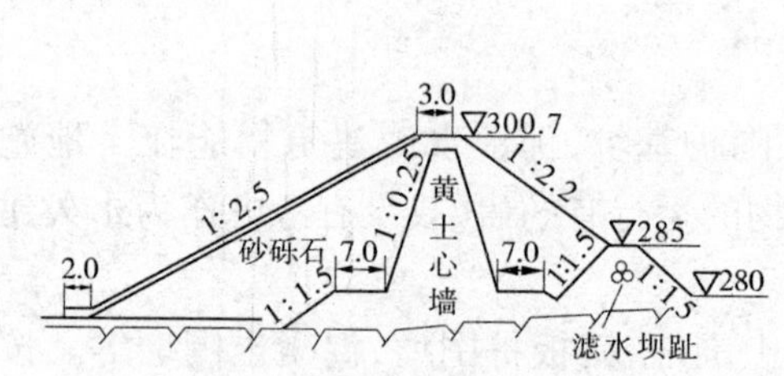

图1-7　三门峡工程一期上游围堰　（单位：m）

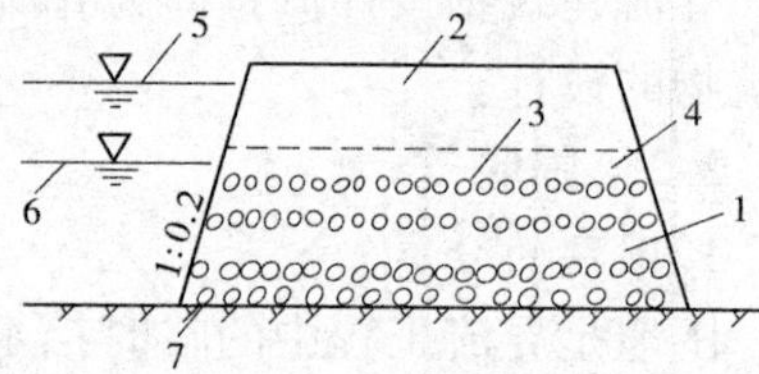

1—水下堰体；2—水上加高部分；3—草捆；4—散草铺土层；5—设计挡水位；6—施工水位；7—河床

图1-8　草土围堰

（3）混凝土围堰。混凝土围堰的抗冲及抗渗能力强，适应高水头堰体，底宽小，易于与永久建筑物相结合，必要时可以过水，因此应用比较广泛，如图1-9所示。峡谷地区岩基河床多用混凝土拱围堰，且多为过水围堰型式，可使围堰工程量小，施工速度快，且拆除比较方便。采用分段围堰法导流时，重力式混凝土围堰往往作为纵向围堰。现在混凝土围堰很多采用碾压混凝土，在低土石围堰保护下施工，施工速度快。

2. 围堰堰顶高程的确定

围堰堰顶高程的确定不仅取决于导流设计流量和导流建筑物的型式、尺寸、平面位置、高程和糙率等，还要考虑到河流的综合利用和主体工程工期。

上游围堰的堰顶高程

$$H_{上} = h_d + Z + \delta \qquad (1\text{-}1)$$

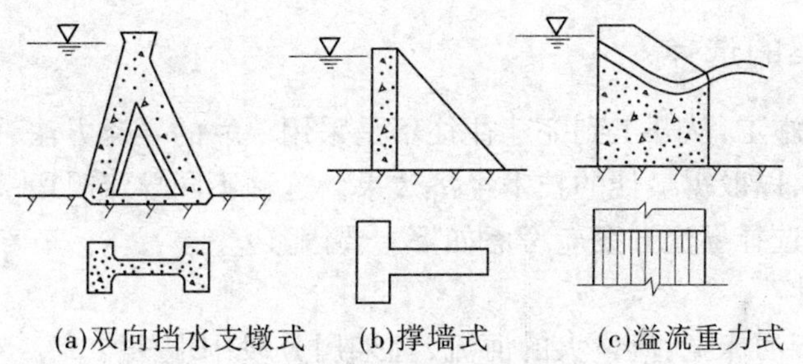

图 1-9　混凝土围堰

式中：$H_{上}$ 为上游围堰堰顶高程，m；h_d 为下游水面高程，m，可直接由原河流水位流量关系曲线中查得；Z 为上下游水位差，m；δ 为围堰的安全超高，m，按表 1-4 选用。

下游围堰堰顶高程

$$H_{下} = h_d + \delta \tag{1-2}$$

式中：$H_{下}$为下游围堰堰顶高程，m；h_d 为下游水面高程，m；δ 为围堰的安全超高，m，按表 1-4选用。

表 1-4　不过水围堰堰顶安全超高下限值　（单位：m）

围堰型式	围堰级别	
	Ⅲ	Ⅳ ~ Ⅴ
土石围堰	0.7	0.5
混凝土围堰	0.4	0.3

围堰拦蓄一部分水流时，堰顶高程应通过水库调洪计算来确定。纵向围堰的堰顶高程，要与束窄河床中宣泄导流设计流量时的水面曲线相适应，其上下游端部分别与上下游围堰同高，所以其顶面往往做成倾斜状。

3. 围堰的拆除

土石围堰一般可用挖土机械或爆破等方法拆除，如图 1-10 所示；草土围堰的拆除比较容易，一般水上部分用人工拆除，水下部分可在堰体开挖缺口，让流水冲毁或用爆破法炸除；钢板桩围堰要用抓斗或吸石器先将填料清除，然后用拔桩机拔出钢板桩；混凝土围堰的拆除一般采用爆破法施工。

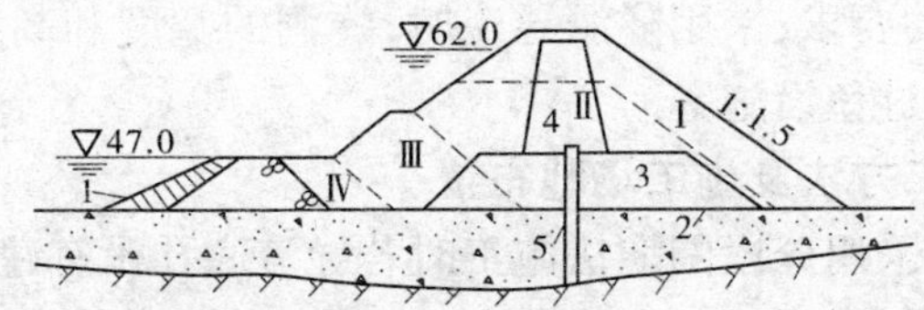

1—黏土斜墙；2—覆盖层；3—堆渣；4—心墙；5—防渗墙；

Ⅰ ~ Ⅳ—拆除顺序

图 1-10　长江葛洲坝工程一期土石围堰的拆除　（高程单位：m）

1.1.3 导流方案的选择

水利水电工程施工,从开工到完建往往不是采用单一的导流方法,而是几种导流方式组合起来配合使用,以取得最佳的技术经济效果。这种不同导流时段、不同导流方式的组合称为导流方案。选择导流方案应考虑如下主要因素。

1.1.3.1 水文条件

一般来说,对于河床宽、流量大的河流,宜采用分段围堰法导流。对于水位变化幅度大的山区河流,可采用允许淹没基坑的导流方法。对于枯水期不长的河流,如果不利用洪水期进行施工,就会拖延工期。对于有流冰的河流,应注意流冰的宣泄问题,以免流冰壅塞,影响泄流,造成建筑物失事。

1.1.3.2 地形条件

对于河床宽阔的河流,尤其在施工期间有通航、过筏要求的河流,宜采用分段围堰法导流。当河床中有天然石岛或沙洲时,采用分段围堰法导流,有利于导流围堰的布置,特别是纵向围堰的布置。在河床狭窄、岸坡陡峻、山岩坚实的地区,宜采用隧洞导流。至于平原河道,河流的两岸或一岸比较平坦,或有河湾、老河道可利用,则可以采用明渠导流。

1.1.3.3 地质及水文地质条件

河道两岸及河床的地质条件对导流方案的选择与导流建筑物的布置有直接影响。若两岸或一岸岩石坚硬,风化层薄,抗压强度能满足要求时,则选用隧洞导流比较有利。如果岩石的风化层厚且破碎,或有较厚的沉积滩地,则适合于采用明渠导流。采用分段围堰法导流时,为了避免河床不受过大的冲刷,应根据河床的地质条件决定河床束窄的程度。水文地质条件则对基坑排水工作、围堰型式的选择、导流泄水建筑物的开挖等有很大关系。

1.1.3.4 水工建筑物的型式和布置

水工建筑物的型式和布置与导流方案的选择相互影响,因此在决定水工建筑物型式和布置时,应该同时考虑并初拟导流方案,而在选定导流方案时,则应该充分利用建筑物型式和枢纽布置方面的特点。

1.1.3.5 施工期间河流的综合利用

施工期间,为了满足通航、筏运、供水、灌溉、生态保护或水电站运行等的要求,使导流问题的解决更加复杂。如有通航、筏运要求,在采用分段围堰法导流时,河床的束窄程度要满足过往船只和筏运的要求;采用隧洞导流时,隧洞的宽度和高度也要满足要求;有过鱼要求时,还要修建临时过鱼设施等。

1.1.3.6 施工进度、施工方法及施工场地布置

在混凝土坝枢纽中,采用分段围堰法施工时若导流底孔没有建成,就不能截断河床水流和全面修建二期围堰;如混凝土生产系统布置在一岸时,宜采用全段围堰法导流等。

1.2 截　流

在施工导流中,只有截断原河床水流,才能把河水引向导流泄水建筑物下泄,在河床

中全面开展主体建筑物的施工,这就是截流。河道截流是大型水利水电工程建设中的关键环节之一,它的设计与施工合理与否,不仅直接影响工期和造价,而且将影响整个工程的全局。

选择截流方式应充分分析水力学参数、施工条件和难度、抛投物数量和性质,并进行技术经济比较。截流方法有:

(1)单戗立堵截流。这种方法简单易行,辅助设备少,较经济,截流落差以不超过3.5 m为宜,但龙口水流能量相对较大,流速较高,需制备重大抛投物料相对较多。

(2)双戗和多戗立堵截流。优点是可分担总落差,改善截流难度,适用于截流落差大于3.5 m的情况。

(3)建造浮桥或栈桥平堵截流。优点是水力学条件较好,但造价高,技术复杂,我国一般不采用。

(4)定向爆破、下闸截流。

1.2.1 截流基本方法

1.2.1.1 立堵法

立堵法截流的施工过程是:①戗堤进占,先在河床的一侧或两侧向河床中填筑截流戗堤,逐步缩窄河床;②龙口的加固,当河床束窄到一定的过水断面时即行停止,这个断面叫做龙口,然后对河床及龙口戗堤端部进行防冲加固,称为护底及裹头;③合龙,掌握有利时机封堵龙口,使戗堤合龙;④闭气,戗堤合龙后,为了解决戗堤漏水,必须在戗堤的迎水面设置防渗设施。如图1-11所示。

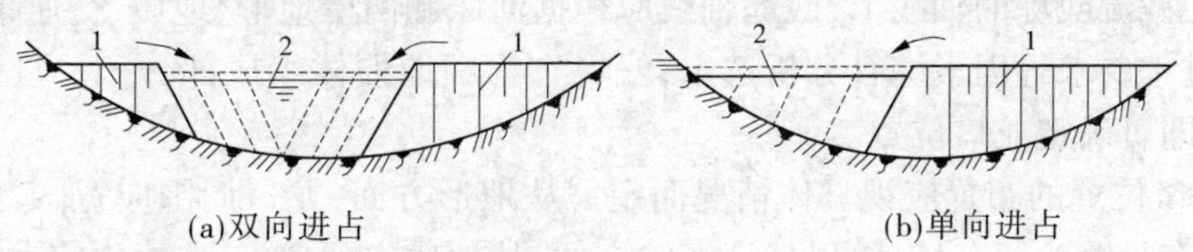

1—截流戗堤;2—龙口

图1-11 立堵法截流

截流之后,对戗堤进行加高增厚即修成围堰。

1.2.1.2 平堵法

如图1-12所示,平堵法截流是沿整个龙口宽度全线抛投,逐步升高,直至露出水面。为此,合龙前必须在龙口架设浮桥或栈桥。由于它是沿龙口全宽均匀平层抛投,所以其单宽流量较小,流速也较小,需要的单个抛投材料的重量较轻,抛投强度较大,施工速度容易提高,但对通航不利。

在截流设计中,可根据具体情况采用立堵和平堵相结合的截流方法,如先用立堵法进占,然后在龙口小范围内用平堵法合龙;或先用船抛土石材料平堵法进占,然后再用立堵法截断。

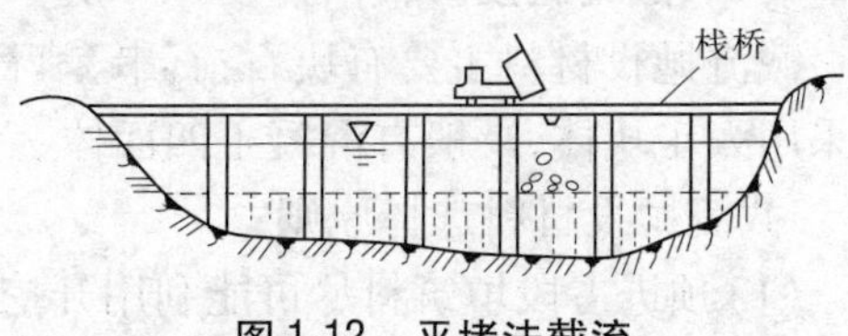

图1-12 平堵法截流

1.2.2 截流日期及截流设计流量

1.2.2.1 截流时间的确定

确定截流时间应考虑以下条件:

(1)截流最好在河流流量最小、流速最小的时候进行。

(2)导流泄水建筑物必须建成或部分建成,即具备泄流条件,河道截流前泄水道内围堰或其他障碍物应予清除。

(3)截流后的许多工作必须抢在汛前完成,如围堰或永久建筑物要抢筑在拦洪高程等。

(4)在有通航要求的河道上,截流日期最好选在对通航影响最小的时期。

(5)北方有冰凌的河流上截流,不宜在流冰期进行。

按上述要求,截留日期一般选在枯水期初期。具体日期可根据历史水文资料确定,但往往可能有较大的出入,因此实际工作中应根据当时的水文气象预报及实际水情分析进行修正,最后确定截流日期。

1.2.2.2 截流设计流量的确定

截流设计所取的流量标准是指某一确定的截流时间的截流设计流量。所以,当截流时间确定以后,就可根据工程所在河道的水文、气象特征选择设计流量。通常可按重现年法或结合水文气象预报修正法确定设计流量,一般可按工程重要程度选择截流时段重现期5~10年的月或旬的平均流量,也可选用类似工程的截流设计流量。

1.2.2.3 龙口位置与宽度

龙口在截流戗堤的轴线上,戗堤轴线应根据河床和两岸地形、地质、交通条件、主流流向、通航、过木要求等因素综合分析选定,戗堤宜为围堰堰体组成部分。一旦截流戗堤轴线确定后,即可确定龙口位置。

(1)龙口位置的布置应视具体情况而定。从地形方面,龙口周围应宽阔,距临时堆料场较近,且有足够的回车场地,以保证运输方便;从地质方面考虑,应力求将龙口布置在覆盖层较薄的部位,或有天然岛礁作裹头的部位,以抗水流冲刷;从水流条件考虑,龙口应设置在正对水流处,以利洪水宣泄。

(2)龙口宽度的确定,主要取决于戗堤束窄河床后形成的水力条件,对龙口底部和两侧裹头部位的冲刷影响,截流期水流对通航安全的要求。合理的龙口宽度应是满足龙口水力及通航条件的最小宽度。

若龙口段河床覆盖层抗冲能力低,可预先在龙口段抛石或抛铅丝笼护底,增大糙率和抗冲能力,减小合龙工作量,降低截流难度。

1.2.2.4 截流抛投材料

截流抛投材料主要有块石、石串、填石竹笼、柴捆、土袋等,当截流水力条件较差时,还须采用人工块体,一般有混凝土四面体、六面体、四脚体及钢筋混凝土构件等,见图1-13。

截流抛投材料选择原则:

(1)预进占段填筑料尽可能利用开挖渣料和当地天然料。

(2)龙口段抛投的大块石、混凝土四面体等人工制备材料数量应慎重研究确定。

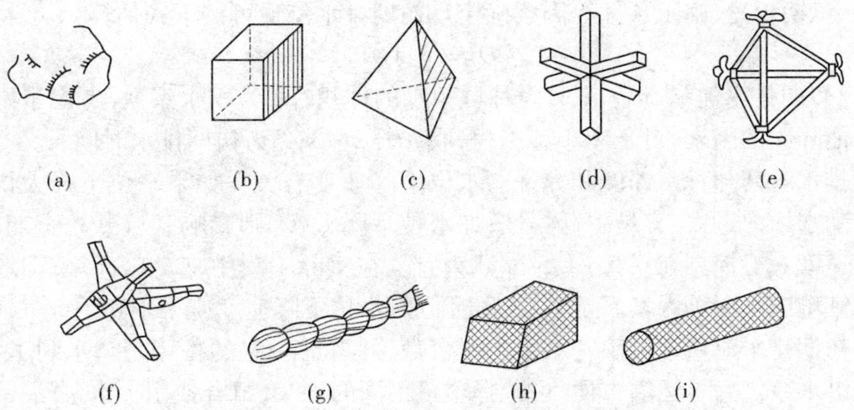

(a)块石;(b)混凝土六面体;(c)混凝土四面体;
(d)钢筋混凝土构架;(e)钢构架;(f)装配式或钢筋混凝土构架;
(g)柳石枕;(h)填石铅丝笼;(i)填石竹笼

图 1-13　抛投材料

(3)截流备料总量应根据截流料堆存、运输条件、可能流失量及戗堤沉陷等因素综合分析,并留适当备用。

(4)戗堤抛投物应具有较强的透水能力,且易于起吊运输。

现将一些常用的截流材料适宜流速的经验数据列于表 1-5,供参考。

表 1-5　截流材料适用流速

截流材料	适用流速(m/s)	截流材料	适用流速(m/s)
土料	0.5~0.7	ϕ0.8 m×6 m 装石竹笼	3.5~4.0
20~30 kg 块石	0.8~1.0	3 000 kg 重大石块或铅丝笼	3.5
50~70 kg 块石	1.2~1.3	5 000 kg 重大石块或铅丝笼	1.5~2.5
袋土	1.5	12 000~15 000 kg 混凝土四面体	7.2
ϕ0.5 m×2 m 装石竹笼	2.0	ϕ1.0 m×15 m 柴石枕	7~8
ϕ0.6 m×4 m 装石竹笼	2.5~3.0		

1.3　施工排水

围堰闭气以后,要排除基坑内的积水和渗水,随后在开挖基坑和进行基坑内建筑物的施工中,还要经常不断地排除天气降雨和基坑渗水,以保证干地施工。修建河岸上的水工建筑物时,如基坑低于地下水位,也要进行基坑排水工作。排水的方法可分为明式排水和暗式排水两种;按排水时间和性质又可分为初期排水和经常性排水。

1.3.1　基坑积水的排除

基坑积水主要是指围堰闭气后存于基坑内的水体,还要考虑排除积水过程中从围堰及地基渗入基坑的水量和降雨量。初期排水的流量是选择水泵数量的主要依据,应根据

地质情况、工期长短、施工条件等因素确定。初期排水流量可按下式估算

$$Q = K V/T \tag{1-3}$$

式中:Q 为初期排水流量,m^3/s; V 为基坑积水的体积; K 为积水系数,考虑了围堰、基坑渗水和可能降雨的因素,对于中小型工程,取 $K = 2 \sim 3$;T 为初期排水时间,s。

初期排水时间与积水深度和允许的水位下降速度有关。如果水位下降太快,围堰边坡土体的动水压力过大,容易引起塌坡;如水位下降太慢,则影响基坑开挖工期。基坑水位下降的速度一般控制在 0.5 ~ 1.5 m/d 为宜。在实际工程中,应综合考虑围堰型式、地基特性及基坑内水深等因素而定。对于土围堰,水位下降速度应小于 0.5 m/d。

根据初期排水流量即可确定水泵工作台数,并考虑一定的备用量。水利工程中常用离心泵或潜水泵。为了运输方便,可选择容量不同的水泵,组合使用。水泵站一般布置成固定式或移动式两种,如图 1-14 所示。当基坑水深较大时,采用移动式。

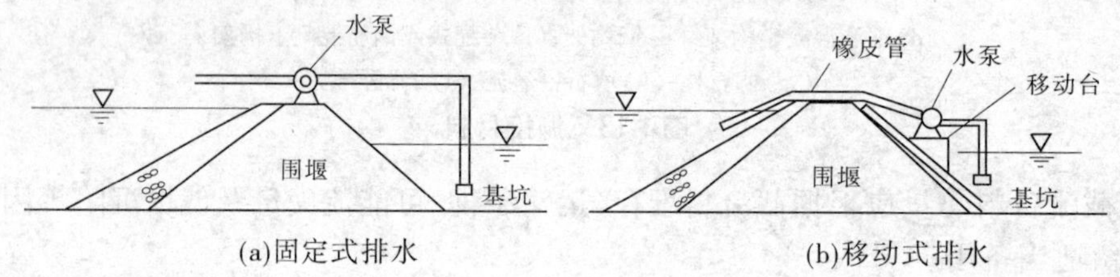

图 1-14　水泵站布置

1.3.2　经常性排水

水利工程施工中受水的影响比较多,经常性排水的设置显得尤为重要。对于经常性排水,主要是计算基坑渗流量,确定水泵工作台数,布置排水系统。

1.3.2.1　排水系统布置

经常性排水通常采用明式排水,排水系统包括排水干沟、支沟和集水井等。一般情况下,排水系统分为两种情况:一种是基坑开挖中的排水;另一种是建筑物施工过程中的排水。前者是根据土方分层开挖的要求,分次下降水位,通过不断降低排水沟高程,使每一个开挖土层呈干燥状态。排水沟通常布置在基坑中部,以利两侧出土;当基坑较窄时,将排水干沟布置在基坑上游侧,以利于截断渗水。沿干沟垂直方向设置若干排水支沟。基础范围外布置集水井,井内安设水泵,渗水进入支沟后汇入干沟,再流入集水井,由水泵抽出坑外。后者排水的目的是控制水位低于坑底高程,保证施工在干地条件下进行。排水沟通常布置在基坑四周,离开基础轮廓线不小于 0.3 ~ 1.0 m。集水井离基坑外缘的距离必须大于集水井深度。排水沟的底坡一般不小于 2‰,底宽不小于 0.3 m,沟深为:干沟 1.0 ~ 1.5 m,支沟 0.3 ~ 0.5 m。集水井的容积应保证水泵停止运转 10 ~ 15 min 后,井内的水量不致漫溢。井底应低于排水干沟底 1 ~ 2 m。经常性排水系统布置如图 1-15 所示。

1.3.2.2　经常性排水流量

经常性排水主要是排除基坑和围堰的渗水、天气降雨、地基冲洗和混凝土养护弃水等。这里介绍渗流量的估算方法。

(1)围堰渗流量。透水地基上均质土围堰,每米堰长渗流量 q 可按下式计算

$$q = K (H + T)^2 - (T - y)^2/(2L) \quad (1\text{-}4)$$

其中 $$L = L_0 + l - 0.5mH$$

式中:q 为渗入基坑的围堰单宽渗透流量,$m^3/(d \cdot m)$;K 为渗透系数,m/d; 其余符号含义如图 1-16 所示。

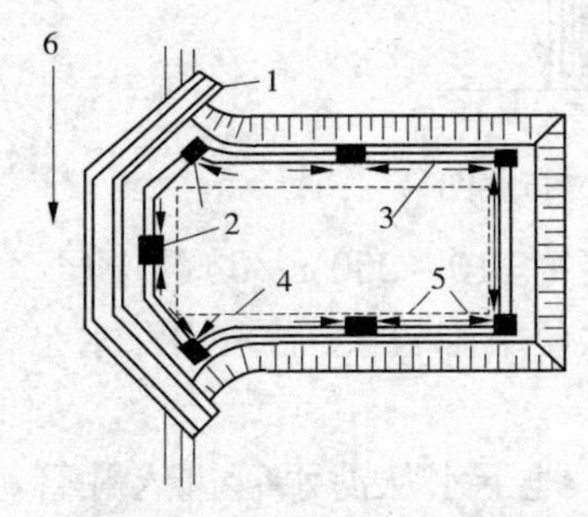

1—围堰;2—集水井;3—排水沟;
4—建筑物轮廓线;5—水流方向;6—河流

图 1-15 修建建筑物时基坑排水系统的布置

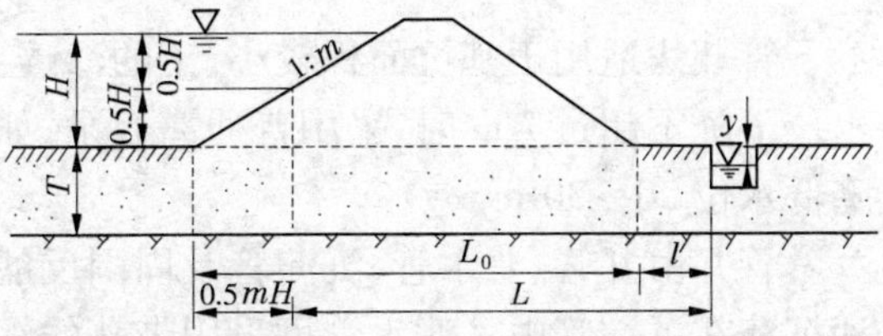

图 1-16 透水地基上的渗透计算简图

(2)基坑渗流量。由于基坑情况复杂,计算结果不一定符合实际情况,应用试抽法确定。近似计算时可采用表 1-6 所列参数。

表 1-6 地基渗流量 (单位:$m^3/(h \cdot m \cdot m^2)$)

地基类别	含有淤泥黏土	细砂	中砂	粗砂	砂砾石	有裂缝的岩石
渗流量 q	0.1	0.16	0.24	0.3	0.35	0.05 ~0.10

降雨量按在抽水时段最大日降水量在当天抽干计算;施工弃水包括基岩冲洗与混凝土养护用水,两者不同时发生,按实际情况计算。

排水水泵根据流量及扬程选择,并考虑一定的备用量。

1.3.3 人工降低地下水位

在经常性排水中,采用明排法时,由于多次降低排水沟和集水井高程,变换水泵站位置,影响开挖工作正常进行,此外,在细沙、粉沙及沙壤土地基开挖中,因渗透压力过大而引起流沙、滑坡和地基隆起等事故,对开挖工作产生不利影响。采用人工降低地下水位措施可以克服上述缺点。人工降低地下水位,就是在基坑周围钻井,地下水渗入井中,随即被抽走,使地下水位降至基坑底部以下,整个开挖部分土壤呈干燥状态,开挖条件大为改善。

1.3.3.1 管井法

管井法就是在基坑周围或上下游两侧按一定间距布置若干单独工作的井管,地下水在重力作用下流入井内,各井管布置一台抽水设备,使水面降至坑底以下,如图 1-17 所示。

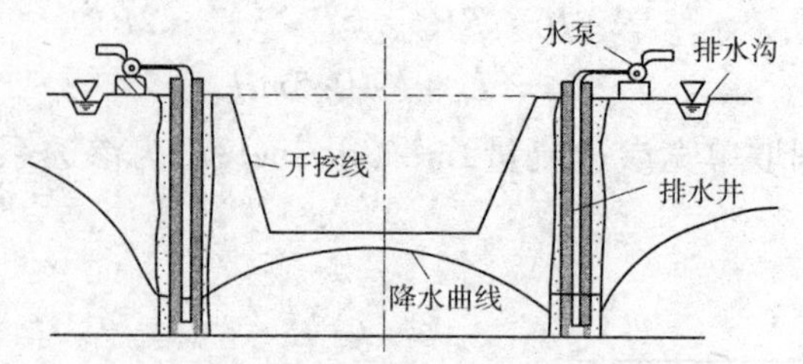

图 1-17　管井法降低地下水位布置图

管井法适用于基坑面积较小、土的渗透系数较大（$K=10\sim250$ m/d）的土层。当要求水位下降不超过 7 m 时，采用普通离心泵；如果要求水位下降较大，需采用深水泵，每级泵降低水位 20 ~ 30 m。

管井由井管、滤水管、沉淀管及周围反滤层组成。地下水从滤水管进入井管，水中泥沙沉淀在沉淀管中。滤水管可采用带孔的钢管，外包滤网；井管可采用钢管或无砂混凝土管，后者采用分节预制，套接而成，每节长 1 m，壁厚 4 ~ 6 m，直径一般为 30 ~ 40 cm。管井间距应满足在群井共同抽水时，地下水位最高点低于坑底的要求，一般取 15 ~ 25 m。

1.3.3.2　井点法

当土壤的渗透系数 $K<1$ m/d 时，用管井法排水，井内水会很快被抽干，水泵经常中断运行，既不经济，抽水效果又差，这种情况下，采用井点法较为合适。井点法适宜于渗透系数为 0.1 ~ 50 m/d 的土壤。井点的类型有轻型井点、喷射井点和电渗井点 3 种，比较常用的是轻型井点。

轻型井点是由井管、集水管、普通离心泵、真空泵和集水箱等设备组成的排水系统，如图 1-18 所示。

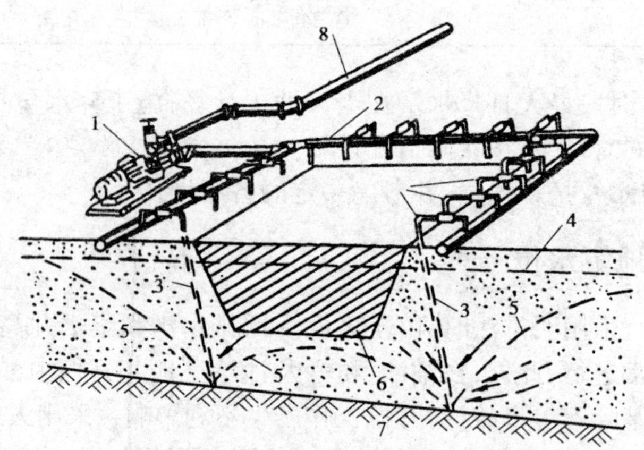

1—带真空泵和集水箱的离心式水泵；2—集水总管；
3—井管；4—原地下水位；5—排水后水面降落图线；
6—基坑；7—不透水层；8—排水管

图 1-18　轻型井点系统

轻型井点的井管直径为 38 ~ 50 mm，采用无缝钢管，管的间距为 0.8 ~ 1.6 m，最大可达 3.0 m。地下水从井管底部的滤水管内借真空泵和水泵的抽吸作用流入管内，沿井管上升汇入集水管,再流入集水箱,由水泵抽出。

轻型井点系统开始工作时,先开动真空泵排除系统内的空气,待集水箱内水面上升到一定高度时,再启动水泵抽水。如果系统内真空不够,仍需真空泵配合工作。

井点排水时,地下水位下降的深度取决于集水箱内的真空值和水头损失。一般集水箱的真空值为400~500 mmHg柱。

当地下水位要求降低值大于4 m时,则需分层降落,每层井点控制3~4 m。但分层数少于3层为宜。因层数太多,坑内管路纵横交错,妨碍交通,影响施工;且当上层井点发生故障时,由于下层水泵能力有限,造成地下水位回升,严重时导致基坑淹没。

1.4 施工度汛及后期水流控制

1.4.1 施工度汛

1.4.1.1 坝体拦洪标准

经过多个汛期才能建成的坝体工程,用全年一次挡水围堰来挡汛期洪水,围堰的高度较大,显然不是很经济,且安全性也未必好,因此对于不允许淹没基坑的情况,常采用低堰挡枯水、汛期由坝体临时断面拦洪的方案。这样既减少了围堰工程费用,拦洪度汛标准也可以提高,只是增加了汛前坝体施工的强度。

坝体拦洪首先需要确定拦洪标准,然后确定拦洪高程。坝体施工期临时度汛的洪水标准,应根据坝型和坝体升高后形成的拦洪蓄水库容确定,具体见表1-3和表1-7。

表1-7 导流泄水建筑物封堵后坝体度汛标准

大坝类型		大坝级别		
		Ⅰ	Ⅱ	Ⅲ
		重现期(a)		
混凝土坝、浆砌石坝	设计	200~100	100~50	50~20
	校核	500~200	200~100	100~50
土石坝	设计	500~200	200~100	100~50
	校核	1 000~500	500~200	200~100

洪水标准确定以后,就可通过调洪演算计算拦洪水位,再考虑安全超高,即可确定坝体临时拦洪高程。

1.4.1.2 度汛措施

根据施工进度安排,若坝体在汛期到来之前不能达到拦洪高程,这时应视采用的导流方法、坝体能否溢流及施工强度等,周密细致的考虑度汛措施。允许溢流的混凝土坝或浆砌石坝可采用过水围堰,也可在坝体中预设底孔或缺口,而坝体其余部分填筑到拦洪高程,以保证汛期继续施工。

对于不能过水的土坝、堆石坝可采取以下度汛措施。

1. 抢筑坝体临时度汛断面

当用坝体拦洪导致施工强度太大时,可抢筑临时度汛断面,如图 1-19 所示。抢筑时应注意以下几点:

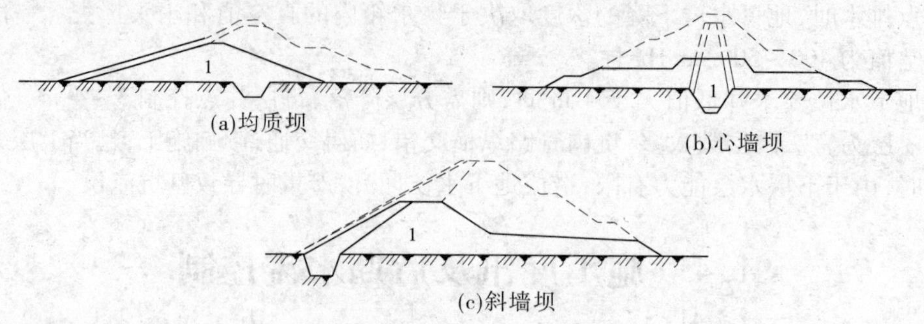

1—临时度汛断面

图 1-19　度汛临时断面示例

(1)断面顶部应有足够的宽度,以便在非常紧急的情况下仍有余地抢筑临时度汛断面。

(2)临时度汛断面的边坡稳定安全系数不应低于正常设计标准。为了防止塌坡,必要时可采取简单的防冲和排水措施。

(3)斜墙坝或心墙坝的防渗体一般不允许采用临时断面。

(4)上游护坡应按设计要求修筑到拦洪高程,否则应考虑临时的防护措施。

2. 采取未完建的溢洪道溢洪

当采用临时断面度汛仍不能在汛期前修筑到拦洪高程时,可采用降低溢洪道底槛高程或开挖临时溢洪道泄洪,但要注意防冲措施得当。

1.4.2　施工后期水流控制

当导流泄水建筑物完成导流任务、整个工程进入完建期后,必须有计划地进行封堵,使水库蓄水,按期发挥工程效益。自蓄水之日起至枢纽工程具备设计泄洪能力为止,应按蓄水标准分月计算水库蓄水位,并按规定防洪标准计算汛期水位确定汛前坝体上升高程,确保坝体安全度汛。

施工后期水库蓄水应和导流泄水建筑物封堵统一考虑,并充分分析以下条件:

(1)枢纽工程提前受益的要求。

(2)与蓄水有关工程项目的施工进度及导流工程封堵计划。

(3)可取征地、移民和清库的要求。

(4)水文资料、水库库容曲线和水库蓄水历时曲线。

(5)要求防洪标准、泄洪与度汛措施及坝体稳定情况。

(6)通航、灌溉等下游供水要求。

(7)有条件时,应考虑利用围堰挡水受益的可能性。

计算施工期蓄水历时应扣除核定的下游供水流量。蓄水日期按以上要求统一研究确定。

水库蓄水通常采用 $P=75\%\sim85\%$ 的年流量过程线制定。从发电、灌溉、航运及供水等部门所提出的运用期限要求,反推算出水库开始蓄水的时间,也就是封堵日期,根据各时段来水量与下泄量及用水量之差、水库库容与水位的关系曲线,就可得到水库蓄水计划,即库水位和蓄水历时关系曲线,它是施工后期进行水流控制、安排施工进度的重要依据。

封堵时段确定以后,还需要确定封堵时的施工设计流量,可采用封堵期5～10年重现期的月或旬平均流量,或按实测水文统计资料分析确定。

导流用的临时泄水建筑物,如隧洞、涵管、底孔等,都可利用闸门封孔,常用的封孔门有钢筋混凝土叠梁、钢筋混凝土整体闸门、钢闸门等。

本章小结

1. 施工导流

施工导流的基本方法大体可分为两类:一类是全段围堰法导流,即用围堰拦断河床,全部水流通过事先修好的导流泄水建筑物流走;另一类是分段围堰法,即水流通过河床外的束窄河床下泄,后期通过坝体预留缺口、底孔或其他泄水建筑物下泄。

导流设计流量是选择导流方案、确定导流建筑物的主要依据。而导流建筑物设计洪水标准是选择导流设计流量的标准,即是施工导流的设计标准。导流建筑物根据其保护对象、失事后果、使用年限和工程规模划分为Ⅲ～Ⅴ级。

导流时段就是按照导流程序来划分的各施工阶段的延续时间。划分导流时段,需正确处理施工安全可靠和争取导流的经济效益的矛盾。尽可能采用低水头围堰,进行枯水期导流,是降低导流费用、加快工程进度的重要措施。

围堰是一种临时性水工建筑物,用来围护河床中基坑,保证水工建筑物施工在干地上进行。在导流任务完成后,对不能作为永久建筑物的部分或妨碍永久建筑物运行的部分应予以拆除。通常按使用材料将围堰分为土石围堰、草土围堰、钢板桩围堰、木笼围堰、混凝土围堰等;按所处的位置将围堰分为横向围堰、纵向围堰;按围堰是否过水分为不过水围堰、过水围堰。

2. 截流

当泄水建筑物完成时,抓住有利时机,迅速实现围堰合龙,迫使水流经泄水建筑物下泄,称为截流。截流方法有单戗立堵截流、双戗和多戗立堵截流、建造浮桥或栈桥平堵截流、定向爆破、建闸等截流方式。

确定截流时间应考虑泄水建筑物必须建成或部分建成具备泄流条件,河道截流前泄水道内围堰或其他障碍物应予清除;截流后的许多工作必须抢在汛前完成(如围堰或永久建筑物抢筑到拦洪高程等);在有通航要求的河道上,截流日期最好选在对通航影响最小的时期。在北方有冰凌的河流上截流,不宜在流冰期进行。

截流抛投材料主要有块石、石串、装石竹笼、帚捆、柴捆、土袋等,当截流水力条件较差时,还须采用人工块体,一般有混凝土四面体、六面体、四脚体及钢筋混凝土构件等。

3. 施工排水

围堰闭气以后,要排除基坑内的积水和渗水,随后在开挖基坑和进行基坑内建筑物的施工中,还要经常不断地排除渗入基坑的渗水,以保证干地施工。修建河岸上的水工建筑物时,如基坑低于地下水位,也要进行基坑排水工作。排水的方法可分为明式排水和暗式排水两种。

基坑积水主要是指围堰闭气后存于基坑内的水体,还要考虑排除积水过程中从围堰及地基渗入基坑的水量和降雨量。

当基坑积水排除后,立即进行经常性排水。对于经常性排水,主要是计算基坑渗流量,确定水泵工作台数,布置排水系统。

在经常性排水中,采用明排法,由于多次降低排水沟和集水井高程,变换水泵站位置,不仅影响开挖工作正常进行,还会在细砂、粉砂及沙壤土地基开挖中,因渗透压力过大而引起流砂、滑坡和地基隆起等事故,对开挖工作产生不利影响。采用人工降低地下水位措施可以克服上述缺点。人工降低地下水位,就是在基坑周围钻井,地下水渗入井中,随即被抽走,使地下水位降至基坑底部以下,整个开挖部分土壤呈干燥状态,开挖条件大为改善。

4. 施工度汛及后期水流控制

经过多个汛期才能建成的坝体工程,用围堰来挡汛期洪水显然是不经济的,且安全性也未必好,因此对于不允许淹没基坑的情况,常采用低堰挡枯水、汛期由坝体临时断面拦洪的方案,这样既减少了围堰工程费用,拦洪度汛标准也可提高,只是增加了汛前坝体施工的强度。

由坝体拦洪首先需确定拦洪标准,然后确定拦洪高程。坝体施工期临时度汛的洪水标准,应根据坝型和坝体升高后形成的拦洪蓄水库库容确定。洪水标准确定以后,就可通过调洪演算计算拦洪水位,再考虑安全超高,即可确定坝体临时拦洪高程。

根据施工进度安排,若坝体在汛期到来之前不能达到拦洪高程,这时应视采用的导流方法、坝体能否溢流及施工强度周密细致地考虑度汛措施,允许溢流的混凝土坝或浆砌石坝可采用过水围堰,也可在坝体中预设底孔或缺口,而坝体其余部分填筑到拦洪高程,以保证汛期继续施工。

当导流用泄水建筑物完成导流任务,整个工程进入了完建期后,必须有计划地进行封堵,使水库蓄水,以使工程按期受益。自蓄水之日起至枢纽工程具备设计泄洪能力止,应按蓄水标准分月计算水库蓄水位,并按规定防洪标准计算汛期水位确定汛前坝体上升高程,确保坝体安全渡汛。

本章重点是导流的基本方法及适用条件、截流基本方法。

复习思考题

1. 施工导流方法有哪些?
2. 全段围堰法按其泄水道类型有哪几种?
3. 什么叫分段围堰法施工导流?

4. 什么叫导流标准？如何确定导流标准？
5. 何谓导流方案？选择导流方案时需要考虑哪些因素？
6. 什么叫导流设计流量？如何确定导流设计流量？
7. 导流隧洞布置原则有哪些？
8. 围堰堰顶高程如何确定？
9. 试述截流的基本方法及其主要施工过程。
10. 平堵法截流与立堵法截流施工的区别是什么？
11. 截流设计流量如何确定？
12. 截流抛投材料选择原则有哪些？
13. 确定截流时间应考虑哪些因素？
14. 对于不能过水的土坝、堆石坝度汛措施有哪些？
15. 施工后期水库蓄水时间如何确定？
16. 简述人工降低地下水位的方法。
17. 经常性排水系统如何布置？
18. 施工后期如何组织度汛？

第 2 章　爆破工程

学习目标

- 了解爆破材料的种类及其性能。
- 理解爆破基本原理。
- 掌握爆破的施工方法及装药量的计算。
- 了解爆破的新技术。

2.1　概　述

2.1.1　爆破的概念

爆破是炸药爆炸作用于周围介质的结果。埋在介质内的炸药引爆后，在极短的时间内，由固态转变为气态，体积增加数百倍至几千倍，伴随产生极大的压力和冲击力，同时还产生很高的温度，使周围介质受到各种不同程度的破坏，称为爆破。

2.1.2　爆破的常用术语

2.1.2.1　爆破作用圈

当具有一定质量的球形药包在无限均质介质内部爆炸时，在爆炸作用下，距离药包中心不同区域的介质，由于受到的作用力有所不同，因而产生不同程度的破坏或震动现象。整个被影响的范围就叫做爆破作用圈。这种现象随着与药包中心间的距离增大而逐渐消失，按对介质作用不同可分为 4 个作用圈。

（1）压缩圈。图 2-1 中 R_1 表示压缩圈半径，在这个作用圈范围内，介质直接承受了药包爆炸而产生的极其巨大的作用力，因而如果介质是可塑性的土壤，便会遭到压缩形成孔腔；如果是坚硬的脆性岩石便会被粉碎。所以把 R_1 这个球形地带叫做压缩圈或破碎圈。

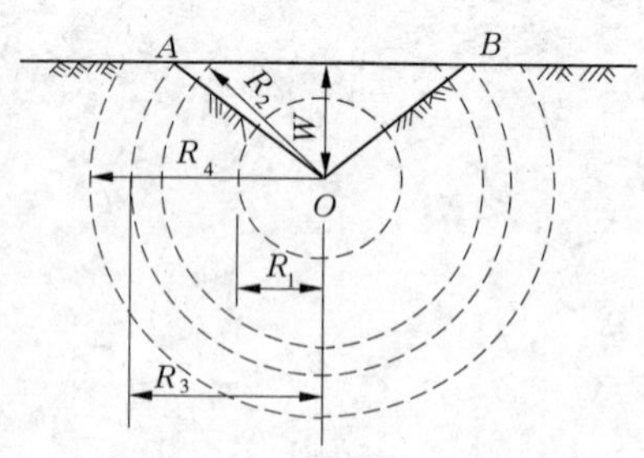

图 2-1　爆破影响范围示意图

（2）抛掷圈。围绕在压缩圈范围以外至 R_2 的地带，其受到的爆破作用力虽较压缩圈范围内小，但介质原有的结构受到破坏，分裂成为各种尺寸和形状的碎块，而且爆破作用力尚有余力足以使这些碎块获得能量。如果这个地带的某一部分处在临空的自由面条件下,破坏了的介质碎块便会产生抛掷现象,因而叫做抛掷圈。

(3)松动圈。松动圈又称破坏圈。在抛掷圈以外至 R_3 的地带,爆破的作用力更弱,除了能使介质结构受到不同程度的破坏外,没有余力可以使破坏了的碎块产生抛掷运动,因而叫做破坏圈。工程上为了实用起见,一般还把这个地带被破碎成为独立碎块的一部分叫做松动圈,而把只是形成裂缝、互相间仍然连成整块的一部分叫做裂缝圈或破裂圈。

(4)震动圈。在破坏圈范围以外,微弱的爆破作用力甚至不能使介质产生破坏。这时介质只能在应力波的作用下,产生震动现象,这就是图 2-1 中 R_4 所包括的地带,通常叫做震动圈。震动圈以外爆破作用的能量就完全消失了。

2.1.2.2 爆破漏斗

在有限介质中爆破,当药包埋设较浅,爆破后将形成以药包中心为顶点的倒圆锥形爆破坑,称之为爆破漏斗。爆破漏斗的形状多种多样,随着岩土性质、炸药的品种性能和药包大小及药包埋置深度等不同而变化,如图 2-2 所示。

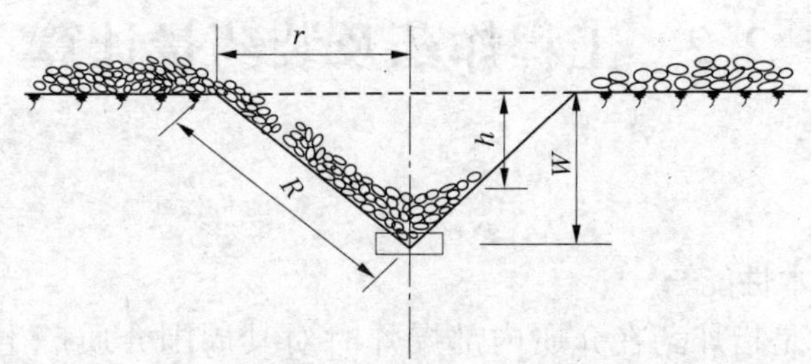

r—爆破漏斗半径;R—爆破作用半径;W—最小抵抗线;h—可见漏斗深度

图 2-2 爆破漏斗

2.1.2.3 最小抵抗线

由药包中心至自由面的最短距离为最小抵抗线,如图 2-2 所示中的 W。

2.1.2.4 爆破漏斗半径

即在介质自由面上的爆破漏斗半径,如图 2-2 中的 r 。若 $r = W$,则 r 为标准抛掷漏斗半径。

2.1.2.5 爆破作用指数

爆破作用指数是指爆破漏斗半径 r 与最小抵抗线 W 的比值。即

$$n = \frac{r}{W} \tag{2-1}$$

爆破作用指数的大小可判断爆破作用性质及岩石抛掷的远近程度,也是计算药包量、决定爆破漏斗大小和药包距离的重要参数。一般用 n 来区分不同爆破漏斗,划分不同爆破类型:当 $n = 1$ 时,称为标准抛掷爆破漏斗;当 $n > 1$ 时,称为加强抛掷爆破漏斗;当 $0.75 < n < 1$ 时,称为减弱抛掷爆破漏斗;当 $0.33 < n \leqslant 0.75$ 时,称为松动爆破漏斗;当 $n \leqslant 0.33$ 时,称为裸露爆破漏斗。

2.1.2.6 可见漏斗深度 h

经过爆破后所形成的沟槽深度叫做可见漏斗深度(如图 2-2 中的 h),它与爆破作用指数大小、炸药的性质、药包的排数、爆破介质的物理性质和地面坡度有关。

2.1.2.7　**自由面**

自由面又称临空面，指被爆破介质与空气或水的接触面。同等条件下，临空面越多炸药用量越小，爆破效果越好。

2.1.2.8　**二次爆破**

二次爆破指大块岩石的二次破碎爆破。

2.1.2.9　**破碎度**

破碎度指爆破岩石的块度或块度分布。

2.1.2.10　**单位耗药量**

单位耗药量指爆破单位体积岩石的炸药消耗量。

2.1.2.11　**炸药换算系数**

炸药换算系数指某炸药的爆炸力与标准炸药爆炸力之比（目前以 $2^{\#}$ 岩石铵梯炸药为标准炸药）。

2.2　工程炸药及装药量计算

2.2.1　炸药

2.2.1.1　**炸药的基本性能**

（1）爆力。爆力是指炸药在介质内部爆炸时对其周围介质产生的整体压缩、破坏和抛移能力。它的大小与炸药爆炸时释放出的能量大小成正比，炸药的爆热愈高，生成气体量愈多，爆力也就愈大。测定炸药爆力的方法常用铅铸扩孔法和爆破漏斗法。

（2）猛度。炸药的猛度是指炸药在爆炸瞬间对与药包相邻的介质所产生的局部压缩、粉碎和击穿能力。炸药爆速愈高，密度越大，其猛度愈大。测量炸药猛度的方法是铅柱压缩法。

（3）爆速。爆速是指爆炸时爆炸波沿炸药内部传播的速度。爆速测定方法有导爆索法、电测法和高速摄影法。

（4）殉爆。炸药爆炸时引起与它不相接触的邻近炸药爆炸的现象叫殉爆。殉爆反映了炸药对冲击波的感度。主发药包的爆炸引爆被发药包爆炸的最大距离称为殉爆距离。影响殉爆的因素有装药密度、药量和直径、药卷约束条件和药卷放置方向等。

（5）感度。炸药在外能作用下起爆的难易程度称为该炸药的感度。不同的炸药在同一外能作用下起爆的难易程度是不同的，起爆某炸药所需的外能小，则该炸药的感度高；起爆某炸药所需的外能高，则该炸药的感度低。炸药的感度对于炸药的制造加工、运输、储存、使用的安全十分重要。感度过高的炸药容易发生爆炸事故，而感度过低的炸药又给起爆带来困难。工业上大量使用的炸药一般对热能、撞击和摩擦作用的感度都较低，通常要靠起爆能来起爆。根据起爆能的不同，炸药的感度可分为热感度、撞击感度、摩擦感度和爆炸冲能感度。

（6）炸药的安定性。炸药的安定性指炸药在长期储存中，保持原有物理化学性质的能力。有物理安定性与化学安定性之分。物理安定性主要是指炸药的吸湿性、挥发性、可塑性、机械强度、结块、老化、冻结、收缩等一系列物理性质。物理安定性的大小取决于炸药的物理性质。如在保管使用硝化甘油类炸药时，由于炸药易挥发收缩、渗油、老化和冻结等导致炸药变质，严重影响保管和使用的安全性及爆炸性能。铵油炸药和矿岩石硝铵炸药易吸湿、结块，导致炸药变质严重，影响使用效果。炸药化学安定性的大小取决于炸药的化学性质及常温下化学分解速度的大小，特别是取决于储存温度的高低。有的炸药要求储存条件较高，如5#浆状炸药要求不会导致硝酸铵重结晶的库房温度是20～30 ℃，而且要求通风良好。

(7)氧平衡。氧平衡是指炸药在爆炸分解时的氧化情况。如果炸药中的氧恰好等于其中可燃物完全氧化所需的氧量，即产生二氧化碳和水，没有剩余的氧称为零氧平衡；若含氧量不足，可燃物不能完全氧化且产生一氧化碳，此时称为负氧平衡；若含氧量过多，将炸药所放出的氮也氧化成有害气体一氧化氮称为正氧平衡。

2.2.1.2 工程炸药的种类、品种

(1)炸药的分类。按其作用特点和应用范围，一般工程爆破使用的炸药可分为3种类型，见表2-1。

表2-1 工程爆破常用炸药分类

分类	特点	品种	应用范围
起爆药	感度高，加热、摩擦或撞击时易引起爆炸	主要有二硝基重氮酚、雷汞、迭氮化铅等	用于制作起爆器材，如火雷管、电雷管
猛炸药（单质猛炸药和混合猛炸药）	爆炸威力大，破碎岩石效果好；同起爆药相比，猛炸药感度较低，使用时需用起爆药起爆	单质猛炸药有梯恩梯、黑索金、泰安、硝化甘油等；混合猛炸药有硝铵炸药、铵油炸药、铵沥蜡炸药、铵松蜡炸药、浆状炸药、水胶炸药、乳胶炸药、高威力炸药等	混合猛炸药是工业爆破工程中用量最大、最基本的一类炸药；单质猛炸药是制造某种品种混合猛炸药的主要成分；黑索金、泰安又常用做导爆索的药芯，黑索金也常用做雷管副起爆药
发射药	对火焰的感度极高，余火能迅速燃烧，在密闭条件下可转为爆炸	常用黑火药	用做导火索的药芯

(2)常用炸药的性能。常用的炸药主要有梯恩梯、硝铵类炸药、胶质炸药、黑火药等，其主要性能和用途见表2-2。

表 2-2　常用炸药主要性能及用途

名称	主要性能及特性	用途
梯恩梯（TNT、三硝基甲苯）	淡黄色或黄褐色，味苦，有毒，爆烟也有毒；安定性好，对冲击和摩擦的敏感性不大；块状时不易受潮，威力大	1. 做雷管副起爆药 2. 适于露天及水下爆破，不宜用于通风不良的地下爆破
硝铵类炸药	硝铵类炸药是以硝酸铵为主要成分的混合炸药，常用的有铵梯炸药（又分露天铵梯炸药、岩石铵梯炸药、煤矿安全铵梯炸药）、铵油炸药、铵沥蜡炸药、浆状炸药、水胶炸药、乳化炸药等。炸药有毒，但爆烟毒气小，对热和机械作用敏感度不大，撞击摩擦不爆炸，不易点燃。易受潮，受潮后威力降低或不爆炸，长期存放易结块，雷管插入药包不得超过一昼夜	应用较广，适于一般岩石爆破，也可用于地下工程爆破
黑火药	由硝石（75%）、硫磺（10%）、木炭（15%）混合而成。带深蓝黑色，颗粒坚硬明亮，对摩擦、火花、撞击均较敏感，爆速低，威力小，易受潮，但制作简便，起爆容易（不用雷管）	常用于小型水利工程中的岩石爆破，不能用于水下工程
胶质炸药（硝化甘油）	由硝化棉吸收硝化甘油而制成，为淡黄色半透明体的胶状物，不溶于水，可在水中爆炸，威力大，敏感度高，有毒性。受撞击摩擦或折断药包均可引起爆炸，可点燃	主要用于水下爆破

（3）常用静态破碎剂。静态破碎剂是一种新型的破碎材料，它主要由氧化钙和无机化合物组成，其中氧化钙为主要膨胀源，它与水反应生成氢氧化钙固体，体积增大而对炮孔壁施加压力，从而达到破碎的作用。静态破碎剂使用方便，破碎介质没有响声、飞石、震动、空气冲击波和毒气，而且破裂方向可以控制，块度能满足要求，能有效地保护保留部分不受破坏。常用静态破碎剂型号及技术性能见表 2-3。

2.2.2　药包及其装药量计算

2.2.2.1　药包

为了爆破某一物体而在其中放置一定数量的炸药，称为药包。

2.2.2.2　药包的分类及使用

药包的分类及使用可见图 2-3、表 2-4。

表 2-3　静态破碎剂型号及技术性能

牌 号	型 号	使用季节	使用温度	膨胀压力	开裂时间	用 途
无声破碎剂	SCA－Ⅰ	夏季	20～25	30～50	10～50	用于砖、石、混凝土和钢筋混凝土建筑物、构筑物的拆除；破碎各种岩石；切割花岗岩、大理石等
	SCA－Ⅱ	春秋	10～25			
	SCA－Ⅲ	冬季	5～15			
	SCA－Ⅳ	寒冬	－5～8			
静态破碎剂	JC－2－Ⅰ	夏季	25	30～50	4～10	
	JC－2－Ⅱ	春秋	10～25			
	JC－2－Ⅲ	冬季	0～10			
	JC－2－Ⅳ	寒冬	0			
石灰静态破碎剂	YJ－Ⅰ	冬季	－5～15	30～35	0.7～6	
	YJ－Ⅱ	春秋	15～20			
	YJ－Ⅲ	夏季	25～45			
静态破碎（南京型）	Ⅰ	春秋	10～25		3～8	
	Ⅱ	冬季	5～15			
	Ⅲ	寒冬	－5～10			
	Ⅳ	夏季	25～35			

注：1. SCA 为塑料袋封装，每袋 5 kg，每箱 4 袋，要求初凝不早于 0.5 h，终凝不迟于 4 h。

2. 静态破碎剂有效使用期均为 6 个月。

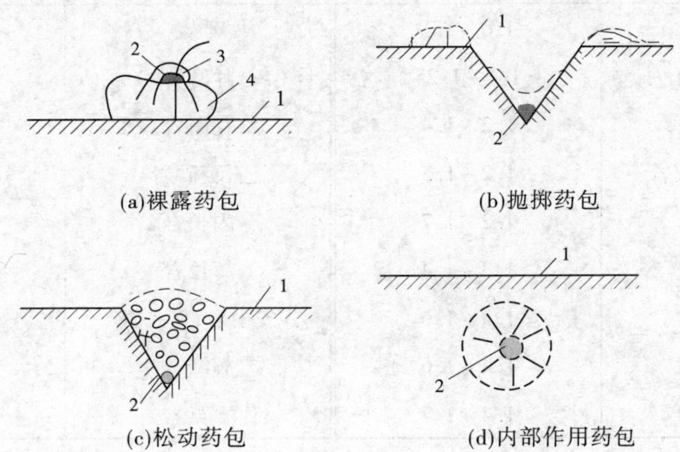

(a)裸露药包　(b)抛掷药包

(c)松动药包　(d)内部作用药包

1—临空面；2—药包；3—覆盖物（砂或黏土）；4—被爆破的物体

图 2-3　药包分类

表 2-4　药包的分类及使用

分类名称	药包形状	作用效果
集中药包	长边小于短边 4 倍	爆破效率高，省炸药和减少钻孔工作量，但破碎岩石块度不够均匀。多用于抛掷爆破
延长药包	长边超过短边 4 倍。延长药包又有连续药包和间隔药包两种形式	可均匀分布炸药，破碎岩石块度较均匀。一般用于松动爆破

2.2.2.3　装药量计算

爆破工程中的炸药用量计算，是一个十分复杂的问题，影响因素较多。实践证明，炸药的用量是与被破碎的介质体积成正比的。而被破碎的单位体积介质的炸药用量，其最基本的影响因素又是与介质的硬度有关。目前，由于还不能较精确地计算出各种复杂情况下的相应用药量，所以一般都是根据现场试验方法，大致得出爆破单位体积介质所需的用药量，然后再按照爆破漏斗体积计算出每个药包的装药量。

药包药量的基本计算公式是：

$$Q = KV \tag{2-2}$$

式中：K 为爆破单位体积岩石的耗药量，简称单位耗药量，kg/m^3；V 为标准抛掷漏斗内的岩石体积，m^3，$V = \frac{\pi}{3}W^3 \approx W^3$。

需要注意的是，单位耗药量 K 值的确定，应考虑多方面的因素，经综合分析后定出。常见岩土的标准单位耗药量见表 2-5。

表 2-5　单位耗药量 K 值

岩石种类	$K(kg/m^3)$	岩石种类	$K(kg/m^3)$
黏土	1.0 ~ 1.1	砾岩	1.4 ~ 1.8
坚实黏土、黄土	1.1 ~ 1.25	片麻岩	1.4 ~ 1.8
泥灰岩	1.2 ~ 1.4	花岗岩	1.4 ~ 2.0
页岩、板岩、凝灰岩	1.2 ~ 1.5	石英砂岩	1.5 ~ 1.8
石灰岩	1.2 ~ 1.7	闪长岩	1.5 ~ 2.1
石英斑岩	1.3 ~ 1.4	辉长岩	1.6 ~ 1.9
砂岩	1.3 ~ 1.6	安山岩、玄武岩	1.6 ~ 2.1
流纹岩	1.4 ~ 1.6	辉绿岩	1.7 ~ 1.9
白云岩	1.4 ~ 1.7	石英岩	1.7 ~ 2.0

注：1. 表中数据是以 2# 岩石铵梯炸药作为标准计算，若采用其他炸药时，应乘以炸药换算系数 e（见表 2-6）；
2. 表中数据是在炮眼堵塞良好的情况下确定出来的，如果堵塞不良，则应乘以 1 ~ 2 的堵塞系数，对于黄色炸药等烈性炸药，其堵塞系数不宜大于 1.7；
3. 表中 K 值是指一个自由面的情况。如果自由面超过 1 个，应按表 2-7 适当减少用药量。

故标准抛掷爆破药包药量计算公式(2-2)可以写为

$$Q = KW^3 \tag{2-3}$$

对于加强抛掷爆破

$$Q = (0.4 + 0.6n^3)KW^3 \tag{2-4}$$

对于减弱抛掷爆破

$$Q = \left(\frac{4 + 3n}{7}\right)^3 KW^3 \tag{2-5}$$

对于松动爆破

$$Q = 0.33KW^3 \tag{2-6}$$

式中:Q 为药包重量,kg;W 为最小抵抗线,m;n 为爆破作用指数。

表 2-6　炸药换算系数 e 值

炸药名称	型号	换算系数 e	炸药名称	型号	换算系数 e
岩石铵梯	1#	0.91	煤矿铵梯	1#	1.1
岩石铵梯	2#	1.00	煤矿铵梯	2#	1.28
岩石铵梯	2#抗水	1.00	煤矿铵梯	3#	1.33
露天铵梯	1#	1.04	煤矿铵梯	1#抗水	1.10
露天铵梯	2#	1.28	梯恩梯	三硝基甲苯	0.86
露天铵梯	3#	1.39	62%硝化甘油	—	0.75
露天铵梯	1#抗水	1.04	黑火药	—	1.70

表 2-7　自由面与用药量的关系

自由面数	2	3	4	5
减少药量百分数(%)	20	30	40	50

注:表中自由面的数目是按方向(上下、东南、西北)确定的,不是按被爆破体的几何形体确定的。

2.2.3　爆破的分类

爆破可按爆破规模、凿岩情况、要求等不同进行分类。

(1)按爆破规模可分为小爆破、中爆破、大爆破。

(2)按凿岩情况可分为浅孔爆破、深孔爆破、药壶爆破、洞室爆破、二次爆破。

(3)按爆破要求分。按爆破要求分为松动爆破、减弱抛掷爆破、标准抛掷爆破、加强抛掷爆破及定向爆破、光面爆破、预裂爆破、特殊物爆破(冻土、冰块等)。

2.3　起爆材料及起爆方法

2.3.1　起爆器材

起爆器材包括雷管、导火索和传爆线等。

2.3.1.1 火雷管

火雷管即普通雷管，由管壳、正副起爆药和加强帽三部分组成（见图 2-4）。管壳材料有铜、铝、纸、塑料等。上端开口，中段设加强帽，中有小孔，副起爆药压于管底，正起爆药压在上部。在管沟开口一端插入导火索，引爆后，火焰使正起爆药爆炸，最后引起副起。分 1 ~ 10 个号码，常用的为 6 号、8 号，其规格及主要性能见表 2-8。火雷管具有结构简单，生产效率高，使用方便、灵活，价格便宜，不受各种杂电、静电及感应电的干扰等优点。但由于导火索在传递火焰时，难以避免速燃、缓燃等致命弱点，在使用过程中爆破事故多，因此使用范围和使用量受到极大限制。

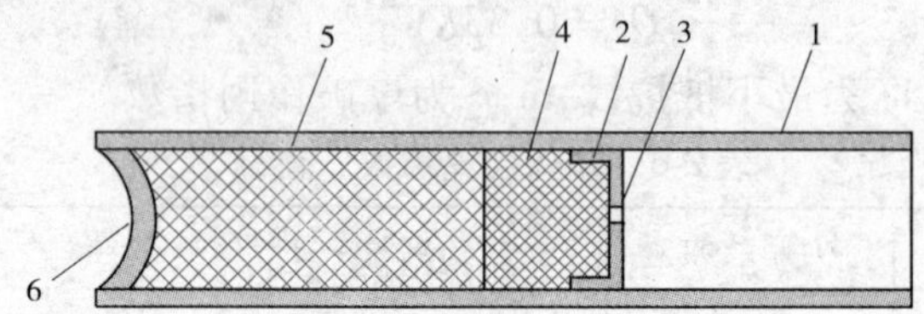

1—管壳；2—加强帽；3—帽孔；4—正起爆药；5—副起爆药；6—聚能窝槽

图 2-4 火雷管结构图

表 2-8 火雷管的规格及主要性能

雷管号码	6 号	6 号	8 号
雷管壳材料	铜铝铁	铜铝铁	纸
管壳（外径 × 全长）(mm)	6.6 ×35	6.6 ×40	7.8 ×45
加强帽（外径 × 全长）(mm)	6.16 ×6.5	6.16 ×6.5	(6.25 ~6.32) ×6
特性	与撞击、摩擦、搔扒、按压、火花、热等影响会发生爆炸；受潮容易失效		
点燃方法	利用导火索		
试验方法	外观检查：有裂口、锈点、砂眼、受潮、起爆药浮出等不能使用；振动试验：振动 5 min 不允许爆炸、洒药、加强帽移动；铅板炸孔：5 mm 厚的铅板（6 号用 4 mm 厚），炸穿孔径不小于雷管外径		
适用范围	用于一般爆破工程，但有沼气及矿尘较多的坑道工程不宜使用		
包装方式	内包装为纸盒，每盒 100 发；外包装为木箱，每箱 50 盒 5 000 发		
有效保质期	2 年		

2.3.1.2 电雷管

电雷管分瞬发电雷管和延期电雷管。延期电雷管分为秒或半秒延期电雷管与毫秒电雷管。

（1）瞬发电雷管。瞬发电雷管是瞬发火引爆的雷管，实际上它是由火雷管和 1 个发火元件组成，其结构如图 2-5（a）所示。当接通电源后，电流通过桥丝发热，使引火药头发火，导致整个雷管爆轰。

瞬发电雷管的主要技术指标有电阻、最高安全电流、最低准爆电流、铅板穿孔、进水时间等，其规格及主要性能见表 2-9。

表 2-9　瞬发电雷管的规格及主要性能

项目		紫铜雷管		铝雷管		纸雷管
规格（直径×长）(mm))		6.6×35	6.6×40	6.6×35	6.6×40	7.8×45
脚线长度(mm)		750～1 200	1 000～1 600	1 500	2 000	2 500
性能	电阻(Ω)	0.85～1.2	0.90～1.25	0.95～1.35	1.05～1.45	1.15～1.55
	齐发性	发串联齐爆(通以 1.2 A 电流)				
	安全电流	0.05 A(康铜桥丝)；0.02 A(镍铬桥丝)				
	发火电流	0.5～1.5 A				
检验方法		金属壳雷管表面有绿色斑点和裂缝、皱痕或起爆药浮出；纸壳雷管表面有松裂，管底起爆药有碎裂以及脚线有扯断者，均不能使用 用小型电阻表检查电阻，同一线路中，雷管电阻差≤0.2 Ω 震动 5 min 不允许爆炸、结构损坏、断路、短路 5 mm 厚的铅板(6 号用 4 mm 厚)，炸穿直径不小于雷管外径				
适用范围		用于一切爆破工程起爆炸药、导爆索、导爆管，但在有瓦斯及矿尘爆炸危险的坑道工程不宜使用				
包装方式		内包装纸盒，每盒 100 发；外包装木箱，每箱 10 盒 1 000 发				
有效保质期		2 年				

(2)普通延期电雷管。普通延期电雷管是雷管通电后，间隔一定时间才起爆的电雷管。延期时间为半秒或 1 秒；延期时间是用精致导火索段或延期药来达到的。延期时间由其长度、药量和延期药配比来调节。采用精致导火索段的结构称为索式结构；采用延期体的结构称为装配式结构。

秒或半秒延期电雷管的结构如图 2-5(b)所示，该类雷管主要用于隧道掘进、采石、土方开挖等爆破作业中，在有瓦斯和煤尘爆炸危险的工作面不准使用延期电雷管。

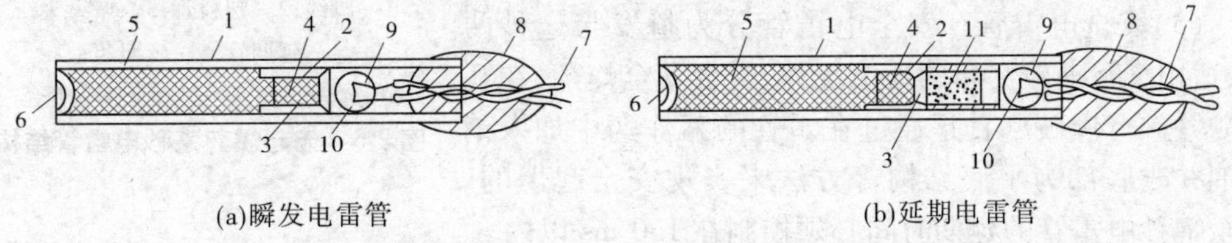

(a)瞬发电雷管　　(b)延期电雷管

1—管壳；2—加强帽；3—帽孔；4—正起爆药；5—副起爆药；
6—聚能窝槽；7—脚线；8—绝缘涂胶；9—球形发火剂；10—电阻丝；11—缓燃剂

图 2-5　电雷管结构

(3)毫秒电雷管。毫秒电雷管有等间隔和非等间隔之分，段与段之间的间隔时间相等的称为等间隔,反之为非等间隔。

毫秒电雷管在爆破中应用越来越多,可降低爆破地震波、保护边坡、控制飞石。毫秒电雷管正在向高精度、多段数、多品种、多系列的方面发展,同时还要求它能抗静电、抗杂静电、耐高温、抗深水,以满足各种特殊要求的爆破需要。

抗杂散电流毫秒电雷管。抗杂散电流毫秒电雷管简称为抗杂电雷管,按其抗杂电原理可分为容抗式、无桥丝式、低阻桥丝式 3 种。我国 20 世纪 70 年代中期研制成功了无桥丝式和低阻桥丝式两种抗杂电雷管。

无桥丝式电雷管是利用导电药代替桥丝。导电药起导电、发热作用,其电阻与电压有特殊关系,外接电压低,电阻值高;外接电压高,则电阻值低,电流可以起爆电雷管,这样就可满足工程爆破的抗杂散电流的要求。该种雷管的主要技术指标如下:

电阻为 50~400 Ω;安全电压为 5 V 时,5 min 不发火;准爆电压为 20 V/发;380 V 交流电 1 次串联起爆 20 发;抗温性能为 -20 ℃恒温 5 h、+55 ℃恒温 2 h,发火性能不变。

该种雷管具有一定的抗杂电能力,能满足绝大部分矿山抗杂电的要求,结构简单,使用方便,群爆性能好;但电雷管电阻变化范围大,网络电阻难于平衡。

低阻桥丝式抗杂电毫秒电雷管是采取降低桥丝电阻来控制发热量,使药头不会发火引爆,使杂电的能量大部分消耗在脚线上。该种雷管具有结构简单,有较高的抗杂电能力,能满足国内大部分有杂电的矿山的爆破要求。但由于桥丝电阻小,对网络绝缘要求很高,难于达到要求时则易产生拒爆,使用受到限制。

(4)无起爆药毫秒电雷管。无起爆药雷管是目前最先进、最安全的雷管,由于取消雷管中正起爆药,实现整雷管只有单一猛炸药,并解决了无起爆药电雷管的群爆问题,其结构如图 2-6 所示。

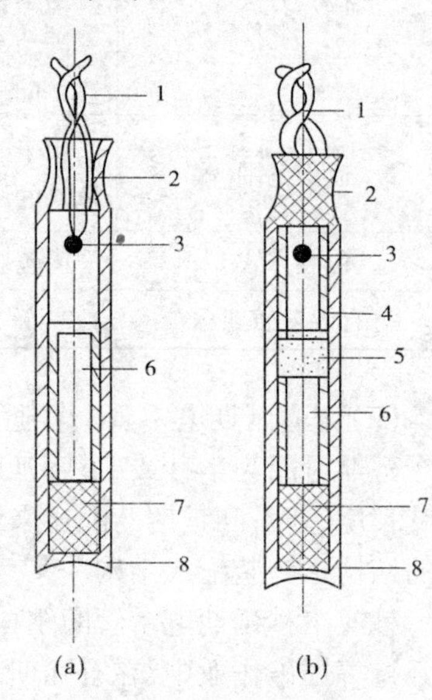

1—脚线;2—塑料管;3—点火头;4—延期管;5—延期药;6—起爆元件;7—黑索金;8—管壳

图 2-6 无起爆药毫秒电雷管结构

无起爆药雷管电性能和爆炸威力与普通毫秒雷管相同;冲击感度低于普通电雷管;耐火性能比普通雷管要好。由于其结构简单,操作使用完全可与普通雷管同样对待。

(5)安全电雷管。安全电雷管分为瞬发与毫秒两种,适用于瓦斯较突出的地下工程,配合安全炸药,在瓦斯矿井进行爆破。它是通过在雷管的猛炸药中加入消焰剂并改底部为平底结构等方法来实现安全起爆的。安全毫秒电雷管的延期时间必须控制在 130 ms 以内。

(6)非电雷管。非电雷管是指专用于非电导爆管起爆系统的雷管,包括瞬发、秒差和毫秒雷管,产品已成系统化,可应用于各种工程爆破。

2.3.1.3 导火索

导火索是用来起爆火雷管和黑火药的起爆材料。用于一般爆破工程,不宜用于有瓦斯或矿尘爆炸危险的作业面。它是用黑火药作芯药,用麻、棉纱和纸作包皮,外面并涂有沥青、油脂等防潮剂。

导火索的燃烧速度有两种：正常燃烧速度为 100 ~ 120 m/s，缓燃速度为 180 ~ 210 m/s。喷火强度不低于 50 mm。

国产导火索每盘长 250 m，耐水性一般不低于 2 h，直径 5 ~ 6 mm。

2.3.1.4 导爆索

导爆索用强度大、爆速高的烈性黑索金作为药芯，以棉线、纸条为包缠物，并涂以防潮剂，表面涂以红色，索头涂以防潮剂。

技术指标。外径 4.8 ~ 6.2 mm；爆速不低于 6 500 m/s；抗拉强度不小于 3 kN；点燃：用火焰点燃时不爆燃、不起爆；起爆性能：2 m 长的导爆索能完全起爆一个 200 g 的压装梯恩梯药块；导爆性能：用 8#雷管起爆时能安全起爆。

导爆索不受电的干扰，使用安全，起爆准确可靠，并能同时起爆多个炮孔，同步性好，故在控制爆破中广泛应用；施工装药比较安全，网络敷设简单可靠；可在水孔或高温炮孔中使用。

2.3.1.5 导爆管

导爆管是一种半透明的具有一定强度、韧性、耐温、不透水的塑料管起爆材料。在塑料软管内壁涂薄薄一层胶状高性能混合炸药（主要为黑索金或奥克托金）装药量为 16 ± 1.6 g/m。

它具有抗火、抗电、抗冲击、抗水以及导爆安全等特性。

其技术指标有：外径 3 mm，内径 1.4 mm，爆速 1 650 ~ 1 950 m/s，抗拉力 25 ℃时，不低于 70 N；50 ℃时，不低于 50 N；－40 ℃时，不低于 100 N；耐静电性能：在 30 kV，30 pF，极距 10 cm 条件下，1 min 不起爆。

耐温性：(50 ± 5) ℃；(－40 ± 5) ℃时起爆，传爆可靠。

导爆管主要用于无瓦斯、矿尘的露天、井下、深水、杂散电流大和一次起爆多数炮孔的微差爆破作业中，或上述条件下的瞬发爆破或秒延期爆破。

2.3.2 起爆方法

常用的起爆方法可分为电力起爆法、非电力起爆法和无线起爆法 3 类。非电力起爆法又包括火雷管起爆法、导爆索起爆法和导爆管起爆法。

2.3.2.1 电力起爆法

电力起爆法就是利用电能引爆电雷管进而起爆炸药的起爆方法，它所需的起爆器材有电雷管、导线和起爆源等。本法可以同时起爆多个药包，可间隔延期起爆，安全可靠。但是操作较复杂，准备工作量大，需较多电线，需一定检查仪表和电源设备。适用于大中型重要的爆破工程。

电力起爆网路主要有起爆电源、导线、电雷管等组成。

1. 起爆电源

电力起爆的电源，可用普通照明电源或动力电源，最好是使用专线。当缺乏电源而爆破规模又较小和起爆的雷管数量不多时，也可用干电池或蓄电池组合使用。另外，还可以使用电容式起爆电源，即发爆器起爆。国产的发爆器有 10 发、30 发、50 发和 100 发等几种型号，最大一次可起爆100个以内串联的电雷管，十分方便。但因其电流很小，故不能起爆并联雷管。常用的形式有DF－100型、FR81－25型、FR81－50型。

2. 导线

电爆网路中的导线一般采用绝缘良好的铜线和铝线。在大型电爆网络中的常用导线按其位置和作用划分为端线、连接线、区域线和主线。端线用来加长电雷管脚线，使之能引出孔口或洞室之外。端线通常采用断面0.2～0.4 mm^2 的铜芯塑料皮软线。连接线是用来连接相邻炮孔或药室的导线，通常采用断面为1～4 mm^2 的铜芯或铝芯线。主线是连接区域与电源的导线，常用断面为16～150 mm^2 的铜芯或铝芯线。

3. 电雷管

电雷管的主要参数有：最高安全电流、最低准爆电流、电雷管电阻。

（1）最高安全电流。给电雷管通以恒定的直流电，在较长时间（5 min）内不致使受发电雷管引火头发火的最大电流，称为电雷管最高安全电流。按规定，国产电雷管通50 mA的电流，持续5 min不爆的为合格产品；按安全规程规定，测量电雷管电爆网络的爆破仪表，其输出工作电流不得大于30 mA。

（2）最低准爆电流。给电雷管通一恒定的直流电，保证在1 min内必定使任何一发电雷管都能起爆的最小电流，称为最低准爆电流。国产电雷管的准爆电流不大于0.7 A。

（3）电雷管电阻。电雷管电阻是指桥丝电阻与脚线电阻之和，又称电雷管安全电阻。电雷管在使用前应测定每个电雷管的电阻值（只准使用规定的专用仪表），在同一爆破网络中使用的电雷管应为同厂同型号产品。康铜桥丝雷管的电阻值差不得超过0.3 Ω；镍铬桥丝雷管的电阻值差不得超过0.8 Ω。电雷管的电阻值是进行电爆网络计算不可缺少的参数。

4. 电爆网络的连接方式

当有多个药包联合起爆时，电爆网路的连接可以采用串联、并联、串并联、并串联等方式（见图2-7、图2-8）。

（1）串联法。串联法是将电雷管的脚线一个接一个地连在一起，并将两端的两根脚线接至主线，并通向电源。该法线路简单，计算和检查线路较易，导线消耗较小，需准爆电流小，可用放炮器、干电池、蓄电池作起爆电源。但整个起爆电路可靠性差，如一个雷管发生故障，或敏感度有差别时，易发生拒爆现象。适用于爆破数量不多、炮孔分散、电源电流不大的小规模爆破。

网络的计算：

总电阻

$$R = R_1 + R_2 + NR_A + R' \tag{2-7}$$

准爆电流

$$I = i \tag{2-8}$$

所需电压

$$E = RI = (R_1 + R_2 + NR_A + R')i \tag{2-9}$$

式中：R 为电爆网路中的总电阻，Ω；I 为电爆网路中所需总的准爆电流，A；R_1 为主导线的电阻，Ω；R_2 为端线、连接线、区域线的电阻，Ω；N 为电雷管的数目，个；E 为电源的电压，

V;R_A 为每个电雷管的电阻,Ω,一般常取 1.5 Ω;i 为通过每个电雷管所需的准爆电流,A,对于用直流电源起爆成组电雷管,应不小于 2 A,对于用交流电源起爆,应不小于 2.5 A;R'为电源的内电阻,Ω,当用照明线路或动力线路时可忽略不计。

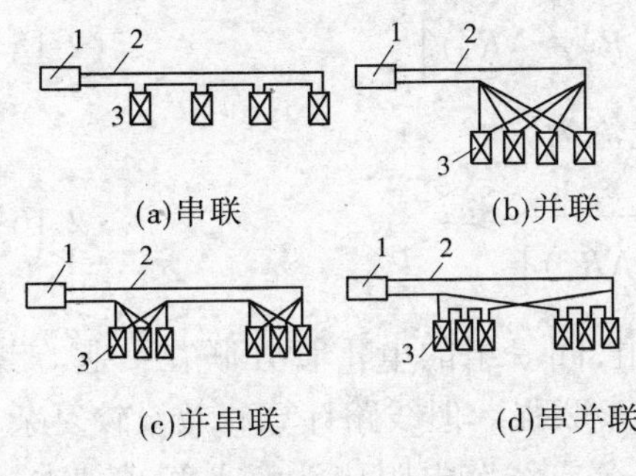

1—电源;2—输电线;3—药包

图 2-7 电爆网络连接法

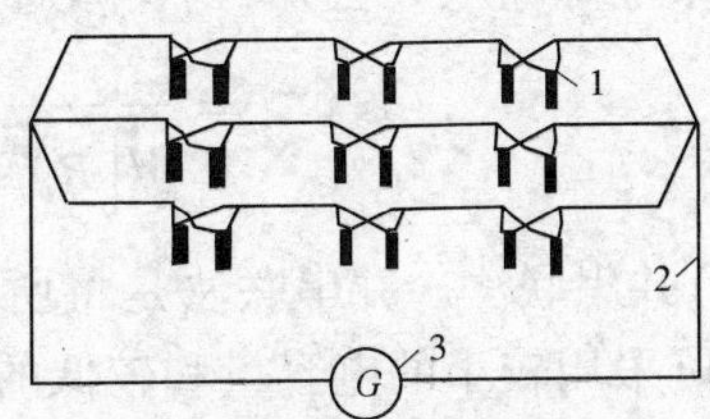

1—雷管;2—主线;3—电源

图 2-8 并串联电爆网络

如果 E 为已知,则实际通过电雷管的电流强度为

$$I = \frac{E}{R_1 + R_2 + NR_A + R'} \geqslant i \tag{2-10}$$

(2)并联法。并联法是将所有电雷管的两根脚线分别接在两根主线上,或将所有雷管的其中一根脚线集合在一起,然后接在一根主线上,把另一根脚线也集合在一起,接在另一根主线上。其特点是各个雷管的电流互不干扰,不易发生拒爆现象,当一个电雷管有故障时,不影响整个网络起爆。但导线电流消耗大,需较大截面主线;连接较复杂,检查不便;若分支电阻相差较大时,可能产生不同时爆炸或拒爆。适用于炮孔集中、电源容量较大及起爆小量雷管时使用。网络的计算如下:

总电阻

$$R = R_1 + R' + \frac{R_A}{N} + \frac{R_2}{M} \tag{2-11}$$

准爆电流

$$I = Ni \tag{2-12}$$

所需电压

$$E = RI = Ni(R_1 + R' + \frac{R_A}{N} + \frac{R_2}{M}) \tag{2-13}$$

式中:M 为药室的数目,$M = N$; 其余符号意义同前。

(3)串并联法。串并联法是将所有雷管分成几组,同一组的电雷管串联在一起,然后组与组之间再并联在一起。这种方法需要的电流容量比并联小,同组中的电流互不干扰;药室中使用成对的电雷管,可增加起爆的可靠性。但线路计算和敷设复杂;导线消耗量大。该法适用于每次爆破的炮孔、药包组很多,且距离较远或全部并联电流不足的场合。网络的计算如下:

总电阻

$$R = R_1 + R' + \frac{1}{M}(R_2 + NR_A) \tag{2-14}$$

准爆电流

$$I = Mi$$

所需电压

$$E = RI = Mi\left[R_1 + R' + \frac{1}{M}(R_2 + NR_A)\right] \tag{2-15}$$

如果电源电压 E 已知,则实际通过每个雷管的电流为

$$I = \frac{E}{M\left[R_1 + R' + \frac{1}{M}(R_2 + NR_A)\right]} \geqslant i \tag{2-16}$$

(4)并串联法。并串联法是将所有雷管分成几组,同一组的电雷管并联在一起。其特点是可采用较小的电容量和较低的电压,可靠性比串联强。但线路计算和敷设较复杂,有一个雷管拒爆时,将切断一个分组的线路。该法各分支线路电阻应注意平衡或基本接近。这种方法适用于一次起爆多个药包,且药室距离很长,或每个药室设两个以上的电雷管,而又要求进行迟发起爆的场合。

总电阻

$$R = R_1 + R' + \frac{MR_A}{N} + R_2 \tag{2-17}$$

准爆电流

$$I = Ni$$

所需电压

$$E = RI = Ni\left(R_1 + R' + \frac{MR_A}{N} + R_2\right) \tag{2-18}$$

式中:M 为药室的数目;N 为并联成组每一支路电雷管的数目;其余符号意义同前。

2.3.2.2 非电力起爆法

1. 火花起爆法

火花起爆法是以导火索燃烧时的火花引爆雷管进而起爆炸药的起爆方法。火花起爆法所用的材料有火雷管、导火索及点燃导火索的点火材料等。

火花起爆法的优点是操作简单,准备工作少,成本较低。缺点是操作人员操作地点不够安全。目前主要用于浅孔和裸露药包的爆破,在有水或水下爆破中不能使用。

2. 导爆索起爆法

用导爆索爆炸产生的能量直接引爆药包的起爆方法。这种起爆方法所用的起爆器材有雷管、导爆索、继爆管等。

导爆索起爆法的优点是导爆速度高,可同时起爆多个药包,准爆性好;连接形式简单,无复杂的操作技术;在药包中不需要放雷管,故装药、堵塞时都比较安全。缺点是成本高,不能用仪表来检查爆破线路的好坏。适用于瞬时起爆多个药包的炮孔、深孔或洞室爆破。

导爆索起爆网络的连接方式有并簇联和分段并联两种。

(1)并簇联。并簇联是将所有炮孔中引出的支导爆索的末端捆扎成一束或几束,然后再与一根主导爆索相连接(如图 2-9 所示)。这种方法同爆性好,但导爆索的消耗量较大,一般用于炮孔数不多又较集中的爆破中。

(2)分段并联法。分段并联法是在炮孔或药室外敷设一条主导爆索，将各炮孔或药室中引出的支导爆索分别依次与主导爆索相连（如图 2-10 所示）。分段并联法网络，导爆索消耗量小，适应性强，在网络的适当位置装上继爆管，可以实现毫秒微差爆破。

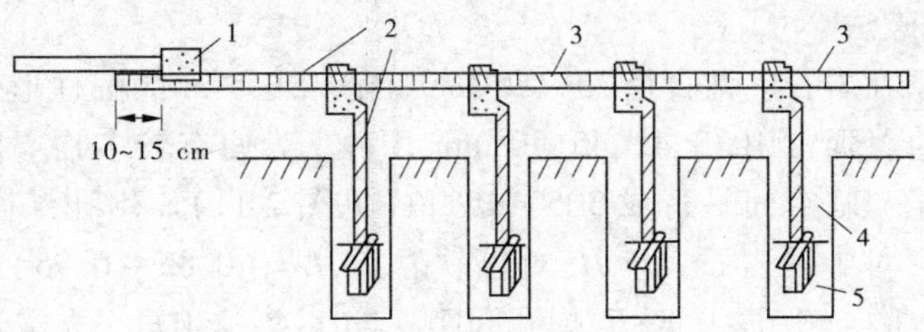

1—雷管；2—导爆索；3—主线；4—支线；5—药室

图 2-9 导爆索起爆并簇联

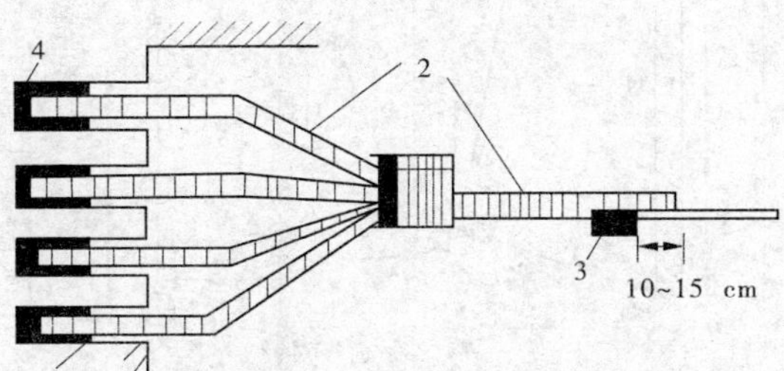

1—炮孔；2—导爆索；3—雷管；4—药包

图 2-10 导爆索起爆分段并联

3. 导爆管起爆法

导爆管起爆法是利用塑料导爆管来传递冲击波引爆雷管，然后使药包爆炸的一种新式起爆方法。导爆管起爆网络通常由激发元件、传爆元件、起爆元件和连接元件组成。这种方法导爆速度高，可同时起爆多个药包；作业简单、安全；抗杂散电流，起爆可靠。但导爆管连接系统和网络设计较为复杂。适用于露天、井下、深水、杂散电流大和一次起爆多个药包的微差爆破作业中进行瞬发或秒延期爆破。

2.4 爆破的基本方法

2.4.1 爆破的基本方法

2.4.1.1 裸露爆破法

裸露爆破法又称表面爆破法，系将药包直接放置于岩石的表面进行爆破。

药包放在块石或孤石的中部凹槽或裂隙部位，体积大于 1 m^3 的块石，药包可分数处放置，或在块石上打浅孔或浅穴破碎。为提高爆破效果，表面药包底部可做成集中爆力穴，药包上护以草皮或是泥土沙子，其厚度应大于药包高度或以粉状炸药敷 30 cm，用电雷管或导爆索起爆。

裸露爆破法不需钻孔设备，操作简单迅速，但炸药消耗量大（比炮孔法多3~5倍），破碎岩石飞散较远。适于地面上大块岩石、大孤石的二次破碎及树根、水下岩石与改建工程的爆破。

2.4.1.2 浅孔爆破法

浅孔爆破法系在岩石上钻直径25~50 mm、深0.5~5 m的圆柱形炮孔，装延长药包进行爆破。炮孔直径通常用35、42、45、50 mm几种。为使有较多临空面，常按阶梯型爆破使炮孔方向尽量与临空面平行成30°~45°角（见图2-11）。炮孔深度L：对坚硬岩石，$L=(1.1\sim1.5)H$；对中硬岩石，$L=H$；对松软岩石，$L=(0.85\sim0.95)H$（H为爆破层厚度）。最小抵抗线$W=(0.6\sim0.8)H$；炮孔间距$a=(1.4\sim2.0)W$（火雷管起爆时），或$a=(0.8\sim2.0)W$（电力起爆时）。

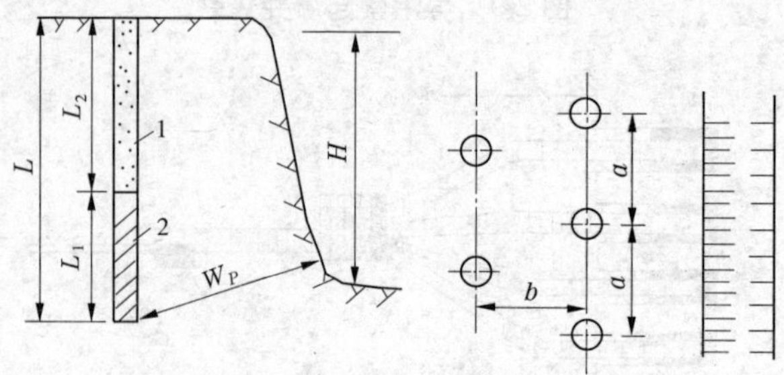

1—堵塞物；2—药包；

L_1—装药深度；L_2—堵塞深度；L—炮孔深度

图2-11 浅孔法阶梯开挖布置

炮孔布置一般为交错梅花形，依次逐排起爆，炮孔排距$b=(0.8\sim1.2)W$；同时起爆多个炮孔应采用电力起爆或导爆索起爆。

浅孔爆破法不需复杂钻孔设备；施工操作简单，容易掌握；炸药消耗量少，飞石距离较近，岩石破碎均匀，便于控制开挖面的形状和尺寸，可在各种复杂条件下施工，在爆破作业中被广泛采用。但爆破量较小，效率低，钻孔工作量大。适于各种地形和施工现场比较狭窄的工作面上作业，如基坑、管沟、渠道、隧洞爆破或用于平整边坡、开采岩石、松动冻土以及改建工程拆除控制爆破。

2.4.1.3 深孔爆破法

深孔爆破法系将药包放在直径75~270 mm、深5~30 m的圆柱形深孔中爆破。爆破前宜先将地面爆成倾角大于55°阶梯形，作垂直、水平或倾斜的炮孔，见图2-12。钻孔用轻、中型露天潜孔钻。

$$h=(0.1\sim0.15)H$$
$$a=(0.8\sim1.2)W$$
$$b=(0.7\sim1.0)W$$

装药采用分段或连续。爆破时，边排先起爆，后排依次起爆。

深孔爆破法单位岩石体积的钻孔量少，耗药量少，生产效率高。一次爆落石方量多，操作机械化，可减轻劳动强度。适用于料场、深基坑的松爆，场地整平以及高阶梯中型爆破各种岩石。

2.4.1.4 **药壶爆破法**

药壶爆破法又称葫芦炮、坛子炮，系在炮孔底先放入少量的炸药，经过一次至数次爆破，扩大成近似圆球形的药壶(见图 2-13)，然后装入一定数量的炸药进行爆破。

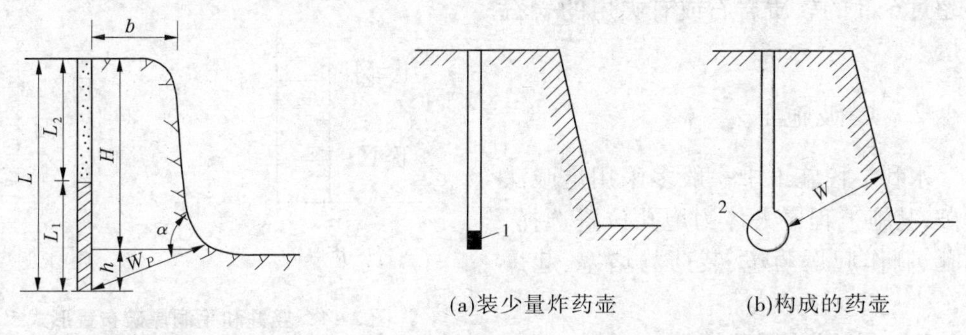

1—药包;2—药壶

图 2-12 深孔爆破法

图 2-13 药壶爆破法

爆破前，地形宜先造成较多的临空面，最好是立崖和台阶。

一般取 $W=(0.5\sim0.8)H$；$a=(0.8\sim1.2)W$；$b=(0.8\sim2.0)W$；堵塞长度为炮孔深的 0.5~0.9 倍。

每次爆扩药壶后，须间隔 20~30 min。扩大药壶用小木柄铁勺掏渣或用风管通入压缩空气吹出。当土质为黏土时，可以压缩，不需出渣。药壶法一般宜与炮孔法配合使用，以提高爆破效果。

药壶爆破法一般宜用电力起爆，并应敷设两套爆破路线；如用火花起爆，当药壶深在 3~6 m，应设两个火雷管同时点爆。药壶爆破法可减少钻孔工作量，可多装药，炮孔较深时，将延长药包变为集中药包，大大提高爆破效果。但扩大药壶时间较长，操作较复杂，破碎的岩石块度不够均匀，对坚硬岩石扩大药壶较困难，不能使用。适用于露天爆破阶梯高度 3~8 m 的软岩石和中等坚硬岩层；坚硬或节理发育的岩层不宜采用。

2.4.1.5 **洞室爆破法**

洞室爆破法又称竖井法、蛇穴法，系在岩石内部开挖导洞(横洞或竖井)和药室进行爆破。

导洞截面一般为 1 m×1.5 m(横洞)或 1 m×1.2 m 或直径 1.2 m(竖井)，设单药室或双药室(见图 2-14)。横洞截面小于 0.6 m×0.6 m 时称蛇穴。药室应选择在最小抵抗线 W 比较大的地方或整体岩层内，并离边坡 1.5 m 左右。按洞长度一般为 5~7 m，其间距为洞深的 1.2~1.5 倍。竖井深度一般为$(0.9\sim1.0)H$，$a=b=(0.6\sim0.8)H$，药室应在离底 0.3~0.7 m 处，再开挖浅横洞装集中药包。蛇穴底部即为药室。导洞及药室用人力或机械打炮孔爆破方法进行，横洞用轻轨小平板车出渣；竖井用卷扬机、绞车或桅杆吊斗出渣。横洞堵塞长度不应小于洞高的 3 倍，堵塞材料用碎石和黏土(或沙)的混合物，靠近药室处宜用黏土或砂土堵塞密实。

洞室爆破法操作简单，爆破效果比炮孔法高，节约劳力，出渣容易(对横洞而言)，凿孔工作量少，技术要求不高，同时不受炸药品种限制，可用黑火药，但开洞工作量大，较费时,排水堵洞较困难,速度慢,比药壶法费工稍多,工效稍低,适于六类以上的较大量的坚硬石方爆破;竖井适于场地整平、基坑开挖松动爆破;蛇穴适于阶梯高不超过6 m的软质岩石或有夹层的岩石松爆。

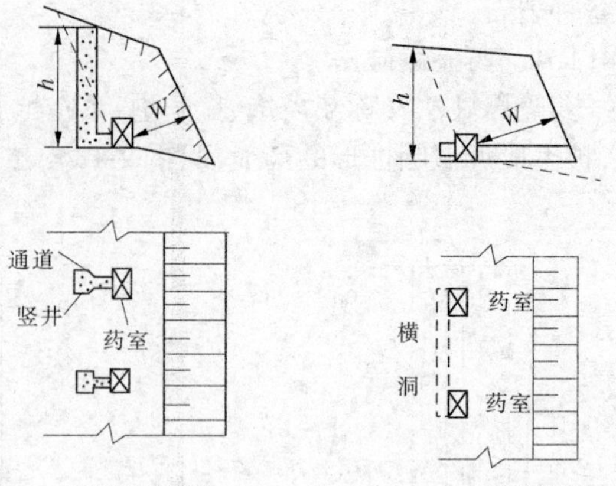

2.4.2 爆破施工

水利工程施工中一般多采用炮眼法爆破,其施工程序大体为炮孔位置选择、钻孔、制作起爆药包、装药与堵塞、起爆等。

(a)竖井爆破 (b)平洞爆破

图 2-14 竖井和平洞爆破布置形式

2.4.2.1 炮孔位置选择

选择炮孔位置时应注意以下几点:

(1)炮孔方向尽量不要与最小抵抗线方向重合,以免产生冲天炮。

(2)充分利用地形或利用其他方法增加爆破的临空面,提高爆破效果。

(3)炮孔应尽量垂直于岩石的层面、节理与裂隙,且不要穿过较宽的裂缝以免漏气。

2.4.2.2 钻孔

1.人工打眼

人工打眼仅适用于钻设浅孔。人工打眼有单人打眼、双人打眼等方法。打眼的工具有钢杆、铁锤和掏勺等。

2.风钻打眼

风钻是风动冲击式凿岩机的简称,在水利工程中使用最多,见图2-15。风钻按其应用条件及架持方法可分为手持式、柱架式和伸缩式等。目前,我国水利工地普通采用的风钻型号与性能见表2-10。风钻用空心钻钎送入压缩空气将孔底凿碎的岩粉吹出,叫做干钻;用压力水将岩粉冲出叫做湿钻。国家规定地下作业必须使用湿钻以减少粉尘,保护工人身体健康。

表 2-10 风钻型号与性能

性能	型号		
	Y-30(01~03)	YT-25	YT-23(7655)
重量(kg)	28	23	23
耗气量(m^3/min)	2.4	<2.6	<3.6
使用风压(kPa)	392~588	490~588	490
钻孔直径(mm)	40~45	34~38	34~38
钻孔深度(m)	4	4	5
钻机长度(mm)	635	660	628
冲击频率(次/min)	1 600	>1 800	2 100

3. 潜孔钻

潜孔钻是一种回转冲击式钻孔设备，其工作机构（冲击器）直接潜入炮孔内进行凿岩，故名潜孔钻，见图2-16。潜孔钻是先进的钻孔设备，它的工效高，构造简单，在大型水利工程中被广泛采用。

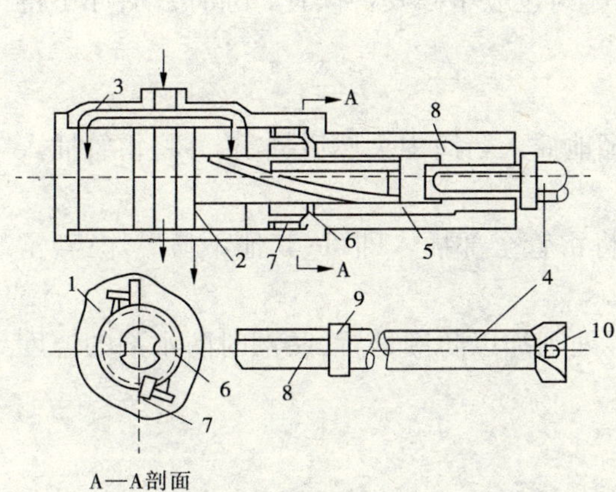

1—气缸；2—活塞；3—配气孔道；4—钎杆；
5—转动套管；6—棘轮；7—棘爪；8—钎尾；
9—凸环；10—钻头

图2-15　风动冲击凿岩机构

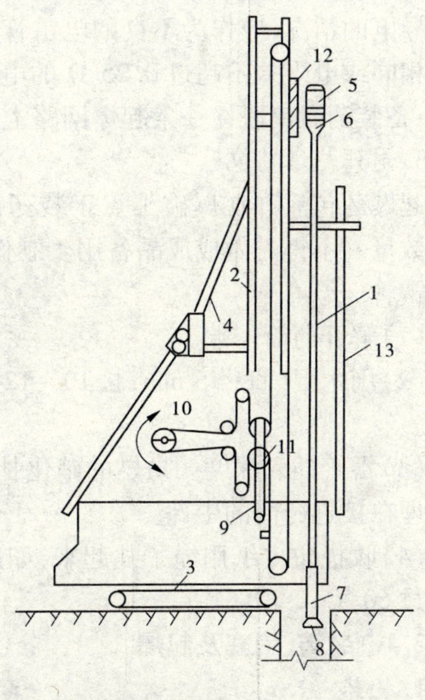

1—钻杆；2—滑架；3—履带；4—拉杆和调斜度板；
5—电动机；6—减速箱；7—冲击器；8—钻头；
9—推压气缸；10—卷扬机；11—托架；
12—滑板；13—副钻杆

图2-16　潜孔钻

2.4.2.3　制作起爆药包

1. 火线雷管的制作

将导火索和火雷管联结在一起，叫火线雷管。制作火线雷管应在专用房间内，禁止在炸药库、住宅、爆破工点进行。制作的步骤是：

(1) 检查雷管和导火索；

(2) 按照需要长度，用锋利小刀切齐导火索，最短导火索不应少于60 cm；

(3) 把导火索插入雷管，直到接触火帽为止，不要猛插和转动；

(4) 用铰钳夹夹紧雷管口（距管口5 mm以内），如图2-17所示，固定时，应使该钳夹的侧面与雷管口相平，如无铰钳夹，可用胶布包裹，严禁用嘴咬；

(5) 在接合部包上胶布防潮，当火线雷管不马上使用时，导火索点火的一端也应包上胶布。

2. 电雷管检查

对于电雷管应先做外观检查,把有擦痕、生锈、铜绿、裂隙或其他损坏的雷管剔除,再用爆破电桥或小型欧姆计进行电阻及稳定性检查。为了保证安全,测定电雷管的仪表输出电流不得超过 50 mA。如发现有不导电的情况,应作为不良的电雷管处理。然后把电阻相同或电阻差不超过 0.25 Ω 的电雷管放置在一起,以备装药时串联在一条起爆网路上。

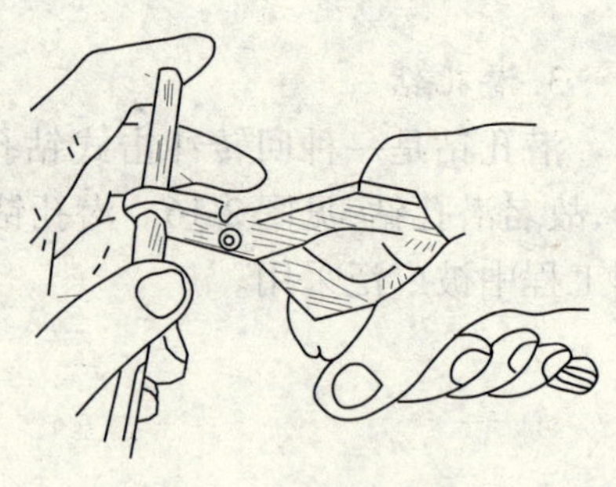

图 2-17 火线雷管制作

3. 制作起爆药包

起爆药包只许在爆破工点于装药前制作该次所需的数量。不得先做成成品备用。制作好的起爆药包应小心妥善保管,不得震动,亦不得抽出雷管。

(1)解开药筒一端。

(2)用木棍(直径 5 mm,长 10 ~ 12 cm)轻轻地插入药筒中央然后抽出,并将雷管插入孔内。

(3)雷管插入深度。易燃的硝化甘油炸药将雷管全部插入即可;其他不易燃炸药,雷管应埋在接近药筒的中部。

(4)收拢包皮纸用绳子扎起来,如用于潮湿处则加以防潮处置,防潮时防水剂的温度不超过 60 ℃。

2.4.2.4 装药、堵塞及起爆

1. 装药

在装药前首先了解炮孔的深度、间距、排距等,由此决定装药量。根据孔中是否有水决定药包的种类或炸药的种类。同时还要清除炮孔内的岩粉和水分。在干孔内可装散药或药卷。在装药前,先用硬纸或铁皮在炮孔底部架空,形成聚能药包。炸药要分层用木棍压实,雷管的聚能穴指向孔底,雷管装在炸药全长的中部偏上处。在有水炮孔中装吸湿炸药时,注意不要将防水包装捣破,以免炸药受潮而拒爆。当孔深较大时,药包要用绳子吊下,不允许直接向孔内抛投,以免发生爆炸危险。

2. 堵塞

装药后即进行堵塞。对堵塞材料的要求是:与炮孔壁摩擦作用大,材料本身能结成一个整体,充填时易于密实,不漏气,可用 1:2的黏土粗砂堵塞,堵塞物要分层用木棍压实。在堵塞过程中,要注意不要将导火线折断或破坏导线的绝缘层。

3. 起爆

上述工序完成后即可进行起爆。

2.5 控制爆破

控制爆破是为达到一定预期目的的爆破,如定向爆破、预裂爆破、光面爆破、岩塞爆破、微差控制爆破、拆除爆破、静态爆破、燃烧剂爆破等。下面仅介绍水利工程常用的几种。

2.5.1 定向爆破

定向爆破是一种加强抛掷爆破技术,它利用炸药爆炸能量的作用,在一定的条件下,可将一定数量的土岩经破碎后,按预定的方向,抛掷到预定地点,形成具有一定质量和形状的建筑物或开挖成一定断面的渠道的目的。

在水利水电建设中,可以用定向爆破技术修筑土石坝、围堰、截流戗堤以及开挖渠道、溢洪道等。在一定条件下,采用定向爆破方法修建上述建筑物,较之用常规方法可缩短施工工期、节约劳力和资金。

定向爆破主要是使抛掷爆破最小抵抗线方向符合预定的抛掷方向,并且在最小抵抗线方向事先造成定向坑,利用空穴聚能效应,集中抛掷,这是保证定向的主要手段。造成定向坑的方法,在大多数情况下,都是利用辅助药包,让它在主药包起爆前先爆,形成一个起向坑作用的爆破漏斗。如果地形有天然的凹面可以利用,也可不用辅助药包。

图 2-18(a)是用定向爆破堆筑堆石坝。药包设在坝顶高程以上的岸坡上。根据地形情况,可从一岸爆破或两岸爆破。图 2-18(b)为定向爆破开挖渠道。在渠底埋设边行药包和主药包。边行药包先起爆,主药包的最小抵抗线就指向两边,在两边岩石尚未下落时,起爆主药包,中间岩体就连同原两边起爆的岩石一起抛向两岸。

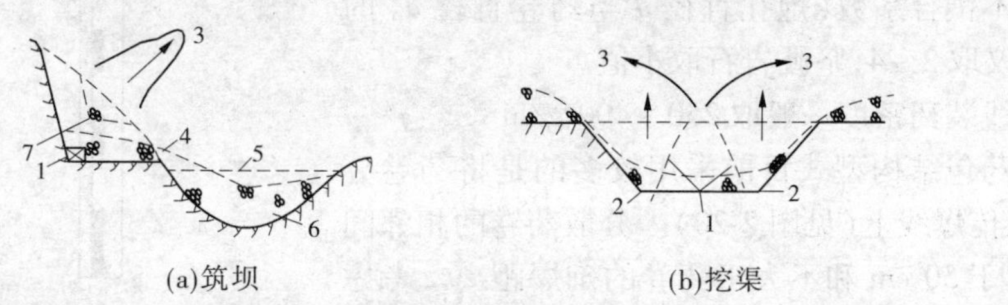

1—主药包;2—边行药包;3—抛掷方向;4—堆积体;5—筑坝;6—河床;7—辅助药包

图 2-18 定向爆破筑坝挖渠示意图

2.5.2 预裂爆破

进行石方开挖时,在主爆区爆破之前沿设计轮廓线先爆出一条具有一定宽度的贯穿裂缝,以缓冲、反射开挖爆破的振动波控制其对保留岩体的破坏影响,使之获得较平整的开挖轮廓,此种爆破技术为预裂爆破。

在水利水电工程施工中,预裂爆破不仅在垂直、倾斜开挖壁面上得到广泛应用;在规则的曲面、扭曲面以及水平建基面等也采用预裂爆破。预裂爆破布置如图 2-19 所示。

预裂爆破要求如下。

(1)预裂缝要贯通且在地表有一定开裂宽度。对于中等坚硬岩石,缝宽不宜小于 1.0 cm;坚硬岩石缝宽应达到 0.5 cm 左右;但在松软岩石上缝宽达到 1.0 cm 以上时,减振作用并未显著提高。

(2)预裂面开挖后的不平整度不宜大于 15 cm。预裂面不平整度通常是指预裂孔所形成的预裂面的凹凸程度,它是衡量钻孔和爆破参数合理性的重要指标,可依此验证、调整设计数据。

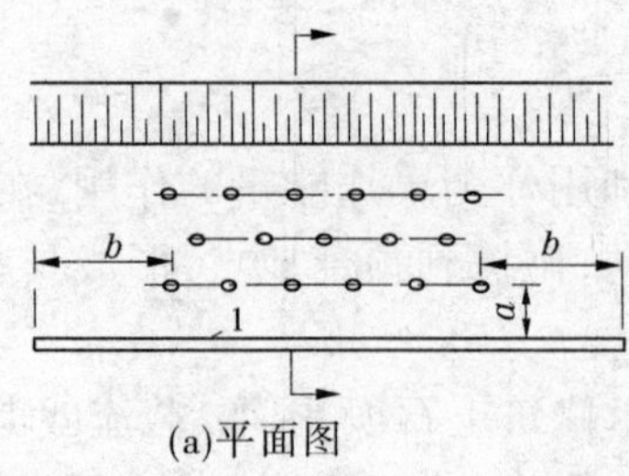

(a)平面图

(b)剖面图

1—预裂缝;2—爆破孔

图 2-19　预裂爆破布置图

(3) 预裂面上的炮孔痕迹保留率应不低于 80%,且炮孔附近岩石不出现严重的爆破裂隙。

预裂爆破主要技术措施如下。

(1) 炮孔直径一般为 50 ~ 200 mm,对深孔宜采用较大的孔径。

(2)炮孔间距宜为孔径的 8 ~ 12 倍,坚硬岩石取小值。

(3)不耦合系数(炮孔直径 d 与药卷直径 d_0 的比值)建议取 2 ~ 4,坚硬岩石取小值。

(4)线装药密度一般取 250 ~ 400 g/m。

(5)药包结构型式目前采用较多的是将药卷分散绑扎在传爆线上(见图 2-20)。分散药卷的相邻间距不宜大于 50 cm 和不大于药卷的殉爆距离。考虑到孔底的夹制作用较大,底部药包应加强,为线装药密度的 2 ~ 5 倍。

(6)装药时距孔口 1 m 左右的深度内不要装药,可用粗砂填塞,不必捣实。填塞段过短,容易形成漏斗,过长则不能出现裂缝。

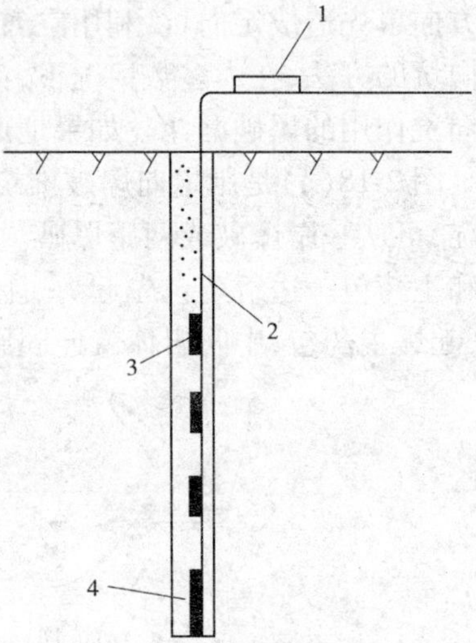

1—雷管;2—导爆索;
3—药包;4—底部加强药包

图 2-20　预裂爆破装药结构图

2.5.3　光面爆破

光面爆破也是控制开挖轮廓的爆破方法之一,如图 2-21所示。它与预裂爆破的不同之处在于,光爆孔的爆破是在开挖主爆孔的药包爆破之后进行。它可以使爆裂面光滑平顺,超挖欠挖均很少,能近似形成设计轮廓要求的爆破。光面爆破一般多用于地下工程的开挖,露天开挖工程中用得比较少,只是在一些有特殊要求或者条件有利的地方使用。

光面爆破的要领是孔径小、孔距密、装药少、同时爆。

光面爆破主要参数的确定:

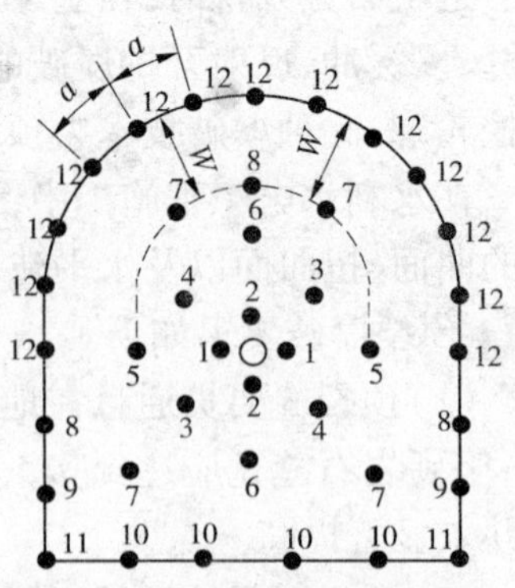

1 ~ 12—炮孔孔段编号

图 2-21　光面爆破洞挖布孔图

(1)炮孔直径 D 宜在 50 mm 以下。

(2)最小抵抗线 W 通常采用 1 ~ 3 m,或用下式计算

$$W = (7 \sim 20)D \tag{2-19}$$

(3)炮孔间距 a

$$a = (0.6 \sim 0.8)W \tag{2-20}$$

(4)单孔装药量。用线装药密度 Q_x 表示,即

$$Q_x = kW \tag{2-21}$$

式中: k 为单位耗药量。

2.5.4 岩塞爆破

岩塞爆破是一种水下控制爆破。在已建成水库或天然湖泊内取水发电、灌溉、供水或泄洪时,为修建隧洞的取水工程,避免在深水中建造围堰,采用岩塞爆破是一种经济而有效的方法。它的施工特点是先从引水隧洞出口开挖,直到掌子面到达库底或湖底邻近,然后预留一定厚度的岩塞,待隧洞和进口控制闸门井全部建完后,一次将岩塞炸除,使隧洞和水库连通。岩塞爆破布置如图 2-22 所示。

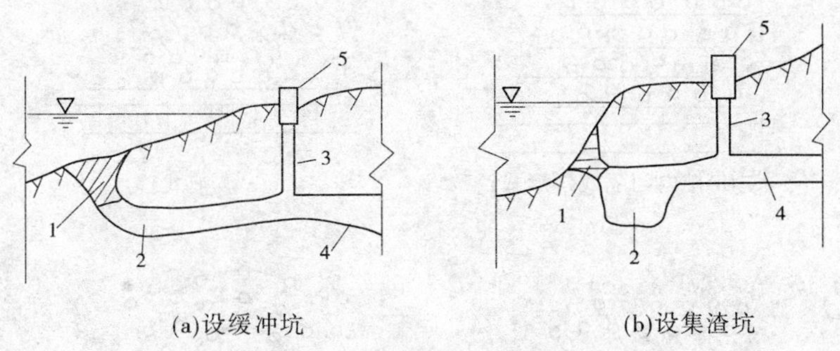

(a)设缓冲坑　　(b)设集渣坑

1—岩塞;2—集渣坑;3—闸门井;4—引水隧洞;5—操纵室

图 2-22　岩塞爆破布置图

岩塞的布置应根据隧洞的使用要求、地形、地质因素来确定。岩塞宜选择在覆盖层薄、岩石坚硬完整且层面与进口中线交角大的部位,特别应避开节理、裂隙、构造发育的部位。岩塞的开口尺寸应满足进水流量的要求。岩塞厚度应为开口直径的 1 ~ 1.5 倍,太厚难于一次爆通,太薄则不安全。

水下岩塞爆破装药量计算时应考虑岩塞上静水压力的阻抗,用药量应比常规抛掷爆破药量增大 20% ~30% 。为了控制进口形状,岩塞周边采用预裂爆破,以减震防裂。

2.5.5 微差控制爆破

微差控制爆破是一种应用特制的毫秒延期雷管,以毫秒级时差顺序起爆各个(组)药包的爆破技术。其原理是把普通齐发爆破的总炸药能量分割为多数较小的能量,采取合理的装药结构、最佳的微差间隔时间和起爆顺序,为每个药包创造多面临空条件,将齐发大量药包产生的地震波变成一长串小幅值的地震波,同时各药包产生的地震波相互干涉,从而降低地震效应,把爆破震动控制在给定水平之下,爆破布孔和起爆顺序有成排顺序

式、排内间隔式、对角式、波浪式、径向式等（见图2-23），或由它组合变换成的其他形式，其中以对角式效果最好，成排顺序式最差。采用对角式时应使实际孔距与抵抗线比大于2.5，对软石可为6～8；相同段爆破孔数根据现场情况和一次起爆的允许炸药量而定装药结构一般采用空气间隔装药或孔底留空气柱的方式，所留空气间隔的长度通常为药柱长度的20%～35%。间隔装药可用导爆索或电雷管齐发或孔内微差引爆，后者能更有效地降震（爆破采用毫秒延迟雷管）。最佳微差间隔时间一般取（3～6）W，刚性大的岩石取下限。

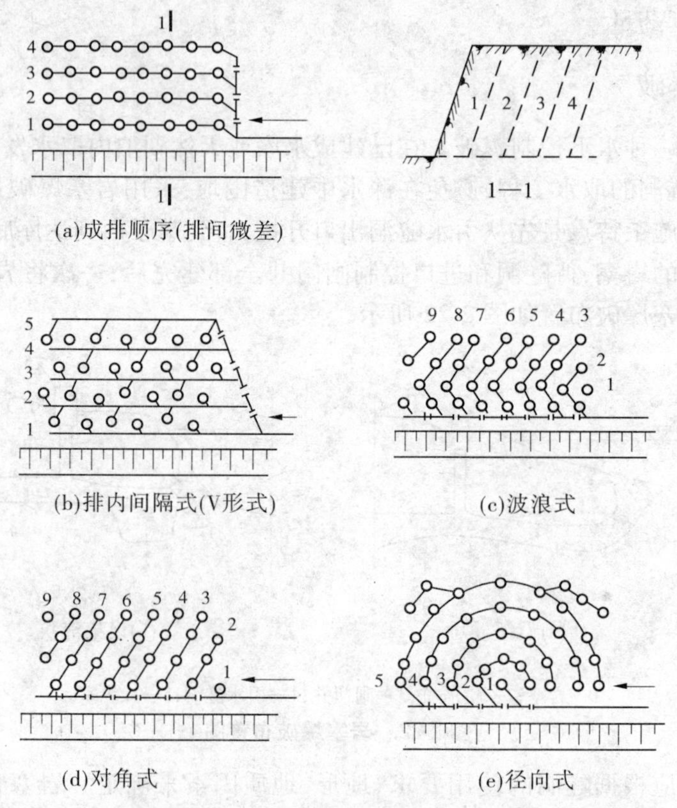

(a)成排顺序(排间微差)

(b)排内间隔式(V形式)

(c)波浪式

(d)对角式

(e)径向式

图2-23　微差控制爆破起爆形式及顺序

一般相邻两炮孔爆破时间间隔宜控制在20～30 ms，不宜过大或过小；爆破网路宜采取可靠的导爆索与继爆管相结合的爆破网路，每孔至少一根导爆索，确保安全起爆；非电爆管网路要设复线，孔内线脚要设有保护措施，避免装填时把线脚拉断；导爆索网路联结要注意搭接长度、拐弯角度、接头方向，并捆扎牢固，不得松动。

微差控制爆破能有效地控制爆破冲击波、震动、噪音和飞石；操作简单、安全、迅速；可近火爆破而不造成伤害；破碎程度好，可提高爆破效率和技术经济效益。但该网路设计较为复杂；需特殊的毫秒延期雷管及导爆材料。微差控制爆破适用于开挖岩石地基、挖掘沟渠、拆除建筑物和基础，以及用于工程量与爆破面积较大，对截面形状、规格、减震、飞石、边坡后面有严格要求的控制爆破工程。

2.6 爆破施工安全知识

爆破工作的安全极为重要，从爆破材料的运输、储存、加工，到施工中的装填、起爆和销毁均应严格遵守各项爆破安全技术规程。

2.6.1 爆破、起爆材料的储存与保管

(1)爆破材料应储存在干燥、通风良好、相对湿度不大于65%的仓库内，库内温度应保持在18～30 ℃；周围5 m内的范围须清除一切树木和草皮。库房应有避雷装置，接地电阻不大于10 Ω。库内应有消防设施。

(2)爆破材料仓库与民房、工厂、铁路、公路等应有一定的安全距离。炸药与雷管(导爆索)须分开储存，两库房的安全距离不应小于有关规定。同一库房内不同性质、批号的炸药应分开存放。严防虫鼠等啃咬。

(3)炸药与雷管成箱(盒)堆放要平稳、整齐。成箱炸药宜放在木板上，堆摆高度不得超过1.7 m，宽不超过2 m，堆与堆之间应留有不小于1.3 m的通道，药堆与墙壁间的距离不应小于0.3 m。

(4)施工现场临时仓库内爆破材料严格控制储存数量，炸药不得超过3 t，雷管不得超过10 000个和相应数量的导火索。雷管应放在专用的木箱内，离炸药不少于2 m距离。

2.6.2 装卸、运输与管理

(1)爆破材料的装卸均应轻拿轻放，不得受到摩擦、震动、撞击、抛掷或转倒。堆放时要摆放平稳，不得散装、改装或倒放。

(2)爆破材料应使用专车运输，炸药与起爆材料、硝铵炸药与黑火药均不得在同一车辆、同一车厢装运。用汽车运输时，装载不得超过允许载重的2/3，行驶速度不应超过20 km/h。

2.6.3 爆破操作安全要求

(1)装填炸药应按照设计规定的炸药品种、数量、位置进行。装药要分次装入，用竹棍轻轻压实，不得用铁棒或用力压入炮孔内，不得用铁棒在药包上钻孔安设雷管或导爆索，必须用木棒或竹棒进行。当孔深较大时，药包要用绳子吊下，或用木制炮棍护送，不允许直接往孔内丢药包。

(2)起爆药卷(雷管)应设置在装药全长的1/3～1/2位置上(从炮孔口算起)，雷管应置于装药中心，聚能穴应指向孔底，导爆索只许用锋利刀一次切割好。

(3)遇有暴风雨或闪电打雷时，应禁止装药、安设电雷管和联结电线等操作。

(4)在潮湿条件下进行爆破，药包及导火索表面应涂防潮剂加以保护，以防受潮失效。

(5)爆破孔洞的堵塞应保证要求的堵塞长度，充填密实不漏气。填充直孔可用干细砂土、砂子、黏土或水泥等惰性材料。最好用1:(2～3)(黏土:粗砂)的泥砂混合物，含水

量在 20%，分层轻轻压实，不得用力挤压。水平炮孔和斜孔宜用 2∶1 土砂混合物，做成直径比炮孔小 5～8 mm、长 100～150 mm 的圆柱形炮泥棒填塞密实。填塞长度应大于最小抵抗线长度的 10%～15%，在堵塞时应注意勿捣坏导火索和雷管的线脚。

(6)导火索长度应根据爆破员在完成全部炮眼和进入安全地点所需的时间来确定，其最短长度不得少于 1 m。

2.6.4 爆破安全距离

爆破时应划出警戒范围，立好标志，现场人员应到安全区域，并由专人警戒，以防爆破飞石、爆破地震、冲击波以及爆破毒气对人身造成伤害。

爆破飞石、空气冲击波、爆破毒气对人身以及爆破震动对建筑物影响的安全距离计算如下。

1. 爆破地震安全距离

目前国内外爆破工程多以建筑物所在地表的最大质点振动速度作为判别爆破震动对建筑物的破坏标准。通常采用的经验公式为

$$v = K\left(\frac{Q^{1/3}}{R}\right)^{\alpha} \tag{2-22}$$

式中：v 为爆破地震对建筑物(或构筑物)及地基产生的质点垂直振动速度，cm/s；K 为与岩土性质、地形和爆破条件有关的系数，在土中爆破时 $K=150 \sim 200$，在岩石中爆破时 $K=100 \sim 150$；Q 为同时起爆的总装药量，kg；R 为药包中心到某一建筑物的距离，m；α 为爆破地震随距离衰减系数，可按 1.5～2.0 考虑。

观测成果表明：当 $v=10 \sim 12$ cm/s 时，一般砖木结构的建筑物便可能破坏。

2. 爆破空气冲击波安全距离

爆破空气冲击波安全距离为

$$R_K = K_K \sqrt{Q} \tag{2-23}$$

式中：R_K 为爆破冲击波的危害半径，m；K_K 为系数，对于人 $K_K=5 \sim 10$，对建筑物要求安全无损时，裸露药包 $K_K=50 \sim 150$，埋入药包 $K_K=10 \sim 50$；Q 为同时起爆的最大的一次总装药量，kg。

3. 个别飞石安全距离(R_f)

个别飞石安全距离为

$$R_f = 20n^2 W \tag{2-24}$$

式中：n 为最大药包的爆破作用指数；W 为最小抵抗线，m。

实际采用的飞石安全距离不得小于下列数值：裸露药包 300 m，浅孔或深孔爆破 200 m，洞室爆破 400 m。

4. 爆破毒气的危害范围

在工程实践中，常采用下述经验公式来估算有毒气体扩散安全距离(R_g)，即

$$R_g = K_g \sqrt[3]{Q} \tag{2-25}$$

式中：R_g 为有毒气体扩散安全距离，m；K_g 为系数，根据有关资料 K_g 的平均值为 160；Q 为爆破总装药量，t。

对于顺风向的安全距离应增大一倍。

2.6.5 爆破防护覆盖方法

(1)基础或地面以上构筑物爆破时,可在爆破部位上铺盖湿草垫或草袋(内装少量砂土)作头道防线,再在其上铺放胶管帘或胶垫,外面再以帆布篷覆盖,用绳索拉住捆紧,以阻挡爆破碎块,降低声响。

(2)对离建筑物较近或在附近有重要设备的地下设备基础爆破,应采用橡胶防护垫(用废汽车轮胎编织成排),环索联结在一起的粗圆木、铁丝网、脚手板等覆盖其上防护。

(3)对一般破碎爆破,防飞石可用韧性好的铁丝爆破防护网、布垫、帆布、胶垫、旧布垫、荆笆、草垫、草袋或竹帘等作防护覆盖。

(4)对平面结构,如钢筋混凝土板或墙面的爆破,可在板(或墙面)上架设可拆卸的钢管架子(或作活动式),上盖铁丝网,再铺上内装少量砂土的草包形成一个防护罩防护。

(5)爆破时为保护周围建筑物及设备不被打坏,可在其周围用厚5 cm的木板加以掩护,并用铁丝捆牢,距炮孔距离不得小于50 cm。如爆破体靠近钢结构或需保留部分,必须用砂袋加以保护,其厚度不小于50 cm。

2.6.6 瞎炮的处理方法

通过引爆而未能爆炸的药包叫瞎炮。处理之前,必须查明拒爆原因,然后根据具体情况慎重处理。

(1)重爆法:瞎炮系由于炮孔外的电线电阻、导火索或电爆网(线)路不合要求而造成的,经检查可燃性和导电性能完好,纠正后,可以重新接线起爆。

(2)诱爆法:当炮孔不深(在50 cm以内)时,可用裸露爆破法炸毁;当炮孔较深时,距炮孔近旁60 cm处(用人工打孔30 cm以上),钻(打)一与原炮孔平行的新炮孔,再重新装药起爆,将原瞎炮销毁。钻平行炮孔时,应将瞎炮的堵塞物掏出,插入一木棍,作为钻孔的导向标志。

(3)掏炮法:可用木制或竹制工具,小心地将炮孔上部的堵塞物掏出;如系硝铵类炸药,可用低压水浸泡并冲洗出整个药包,或以压缩空气和水混合物把炸药冲出来,将拒爆的雷管销毁,或将上部炸药掏出部分后,再重新装入起爆药包起爆。

在处理瞎炮时,严禁把带有雷管的药包从炮孔内拉出来,或者拉动电雷管上的导火索或雷管脚线把电雷管从药包内拨出来,或掏动药包内的雷管。

本章小结

1. 爆破的概念与分类

学习爆破、爆破作用圈(压缩圈、抛掷圈 、松动圈 、震动圈) 、爆破漏斗、最小抵抗线、爆破漏斗半径、爆破作用指数、可见漏斗深度、自由面、二次爆破等概念。

按爆破作用分类药包的可分为裸露药包、抛掷药包、松动药包、内部作用药包等;按形状可分为集中药包和延长药包。

爆破工程中的炸药用量与被破碎的介质体积成正比的。由于目前还不能较精确地计算出各种复杂情况下的相应用药量，所以一般都是根据现场试验方法，大致得出爆破单位体积介质所需的用药量，然后再按照爆破漏斗体积计算出每个药包的装药量。

按爆破规模可分为小爆破、中爆破、大爆破；按凿岩情况可分为浅孔爆破、深孔爆破、药壶爆破、洞室爆破、二次爆破；按爆破要求分为压缩爆破（$n<0.75$）、松动爆破（$n\approx 0.75$）、标准抛掷爆破（$n=1.0$）、加强抛掷爆破及定向爆破（$n>1.0$）、光面爆破、预裂爆破、特殊物爆破（冻土、冰块等）。

2. 爆破材料及起爆方法

炸药的基本性能包括爆力、爆速、殉爆、感度、炸药的安定性、氧平衡。

炸药按其作用特点和应用范围，一般工程爆破使用的炸药可分为3种类型：起爆药、猛炸药（单质猛炸药和混合猛炸药）、发射药。

常用的猛炸药主要有梯恩梯、硝铵类炸药、胶质炸药、黑火药等。

起爆材料包括雷管、导火索和传爆线等。

按雷管的起爆方法不同，常用的起爆方法可分为电力起爆法、非电力起爆法和无线起爆法3类。非电力起爆法又包括火花起爆法、导爆索起爆法和导爆管起爆法。

3. 爆破施工

爆破的基本方法有裸露爆破法、浅孔爆破法、深孔爆破法、药壶爆破法、洞室爆破法。

水利工程施工中一般多采用炮眼法爆破。其施工程序大体为炮孔位置选择、钻孔、制作起爆药包、装药与堵塞、起爆等。

4. 控制爆破

控制爆破是为达到一定预期目的的爆破，包括定向爆破、预裂爆破、光面爆破、岩塞爆破、微差控制爆破、拆除爆破、静态爆破、燃烧剂爆破等。

定向爆破是一种加强抛掷爆破技术，它利用炸药爆炸能量的作用，在一定的条件下，可将一定数量的土岩经破碎后，按预定的方向，抛掷到预定地点，形成具有一定质量和形状的建筑物或开挖成一定断面的渠道的目的。

预裂爆破是在进行石方开挖时，在主爆区爆破之前沿设计轮廓线先爆出一条具有一定宽度的贯穿裂缝，以缓冲、反射开挖爆破的振动波，控制其对保留岩体的破坏影响，使之获得较平整的开挖轮廓。

光面爆破的光爆孔在开挖主爆孔的药包爆破之后进行爆破。它可以是爆裂面光滑平顺，超欠挖均很少，能近似形成设计轮廓要求的爆破。

岩塞爆破是先从引水隧洞出口开挖，直到掌子面到达库底或湖底邻近，然后预留一定厚度的岩塞，待隧洞和进口控制闸门井全部建完后，一次将岩塞炸除，使隧洞和水库连通。

微差控制爆破是一种应用特制的毫秒延期雷管，以毫秒级时差顺序起爆各个（组）药包的爆破技术。

5. 爆破施工安全知识

爆破工作的安全极为重要，从爆破材料的运输、储存、加工，到施工中的装填、起爆和销毁均应严格遵守各项爆破安全技术规程。

本章的重点是爆破材料的应用、爆破的实施方法等。

复习思考题

1. 解释并比较下列概念。

(1)爆炸与爆破;

(2)燃速与爆破;

(3)爆力与猛度;

(4)爆轰波与冲击波;

(5)导火索、导爆索与导爆管;

(6)准爆、殉爆与拒爆;

(7)正氧平衡与负氧平衡;

(8)加强药包与减弱药包;

(9)集中药包与延长药包;

(10)抛掷爆破、松动爆破与隐藏式爆破;

(11)准爆电流与起爆电流;

(12)光面爆破与预裂爆破;

(13)超钻与超挖;

(14)爆破作用指数、不耦合系数与炸药换算系数。

2. 炸药的基本性能有哪些?这些性能对炸药的使用有何影响?

3. 常用的工程炸药有哪几种?简述它们的特点和使用范围。

4. 雷管有哪几种?绘出各种雷管的构造示意图。

5. 简述爆破漏斗的形成原理及其主要几何参数。

6. 爆破作用指数与哪些因素有关?如何根据爆破作用指数划分爆破的类型?

7. 药包分哪几类?简述药包量计算的原理。

8. 爆破的基本方法有哪些?各适用于什么场合?

9. 电爆网路有哪些连接方式?各有何优缺点?电爆网路设计中主要应该注意哪些问题?

10. 定向爆破的基本原理是什么?定向爆破筑坝的适用条件有哪些?主、副药包各担负什么任务?

11. 预裂爆破的基本原理是什么?对预裂爆破有哪些基本要求?

12. 简述为达到预裂爆破的要求所应采取的技术措施。

13. 光面爆破的基本原理是什么?简述光面爆破采取的技术措施。

14. 爆破、起爆材料的储存与保管应注意哪些内容?

15. 爆破、起爆材料的装卸、运输与管理应注意哪些内容?

16. 爆破操作安全有哪些要求?

17. 爆破安全距离是如何确定的?

18. 爆破防护覆盖方法有哪些?

19. 什么叫瞎炮?瞎炮的处理方法有哪些?

第3章　土石方工程

学习目标

- 了解土的工程性质及工程分类分级，土方工程机械的种类、特点及适用条件。
- 了解土方工程碾压试验的方法及影响压实的因素。
- 掌握土方工程量计算方法，土方工程施工方法，挖运设备生产率计算及设备配套。
- 了解土方工程冬、雨期施工措施和安全措施。

3.1　土石方的种类和鉴别

3.1.1　土石方工程的划分

土石方工程是水利水电工程和建筑工程施工中主要分部工程之一，它包括土石方的开挖、运输、填筑与弃土、平整与压实等主要施工过程，以及场地清理、测量放线、施工排水、降水和土壁支护等准备工作与辅助工作。土石方工程按其施工内容和方法的不同，常有以下几种。

3.1.1.1　场地平整

场地平整是将天然地面改造成所要求的设计平面时所进行的土石方施工全过程。它往往具有工作量大、劳动繁重和施工条件复杂等特点。如大型建设项目的场地平整，土方量可达数百万立方米以上，面积达若干平方公里，工期长。土石方施工又受气候、水文、地质等影响，难以预料的因素很多，有时施工条件极为复杂。

3.1.1.2　基坑(槽)及管沟开挖

指开挖宽度在3 m以内的基槽或开挖底面积在20 m^2 以内的土石方工程，是为浅基础、桩承台及管沟等施工而进行的土石方开挖，其特点是要求开挖的标高、断面、轴线准确。

3.1.1.3　地下工程大型土石方开挖

对人防工程、大型建筑物的地下室、深基础施工等而进行的地下大型土石方工程开挖。它涉及到降低地下水位、边坡稳定与支护、地面沉降与位移、邻近建筑物的安全与防护等一系列问题，因此在开挖前应详细研究各种资料，进行专门的施工设计和评审。

3.1.1.4　土石方填筑

土石方填筑是对低洼处用土石方分层填平。建筑工程上有大型土石方填筑和小型场地、基坑、基槽、管沟的回填，前者一般在场地平整施工同时进行，交叉施工；后者除小型场地回填外，一般在地下工程施工完毕再进行。

3.1.2 土石的分类与现场鉴别方法

土石的分类方法很多,作为建筑物地基的土石可分为岩石、碎石土、砂土、粉土、黏性土和特殊土(如淤泥、人工填土)。施工中,一般根据其开挖难易程度,将土石分为松软土、普通土、坚土、砂砾坚土、软石、次坚石、坚石、特坚石等八类。前四类属一般土,后四类属岩石,土石的工程分类与现场鉴别方法见表3-1。

表3-1 土石的工程分类与现场鉴别方法

土石的分类	土石的名称	可松性系数		现场鉴别方法
		K_s	K'_s	
一类土(松软土)	砂;亚砂土;冲积砂土层;种植土;泥炭(淤泥)	1.08~1.17	1.01~1.03	用锄头挖掘
二类土(普通土)	亚黏土;潮湿的黄土;夹有碎石、卵石的砂;种植土;填筑土及亚砂土	1.14~1.28	1.02~1.05	用锄头挖掘,少许用镐翻松
三类土(坚土)	软及中等密实黏土;重亚黏土;粗砾石;干黄土及含碎石、卵石的黄土、亚黏土;压实的填筑土	1.24~1.30	1.04~1.07	主要用镐,少许用锄头挖掘,部分用撬棍
四类土(砂砾坚土)	重黏土及含碎石、卵石的黏土;粗卵石;密实的黄土;天然级配砂石;软泥灰岩及蛋白石	1.26~1.32	1.06~1.09	整个用镐、撬棍,然后用锄头挖掘,部分用楔子及大锤
五类土(软石)	硬石炭纪黏土;中等密实的页岩、泥灰岩、白垩土;胶结不紧的砾岩;软的石灰岩	1.30~1.45	1.10~1.20	用镐或撬棍、大锤挖掘,部分使用爆破方法
六类土(次坚石)	泥岩;沙岩;砾岩;坚实的页岩;泥灰岩;密实的石灰岩;风化花岗岩;片麻岩	1.30~1.45	1.10~1.20	用爆破方法开挖,部分用风镐
七类土(坚石)	大理岩;辉绿岩;粗、中粒花岗岩;坚实的白云岩、沙岩、砾岩、片麻岩、石灰岩、风化痕迹的安山岩、玄武岩	1.30~1.45	1.10~1.20	用爆破方法开挖
八类土(特坚石)	安山岩;玄武岩;花岗片麻岩、坚实的细粒花岗岩、闪长岩、石英岩、辉长岩、辉绿岩	1.45~1.50	1.20~1.30	用爆破方法开挖

注:K_s 为最初可松性系数;K'_s 为最终可松性系数。

3.1.3 土石的工程性质

3.1.3.1 土的天然密度

土的天然状态下单位体积的重量,称为土的天然密度。一般黏性土的天然密度为 18~20 kN/m^3,砂土的天然密度为 16~20 kN/m^3。

3.1.3.2　土的可松性

天然土经开挖后，其体积因松散而增加，虽经振动夯实，仍不能恢复原来的体积，这种性质称为土的可松性。土的可松性程度用可松性系数表示，即

$$K_s = V_2/V_1 \tag{3-1}$$

$$K'_s = V_3/V_1 \tag{3-2}$$

式中：K_s 为土的最初可松性系数；K'_s 为土的最终可松性系数；V_1 为土在天然状态下的体积；V_2 为土被挖出后在松散状态下的体积；V_3 为土经压实后的体积。

可松性系数为土方的调配、计算土方运输量、计算填方量和运土工具等都有影响。各类土的可松性系数见表 3-2 所示。

表 3-2　土石方的可松性系数

项目	自然方	松方	实方	项目	自然方	松方	实方
土方	1	1.33	0.85	砂	1	1.07	0.94
石方	1	1.53	1.31	混合料	1	1.19	0.88

3.1.3.3　土的透水性

土的透水性是指水流通过土中孔隙的难易程度。地下水的流动以及在土中的渗透速度都与土的透水性有关。在计算地下水源水量时，也涉及到土的透水性指标。

地下水在土中渗流速度一般可按达西定律计算，其公式如下

$$v = Ki \tag{3-3}$$

式中：v 为水在土中的渗流速度，m/d；i 为水力梯度；K 为土的渗透系数，m/d。

在式(3-3)中，当 $i=1$ 时，$K=v$，即土的渗透系数。K 值的大小反映土的透水性的强弱。土的渗透系数可以通过室内渗透试验或现场抽水试验测定。一般土的渗透系数见表 3-3。

表 3-3　一般土的渗透系数

土的名称	K(m/d)	土的名称	K(m/d)
黏土	<0.005	中砂	5~20
亚黏土	0.005~0.10	均质中砂	35~50
轻亚黏土	0.10~0.25	粗砂	20~50
黄土	0.25~0.50	圆砾石	50~100
粉砂	0.50~1.00	卵石	100~500
细砂	1~5		

3.1.3.4　土的含水量

土的含水量(ω)是土中水的质量与固体颗粒质量之比，以百分数表示，即

$$\omega = \frac{m_w}{m_s} \times 100\% \tag{3-4}$$

式中：m_w 为土中水的质量；m_s 为土中固体颗粒经温度为 105 ℃烘干后的质量。

土的干湿情况一般用含水量表示。含水量越大，土就越湿，对施工就越不利。含水量对挖土难易、施工时的放坡、回填土的夯实等均有影响。在一定含水量的条件下，用同样的夯实机具，可使回填土达到最大的密实度，此含水量称为最佳含水量。各类土的最佳含水量如下：砂土为 8% ~12%；粉土为 9% ~15%；粉质黏土为 12% ~15%；黏土为 19% ~23%。

3.1.3.5 土的密实度

通常用密实度表示土的紧密程度。同类土在不同状态下（如不同的含水量、不同的压实程度等），其紧密程度也不同。工程上用土的干密度来反映相对紧密程度：

$$\lambda_c = \rho_d / \rho_{dmax} \tag{3-5}$$

式中：λ_c 为土的密实度（压实系数）；ρ_d 为土的实际干密度；ρ_{dmax} 为土的最大干密度。

土的实际干密度可用“环刀法”测定，土的最大干密度则用击实验测定。

3.2 土石方工程量的计算

在土石方工程施工之前，必须计算土石方的工程量，但各种土石方工程的外形有时很复杂，而且不规则。一般情况下，都将其假设或划分成为一定的几何形状，并采用具有一定精度而又和实际情况近似的方法进行计算。

3.2.1 基坑、基槽土方量计算

基坑土方量可按立体几何中的拟柱体（由两个平行的平面做底的一种多面体）体积公式计算（见图 3-1），即

$$V = H / [6 \times (A_1 + 4A_0 + A_2)] \tag{3-6}$$

式中：H 为基坑深度，m；A_1、A_2 分别为基坑上、下两底面积，m^2；A_0 为基坑中截面面积，m^2。

基槽和路堤的土方量可以沿长度方向分段后，再用同样的方法计算（见图 3-2）：

$$V_1 = L_1 / [6 \times (A_1 + 4A_0 + A_2)] \tag{3-7}$$

式中：V_1 为第一段的土方量，m^3；L_1 为第一段的长度，m。

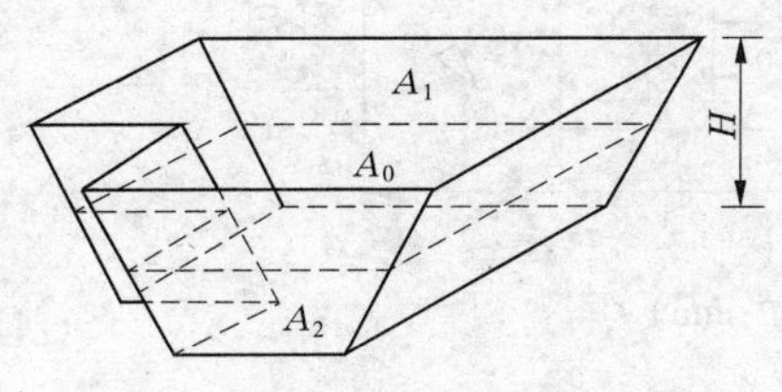

图 3-1 基坑土方量计算

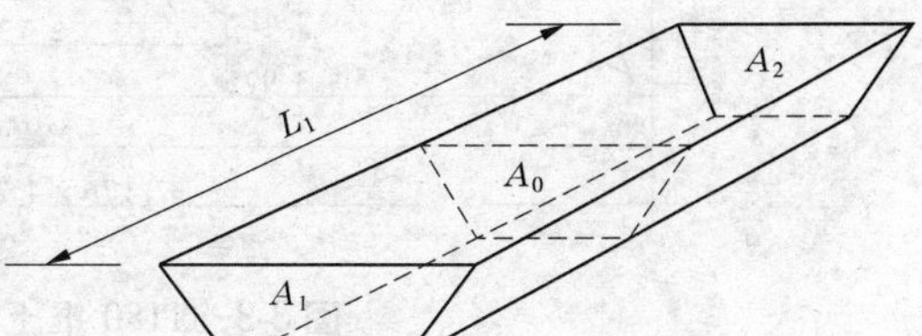

图 3-2 基槽土方量计算

将各段土方量相加，即得总土方量：

$$V = V_1 + V_2 + \cdots + V_n \tag{3-8}$$

式中：V_1、V_2、…、V_n分别为各分段的土方量，m^3。

3.2.2 堤坝填筑工程量计算

堤坝工程为狭长形，工程量一般采用断面法计算，即每隔一定长度取一断面（形状变化较小时取大值，反之取小值），每一段的方量用两端的断面面积的平均值乘以段长即可，各段方量之和即为总方量。

3.3 土石方工程施工方法

土方的开挖、运输、填筑、压实等施工过程应尽量采用机械施工，以减轻繁重的体力劳动，加快施工进度。

土方工程施工机械的种类繁多，主要有推土机、铲运机、平土机、松土机、单斗挖土机及多斗挖土机和各种碾压、夯实机械等。

3.3.1 土方开挖

3.3.1.1 推土机施工

推土机是一种挖运综合作业机械，是在拖拉机上装上推土铲刀而成，如图 3-3 所示。按推土板的操作方式不同，可分为索式和液压式两种。索式推土机的铲刀是借刀具自重切入土中，切土深度较小；液压推土机能强制切土，推土板的切土角度可以调整，切土深度较大。因此，液压推土机是目前工程中常用的一种推土机。

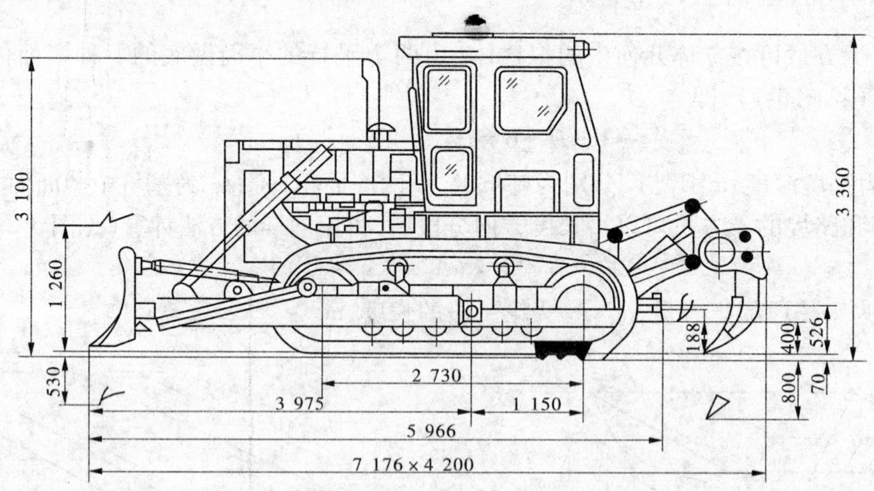

图 3-3 T180 推土机 （单位：mm）

推土机构造简单，操作灵活，运转方便，所需作业面较小，功率大，能爬 30°左右的缓坡，适用于施工场地清理和平整，开挖深度不超过 1.5 m 的基坑以及沟槽的回填土，堆筑高度在 1.5 m 以内的路基、堤坝等。在推土机后面安装松土装置，可破松硬土和冻土，还可以牵引无动力的土方机械（如拖式铲运机、羊脚碾等）进行其他土方作业。推土机的推运距离宜在 100 m 以内，当推运距离在 30 ~ 60 m 时，经济效益最好。

提高推土机生产效率的方法有以下几点：

(1) 下坡推土。借推土机自重，增大铲刀的切土深度和运土数量，以提高推土能力和缩短运土时间。一般可提高效率 30% ~ 40%。

(2) 并列推土。对于大面积土方工程，可用 2 ~ 3 台推土机并列推土。推土时，两铲刀相距 15 ~ 30 cm，以减少图的侧向散失，倒车时，分别按先后顺序退回。平均运距不超过 50 ~ 75 cm，效率最高。

(3) 沟槽推土。当运距较远，挖土层较厚时，利用前次推土形成的槽推土，可大大减少土方散失，从而提高效率。此外，还可在推土板两侧附加侧板，增大推土板前的推土体积，以提高推土效率。

(4) 多铲集运。在硬质土中，切土深度不大，可以采用多次铲土，分批集中，一次推送的方法，以便有效地利用推土机的功率，缩短运土时间。

3.3.1.2 铲运机施工

铲运机是一种能独立完成铲土、运土、卸土、填筑和整平的土方机械。根据操作机构不同，拖式铲运机又分索式和液压式两种。按行走机构不同，铲运机有拖式和自行式两种。拖式铲运机由拖拉机牵引，工作时靠拖拉机上的操作机构进行操作；自行式铲运机的行使和工作都靠本身的动力设备，不需要其他机械的牵引和操作，如图 3-4 所示。

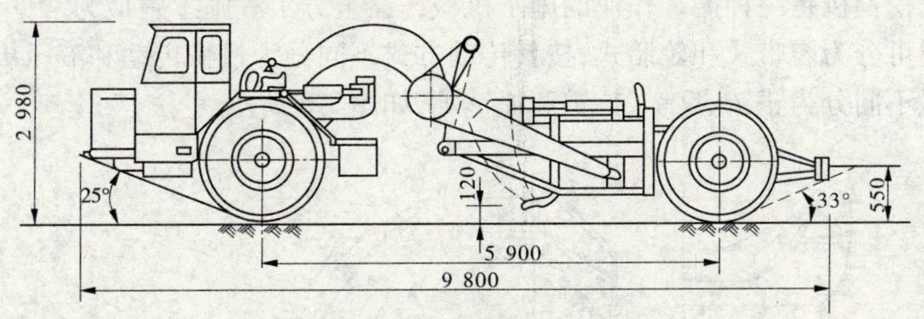

图 3-4　CL_7 自行式铲运机　（单位：mm）

铲运机对行使道路的要求较低，操作灵活，行驶速度快，生产率高，且费用低。在土方工程中常应用于大面积场地平整、开挖大型基坑、填筑堤坝和路基等。最宜于开挖含水量不超过 27% 的一至三类土。对于硬土需用送土机预松后才能开挖。自行式铲运机适用于运距在 800 ~ 3 500 m 的大型土方工程施工，以运距在 800 ~ 1 500 m 范围内生产效率最高；拖式铲运机适用于运距在 80 ~ 800 m 的土方工程施工，而运距在 200 ~ 350 m 时，效率最高。

提高铲运机生产效率的措施是：

(1) 下坡铲土法。铲运机利用地形进行下坡铲土，借助铲运机的重力，加深铲斗切土深度，缩短铲土时间。

(2) 跨铲法。铲运机间隔铲土，预留土埂。这样，在间隔铲土时由于形成一个土槽，减少向外撒土量；铲土埂时，铲土阻力减少。一般土埂高不大于 300 mm，宽度不大于拖拉机两履带间的净距。

(3)助铲法。地势平坦、土质较坚硬时,可用推土机在铲运机后面顶推,以加大铲刀切土能力,缩短铲土时间,提高生产率。推土机在助铲的空隙可兼作送土或平整工作,为铲运机创造作业条件。

3.3.1.3　装载机施工

装载机是一种高效的挖运综合作业机械。主要用途是铲取散粒材料并装上车辆,可用于装运、挖掘、平整场地和牵引车辆等,更换工作装置后,可用于抓举或起重等作业,如图 3-5 所示。因此,在工程中被广泛应用。

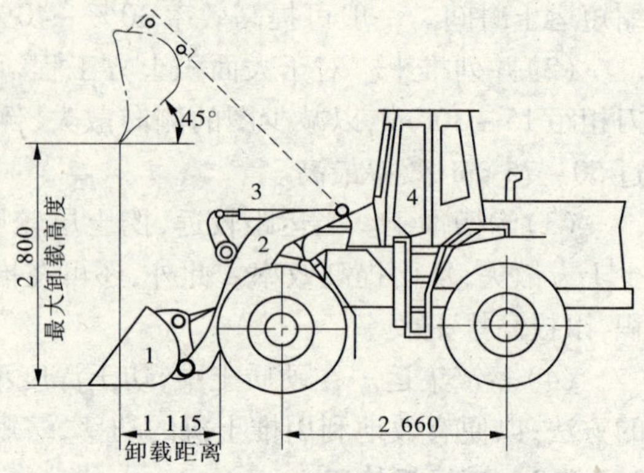

1—装载斗;2—活动臂;3—臂杆油缸;4—操作台

图 3-5　ZL－40 型装载机外形尺寸图　(单位:mm)

装载机按行走装置分为轮胎式和履带式两种;按卸料方式分为前卸式、后卸式和回转式 3 种;按重量分为小型(< 1 t)、轻型(1 ~3 t)、中型(4 ~8 t)、重型(> 10 t)4 种。目前使用最多的是四轮驱动铰接转向的轮式装载机,其铲斗多为前卸式,有的兼可侧卸。

3.3.1.4　单斗式挖掘机施工

单斗式挖掘机是一种循环作业的施工机械,在土方工程施工中最为常见。按其行走机构的不同可分为履带式和轮胎式;按其传动方式不同分为机械传动和液压传动两种;按其工作装置不同分为正铲、反铲、拉铲和抓铲等,如图 3-6 所示。

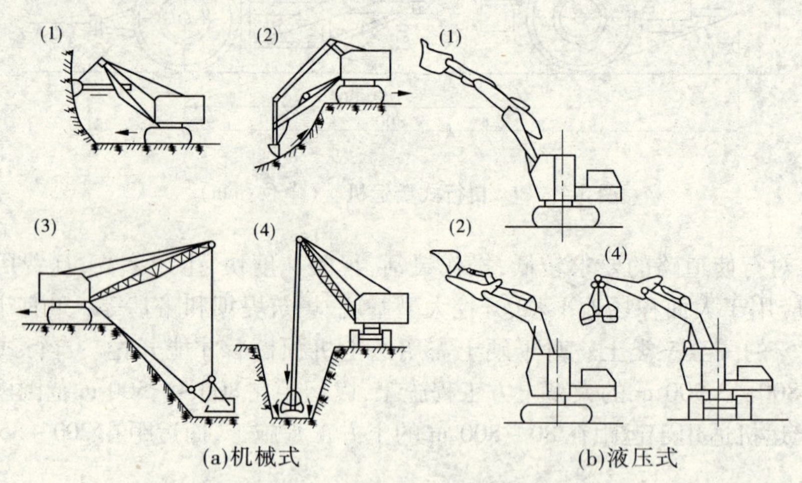

(1)正铲;(2)反铲;(3)拉铲;(4)抓铲

图 3-6　单斗挖土机

(1)正铲挖掘机。如图 3-7 所示,正铲挖掘机由动臂、斗杆、铲斗、提升索等主要部分组成。

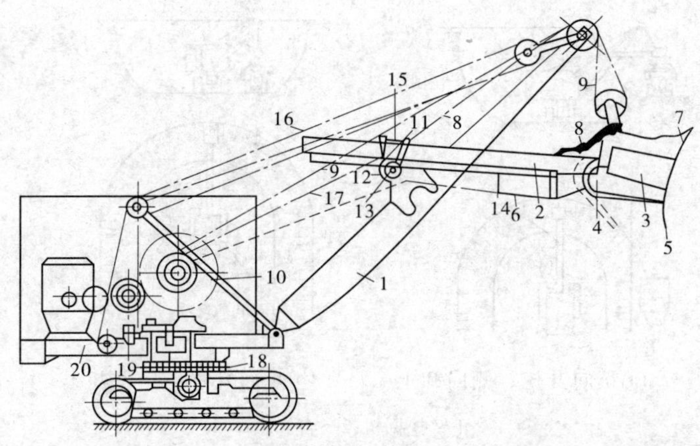

1—支杆;2—斗柄;3—铲斗;4—斗底绞链连接;5—门扣;6—开启斗门用索;7—斗齿;8—拉杆;9—提升索;
10—绞盘;11—枢轴;12—取土鼓轴;13—齿轮;14—齿杆;15—鞍式轴承;16—支承索;17—回引索;
18—旋转用大齿轮;19—旋转用小齿轮;20—回转盘

图 3-7　正铲挖掘机构造图

图 3-8 为正铲挖掘机工作过程示意图。每一工作循环包括挖掘、回转、卸料、返回4 个过程。挖掘时先将土斗放在工作面底部,然后将铲斗自下而上提升,同时向前推压斗杆,在工作面上形成一弧形挖掘带;铲斗装满后,将铲斗后退,离开工作面;回转挖掘机上部机构至运输车辆处,打开斗门,将土卸出;此后再回转挖掘机,进入第二个工作循环。

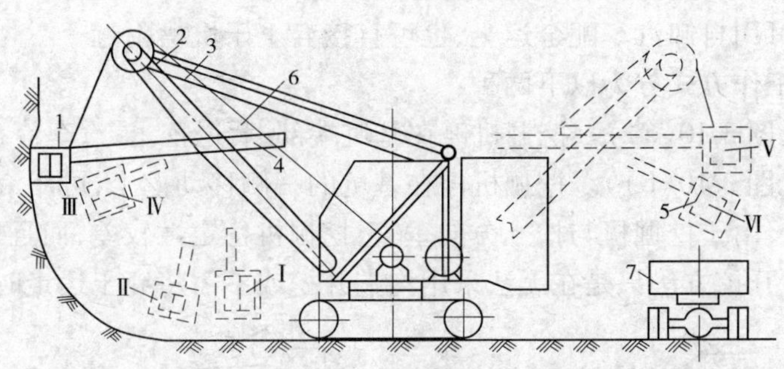

1—铲斗;2—支杆;3—提升索;4—斗柄;5—斗底;6—鞍式轴承;7—车辆;
Ⅰ、Ⅱ、Ⅲ、Ⅳ—挖掘过程;Ⅴ、Ⅵ—装卸过程

图 3-8　正铲挖掘机工作过程示意图

正铲挖掘机施工时,应注意以下几点:为了操作安全,使用时应将最大挖掘高度、最大挖掘半径值减少 5% ~10%;在挖掘黏土时,工作面高度宜小于最大挖土半径时的挖掘高度,以防止出现土体倒悬现象;为了发挥挖掘机的生产效率,工作面高度应不低于挖掘一次即可装满铲斗的高度。

挖掘机的工作面称为掌子面,正铲挖掘机主要用于停机面以上的掌子开挖。根据掌子面布置的不同,正铲挖掘机有不同的作业方式,如图 3-9 所示。

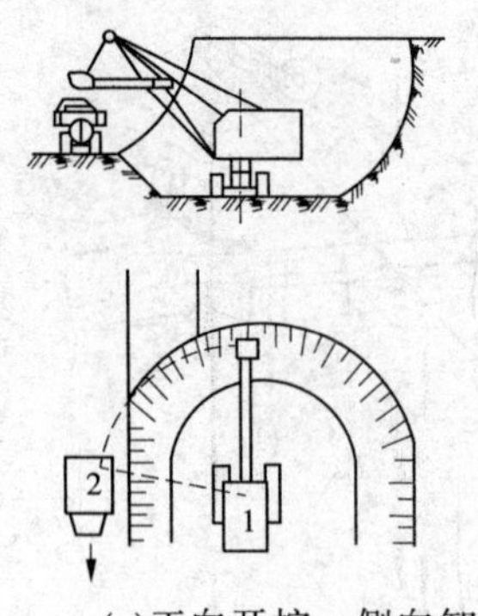

(a)正向开挖、侧向卸土

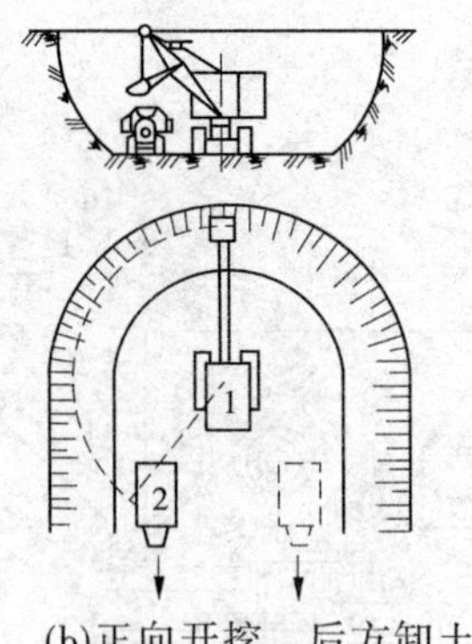

(b)正向开挖、后方卸土

1—正铲挖掘机;2—自卸汽车

图 3-9 正铲挖掘机的作业方式

正向挖土、侧向卸土。挖掘机沿前进方向挖土,运输工具停在侧面装土,可停在停机面或高于停机面上。这种挖掘运输方式在挖掘机卸土时,动臂回转角度很小,卸料时间较短,挖运效率较高,施工中应尽量布置成这种施工方式。

正向挖土、后方卸土。挖掘机沿前进方向挖土,运输工具停在它的后面装土。卸土时挖掘机动臂回转角度大,运输车辆需倒退对位,运输不方便,生产效率低。适用于开挖深度大、施工场地狭小的场合。

(2)反向铲斗式挖掘机。反铲挖掘机为液压操作方式,适用于停机面以下土方开挖。挖土时后退向下,强制切土,挖掘力比正铲挖掘机小,主要用于小型基坑、基槽和管沟开挖。反铲挖土时可用自卸汽车配合运土,也可直接弃土于坑槽附近。

反铲挖掘机工作方式分为以下两种:

沟端开挖(见图 3-10(a))。挖掘机停在基坑端部,后退挖土,汽车停在两侧装土。

沟侧开挖(见图 3-10(b))。挖掘机停在基坑的一侧移动挖土,可用汽车配合运土,也可将土弃于土堆。由于挖掘机与挖土方向垂直,挖掘机稳定性较差,而且挖土地深度和宽度均较小,故这种开挖方法只是在无法采用沟端开挖或不需将弃土运走时采用。

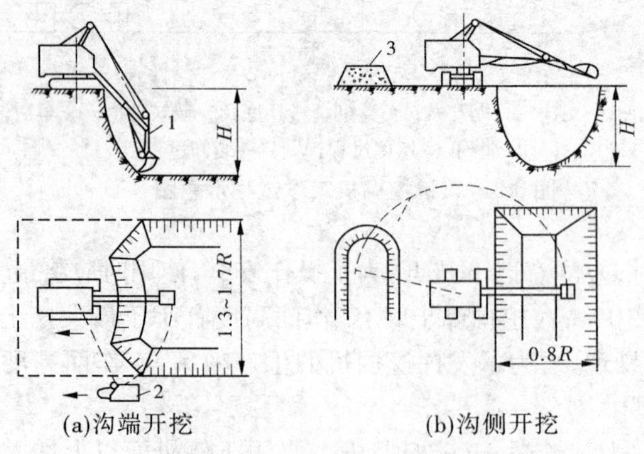

(a)沟端开挖 (b)沟侧开挖

1—反铲挖土机;2—自卸汽车;3—弃土堆

图 3-10 反铲挖土机开挖方式

(3)单斗挖掘机生产效率的计算。挖掘机的生产率是指在单位时间内从掌子中挖取并卸入土堆或车箱的土方量。影响挖掘机生产率的主要因素有土壤性质、掌子的高度、旋转角度、工作时间的利用程度、运输车辆的大小、司机的操作水平和挖掘机的技术状况等。根据具体施工条件分析上述因素后,单斗挖掘机生产率可按下式计算,即

$$P = 60nqK_{充} K_{修} K_{时} K_{延}/K_{松} \tag{3-9}$$

式中:P 为自然方,m^3/h;n 为设计每分钟循环次数,$n = 3\ 600/T$;T 为挖掘机一个工作循环时间,s;q 为铲斗平装容量,即铲斗的几何容积,m^3;$K_{充}$ 为铲斗充盈系数,与土质有关,一般取 0.8 ~ 1.1;$K_{修}$ 为工作循环时间修正系数,$K_{修} = 1/(0.4K_{土} + 0.6\beta)$,$K_{土}$ 为土壤级别修正系数,可采用 1.0 ~ 1.2,β 为转角修正系数,转角 90°时取 1.0,100° ~ 135°时取 1.08 ~ 1.37;$K_{时}$ 为时间利用系数,取 0.8 ~ 0.9;$K_{延}$ 为联合工作系数,卸入弃土堆时取 1.0,卸入车箱时取 0.9;$K_{松}$ 为土壤的可松性系数。

提高挖掘机生产效率的措施有:合理布置掌子面,缩短挖掘机工作循环时间;合理配置挖运设备;规范施工方法和步骤,提高机械设备操作水平,加强施工管理,提高时间利用系数;加强机械维修保养,保证机械正常运转。

3.3.2 土方运输

土方运输机械可分为有轨运输、无轨运输和皮带机运输。

3.3.2.1 有轨运输

(1)标准轨运输(轨距 1 435 mm)。工程量一般不少于 30 万 m^3,运距不少于 1 km,坡度不宜大于 0.025,转弯半径不小于 200 m。

(2)窄轨运输。轨距有 1 000 mm、762 mm、610 mm 3 种。窄轨运输设备简单,线路要求比标准轨低,在工程中得到广泛使用。

有轨运输路基施工较难,效率较低,除窄轨运输有时用于隧洞出渣外,一般较少采用。

3.3.2.2 无轨运输

(1)自卸汽车运输。机动灵活,运输线路布置受地形影响小,但运输效率受气候条件的影响大,燃料消耗多,维修费用高。自卸汽车运输,运距一般不宜小于 300 m,重车上坡最大允许坡度为 8% ~10%,转弯半径不宜小于 20 m。

(2)拖拉机运输。拖拉机运输是用拖拉机带拖车进行运输。根据行走装置不同,拖拉机分为履带式和轮胎式两种。履带式拖拉机牵引力大,对道路要求低,但行使速度慢,适用于运距短、道路不良的情况;轮胎式拖拉机对道路的要求与自卸汽车相同,适用于道路良好、运距较大的情况。

3.3.2.3 皮带机运输

皮带机是一种连续式的运输设备。与车辆运输相比,皮带机具有以下特点:结构简单,工作可靠,管理方便,易于实现自动控制;负荷均匀,动力装置的功率小、能耗低;连续运输,生产效率高,如图 3-11 所示。

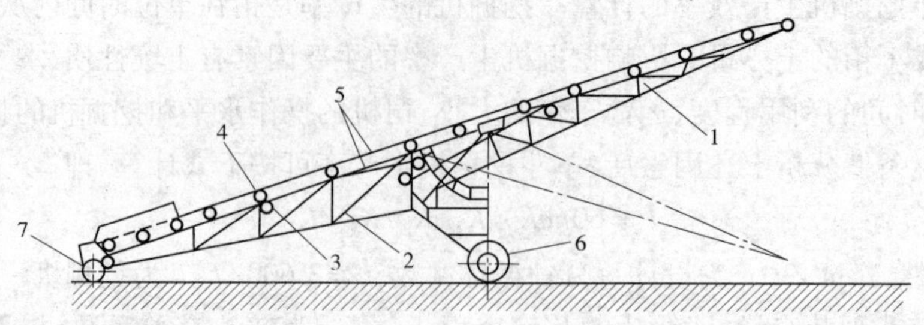

1—前机架;2—后机架;3—下托辊;4—上托辊;5—皮带;6—行走轮;7—尾部导向轮

图 3-11　移动式皮带机

3.3.3　土方压实

3.3.3.1　压实理论

填筑于土坝或土堤上的土方,通过对其压实,可以达到以下目的:提高土体密实度,提高土方承载能力;加大土坝或土堤坡角,减少填方断面面积,减少工程量,从而减少工程投资,加快工程进度;提高土方防渗性能,提高土坝或土堤的渗透稳定性。

土坝或土堤填方的稳定性主要取决于土料的内摩擦力和凝聚力。土料的内摩擦力、凝聚力和防渗性能都随土的密实程度的增大而提高。例如:某砂壤土的干密度为 1.4 g/cm^3,压实提高到 1.7 g/cm^3,其抗压强度也提高 4 倍,渗透系数降低为原来的 1/2 000。

土体是土粒、水和空气组成的三相体,通常土粒和水是不能被压缩的,土料压实的实质是将水包裹的土粒挤压填充到土粒间的空隙里,排走空气占有的空间,使土料的空隙率减少,密实度提高。所以,土料压实的过程实际上就是在外力的作用下土料的三相重新组合的过程。

试验表明,黏性土的主要压实阻力是土体内的凝聚力。在铺土厚度不变的条件下,黏性土的压实效果随含水量的增大而增大,当含水量增大到某一临界值时,干密度达到最大,此时如果进一步增加土体含水量,干密度反而减小,此临界含水量值称为土体的最优含水量,即相同压实功能时压实效果最大的含水量。当土料中的含水量超过最优含水量后,土体中的空隙体积逐步被水填充,此时作用在土体上的外荷,有一部分作用在水上,因此即使压实功能增加,但由于水的反作用抵消了一部分外荷,被压实土体的体积变化却很小,而呈此起彼伏的状态,土体的压实效果反而降低。

对于非黏性土,压实的主要阻力是颗粒间的摩擦力。由于土料颗粒较粗,单位土体的表面积比黏性土小得多,土体的孔隙率小,土体含水量对压实效果的影响也小,在外力及自重的作用下能迅速排水固结。黏性土颗粒细,孔隙率大,可压缩性也大,由于其透水性较差,所以排水固结速度慢,难以迅速压实。此外,土体颗粒级配的均匀性对压实效果也有影响。颗粒级配不均匀的砂砾料,较级配均匀的砂土易于压实。

3.3.3.2　压实方法

土料的物理力学性能不同,压实时要克服压实阻力也不同。黏性土的压实主要是克服土体内的凝聚力,非黏性土的压实主要是克服颗粒间的摩擦力。压实机械作用于土体上的外力有静压碾压、夯击和振动碾压3种,如图3-12所示。

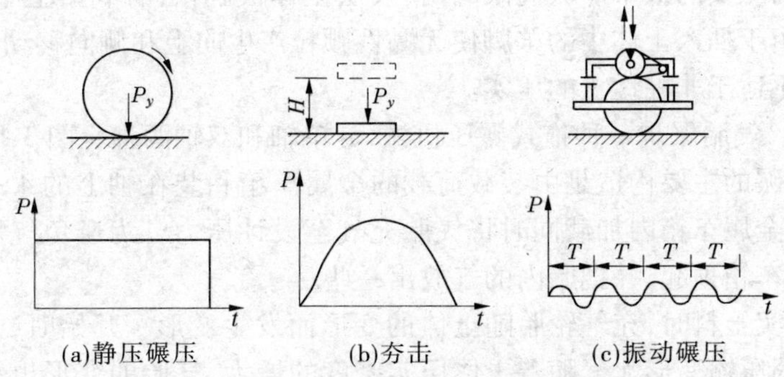

图3-12 土料压实作用外力示意图

静压碾压。作用在土体上的外荷不随时间而变化。

夯击。作用在土体上的外荷随时间作周期性的变化。

振动碾压。作用在土体上的外荷是瞬间冲击力,其大小随时间而变化。

3.3.3.3 压实机械

常用的压实机械如图3-13所示。

(1)平碾。如图3-13(a)所示,钢铁空心滚筒侧面设有加载孔,加载大小根据设计要求而定。平碾碾压质量差,效率低,较少采用。

(2)肋碾。如图3-13(b)所示,一般采用钢筋混凝土预制。肋碾单位面积压力较平碾大,压实效果比平碾好,常用于黏性土的碾压。

(3)羊脚碾。如图3-13(c)所示,其碾压滚筒表面设有交错排列的羊脚。

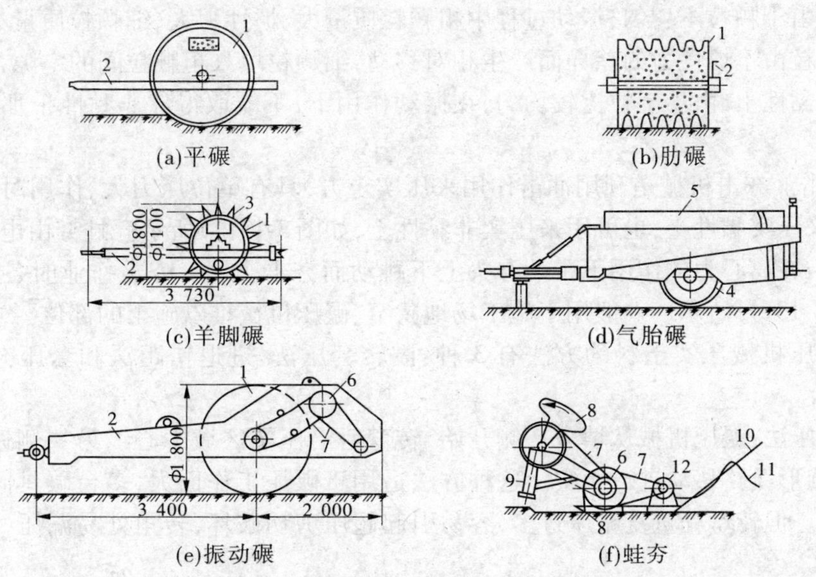

1—平碾;2—机架;3—羊脚;4—充气轮胎;5—压重箱;6—主动轮;7—传动皮带;8—偏心块;
9—夯头;10—扶手;11—电缆;12—电动机

图3-13 土方压实机具 (单位:mm)

羊脚碾的羊脚插入土中,不仅使羊脚底部的土体受到压实,而且使其侧向土体受到挤压,从而达到均匀压实的效果。碾筒滚动时,表层土体被翻松,有利于上下层间结合。但对于非黏性土,由于插入土体中的羊脚使无黏性颗粒产生向上和侧向移动,会降低压实效果,所以羊脚碾不适于非黏性土的压实。

(4)气胎碾。气胎碾是一种拖式碾压机械,分单轴和双轴两种。图 3-13(d)是单轴气胎碾。单轴气胎碾的主要构造是由装载荷载的金属车箱和装在轴上的 4~6 个充气轮胎组成。碾压时在金属车箱内加载同时将气胎充气至设计压力。为避免气胎损坏,停工时用千斤顶将金属车箱顶起,并把胎内的气放出一些。

气胎碾在压实土料时,充气轮胎随土体的变形而发生变形。开始时,土体很松,轮胎的变形小,土体的压缩变形大。随着土体压实密度的增大,气胎的变形也相应增大,气胎与土体的接触面积也增大,始终能保持较均匀的压实效果。另外,还可通过调整气胎内压,来控制作用于土体上的最大应力不致超过土料的极限抗压强度。增加轮胎上的荷重后,由于轮胎的变形调节,压实面积也相应增加,所以平均压实应力的变化并不大。因此,气胎的荷重可以增加到很大的数值。而对于平碾和羊脚碾,由于碾滚是刚性的,不能适应土壤的变形,当荷载过大就会使碾滚的接触应力超过土壤的极限抗压强度,而使土壤结构遭到破坏。

气胎碾既适宜于压实黏性土,又适宜于压实非黏性土,使用条件好,压实效率高,是一种十分有效的压实机械。

(5)振动碾。振动碾是一种振动和碾压相结合的压实机械,如图 3-13(e)所示。它是由柴油机带动与机身相连的轴旋转,使装在轴上的偏心块产生旋转,迫使碾滚产生高频振动。振动功能以压力波的形式传递到土体内。非黏性土料在振动作用下,内摩擦角迅速减小,同时,由于颗粒不均匀,振动过程中粗颗粒质量大、惯性力大、细颗粒质量小、惯性力小。粗细颗粒由于惯性力的差异而产生相对移动,细颗粒填入粗颗粒间的空隙,使土体密实。而对于黏性土,由于土粒比较均匀,在振动作用下,不能取得像非黏性土那样的压实效果。

(6)夯击。夯击机械是利用冲击作用来压实土方,具有单位压力大、作用时间短的特点,既可用来压实黏性土,也可用来压实非黏性土,如图 3-13(f)所示。蛙夯由电动机带动偏心块旋转,在离心力的作用下带动夯头上下跳动而夯击土层。夯击作业时各夯之间要套压,如图 3-13(f)所示。一般用于施工场地狭窄、碾压机械难以施工的部位。

以上碾压机械压实土料的方法有 3 种:圈转套压法、进退错距法和套压夯实法,如图 3-14 所示。

圈转套压法:碾压机械从填方一侧开始,转弯后沿压实区域中心线另一侧返回,逐圈错距,以螺旋形线路移动进行压实。这种方法适用于碾压工作面大,多台碾具同时碾压,生产效率高。但转弯处重复碾压过多,容易引起超压剪切破坏,转角处易漏压,难以保证工程质量。

进退错距法:碾压机械沿直线错距进行往复碾压。这种方法操作简单,容易控制碾压参数,便于组织分段流水作业,漏压重压少,有利于保证压实质量。此法适用于工作面狭窄的情况。

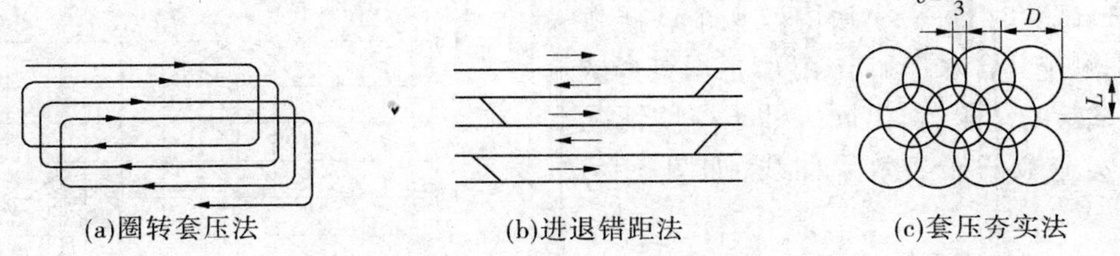

图 3-14　碾压机械压实方法

3.3.3.4　压实机械的选择

选择压实机械主要考虑以下原则:

(1)适应筑坝材料的特性。黏性土应优先选用气胎碾、羊脚碾;砾质土宜用气胎碾、夯板;堆石与含有特大粒径(>500 mm)的砂卵石宜用振动碾。

(2)应与土料含水量、原状土的结构状态和设计压实标准相适应。对含水量高于最优含水量1% ~2%的土料,宜用气胎碾压实;当重黏土的含水量低于最优含水量,原状土天然密度高并接近设计标准,宜用重型羊脚碾、夯板;当含水量很高且要求的压实标准低时,黏性土也可选用轻型的肋碾、平碾。

(3)应与施工强度大小、工作面宽窄和施工季节相适应。气胎碾、振动碾适用于生产强度要求高和抢时间的雨季作业;夯击机械宜用于坝体与岸坡或刚性建筑物的接触带、边角和沟槽等狭窄地带。冬季作业应选择大功率、高效能的机械。

3.3.3.5　压实参数的选择

1. 压实标准

土方工程以设计干密度作为压实标准来控制填方质量。

2. 压实参数的确定

当初步选择了压实机械类型后,还应进一步确定机械所能达到的、具有最佳技术经济效果的各种压实参数。为了使土料达到设计要求的压实效果,且技术经济效果最佳,要求在施工现场进行压实试验,以确定碾重、铺土厚度、压实遍数及土料的最优含水量等。

3. 碾压试验

碾压试验方法步骤如下:

(1)选择一块6 m×60 m的条形试验区,如图3-15所示。将此条带分为15 m长的4等份,各段含水量依次为ω_1、ω_2、ω_3、ω_4,控制其误差不超过1%。对黏性土,试验含水量可定为:$\omega_1=\omega_p-4\%$;$\omega_2=\omega_p-2\%$;$\omega_3=\omega_p$;$\omega_4=\omega_p+2\%$(ω_p为土料的塑限)。

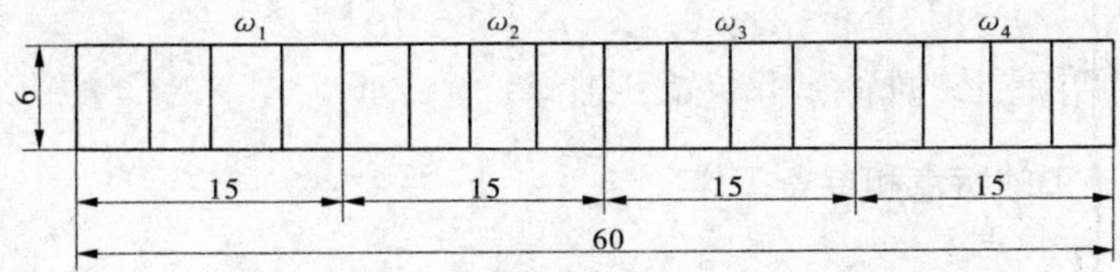

图 3-15　土料压实试验场地布置示意图　(单位:m)

(2)每段沿长边等分为 4 块,每块规定其碾压遍数分别为 n_1、n_2、n_3、n_4。

(3)试验时,每一小块内取 9 个试样为一组,分别测定其含水量和干密度,根据整个试验区一次试验的结果,作出同一铺土厚度情况下不同压实遍数的压实效果曲线,如图 3-16 所示。

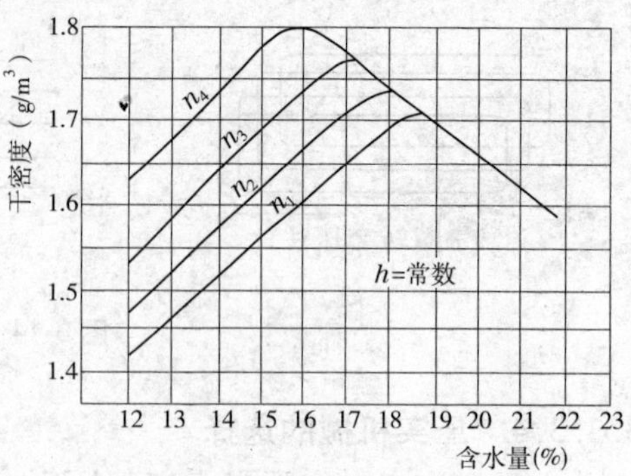

图 3-16 压实遍数、含水量、最大干密度的关系曲线

(4)改变铺土厚度,重复上述步骤。

(5)根据铺土厚度的不同,分别作出各不同铺土厚度情况下的最优含水量、最大干密度与压实遍数的关系曲线,如图 3-17 所示。

(6)根据设计干密度 γ_d,从图 3-17 上分别查出不同铺土厚度时所对应的压实遍数 n_1、n_2、n_3,分别计算 h_1/n_1、h_2/n_2、h_3/n_3(即单位压实遍数的压实厚度),以单位压实遍数下压实厚度最大者所对应的压实参数作为最终施工参数。

对于非黏性土,由于压实效果与含水量的关系不显著,所以只需作土料压实的铺土厚度、压实遍数和干密度的关系曲线即可,如图 3-18 所示。确定合理的铺土厚度和压实遍数时,用设计要求的压实干密度查图 3-18 便可得到与不同铺土厚度相对应的压实遍数,然后仍以单位压实遍数下铺土厚度最大者所对应的压实参数作为最终施工参数。

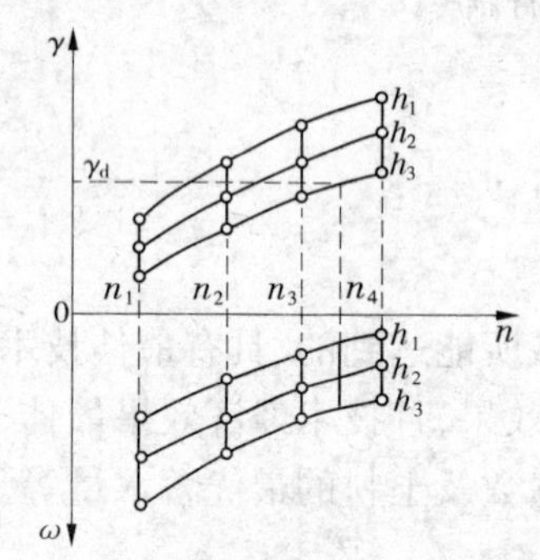

图 3-17 最优含水量与压实遍数及最大干密度与压实遍数关系曲线

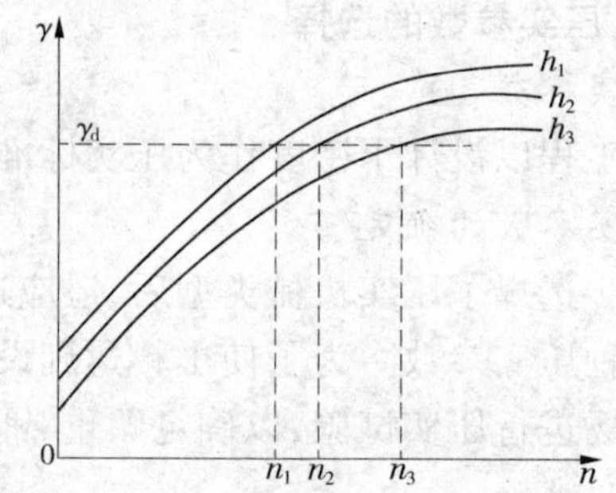

图 3-18 非黏性土干密度与压实遍数关系曲线

3.4 土方工程冬、雨期施工措施和安全措施

3.4.1 冬、雨期施工的特点和准备工作

3.4.1.1 冬期施工的特点和准备工作

1. 冬期施工的特点

冬期工程施工具有以下几个显著的特点:

(1)冬期施工期是工程质量事故多发期。在冬期施工中,长时间的持续低温,较大的

温差，强风、降雪和反复的冰冻经常造成建筑施工的质量事故。

(2)冬期施工质量事故出现具有滞后性。即工程是冬期施工的，冬期发生的质量事故往往不易觉察，到春天解冻时，一系列质量问题才暴露出来。

(3)冬期施工的计划性和准备工作时间性强。冬期施工时，常由于时间紧迫，仓促施工，更易发生质量事故。

2. 冬期施工的准备工作

(1)搜集当地有关气象资料，作为选择冬期施工技术措施的依据。

(2)安排好冬期施工项目，编制冬期施工技术措施或方案，将不适宜冬期施工的分项工程安排在冬期前后完成。

(3)根据冬期施工工程量提前准备好施工的临时设施、设备、机具、保温和防冻剂等材料及劳动防护用品。

(4)冬期施工前，应专门组织冬期施工技术培训，学习冬期施工相关规范、冬期施工理论、操作技能及防火、防冻、防寒、防滑等技能。

3.4.1.2 雨季施工的特点和准备工作

雨季施工是指在降雨量超过年降雨量50%以上的降雨集中季节进行的施工。在我国雨季主要集中在夏季。

1. 雨季施工的特点

雨季工程施工主要有以下几个特点：①降雨的突发性。由于暴雨、山洪等恶劣天气往往不期而至，这就需要雨季施工的准备和防范措施应及早进行。②事故的突发性。突发降雨对土木建筑结构和地基基础的冲刷和浸泡具有严重的破坏性，必须迅速及时地加以防护，才能避免工程造成损失。③持续性。雨季时间一般很长，阻碍了工程顺利进行，拖延工期。

2. 雨季施工的要求

雨季施工的要求主要有：①编制施工组织设计计划时，要根据雨季施工的特点，将不宜在雨季施工的分项工程提前或延后安排。②合理地进行施工安排，尽量减小雨天室外作业时间和工作面。③密切注意气象预报，做好抵抗强台风、防汛等准备工作，必要时应及时加固在建的工程。④做好建筑材料的防御防潮工作。

3. 雨季施工的准备工作

雨季施工的准备工作主要包括：①做好现场排水，施工现场的道路、设施必须做到排水通畅，尽量做到雨停水干；要防止地面水排入基础、地沟内；要做好对危石的处理，防止滑坡和塌方。②应做好原材料、成品、半成品的防雨工作。③在雨季来临前应做好施工现场房屋、设备的排水防雨措施。④备足排水需要的水泵及有关器材，准备适量的塑料布、油毡等防雨材料。

3.4.2 冬期土方施工措施

冬期土方施工主要是解决冻土的影响以及做好土体的防冻措施。

3.4.2.1 冻土的定义、特性和分类

当温度低于0 ℃，含有水分而冻结的各类土称为冻土。冬季土层冻结的厚度叫做冻

结深度。

土在冻结后，体积比冻前增大的现象叫做冻胀。通常用冻胀量和冻胀率来表示冻胀的大小。冻胀量是指土冻结后体积的增量，冻胀率是指土冻结后体积的变化率。

按季节性冻土地基冻胀量的大小及其对建筑物的危害程度，将地基土的冻胀性分为四类：Ⅰ类为不冻胀，冻胀率≤1%；Ⅱ类为弱冻胀，指冻胀率为1% ~3.5%；Ⅲ类为冻胀，冻胀率为3.5% ~6%；Ⅳ类为强冻胀，冻胀率>6%。

3.4.2.2 地基土的保温防冻

地基土的保温防冻是冬季来临时土层未冻结之前，采取一定的措施使基础土层免遭冻结或减小冻结的一种方法，在土方冬期开挖中，土的保温防冻法是最经济的方法之一，常用方法有松土防冻法、覆盖防冻法、保温材料覆盖法和暖棚保温法。

(1)松土防冻法。松土防冻法是在土壤冻结之前，将预先确定的冬季土方作业地段上的表土翻松耙平，利用松土中的许多充满空气的孔隙来降低土壤的导热性，达到防冻的目的。翻耕的深度一般在25 ~30 cm。

(2)覆盖防冻法。在积雪量大的地方，可以利用雪的覆盖作保温层来防止土的冻结。覆盖防冻的方法可视土方作业的特点而定。对大面积的土方工程可在地面上设篱笆或筑雪堤，其高度为0.5 ~1.0 m，间距为高度的10 ~15倍，设置时应使其长边垂直于主导风向；对面积较小的基槽(坑)，土方开挖可在冻结前，初次降雪后在地面上挖积雪沟，沟深在30 ~50 cm，宽度与槽相同。在挖好的沟内，应很快用雪填满，以防止未挖土层的冻结。

(3)保温材料覆盖法。面积较小的基槽(坑)的防冻，可直接用保温材料覆盖。常用的保温材料有炉渣、锯末、膨胀珍珠岩、草袋、树叶等，上面常加盖一层塑料布。在已开挖的基槽(坑)中，靠近基槽壁处覆盖的保温材料需加厚，以使土壤不致受冻或冻结减轻，对未开挖的基坑，保温材料铺设宽度为两倍的土层冻结深度与基槽底宽度之和。

(4)暖棚保温法。在已挖好的较小的基槽上，搭好骨架铺上基层，覆盖保温材料，也可搭塑料棚，然后在棚内采取供暖措施。

3.4.2.3 冻土的融化

冻土开挖前常要进行冻土的融化，一般是用外加的热能融化冻土，以利于挖掘，但这种方法施工费用较高，只有在面积不大的工程上采用，常用的方法有烘烤法、循环针法和电热法等。

融化冻土的施工方法应根据工程量的大小、冻结深度和现场条件，综合考虑选用。融化冻土应按开挖顺序分段进行，每段大小应相当于人工挖土和机械挖土一昼夜的工作量，冻土融化后，挖土工作应昼夜连续进行，以免因间歇而使土体重新冻结。

(1)烘烤法。烘烤法适用于面积较小、冻土不深且燃料便宜的地区。常用锯末、谷壳和刨花等作燃料，在冻土上铺上杂草、木柴等引火材料，燃烧后撒上锯末，上面压数厘米厚的土，让它不起火苗地燃烧。25 cm厚的锯末经一昼夜燃烧的热量可融化冻土30 cm左右。如此分段分层施工，直至挖完为止。采用此法施工，容易引起火灾，施工时务必有人在场管理，以防不测。

(2)循环针法。循环针法热能消耗大，仅使用于有热源的工程。循环针可分为蒸汽循环针和热水循环针两种，其施工方法都是一样的。蒸汽循环针是将管壁钻有孔眼的蒸汽管，插入事先钻好的冻土孔内，孔径为 50～100 mm，插入深度视土的冻结深度确定，间距不大于 1 m，然后通入低压蒸汽，借蒸汽的热量来融化冻土。由于蒸汽融化冻土会破坏土的结构和降低地基承载力，不宜开挖基槽(坑)。

热水循环针法是用直径 60～150 mm 的双层循环热水管按梅花形布置，间距不超过 1.5 m，管内用 40～50 ℃的热水循环。

(3)电热法。电热法通常用直径 6～22 mm 钢筋作电极，将电极打到冻土层以下 15～20 cm 的深度，做梅花形布置，间距为 40～80 cm，加热时间视冻土厚度、土的温度、电压高低等条件而定。通电加热时，可在冻土上铺 10～15 cm 厚的锯末，用浓度为 0.2%～0.5%的氯盐溶液浸湿，以加快表层冻土的融化。

3.4.2.4 冻土的开挖

(1)人工开挖。人工开挖冻土适用于开挖面积较小和场地狭窄，不具备其他方法进行土方破碎、开挖等施工的工程。开挖时，一般采用大铁锤和铁楔子劈冻土。施工中一人掌楔，2 至 3 人轮流打大锤。一组常用几个铁楔，当一个铁楔打入土中而冻土尚未脱离时，再把第二个铁楔在旁边的裂缝上加进去，直至冻土剥离为止，为防止震动或误伤，铁楔宜用粗铁丝做把手。

施工时掌铁楔的人与掌锤的人不能脸对着脸，必须互成 90°，同时要随时注意去掉楔头打出的飞刺，以免飞出伤人。

(2)机械开挖。当冻土层厚为 0.25 m 以内时，可用推土机或中等动力的普通挖掘机施工开挖；当冻土层厚为 0.3 m 以内时，可用拖拉机牵引的专用松土机破碎冻土层；当冻土层厚为 0.4 m 以内时，可用大马力的挖土机(斗容量≥2 m^3)开挖土体；当冻土层厚为 0.25 m 以内时，可用松碎冻土的打桩机进行破碎。最简单的施工方法是用风镐将冻土破碎，然后用人工或机械挖掘运输。

(3)爆破法开挖。爆破法适用于冻土层较厚、面积较大的土方工程。这种方法是将炸药放入直立爆破孔中或水平爆破孔中进行爆破，冻土破碎后用挖土机挖出，或借爆破的力量向四周蹦出，做成需要的沟槽。

冻土深度在 2 m 以内时，可采用直立爆破孔；冻土深度超过 2 m 时，可用水平爆破孔。

3.4.2.5 冬期回填土施工

由于土冻结后即成为坚硬的土块，在回填过程中不易压实，土解冻后就会造成大量的下沉，冻胀土壤的沉降量更大。为了确保冬期冻土回填的施工质量，必须按施工及验收规范中对冻土回填的规定组织施工。

冬期回填土应尽量选用未受冻、不冻胀的土壤进行施工。填土前，应清除基础上的冰雪和保温材料；填方边坡表层 1 m 以内不得用冻土填筑；填方上层应用未冻的不冻胀土或透水性好的土料填筑；冬期填方每层铺土厚度应比常温施工时间少 20%～25%，预留沉降量应比常温施工时适当增加；用含有冻土块的土料做回填土时，冻土块粒径不得大于 150 mm；铺填时，冻土块应均匀分布、逐层压实。

冬期施工外平均气温在 -5 ℃以下时，填方高度不宜超过表 3-4 中规定值，用石块和不含冰块的砂土(不包括粉砂)、碎石类土填筑时，填方高度不受限制。

表3-4　冬期填方高度限制

平均气温(℃)	-5 ~ -10	-11 ~ -15	-16 ~ -20
填方高度(m)	4.5	3.5	2.5

室外的基槽(坑)或管沟可用含有冻土块的土回填,但冻土块体积不得超过填土总体积的15%,而且冻土块的粒径应小于150 mm;室内的基槽(坑)或管沟回填土不得含有冻土块;管沟底至管顶0.5 m范围内不得含有冻土块的土回填。回填工作应连续进行,防止基土或已填土层受冻。

3.4.3　雨季土方施工措施

雨季土方施工措施主要有以下几个方面。

(1)雨季进行土方工程时,需妥善编制切实可行的施工方案、技术质量措施和安全技术措施,土方开挖前备好水泵。

(2)雨季进行人工或机械挖土时,必须严格按规定放坡,坡度应比正常施工时适当放缓。多备塑料布覆盖,必要时采取边坡喷混凝土保护。雨季施工的工作面不宜过大;应逐段、逐片地分期完成;基础挖到标高后,及时验收并浇筑混凝土垫层。

(3)施工道路距基坑口不得小于5 m,基坑上口3 m范围内不得有堆放物和弃土。

(4)坑内施工随时注意边坡的稳定情况,加强对边坡和支撑的检查,发现裂缝和塌方及时组织撤离,采取加固措施并确认后,方可继续施工。

(5)基坑开挖时,应沿基坑边做小土堤,并在基坑四周设集水坑或排水沟,防止地面水灌入基坑,受水浸基坑打垫层前应将稀泥除净方可进行施工。

(6)回填时基坑集水要及时排掉,回填土要分层夯实,干密度要符合设计及规范要求。

(7)施工中,取土、运土、铺填、压实等各道工序应连续施工,雨季前应及时压实已填土层,并做成一定斜坡,以利排除雨水。

(8)桩基施工前,除整平场地外,还需碾压密实,四周做好排水沟,防止下雨造成地表松软,致使打桩机械倾斜,影响桩垂直度,钻孔桩基础要随钻、随盖、随灌混凝土,每天下班前不得留有桩孔,防止灌水塌孔,重型土方机械、运输机械要防止场地下面有暗沟、暗洞造成机械沉陷。

(9)基础施工完毕后,应抓紧基坑四周的回填工作;停止人工降水时,应验算箱形基础抗浮稳定性,地下水对基础的浮力;抗浮稳定系数不宜小于1.2,以防止出现基础上浮或倾斜的重大事故;当遇上大雨,水泵不能及时有效地降低积水高度时,应迅速将积水灌回箱形基础之内,以增加基础的抗浮能力。

3.4.4　冬、雨期施工安全技术

3.4.4.1　冬期施工安全技术

冬期施工主要应做好防火、防寒、防毒、防滑、防爆等工作。

(1)冬期施工前要加防滑设施,及时清除积雪。

(2)易燃材料必须经常清理,必须保证消防水源的供应,保证消防道路的畅通。

(3)严寒时节,施工现场应根据实际需要和规定配设挡风设备。

(4)要防止一氧化碳中毒。

3.4.4.2 雨季施工安全技术

雨季施工主要应做好防雨、防风、防雷、防电、防汛等工作。

(1)基础工程应开设排水沟、基槽、坑沟等,雨后积水应设置防护栏或警告标志,超过1 m的基槽、井坑应设支撑。

(2)一切机械设备应设置在地势较高、防潮避雨的地方,设备电源线路绝缘要良好,要有完善的保护接零装置。

(3)雨季为了防止雷电袭击造成事故,在现场较高设备上必须安装防雷装置。施工现场的防雷装置一般有避雷针、接地线和接地体三个部分组成。①避雷针应安装在建筑物的最高顶端上。②接地线可用截面面积不小于16 mm^2 的铝导线,或用截面面积不小于12 mm^2 的铜导线,也可用直径不小于80 mm的圆钢。③接地体有棒形和带形两种。棒形接地体一般采用长度1.5 m、壁厚不小于2.5 mm的钢管或5 mm×50 mm的角钢。将其一端打尖并垂直打入地下,其顶端离地平面不小于50 cm,带形接地体可用截面面积不小于50 mm^2、长度不小于3 m的扁钢,平卧于地下50 cm处。防雷装置的避雷针、接地线和接地体必须焊接,焊缝长度应为圆钢直径的6倍或扁钢厚度的2倍以上,电阻不宜超过10 Ω。

本章小结

1. 土的工程性质

在水利工程的土方施工中,根据其开挖难度,将土方分为四级。

土的工程性质对土方工程的施工方法及工程进度影响很大。主要的工程性质有密度、含水量、渗透性、可松性等。土的可松性指自然状态的土在挖掘后变松散的性质。

土方工程中有自然方、松方、压实方等几种计量方法。

2. 土方工程量计算

场地平整前,应确定场地的设计标高,计算挖、填土方工程量,进行挖、填方的平衡调配。

基坑的土方量可近似按拟柱体体积公式计算,基槽是一狭长沟槽,其土方量计算可沿其长度方向分段进行,然后相加求得总方量。

堤坝工程为狭长形,工程量一般采用断面法计算,即每隔一定长度(形状变化较小时取大值,反之取小值)取一断面,每一段的方量用两端的断面面积的平均值乘以段长即可,各段方量之和即为总方量。

3. 土方工程施工工艺

土方开挖的机械设备有推土机、铲运机、装载机、挖掘机等。

土方运输机械可分为有轨运输、无轨运输和皮带机运输。

压实机械作用于土体上的外力有静压碾压、振动碾压和夯击 3 种。常用的压实机械有平碾、肋碾、羊脚碾、气胎碾、振动碾、蛙夯。

土方工程以设计干密度作为压实标准来控制填方质量。当初步选择了压实机械类型后，还应进一步确定机械所能达到的、具有最佳技术经济效果的各种压实参数。为了使土料达到设计要求的压实效果，且技术经济效果最佳，要求在施工现场进行压实试验，以确定碾重、铺土厚度、压实遍数及土料的最优含水量等。

4. 土方工程冬、雨期施工措施和安全措施

冬、雨期施工应做好准备工作。

要根据雨季施工的特点，将不宜在雨季施工的分项工程提前或延后安排；合理进行施工安排，尽量减小雨天室外作业时间和工作面；密切注意气象预报，做好抵抗强台风、防汛等准备工作，必要时应及时加固在建的工程；做好建筑材料的防御防潮工作。

冬期土方施工主要是解决冻土的影响以及做好土体的防冻措施。

本章重点是土方施工的工艺方法、土方压实方法的选定。

复习思考题

1. 试述土的可松性以及土的可松性对土方施工有何影响？
2. 何谓最优含水量？最优含水量对填土施工有何影响？
3. 土的工程分类是按什么划分的？各类土如何鉴别？
4. 土石方工程主要有哪几种种类？
5. 土方开挖常用的机械有哪些？
6. 填土压实的方法有哪些？
7. 影响填土压实的主要因素有哪些？
8. 怎样检查填土压实质量？
9. 什么叫冻土？冻土主要有哪些分类？
10. 冬、雨期施工的特点有哪些？
11. 冬、雨期施工的准备工作有哪些？
12. 地基土的保温防冻措施有哪些？
13. 融化冻土的措施有哪些？
14. 雨季土方施工的措施有哪些？
15. 冬、雨期施工应注意采用哪些安全措施？
16. 施工现场防雷装置怎样设置？

第4章　砌筑工程

学习目标

- 了解砖石材料种类及质量要求。
- 掌握砖石砌体的砌筑原则、砌筑方法、砌筑工艺及质量要求，砖石砌体的施工放样。
- 掌握砌筑工程施工安全知识。

砌筑工程包括砖砌体工程和石砌体工程。砖石砌体强度和耐久性较差。常用于小型水利工程和房屋建筑。砖砌体由砖和砂浆组成；石砌体包括干砌石和浆砌石。砖石砌体可就地取材，节约三大主材，造价低廉，施工技术容易掌握，故广为采用。

4.1　砌筑材料与砌筑原则

4.1.1　砌筑材料

4.1.1.1　砖材

砖具有一定的强度、绝热、隔声和耐久性，在工程上应用很广。砖的种类很多，在水利工程中应用较多的为普通烧结实心黏土砖，是经取土、调制、制坯、干燥、焙烧而成，分机制砖和手制砖，按颜色分为红砖和青砖两种。红砖强度较高但耐久性较差，青砖耐久性比红砖好。质量好的砖棱角整齐、质地坚实、无裂缝翘曲、吸水率小、强度高、敲打声音发脆。色浅、声哑、强度低的砖为欠火砖；色较深、音甚响、有弯曲变形的砖为过火砖。

砖的强度等级分为 MU30、MU25、MU20、MU15、MU10、MU7.5 六级。普通砖、空心砖的吸水率宜在 10% ~15%；灰砂砖、粉煤灰砖含水率宜在 5% ~8%。吸水率越小，强度越高。

普通黏土砖的尺寸为 53 mm × 115 mm × 240 mm，若加上砌筑灰缝的厚度（一般为 10 mm），则 4 块砖长、8 块砖宽、16 块砖厚都为 1 m。每 1 m^3 实心砖砌体需用砖 512 块。

砖的品种、强度等级必须符合设计要求，并应规格一致。用于清水墙、柱表面的砖，还应边角整齐、色泽均匀。无出厂证明的砖应作试验鉴定。

4.1.1.2　石材

天然石材具有很高的抗压强度、良好的耐久性和耐磨性，常用于砌筑基础、桥涵、挡土墙、护坡、沟渠、隧洞衬砌及闸坝工程中。石材应选用强度大、耐风化、吸水率小、表观密度大、组织细密、无明显层次，且具有较好抗蚀性的石材。常用的石材有石灰岩、砂岩、花岗岩、片麻岩等。风化的山皮石、冻裂分化的块石禁止使用。

一般在工地上可通过看、听、称来判定石材质量。看，即观察打裂开的破碎面，颜色均匀一致，组织紧密，层次不分明的岩石为好；听，就是用手锤敲击石块，听其声音是否清脆，声音清脆响亮的岩石为好；称，就是通过称量计算出其表观密度和吸水率，看它是否符合要求，一般要求表观密度大于 2 650 kg/m³，吸水率小于 10%。

水利工程常用的石料有以下几种：

(1)片石(块石)。片石是开采石料时的副产品，体积较小，形状不规则，用于砌体中的填缝或小型工程的护岸、护坡、护底工程，不得用于拱圈、拱座以及有磨损和冲刷的护面工程。

(2)块石。块石也叫毛料石，外形大致方正，一般不加工或仅稍加修整，大小 25 ~ 30 cm见方，叠砌面凹入深度不应大于 25 mm，每块质量以不小于 30 kg 为宜，并具有两个大致平行的面。一般用于防护工程和涵闸砌体工程。

(3)粗料石。粗料石外形较方正，截面的宽度、高度不应小于 20 cm，且不应小于长度的 1/4，叠砌面凹入深度不应大于 20 mm，除背面外，其他五个平面应加工凿平。主要用于闸、桥、涵墩台和直墙的砌筑。

(4)细料石。细料石经过细加工，外形规则方正，宽、厚大于 20 cm，且不小于其长度的 1/3，叠砌面凹入深度不大于 10 mm。多用于拱石外脸、闸墩圆头及墩墙等部位。

(5)卵石。卵石分河卵石和山卵石两种。河卵石比较坚硬，强度高，山卵石有的已风化、变质，使用前应进行检查，如颜色发黄，用手锤敲击声音不脆，表明已风化变质，不能使用。卵石常用于砌筑河渠的护坡、挡土墙等。

4.1.1.3 胶结材料

砌筑施工常用的胶结材料，按使用特点分为砌筑砂浆、勾缝砂浆；按材料类型分为水泥砂浆、石灰砂浆、水泥石灰砂浆、石灰黏土砂浆、黏土砂浆等。处于潮湿环境或水下使用的砂浆应用纯水泥砂浆，如用含石灰的砂浆，虽砂浆的和易性能有所改善，但由于砌体中石灰没有充分时间硬化，在渗水作用下，将产生水溶性的氢氧化钙，容易被渗水带走，且砂浆中的石灰在渗水作用下发生体积膨胀结晶，破坏砂浆组织，导致砌体破坏。因此，石灰砂浆、水泥石灰砂浆只能用于较干燥的水上工程。石灰黏土砂浆和黏土砂浆只用于小型水上砌体。

(1)水泥砂浆。常用的水泥砂浆强度等级分为 M15、M10、M7.5、M5、M2.5、M1、M0.4 等 7 个级别。水泥强度等级不宜低于 32.5 MPa。如用高强度等级水泥配制低强度等级的砂浆，为改善和易性，减少水灰比，增加密实性及耐久性，可掺入一定量的粉煤灰作混合材料。砂子要求清洁，级配良好，含泥量小于 3%。砂浆配合比应通过试验确定。拌和可使用砂浆搅拌机，也可采用人工拌和。砂浆拌和量应配合砌石的速度和需要，一次拌和不能过多，拌和好的砂浆应在 40 min 内用完。

(2)石灰砂浆。石灰膏的淋制应在暖和不结冰的条件下进行，淋好的石灰膏必须等表面浮水全部渗完，灰膏表面呈现不规则的裂缝后方可使用，最好是淋后两星期再用，使石灰充分熟化。配制砂浆时按配合比(一般灰砂比为 1:3)取出石灰膏加水稀释成浆，再加入砂中拌和，直至颜色完全均匀一致为止。

(3)水泥石灰砂浆。水泥石灰砂浆是用水泥、石灰两种胶结材料配合与砂调制成的砂浆。拌和时先将水泥砂子干拌均匀，然后将石灰膏稀释成浆倒入拌和均匀。这种砂浆比水泥砂浆凝结慢，但自加水拌和到使用完不宜超过 2 h；同时由于它凝结速度较慢，不宜用于冬季施工。

(4)小石混凝土。一般砌筑砂浆干缩率高，密实性差，在大体积砌体中，常用小石混凝土代替一般砂浆。小石混凝土分一级配和二级配两种。一级配采用20 mm以下的小石,二级配中粒径5 ~20 mm的占40% ~50%、20 ~40 mm的占50% ~60%。小石混凝土坍落度以7 ~9 cm为宜,小石混凝土还可节约水泥,提高砌体强度。

砂浆质量是保证浆砌石施工质量的关键,配料时要求严格按设计配合比进行,要控制用水量;砂浆应拌和均匀,不得有砂团和离析;砂浆的运送工具使用前后均应清洗干净,不得有杂质和淤泥,运送时不要急剧下跌、颠簸,防止砂浆水砂分离。分离的砂浆应重新拌和后才能使用。

4.1.2 砌筑的基本原则

砌体的抗压强度较大,但抗拉、抗剪强度低,仅为其抗压强度的1/10 ~1/8,因此砖石砌体常用于结构物受压部位。砖石砌筑时应遵守以下基本原则:

(1)砌体应分层砌筑,其砌筑面力求与作用力的方向垂直,或使砌筑面的垂线与作用力方向间的夹角小于13° ~16°,否则受力时易产生层间滑动。

(2)砌块间的纵缝应与作用力方向平行,否则受力时易产生楔块作用,对相邻块产生挤动。

(3)上下两层砌块间的纵缝必须互相错开,以保证砌体的整体性,以便传力。

4.2 砌石工程

4.2.1 干砌石

干砌石是指不用任何胶凝材料把石块砌筑起来,包括干砌块(片)石、干砌卵石。一般用于土坝(堤)迎水面护坡、渠系建筑物进出口护坡及渠道衬砌、水闸上下游护坦、河道护岸等工程。

4.2.1.1 砌筑前的准备工作

1. 备料

在砌石施工中为缩短场内运距,避免停工待料,砌筑前应尽量按照工程部位及需要数量分片备料,并提前将石块的水锈、淤泥洗刷干净。

2. 基础清理

砌石前应将基础开挖至设计高程,淤泥、腐殖土以及混杂有的建筑残渣应清除干净,必要时将坡面或底面夯实,然后才能进行铺砌。

3. 铺设反滤层

在干砌石砌筑前应铺设砂砾反滤层,其作用是将块石垫平,不致使砌体表面凹凸不平,减少其对水流的摩阻力;减少水流或降水对砌体基础土壤的冲刷;防止地下渗水逸出时带走基础土粒,避免砌筑面下陷变形。

反滤层的各层厚度、铺设位置、材料级配和粒径以及含泥量均应满足规范要求,铺设时应与砌石施工配合,自下而上,随铺随砌,接头处各层之间的连接要层次清楚,防止层间错动或混淆。

4.2.1.2 干砌石施工

干砌石的施工工序为选石、试放、修凿、安砌。

1. 施工方法

常采用的干砌块石的施工方法有两种，即花缝砌筑法和平缝砌筑法。

(1)花缝砌筑法。花缝砌筑法多用于干砌片(毛)石。砌筑时，依石块原有形状，使尖对拐、拐对尖相互联系砌成。砌石不分层，一般多将大面向上，如图4-1所示。这种砌法的缺点是底部空虚，容易被水流淘刷变形，稳定性较差，且不能避免重缝、叠缝、翘口等毛病。但此法优点是表面比较平整，故可用于流速不大、不承受风浪淘刷的渠道护坡工程。

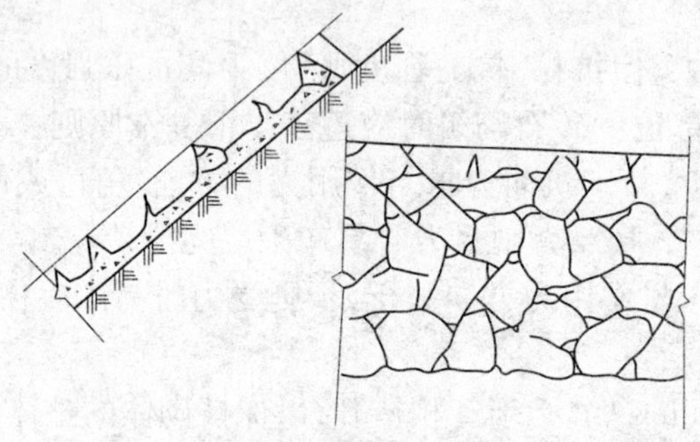

图4-1 花缝砌筑法示意图

(2)平缝砌筑法。平缝砌筑法一般多适用于干砌块石的施工，如图4-2所示。砌筑时将石块宽面与坡面竖向垂直，与横向平行。砌筑前安放一块石块必须先进行试放，不合适处应用小锤修整，使石缝紧密，最好不塞或少塞石子。这种砌法横向设有通缝，但竖向直缝必须错开。如砌缝底部或块石拐角处有空隙时，则应选用适当的片石塞满填紧，以防止底部砂砾垫层由缝隙淘出，造成坍塌。

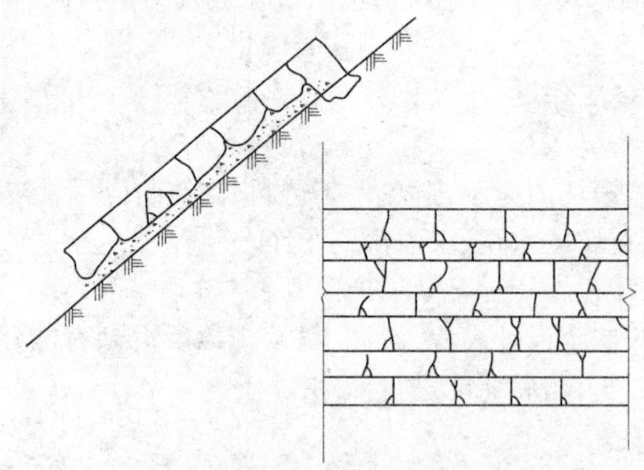

图4-2 平缝砌筑法示意图

干砌块石是依靠块石之间的摩擦力来维持其整体稳定的。若砌体发生局部移动或变形，将会导致整体破坏。边口部位是最易损坏的地方，所以，封边工作十分重要。对护坡水下部分的封边，常采用大块石单层或双层干砌封边，然后将边外部分用黏土回填夯实，有时也可采用浆砌石埂进行封边。对护披水上部分的顶部封边，则常采用比较大的方正块石砌成 40 cm 左右宽度的平台，平台后所留的空隙用黏土回填夯实（如图 4-3 所示）。对于挡土墙、闸翼墙等重力式墙身顶部，一般用混凝土封闭。

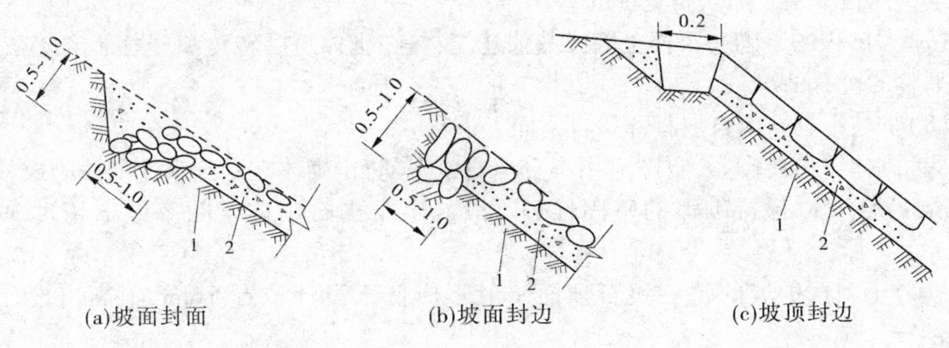

1—黏土夯实；2—垫层

图 4-3　干砌块石封边　（单位：m）

2. *干砌石的砌筑要点*

造成干砌石施工缺陷的原因主要是由于砌筑技术不良、工作马虎、施工管理不善以及测量放样错漏等。缺陷主要有缝口不紧、底部空虚、鼓心凹肚、重缝、飞缝、飞口（即用很薄的边口未经砸掉便砌在坡上）、翘口（上下两块都是一边厚一边薄，石料的薄口部分互相搭接）、悬石（两石相接不是面的接触，而是点的接融）、浮塞叠砌、严重蜂窝以及轮廓尺寸走样等（见图 4-4）。

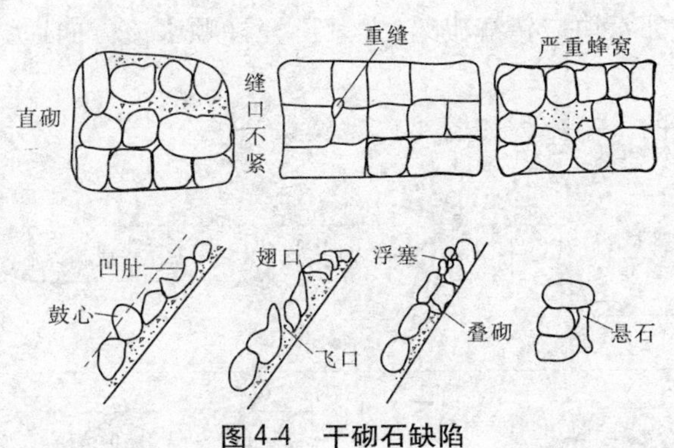

图 4-4　干砌石缺陷

干砌石施工必须注意以下几个方面：

（1）干砌石工程在施工前应进行基础清理工作。

（2）凡受水流冲刷和浪击作用的干砌石工程中采用竖立砌法（即石块的长边与水平面或斜面呈垂直方向）砌筑，以期空隙为最小。

（3）重力式挡土墙施工时严禁先砌好里、外砌石面，中间用乱石充填并留下空隙和蜂窝。

（4）干砌块石的墙体露出面必须设丁石（拉结石），丁石要均匀分布。如墙厚等于或小于 40 cm 时，同一层的丁石长度应等于墙厚；如墙厚大于 40 cm，则要求同一层内外的丁石相互交错搭接，搭接长度不小于 15 cm，其中一块的长度不小于墙厚的 2/3。

（5）如用料石砌墙，则两层顺砌后应有一层丁砌，同一层采用丁顺组砌时，丁石间距不宜大于 2 m。

(6)用干砌石作基础,一般下大上小,呈阶梯状,底层应选择比较方正的大块石,上层阶梯至少压住下层阶梯块石宽度的 1/3。

(7)大体积的干砌块石挡土墙或其他建筑物,在砌体每层转角和分段部位,应先采用大而平整的块石砌筑。

(8)护坡干砌石应自坡脚开始自下而上进行。

(9)砌体缝口要砌紧,空隙应用小石填塞紧密,防止砌体在受到水流的冲刷或外力撞击时滑脱沉陷,以保持砌体的坚固性。一般规定干砌石砌体空隙率应不超过 30% ~ 50%。

(10)干砌石护坡的每一块石顶面一般不应低于设计位置 5 cm,不高出设计位置 15 cm。

4.2.2 浆砌石

浆砌石是用胶结材料把单个的石块联结在一起,使石块依靠胶结材料的黏结力、摩擦力和块石本身重量结合成为新的整体,以保持建筑物的稳固,同时,充填着石块间的空隙,堵塞了一切可能产生的漏水通道。浆砌石具有良好的整体性、密实性和较高的强度,使用寿命更长,还具有较好的防止渗水和抵抗水流冲刷的能力。

浆砌石施工的砌筑要领可概括为“平、稳、满、错”四个字。平,同一层面大致砌平,相邻石块的高差宜小于 2 cm;稳,单块石料的安砌务求自身稳定;满,灰缝饱满密实,严禁石块间直接接触;错,相邻石块应错缝砌筑,尤其不允许顺水流方向通缝。

4.2.2.1 砌筑工艺

浆砌石工程砌筑的工艺流程如图 4-5 所示。

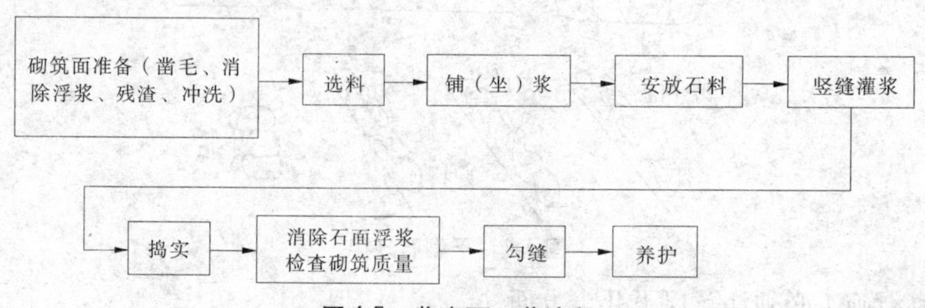

图 4-5 浆砌石工艺流程

(1)砌筑面准备。对开挖成形的岩基面在砌石开始之前应将表面已松散的岩块剔除,具有光滑表面的岩石须人工凿毛,并清除所有岩屑、碎片、泥沙等杂物。土壤地基按设计要求处理。

对于水平施工缝,一般要求在新一层块石砌筑前凿去已凝固的浮浆,并进行清扫、冲洗,使新旧砌体紧密结合。对于临时施工缝,在恢复砌筑时,必须进行凿毛、冲洗处理。

(2)选料。砌筑所用石料应是质地均匀、没有裂缝、没有明显风化迹象、不含杂质的坚硬石料。严寒地区使用的石料,还要求具有一定的抗冻性。

(3)铺(坐)浆。对于块石砌体,由于砌筑面参差不齐,必须逐块坐浆、逐块安砌,在操作时还须认真调整，务使坐浆密实，以免形成空洞。坐浆一般只宜比砌石超前0.5～1 m，坐浆应与砌筑相配合。

(4)安放石料。把洗净的湿润石料安放在坐浆面上，用铁锤轻击石面，使坐浆开始溢出为度。

石料之间的砌缝宽度应严格控制，采用水泥砂浆砌筑时，块石的灰缝厚度一般为2～4 cm，料石的灰缝厚度为0.5～2 cm，采用小石混凝土砌筑时，一般为所用骨料最大粒径的2～2.5倍。

安放石料时应注意，不能产生细石架空现象。

(5)竖缝灌浆。安放石料后，应及时进行竖缝灌浆。一般灌浆与石面齐平，水泥砂浆用捣插棒捣实，小石混凝土用插入式振捣器振捣，振实后缝面下沉，待上层摊铺坐浆时一并填满。

(6)振捣。水泥砂浆常用捣棒人工插捣，小石混凝土一般采用插入式振动器振捣。应注意对角缝的振捣，防止重振或漏振。每一层铺砌完24～36 h后(视气温及水泥种类、胶结材料强度等级而定)即可冲洗，准备上一层的铺砌。

4.2.2.2 浆砌石施工

1.基础砌筑

基础施工应在地基验收合格后方可进行。基础砌筑前，应先检查基槽(或基坑)的尺寸和标高，清除杂物，接着放出基础轴线及边线。

砌第一层石块时，基底应坐浆。对于岩石基础，坐浆前还应洒水湿润。第一层使用的石块尽量挑大一些的，这样受力较好，并便于错缝。石块第一层都必须大面向下放稳，以脚踩不动即可。不要用小石块来支垫，要使石面平放在基底上，使地基受力均匀基础稳固。选择比较方正的石块，砌在各转角上，称为角石，角石两边应与准线相合。角石砌好后，再砌里、外面的石块，称为面石；最后砌填中间部分，称为腹石。砌填腹石时应根据石块自然形状交错放置，尽量使石块间缝隙最小，再将砂浆填入缝隙中，最后根据各缝隙形状和大小选择合适的小石块放入用小锤轻击，使石块全部挤入缝隙中。禁止采用先放小石块后灌浆的方法。

接砌第二层以上石块时，每砌一块石块，应先铺好砂浆，砂浆不必铺满、铺到边，尤其在角石及面石处，砂浆应离外边约4.5 cm，并铺得稍厚一些，当石块往上砌时，恰好压到要求厚度，并刚好铺满整个灰缝。灰缝厚度宜为20～30 mm，砂浆应饱满。阶梯形基础上的石块应至少压砌下级阶梯的1/2，相邻阶梯的块石应相互错缝搭接。基础的最上一层石块，宜选用较大的块石砌筑。基础的第一层及转角处和交接处应选用较大的块石砌筑。块石基础的转角及交接处应同时砌起。如不能同时砌筑又必须留槎时，应砌成斜槎。

块石基础每天可砌高度不应超过4.2 m。在砌基础时还必须注意不能在新砌好的砌体上抛掷块石，这会使已粘在一起的砂浆与块石受振动而分开，影响砌体强度。

2.挡土墙

砌筑块石挡土墙时，块石的中部厚度不宜小于20 cm；每砌3～4皮为一分层高度，每个分层高度应找平一次；外露面的灰缝厚度不得大于4 cm，两个分层高度间的错缝不得小于8 cm(见图4-6)。

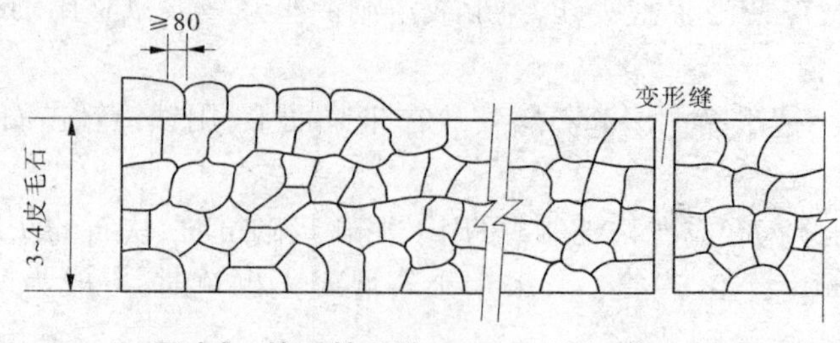

图 4-6 块石挡土墙立面 （单位：mm）

料石挡土墙宜采用同皮内丁顺相间的砌筑形式。当中间部分用块石填筑时，丁砌料石伸入块石部分的长度应小于 20 cm。

3. 桥、涵拱圈

浆砌拱圈一般选用于小跨度的单孔桥拱、涵拱施工，施工方法及步骤如下：

(1)拱圈石料的选择。拱圈的石料一般为经过加工的料石，石块厚度不应小于 15 cm。石块的宽度为其厚度的 1.5~2.5 倍，长度为厚度的 2~4 倍，拱圈所用的石料应凿成楔形(上宽下窄)，如不用楔形石块时，则应用砌缝宽度的变化来调整拱度，但砌缝厚薄相差最大不应超过 1 cm，每一石块面应与拱压力线垂直。因此，拱圈砌体的方向应对准拱的中心。

(2)拱圈的砌缝。浆砌拱圈的砌缝应力求均匀，相邻两行拱石的平缝应相互错开，其相错的距离不得小于 10 cm。砌缝的厚度决定于所选用的石料，选用细料石，其砌缝厚度不应大于 1 cm；选用粗料石，砌缝不应大于 2 cm。

(3)拱圈的砌筑程序与方法。拱圈砌筑之前，必须先做好拱座。为了使拱座与拱圈结合好，须用起拱石。起拱石与拱圈相接的面，应与拱的压力线垂直。

当跨度在 10 m 以下时，拱圈的砌筑一般应沿拱的全长和全厚，同时由两边起拱石对称地向拱顶砌筑；当跨度大于 10 m 以上时，则拱圈砌筑应采用分段法进行。分段法是把拱圈分为数段，每段长可根据全拱长来决定，一般每段长 3~6 m。各段依一定砌筑顺序进行(见图 4-7)，以达到使拱架承重均匀和拱架变形最小的目的。

拱圈各段的砌筑顺序是先砌拱脚，再砌拱顶，然后砌 1/4 处，最后砌其余各段。砌筑时一定要对称于拱圈跨中央。各段之间应预留一定的空缝，防止在砌筑中拱架变形面产生裂缝，待全部拱圈砌筑完毕后，再将预留空缝填实。

4.2.2.3 勾缝与分缝

1. 墙面勾缝

石砌体表面进行勾缝的目的主要是加强砌体整体性，同时还可增加砌体的抗渗能力，另外，也美化外观。

勾缝按其形式可分为凹缝、平缝、凸缝等，如图 4-8 所示。凹缝又可分为半圆凹缝、平凹缝；凸缝可分为平凸缝、半圆凸缝、三角凸缝等。

勾缝的程序是在砌体砂浆未凝固以前，先沿砌缝将灰缝剔深 20~30 mm 形成缝槽，待砌体完成砂浆凝固以后再进行勾缝。勾缝前应将缝槽冲洗干净，自上而下不整齐处应修整。勾缝的砂浆宜用水泥砂浆，砂用细砂。砂浆稠度要掌握好，过稠勾出缝来表面粗糙

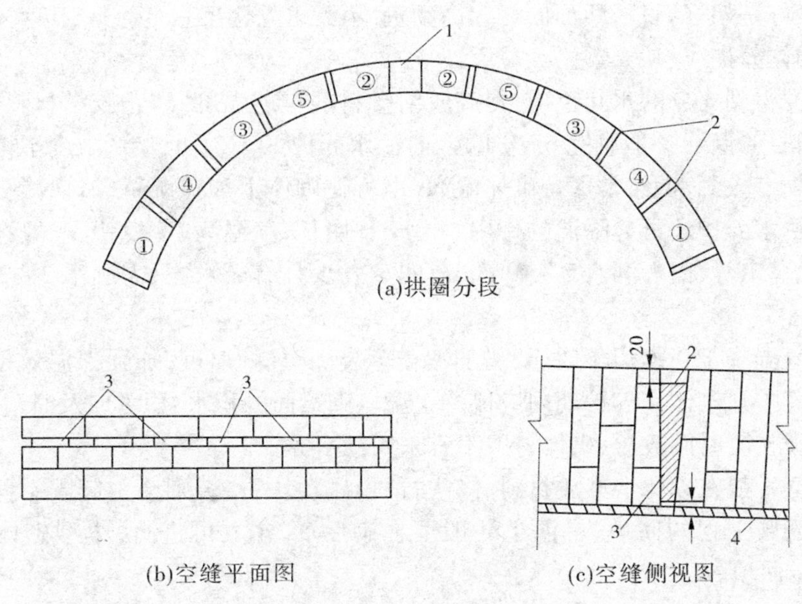

1—拱顶石;2—空缝;3—垫块;4—拱摸板

①、②、③、④、⑤砌筑顺序

图 4-7　拱圈分段及空缝结构图　(单位:mm)

不光滑,过稀容易坍落走样,最好不使用火山灰质水泥,因为这种水泥干缩性大,勾缝容易开裂。砂浆强度等级应符合设计规定,一般应高于原砌体的砂浆强度等级。

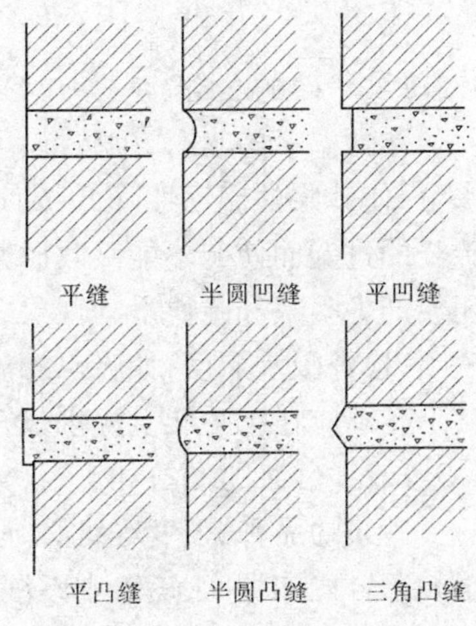

图 4-8　石墙面勾缝形式

勾凹缝时,先用铁钎子将缝修凿整齐,再在墙面上浇水湿润,然后将浆勾入缝内,再用板条或绳子压成凹缝,用灰抿赶压光平。凹缝多用于石料方正、砌得整齐的墙面。勾平缝时,先在墙面洒水,使缝槽湿润后,将砂浆勾于缝中赶光压平,使砂浆压住石边,即成平缝。勾凸缝时,先浇水润湿缝槽,用砂浆打底与石面相平,而后用扫把扫出麻面,待砂浆初凝后抹第二层,其厚度约为1 cm,然后用灰抿拉出凸缝形状。凸缝多用于不平整石料。砌缝不平时,把凸缝移动一点,可使表面美观。

砌体的隐蔽回填部分,可不专门作勾缝处理,但有时为了加强防渗,应事前在砌筑过程中用原浆将砌缝填实抹平。

2. 伸缩缝

浆砌体常因地基不均匀沉陷或砌体热胀冷缩可能导致产生裂缝。为避免砌体发生裂缝,一般在设计中均要在建筑物某些接头处设置伸缩缝(沉陷缝)。施工时,可按照设计规定的厚度、尺寸及不同材料作成缝板。缝板有油毛毡(一般常用三层油毛毡刷柏油制成)、柏油杉板(杉板两面刷柏油)等,其厚度为设计缝宽,一般均砌在缝中。如采用前者,则需先立样架,将伸缩缝一边的砌体砌筑平整,然后贴上油毡,再砌另一边;如采用柏油杉板做缝板，最好是架好缝板，两面同时等高砌筑，不需再立样架。

4.2.2.4 **砌体养护**

为使水泥得到充分的水化反应，提高胶结材料的早期强度，防止胶结材料干裂，应在砌体胶结材料终凝后（一般砌完6～8 h）及时洒水养护14～21 d，最低限度不得少于7 d。养护方法是配专人洒水，经常保持砌体湿润，也可在砌体上加盖湿草袋，以减少水分的蒸发。夏季的洒水养护还可起降温的作用。由于日照长、气温高、蒸发快，一般在砌体表面要覆盖草袋、草帘等，白天洒水7～10次，夜间蒸发少且有露水，只需洒水2～3次即可满足养护需要。

冬季当气温降至0 ℃以下时，要增加覆盖草袋、麻袋的厚度，加强保温效果。冰冻期间不得洒水养护。砌体在养护期内应保持正温。砌筑面的积水、积雪应及时清除，防止结冰。冬季水泥初凝时间较长，砌体一般不宜采用洒水养护。

养护期间不能在砌体上堆放材料、修凿石料、碰动块石，否则会引起胶结面的松动脱离。砌体后隐蔽工程的回填，常温下一般要在砌后28 d方可进行，小型砌体可在砌后10～12 d进行回填。

4.3 砌砖工程

4.3.1 施工准备工作

4.3.1.1 **砖的准备**

在常温下施工时，砌砖前一天应将砖浇水湿润，以免砌筑时因干砖吸收砂浆中大量的水分，使砂浆的流动性降低，砌筑困难，并影响砂浆的黏结力和强度。但也要注意不能将砖浇的过湿而使砖不能吸收砂浆中的多余水分，影响砂浆的密实性、强度和黏结力，而且还会产生堕灰和砖块滑动现象，使墙面不洁净，灰缝不平整，墙面不平直。施工中可将砖砍断，检查吸水深度，如吸水深度达到10～20 mm，即认为合格。

砖不应在脚手架上浇水，若砌筑时砖块干燥，可用喷壶适当补充浇水。

4.3.1.2 **砂浆的准备**

砂浆的品种、强度等级必须符合设计要求，砂浆的稠度应符合规定。拌制中应保证砂浆的配合比和稠度，运输中不漏浆、不离析，以保证施工质量。

4.3.1.3 **施工工具准备**

砌筑施工工具主要有以下几种：

（1）大铲。铲灰、铺灰与刮灰用。大铲分为桃形、长方形、长三角形3种。

（2）瓦刀（泥刀）。打砖、打灰条（即披灰缝）、披满口灰及铺瓦用。

（3）刨锛。打砖用。

（4）靠尺板（托线板）和线锤。检查墙面垂直度用。常用托线板的长度为1.2～1.5 m。

（5）皮数杆。砌筑时用于标志砖层、门窗、过梁、开洞及埋件标志的工具，见图4-9。

此外，还应准备麻线、米尺、水平尺和小喷壶。

4.3.2 砌筑施工

4.3.2.1 砖基础施工

1. 砖基础的构造形式

砖基础一般做成阶梯形的大放脚。砖基础的大放脚通常采用等高式或间隔式两种(见图 4-10)。

等高式是每两皮一收,每次收进 1/4 砖长,即高为 120 mm,宽为 60 mm,如图4-10(a)所示。间隔式是二皮一收与一皮一收相间隔,每次收进 1/4 砖长,即高为 120 mm 与 60 mm,宽为 60 mm,如图 4-10(b)所示。

2. 砖基础的砌筑

1)找平弹线

弹线前,应首先检查基础垫层的施工质量及标高,当垫层低于设计标高 20 mm 以上时,应用 C10 小石混凝土找平。当垫层高于设计标高,但在规范许可范围内时,对于灰土垫层可将高出部分铲平,对于三合土垫层,则在砌砖时逐皮压小灰缝予以调整。

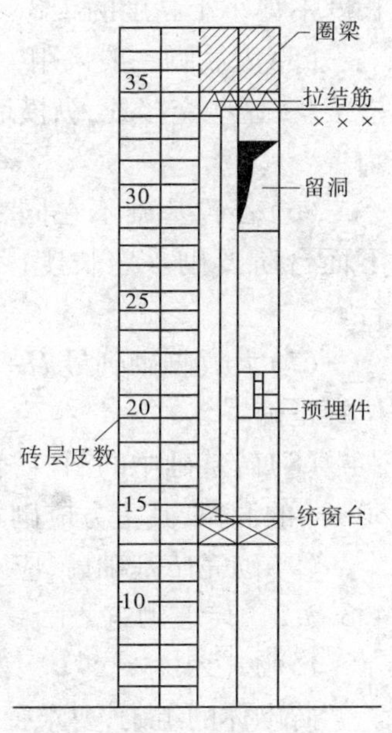

图 4-9 皮数杆

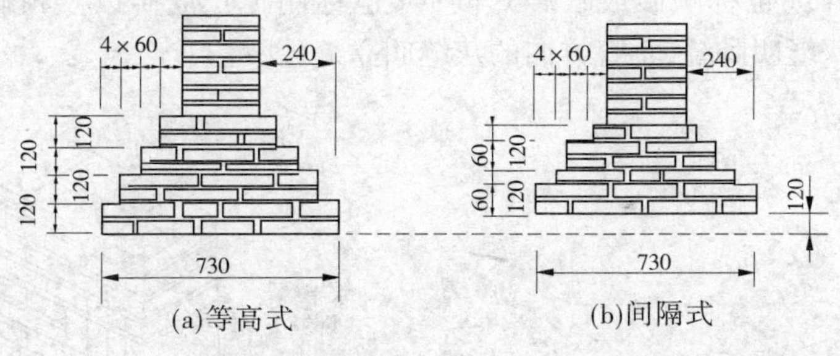

图 4-10 砖基础 (单位:mm)

垫层找平后,依据基础四周龙门板或控制桩,弹出轴线。先弹出外墙基础轴线,再弹出墙基础轴线。轴线弹完后,根据大放脚剖面弹出大放脚最下一皮的宽度线。

2)砖基础砌筑要点

(1)砖基础砌筑前,应先检查垫层施工是否符合质量要求,然后清扫垫层表面,将浮土及垃圾清除干净。

(2)从两端龙门板轴线处拉上麻线,从麻线上挂下线锤,在垫层上锤尖处打上小钉,引出墙身轴线,而后向两边放出大放脚的底边线。

(3)在垫层转角、交接及高低踏步处预先立好基础皮数杆。基础皮数杆上应标明皮数、退台情况及防潮层位置等。

(4)砌基础时可依皮数杆先砌几层转角及交接处部分的砖,然后在其间拉准线砌中间部分。内、外墙砖基础应同时砌起,如因其他情况不能同时砌起时,应留置斜槎,斜槎的长度不得小于高度的2/3。

(5)大放脚一般采用一顺一丁砌法。竖缝要错开,要注意十字及丁字接头处砖块的搭接,在这些交接处,纵横墙要隔皮砌通。大放脚的最下一皮及每层的上面一皮应以丁砌为主。

(6)若砖基础不在同一深度,则应先由下往上砌筑。在砖基础高低台阶接头处,下面台阶要砌一定长度(一般不小于 50 cm)实砌体,砌到上面后和上面的砖一起退台。

(7)大放脚砌到最后一层时,应从龙门板上拉麻线将墙身轴线引下,以保证最后一层位置正确。

(8)砖基础中的洞口、管道、沟槽和预埋件等,应于砌筑时正确留出或预埋,宽度超过 50 cm 的洞口,其上方应砌筑平拱或设过梁。

(9)砌完砖基础后,应立即回填土,回填土要在基础两侧同时进行,并分层夯实。

4.3.2.2 砖墙砌筑

1. 砌筑方法

砖砌体的组砌,要求上下错缝,内外搭接,以保证砌体的整体性,同时组砌要有规律,少砍砖,以提高砌筑效率,节约材料。在砌筑时根据需要打砍的砖,按其尺寸不同可分为"七分头"、"半砖"、"二寸头"、"二寸条"等,如图 4-11 所示。砌入墙内的砖,由于放置位置不同,又分为卧砖(也称顺砖或眠砖)、陡砖(也称侧砖)、立砖以及顶砖,如图 4-12 所示。水平方向的灰缝叫卧缝,垂直方向的灰缝叫立缝(头缝)。

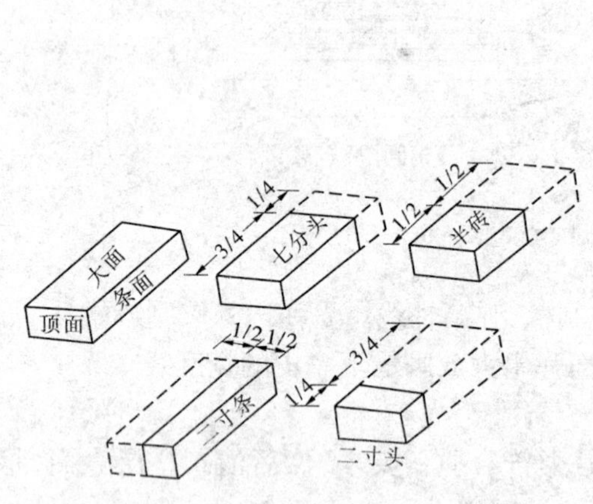

图 4-11 打砍砖

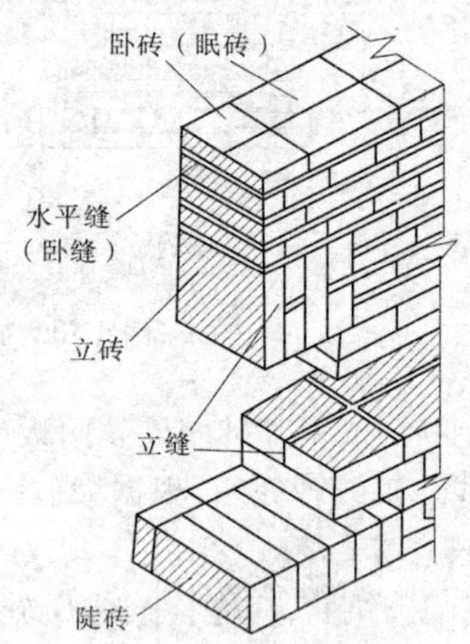

图 4-12 卧砖、陡砖、立砖

在实际操作中,运用砖在墙体上的位置变换排列,有各种叠砌方法。

(1)一顺一丁法。一顺一丁法又称满丁满条法,这种砌法第一皮排顺砖,第二皮排丁砖,操作方便,施工效率高,又能保证搭接错缝,是一种常见的排砖形式。一顺一丁法根据墙面形式不同又分为"十字缝"和"骑马缝"两种。两者的区别仅在于顺砌时条砖是否对齐。

十字缝的构造特点是上下层条砖对齐。它的排列方式如图 4-13 所示。

骑马缝的构造特点是上下层条砖相错半砖，此法亦称为五层重排砌筑法。它的排列方式如图 4-14 所示。

(2)三顺一丁法。三顺一丁法的组砌方式是先砌一皮丁砖，再砌三皮条砖，如图 4-15 所示。此法操作方便，容易使墙面达到平整美观的要求。在转角处可以减少打制七分头的操作时间，砌筑速度快，只是拉结及整体性不如一顺一丁法。此法常用在砖块规格不太一致时。

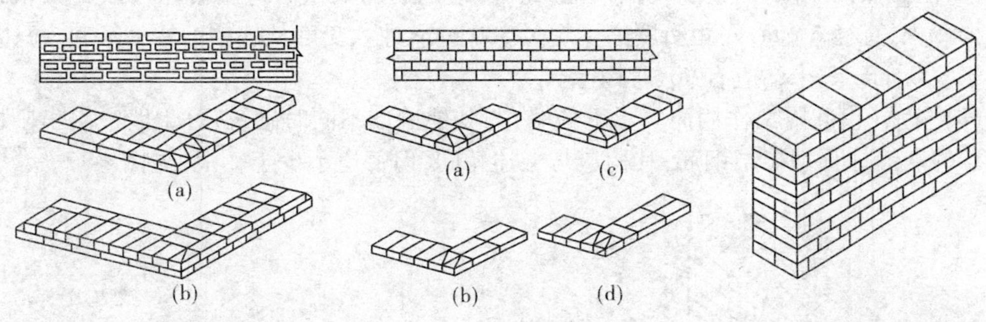

图 4-13　一顺一丁法(十字缝)　图 4-14　一顺一丁法(骑马缝)　图 4-15　三顺一丁法

(3)条砌法。条砌法亦称为全顺法，仅用于砌筑半砖隔墙，砖块全部顺砌。

(4)顶砌法。顶砌法亦称为全丁法，主要用于砌筑圆形建筑物(如水池)。顶砌法全部采用丁砖，便于砌筑成所需的弧度。

(5)梅花丁法。梅花丁法俗称沙包式。此法在同一皮砖内，丁顺相间排列，因此美观而富于变化，常见于清水墙面。此法也常用于外皮砌整砖，里皮砌土坯或碎砖的单层砖房，以利节约整砖。

(6)两平一侧法。两平一侧砌法是两皮平砌砖与一皮侧砌的顺砖相隔砌成，当墙厚为 3/4 砖时，平砌砖均为顺砖，上下皮竖缝相互错开 1/2 砖长；当墙厚为 5/4 砖长时，平砌砖用一顺一丁砌法，顺砖层与侧砖层之间竖缝相互错开 1/2 砖长，丁砖层与侧砌层之间竖缝相互错开 1/4 砖长。此砌法较费工，但可节约用砖。

2. 砖墙砌筑要领

(1)砌筑前，先根据砖墙位置弹出墙身轴线及边线。开始砌筑时先要进行摆砖，排出灰缝宽度。摆砖时应注意门窗位置、砖垛等灰缝的影响，同时要考虑窗间墙的组砌方法，以及七分头砖、半砖砌在何处为好，务使各皮砖的竖缝相互错开。在同一墙面上各部位的组砌方法应统一，并使上下一致。

(2)在砌墙前，先要立皮数杆，皮数杆上划有砖的厚度、灰缝厚度、门窗、楼板、过梁、圈梁、屋架等构件位置。皮数杆竖立于墙角及某些交接处，其间距以不超过 15 m 为宜。立皮数杆时要用水准仪来进行抄平，使皮数杆上的楼地面标高线位于设计标高位置上。

(3)准备好所用材料及工具，施工中所需门窗框、预制过梁、插筋、预埋铁件等必须事先做好安排，配合砌筑进度及时送到现场。

(4)砌砖时,必须先拉准线。一砖半厚以上的墙要双面拉线,砌块依准线砌筑。

(5)砌筑实心砖墙宜采用三一砌砖法,即“一铲灰、一块砖、一挤揉”的操作方法。竖缝宜采用挤浆或加浆方法,使其砂浆饱满,严禁用水冲浆灌缝。

(6)砖墙的水平灰缝厚度和竖向灰缝宽度一般为 10 mm,不得小于 8 mm,也不得大于 12 mm。水平灰缝的砂浆饱满度应不低于 80%。

(7)砖墙的转角处和交接处应同时砌起,对不能同时砌直而必须留槎时,应砌成斜槎,斜槎长度不应小于高度的 2/3(见图 4-16)。如留置斜槎确有困难时,除转角外,也可留直槎,但必须砌成阳槎,并加设拉结钢筋。拉结钢筋的数量为每半砖墙厚放置 1 根,每层至少 2 根,直径 6 mm;间距沿墙高不超过 500 mm,埋入长度从墙的留槎处算起,每边均不小于 500 mm,其末端应有 90°弯钩。

(8)隔墙(仅起隔离作用而不承重的墙)与其他墙如不同时砌筑,可于墙中引出阳槎,并于墙的灰缝中预埋拉结钢筋,其构造与上述相同,但每道不少于 2 根(见图 4-17)。

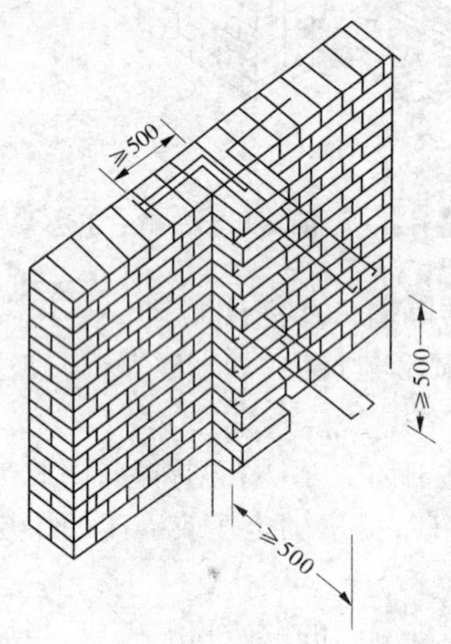

图 4-16 直槎 (单位:mm)

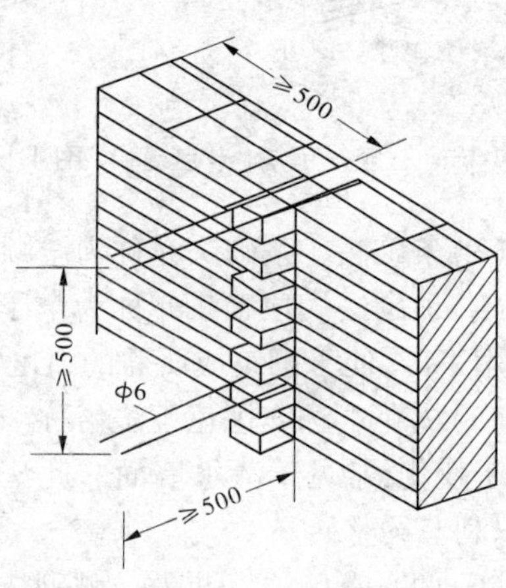

图 4-17 隔墙与墙接槎 (单位:mm)

(9)如纵横墙均为承重墙,在丁字交接处留槎,可在接槎处下部(约 1/3 接槎高)留成斜槎,上部留成直槎,并加设拉结钢筋。

(10)墙与构造柱应沿墙壁每 50 cm 设置 2 根 6 mm 水平拉结钢筋,每边伸入墙内不少于 100 cm。

(11)隔墙与填充墙的顶面与上层结构的接触处,宜用侧砖或立砖斜砌挤紧。

(12)每层承重墙的最上一皮砖、梁或梁垫的下面、砖墙的台阶水平面上以及挑檐、腰线等,应用丁砖砌筑。

(13)宽度小于 100 cm 的窗间墙,应选用整砖砌筑。

(14)以下情况不得留置脚手眼:①半砖墙;②砖过梁上与过梁成 60°的三角形范围内;③宽度小于 1 m 的窗间墙;④梁或梁垫下及其左右各 50 cm 的范围内;⑤门窗洞口两

侧 18 cm 的转角处 43 cm 的范围内。

(15)砖墙预留的过人洞,其侧边离交接处的墙面应不小于 50 cm,洞口顶部宜设置过梁。

(16)砖墙相邻工作段的高度差不得超过一个楼层的高度,也不宜大于 4 m。工作段的分段位置宜设在变形缝或门窗洞口处。

(17)砖墙每天砌筑高度以不超过 1.8 m 为宜。

(18)房屋相邻部分高差较大时,应先建较高部分,以防止由于沉降不均匀而引起相邻墙体的变形。

(19)墙中的洞口、管道、沟槽和预埋件等,应于砌筑时正确留出或预埋,宽度超过 30 cm 的洞口,其上面应设置过梁。

4.3.2.3 砖过梁砌筑

1. 钢筋砖过梁

钢筋砖过梁称为平砌配筋砖过梁。它适用于跨度不大于 2 m 的门窗洞口。

窗间墙砌至洞口顶标高时,支搭过梁胎模。支模时,应让模板中间起拱 0.5% ~ 1.0%,将支好的模板润湿,并抹上厚 20 mm 的 M10 砂浆,同时把加工好的钢筋埋入砂浆中,钢筋 90°弯钩向上,并将砖块卡砌在 90°弯钩内。钢筋伸入墙内 240 mm 以上,从而将钢筋锚固于窗间墙内,最后与墙体同时砌筑。

2. 平拱砖过梁

平拱砖过梁又称为平拱、平碹。它是用整砖侧砌而成,拱的厚度与墙厚一致,拱高为一砖或一砖半。外观看来呈梯形,上大下小,拱脚部分伸入墙内 2 ~ 3 cm,多用于跨度为 1.2 m 以下,最大跨度不超过 1.8 m 的门窗洞口,如图 4-18 所示。

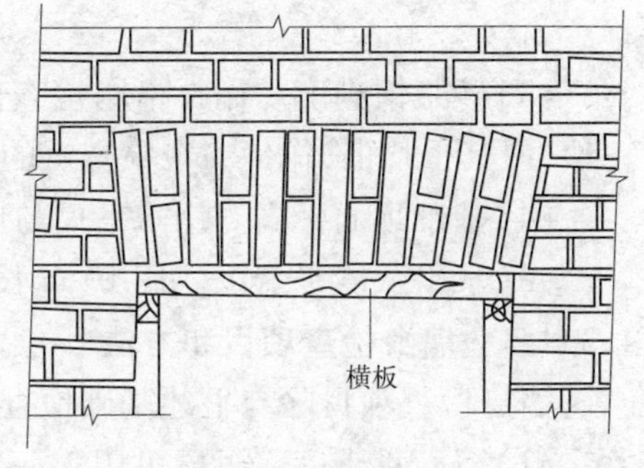

图 4-18　平拱式过梁

平拱砖过梁的砌筑方法是:当砌砖砌至门窗洞口时,即开始砌拱脚。拱脚用砖事先砍好,砌第一皮拱脚时后退 2 ~ 3 cm ,以后各皮按砍好砖的斜面向上砌筑。砖拱厚为一砖时倾斜 4 ~ 5 cm,一砖半时倾斜 6 ~ 7 cm,斜度为 1/4 ~ 1/6。

拱脚砌好后,即可支碹胎板,上铺湿砂,中部厚约 2 cm,两端约 0.5 cm,使平拱中部有 1% 的起拱。砌砖前要先行试摆,以确定砖数和灰缝大小。砖数必须是单数,灰缝底宽 0.5 cm,顶宽 1.5 cm,以保证平拱砖过梁上大下小呈梯形,受力好。

砌筑应自两边拱脚处同时向中间砌筑,正中一块砖可起楔子作用。

砌好后应进行灰缝灌浆以使灰浆饱满。待砂浆强度达到设计强度等级的 50% 以上时,方可拆除下部碹胎板。

4.3.3 砖墙面勾缝

砖墙面勾缝前,应做好下列准备工作:

(1)清除墙面上黏结的砂浆、泥浆和杂物等,并洒水润湿。

(2)开凿瞎缝,并对缺棱掉角的部位用与墙面相同颜色的砂浆修补平整。

(3)将脚手眼内清理干净并洒水润湿,用与原墙相同的砖补砌严密。

砖墙面勾缝一般采用1∶1.5(水泥∶细砂)水泥砂浆,也可用砌筑砂浆,随砌随勾。

勾缝形式有平缝、斜缝、凹缝等,凹缝深度一般为4~5 mm;空斗墙勾缝应采用平缝。

墙面勾缝应横平竖直、深浅一致、搭接平整并压实抹光,不得有丢缝、开裂和黏结不牢等现象。勾缝完毕后,应清扫墙面。

4.3.4 砌砖体的质量检查

4.3.4.1 砌体的检查工具

质量检查工具主要有以下几种:

(1)靠尺(托线板)。用以检查墙面垂直度和平整度。

(2)塞尺。用以检查墙面及地面平整度。

(3)米尺。用以检查灰缝大小及墙身厚度。

(4)百格网。用以检查灰缝砂浆饱满度。

(5)经纬仪。检查房屋大角垂直度及墙体轴线位移。

4.3.4.2 基础检查项目和方法

(1)砌体厚度。按规定的检查点数任选一点,用米尺测量墙身的厚度。

(2)轴线位移。拉紧小线,两端拴在龙门板的轴线小钉上,用米尺检查轴线是否偏移。

(3)砂浆饱满度。用百格网检查砖底面与砂浆的接触面积,以百分数表示。每次掀三块,取其平均值,作为一个检查点的数值。

(4)基础顶面标高。用水平尺与皮数杆或龙门板校对。

(5)水平灰缝平直度。用10 m长小线,拉线检查,不足10 m时,则全长拉线检查。

4.3.4.3 墙身检查项目和方法

墙身检查项目除与上述基础检查项目相同的以外,还要检查以下几项:

(1)墙面垂直度。每层可用2 m长托线板检查,全高用吊线坠或经纬仪检查。

(2)表面平整。用2 m靠尺板任选一点,用塞尺测出最凹处的读数,即为该点墙面偏差值。砖砌体的偏差应不超过规定值。

(3)门窗洞口宽度。用米尺或钢卷尺检查。

(4)游丁走缝。吊线和尺量检查2 m高度偏差值。

4.3.4.4 砌体的外观检查

(1)灰缝厚度应在勾缝前检查,连续量取10皮砖与皮数杆比较,并量取其中个别灰缝的最大、最小值。

(2)清水墙面整洁美观,未勾缝前的灰缝深度是否合乎要求。

(3)混水墙面舌头灰是否刮净,有无瞎缝,有无透亮情况。

(4)砌体组砌是否合理,留槎质量、预留孔洞及预埋件是否合乎要求。

4.4　砌筑工程季节性施工及施工安全技术

4.4.1　砌体工程季节性施工

4.4.1.1　夏季砌筑

夏季天气炎热，进行砌砖时，砖块与砂浆中的水分急剧蒸发，容易造成砂浆脱水，使水泥的水化反应不能正常进行，严重影响砂浆强度的正常增长。因此，砌筑用砖要充分浇水润湿，严禁干砖上墙。气温高于 30 ℃时，一般不宜砌筑。最简易的温控办法是避开高温时段砌筑；另外，也可采用搭设凉棚、洒水喷雾等办法。对已完砌体加强养护，昼夜保持外露面湿润。

4.4.1.2　雨天施工

石料堆场应有排水设施。无防雨设施的砌石面在小雨中施工时，应适当减小水灰比，并及时排除仓面积水，做好表面保护工作，在施工过程中如遇暴雨或大雨，应立即停止施工，覆盖表面。雨后及时排除积水，清除表面软弱层。雨季往往在一个月中有较多的下雨天气，遇到下大雨时会严重冲刷灰浆，影响砌浆质量，所以施工遇大雨必须停工。雨季施工砌体淋雨后吸水过多，在砌体表面形成水膜，用这样的砖上墙，会产生坠灰和砖块滑移现象，不易保证墙面的平整，甚至会造成质量事故。

抗冲耐磨或需要抹面等部位的砌体不得在雨天施工。

4.4.1.3　冬季施工

当最低气温在 0 ℃以下时，应停止石料砌筑。当最低气温在 0 ~ 5 ℃必须进行砌筑时，要注意表面保护，胶结材料的强度等级应适当提高并保持胶结材料温度不低于 5 ℃。

冬季砌筑的主要问题是砂浆容易遭到冻结。砂浆中所含水受冻结冰后，一方面影响水泥的硬化（水泥的水化作用不能正常进行），另一方面砂浆冻结会使其体积膨胀 8% 左右。体积膨胀会破坏砂浆内部结构，使其松散而降低黏结力。所以，冬季砌砖要严格控制砂浆用水量，采取延缓和避免砂浆中水受冻结的措施，以保证砂浆的正常硬化，使砌体达到设计强度。

砌体工程冬季施工措施可采用掺盐砂浆法，也可用冻结法或其他施工方法。

4.4.2　施工安全技术

砌筑操作之前需检查周围环境是否符合安全要求，道路是否畅通，机具是否良好，安全设施及防护用品是否齐全，经检查确认符合要求后，方可施工。

在施工现场或楼层上的坑、洞口等处，应设置防护盖板或护身拦网，沟槽、洞口等处夜间应设红灯示警。

施工操作时要思想集中，不准嬉笑打闹，不准上下投掷物体，不得乘吊车上下。

4.4.2.1　砌筑安全

砌基础时，应检查和经常注意基坑土质变化情况，有无崩裂现象，发现槽边土壁裂缝、化冻、水浸或变形并有坍塌危险时，应及时加固，对槽边有可能坠落的危险物，要进行清理后再操作。

槽宽小于 1 m 时,在砌筑站人的一侧应留 40 cm 操作宽度;深基槽砌筑时,上下基槽必须设置阶梯或坡道,不得踏踩砌体或从加固土壁的支撑面上下。

墙身砌体高度超过地坪 1.2 m 以上时,应搭设脚手架。在一层以上或高度超过 4 m 时,采用里脚手架必须支搭安全网;采用外脚手架应设护身栏杆和挡脚板后方可砌筑。如利用原架子做外檐抹灰或勾缝时,应对架子重新检查和加固。脚手架上堆料量不得超过规定荷载。

在架子上不准向外打砖,打砖时应面向墙面一侧;护身栏上不得坐人,不得在砌砖的墙顶上行走。不准站在墙顶上刮缝、清扫墙面和检查大角垂直,也不准掏井砌砖(即脚手板高度不得超过砌体高度)。

挂线用的垂砖必须用小线绑牢固,防止坠落伤人。

砌出檐砖时,应先砌丁砖,锁住后边再砌第二支出檐砖。上下架子要走扶梯或马道,不要攀登架子。

4.4.2.2 堆料安全

距基槽边 1 m 范围内禁止堆料,架子上堆料重量不得超过 370 kg/m^2;堆砖不得超过三码,顶面朝外堆放。在楼层上施工时,先在每个房间预制板下支好保安支柱,方可堆料及施工。

4.4.2.3 运输安全

垂直运输中使用的吊笼、绳索、刹车及滚杠等,必须满足负荷要求,牢固可靠,在吊运时不得超载,发现问题及时检修。

用塔吊吊砖要用吊笼,吊砂浆的料斗不宜装得过满,吊件转动范围内不得有人停留,吊件吊到架子上下落时,施工人员应暂时闪到一边。吊运中禁止料斗碰撞架子或下落时压住架子。以运送人员及材料、设备的施工电梯,为了安全运行防止意外,均须设置限速制动装置,超过限速即自动切断电源而平稳制动,并宜专线供电,以防万一。

运输中跨越沟槽,应铺宽度 1.5 m 以上的马道:运输中,平道两车相距不应小于2 m,坡道应不小于 10 m,以免发生碰撞。

装砖时(砖垛上取砖)要先高后低,防止倒垛伤人。道路上的零星材料、杂物,应经常加以清理,使运输道路畅通。

本章小结

1. *砌筑材料与砌筑原则*

砖的质量鉴定:质量好的砖棱角整齐、质地坚实、无裂缝翘曲、吸水率小、强度高、敲打声音发脆。砖的品种、强度等级必须符合设计要求,并应规格一致。

石材应选用强度大、耐风化、吸水率小、表观密度大、组织细密、无明显层次,且具有较好抗蚀性的石材。在工地上可通过看、听、称判定石材质量。

砌筑施工常用的胶结材料,按使用特点分砌筑砂浆、勾缝砂浆;按材料类型分水泥砂浆、石灰砂浆、水泥石灰砂浆、石灰黏土砂浆、黏土砂浆等。

砂浆质量是保证浆砌石施工质量的关键,配料时要求严格按设计配合比进行,要控制用水量;砂浆应拌和均匀,不得有砂团和离析;砂浆的运送工具使用前后均应清洗干净,不得有杂质和淤泥,运送时不要急剧下跌、颠簸,防止砂浆水砂分离。

砌体的抗压强度较大,但抗拉、抗剪强度低,仅为其抗压强度的1/10~1/8,因此砖石砌体常用于结构物受压部位。砖石砌筑时严格遵守砌筑原则。

2. 砌石工程

干砌石是指不用任何胶凝材料把石块砌筑起来,包括干砌块(片)石、干砌卵石。一般用于土坝(堤)迎水面护坡、渠系建筑物进出口护坡及渠道衬砌、水闸上下游护坦、河道护岸等工程。砌筑前的准备工作包括备料、基础清理、铺设反滤层。干砌石施工方法有花缝砌筑法和平缝砌筑法。

浆砌石是用胶结材料把单个的石块联结在一起,使石块依靠胶结材料的黏结力、摩擦力和块石本身重量结合成为新的整体,以保持建筑物的稳固,同时,充填着石块间的空隙,堵塞了一切可能产生的漏水通道。浆砌石具有良好的整体性、密实性和较高的强度,使用寿命更长,还具有较好的防止渗水和抵抗水流冲刷的能力。浆砌石施工的砌筑要领可概括为"平、稳、满、错"四个字。平,同一层面大致砌平,相邻石块的高差宜小于2~3 cm;稳,单块石料的安砌务求自身稳定;满,灰缝饱满密实,严禁石块间直接接触;错,相邻石块应错缝砌筑,尤其不允许顺水流方向通缝。

3. 砌砖工程

砖砌体的组砌,要求上下错缝,内外搭接,以保证砌体的整体性,同时组砌要有规律,少砍砖,以提高砌筑效率,节约材料。在砌筑时根据需要打砍的砖,按其尺寸不同可分为"七分头"、"半砖"、"二寸头"、"二寸条"等。砌入墙内的砖,由于放置位置不同,又分为卧砖、陡砖、立砖以及顶砖。水平方向的灰缝叫卧缝,垂直方向的灰缝叫立缝。

在实际操作中,运用砖在墙体上的位置变换排列,有各种叠砌方法:一顺一丁法、三顺一丁法、条砌法、顶砌法、梅花丁法、两平一侧法等。

4. 砌筑工程季节性施工及施工安全技术

夏季天气炎热,进行砌砖时,砖块与砂浆中的水分急剧蒸发,容易造成砂浆脱水,使水泥的水化反应不能正常进行,严重影响砂浆强度的正常增长。砌筑用砖要充分浇水润湿,严禁干砖上墙。

石料堆场应有排水设施。无防雨设施的砌石面在小雨中施工时,应适当减小水灰比,并及时排除仓面积水,做好表面保护工作,在施工过程中如遇暴雨或大雨,应立即停止施工,覆盖表面,雨后及时排除积水,清除表面软弱层。

当最低气温在0 ℃以下时,应停止石料砌筑。当最低气温在0~5 ℃必须进行砌筑时,要注意表面保护,胶结材料的强度等级应适当提高并保持胶结材料温度不低于5 ℃。

砌体工程冬季施工措施可采用掺盐砂浆法,也可用冻结法或其他施工方法。

砌筑操作之前须检查周围环境是否符合安全要求,道路是否畅通,机具是否良好,安全设施及防护用品是否齐全,经检查确认符合要求后,方可施工。在施工现场或楼层上的坑、洞口等处,应设置防护盖板或护身拦网,沟槽、洞口等处夜间应设红灯示警。施工操作时要思想集中,不准嬉笑打闹,不准上下投掷物体,不得乘吊车上下。

本章的重点是干砌石、浆砌石施工要求、施工方法、施工质量控制检查方法。

复习思考题

1. 水利工程中常用的砖石材料有哪几种？对砖、石材及砌筑砂浆的质量要求是什么？

2. 砖石砌体砌筑的基本原则是什么？

3. 砖墙常见的组砌方式和砌筑方法有哪些？质量要求是什么？

4. 干砌石的砌筑方法有几种？质量要求是什么？如何进行封边工作？

5. 干砌石护坡的施工要点是什么？干砌石垫层的作用是什么？

6. 浆砌石施工的工艺过程是怎样的？勾缝的作用、形式和施工要点有哪些？

7. 拱架制作中为什么要“预留拱度”？拱顶预留拱度是多少？

8. 拱圈分层分段砌筑的程序是什么？

9. 拱上结构砌筑应注意些什么？

第 5 章　模板工程

学习目标

- 了解模板类型和新型模板的应用。
- 理解模板的受力及荷载组合。
- 了解模板的制作方法，掌握模板安装方法和要求。
- 掌握模板施工安全知识。

能够把混凝土做成符合设计图纸要求的各种规定的形状和尺寸的模子，称为模板。在混凝土工程中，模板对于混凝土工程的费用、施工的速度、混凝土的质量均有较大影响。据国内外的统计资料分析表明，模板工程费用一般占混凝土总费用的 25% ~35%，即使是大体积混凝土也在 15% ~20% 。因此，对模板结构型式、使用材料、装拆方法以及拆模时间和周转次数，均应仔细研究，以便节约木材，降低工程造价，加快工程建设速度，提高工程质量。

模板与其支撑体系组成模板系统。模板系统是一个临时架设的结构体系，其中模板是新浇混凝土成型的模具，它与混凝土直接接触式混凝土构件具有所要求的形状、尺寸和表面质量；支撑体系是指支撑模板，承受模板、构件及施工中各种荷载的作用，并使模板保持所要求的空间位置的临时结构。

5.1　模板要求及模板设计

5.1.1　对模板的基本要求

模板应满足以下几个方面的要求：

（1）应保证混凝土结构和构件浇筑后的各部分形状和尺寸以及相互位置的准确性。

（2）具有足够的稳定性、刚度及强度。

（3）装拆方便，能够多次周转使用，形式要尽量做到标准化、系列化。

（4）接缝应不易漏浆，表面要光洁平整。

（5）所用材料受潮后不易变形。

（6）注意节约木材。

5.1.2　模板设计

在施工前，施工企业应根据建筑物的实际情况、现场条件、混凝土结构施工与验收规范及有关的模板技术规范进行模板设计,模板设计包括模板面板、支承系统及连接配件的设计。

5.1.2.1 模板设计的步骤

根据工程实践经验,模板设计大致可分为3个环节:

(1)配板设计并绘制配板图和支承系统布置图;

(2)据施工条件确定荷载并对模板及支承系统进行验算;

(3)编制模板及配件的规格数量汇总表和周转计划,制定模板系统安装与拆除的程序与方法以及施工说明书等。

5.1.2.2 模板的受力及荷载组合

1. 设计荷载

设计荷载分基本荷载和特殊荷载两类。

1)基本荷载

(1)模板及其支架自重,根据设计图确定。木材中针叶类按600 kg/m^3 计;阔叶类按800 kg/m^3 计。

(2)新浇混凝土重量,按2.4~2.5 t/m^3 计。

(3)钢筋重量,根据设计图确定。对一般钢筋混凝土,钢筋重量可按100 kg/m^3 计。

(4)工作人员及浇筑设备、工具的荷载。计算模板及直接支承模板的楞木(围囹)时,可按均布荷载2.5 kPa及集中荷载2.5 kN计算;计算支承楞木的构件时,可按1.5 kPa计算;计算支架立柱时,按1 kPa计算。

(5)振捣混凝土时产生的荷载,可按照1 kPa计。

(6)新浇混凝土的侧压力,是侧面模板承受的主要荷载。侧压力的大小与混凝土浇筑速度、浇筑温度、坍落度、入仓振捣方式及模板变形性能等因素有关。在无实测资料的情况下,可参考《水工混凝土施工规范》附录中的有关规定选用。

2)特殊荷载

(1)风荷载。根据现行《工业与民用建筑物荷载规范》确定。

(2)其他荷载。可按实际情况计算。如平仓机、非模板工程的脚手架、工作平台、超过规定堆放的材料重量等。

2. 设计荷载组合及稳定校核

1)荷载组合

在计算模板及支架的强度和刚度时,根据承重模板和侧面模板(竖向模板)受力条件的不同,其荷载组合按表5-1进行。表列6项基本荷载,除侧压力为水平荷载之外,其余5项均为垂直荷载。表列之外的特殊荷载,按可能发生的情况计算,如在振捣混凝土的同时卸料入仓,则应计算卸料对模板的水平冲击力(kPa),可根据入仓工具的容量大小,按2~6 kPa计。

2)稳定校核

(1)在计算承重模板及支架的抗倾稳定性时,应分别计算下列三项荷载产生的倾覆力矩,并取其中最大值。三项荷载为:风荷载;实际可能发生的最大水平作用力;作用于承重模板边缘的1.5 kN/m水平力。

表 5-1　模板结构的荷载组合

项次	模板种类	基本荷载组合	
		计算强度用	计算刚度用
1	承重模板 板、薄壳的模板及支架 梁、其他混凝土结构(厚大于0.4 m)的底模支架	(1)+(2)+(3)+(4) (1)+(2)+(3)+(4)	(1)+(2)+(3) (1)+(2)+(3)
2	竖向荷载	(6)或(5)+(6)	(6)

模板及支架(包括同时安装的钢筋在内)自重产生的稳定力矩,则应乘以0.8的折减系数。承重模板及支架的抗倾稳定系数应大于1.4。

(2)竖向模板及内侧模板必须设置内部支撑或外部拉杆,当其最低处高于地面10 m时,应考虑各方向风荷载作用的抗倾稳定。

5.2　模板构造

5.2.1　模板的分类

(1)按模板形状分平面模板和曲面模板。平面模板又称为侧面模板,主要用于结构物垂直面;曲面模板用于廊道、隧洞、溢流面和某些形状特殊的部位,如进水口扭曲面、蜗壳、尾水管等。

(2)按模板材料分木模板、竹模板、钢模板、混凝土预制模板、塑料模板、橡胶模板等。

(3)按模板受力条件分承重模板和侧面模板。承重模板主要承受混凝土重量和施工中的垂直荷载;侧面模板主要承受新浇混凝土的侧压力。侧面模板按其支承受力方式,又分为简支模板、悬臂模板和半悬臂模板。

(4)按模板使用特点分固定式、拆移式、移动式和滑动式。固定式用于形状特殊的部位,不能重复使用;后三种模板都能重复使用,或连续使用在形状一致的部位。但其使用方式有所不同:拆移式模板需要拆散移动;移动式模板的车架装有行走轮,可沿专用轨道使模板整体移动(如隧洞施工中的钢模台车);滑动式模板是以千斤顶或卷扬机为动力,可在混凝土连续浇筑的过程中,使模板面紧贴混凝土面滑动(如闸墩施工中的滑模)。

5.2.2　定型组合钢模板

定型组合钢模板系列包括钢模板、连接件、支承件三部分。其中,钢模板包括平面钢模板和拐角钢模板;连接件有U形卡、L形插销、钩头螺栓、紧固螺栓、蝶形扣件等;支承件有圆钢管、薄壁矩形钢管、内卷边槽钢、单管伸缩支撑等。

5.2.2.1　钢模板的规格和型号

钢模板包括平面模板、阳角模板、阴角模板和连接角模,如图5-1所示。单块钢模板由面板、边框和加劲肋焊接而成。面板厚 2.3 mm 或 2.5 mm，边框和加劲肋上面按一定距离（如 150 mm）钻孔，可利用 U 形卡和 L 形插销等拼装成大块模板。

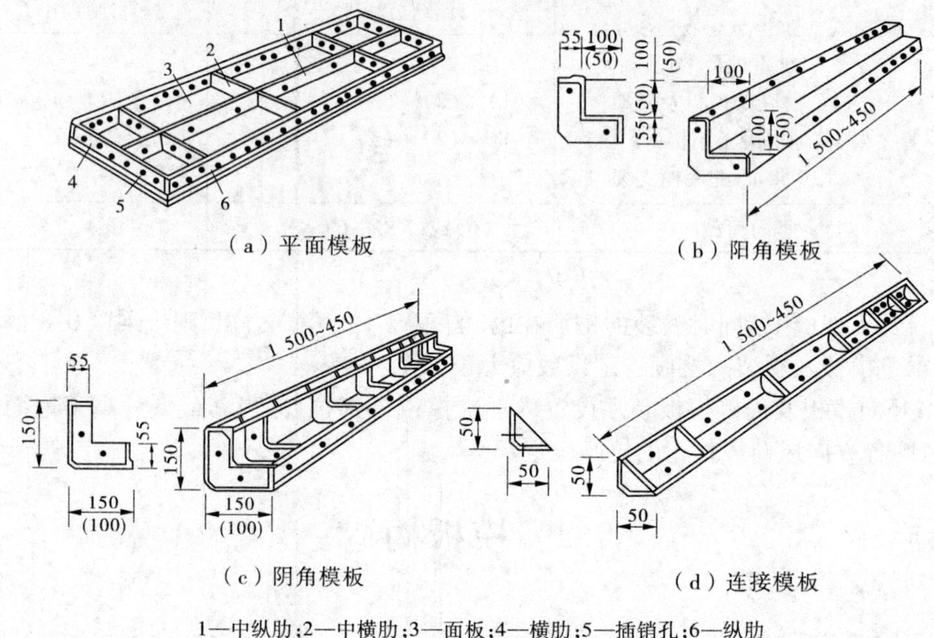

（a）平面模板　（b）阳角模板

（c）阴角模板　（d）连接模板

1—中纵肋；2—中横肋；3—面板；4—横肋；5—插销孔；6—纵肋

图 5-1　钢模板类型图　（单位：mm）

钢模板的宽度以 50 mm 进级，长度以 150 mm 进级，其规格和型号已做到标准化、系列化。如型号为 P3015 的钢模板，P 表示平面模板，3015 表示宽 × 长为 300 mm × 1 500 mm。又如型号为 Y1015 的钢模板，Y 表示阳角模板，1015 表示宽 × 长为 100 mm × 1 500 mm。如拼装时出现不足模数的空隙时，用镶嵌木条补缺，用钉子或螺栓将木条与板块边框上的孔洞连接。

平面钢模板规格见表 5-2。

5.2.2.2　连接件

（1）U 形卡。它用于钢模板之间的连接与锁定，使钢模板拼装密合。U 形卡安装间距一般不大于 300 mm，即每隔一孔卡插一个，安装方向一顺一倒相互交错，如图 5-2 所示。

（2）L 形插销。它插入模板两端边框的插销孔内，用于增强钢模板纵向拼接的刚度和保证接头处板面平整。

（3）钩头螺栓。用于钢模板与内、外钢楞之间的连接固定，使之成为整体，安装间距一般不大于 600 mm，长度应与采用的钢楞尺寸相适应。

（4）对拉螺栓。用来保持模板与模板之间的设计厚度并承受混凝土侧压力及水平荷载，使模板不致变形。

（5）紧固螺栓。用于紧固钢模板内外钢楞，增强组合模板的整体刚度，长度与采用的钢楞尺寸相适应。

（6）扣件。用于将钢模板与钢楞紧固，与其他的配件一起将钢模板拼装成整体。按钢楞的不同形状尺寸，分别采用蝶形扣件和 3 形扣件，其规格分为大小两种。

表5-2　平面钢模板规格表

宽度（mm）	代号	尺寸（mm）	每块面积（m²）	每块重量（kg）	宽度（mm）	代号	尺寸（mm）	每块面积（m²）	每块重量（kg）
300	P3015	300×1 500×55	0.450	14.90	200	P2007	200×750×55	0.150	5.25
	P3012	300×1 200×55	0.360	12.06		P2006	200×600×55	0.120	4.17
	P3009	300×900×55	0.270	9.21		P2004	200×450×55	0.090	3.34
	P3007	300×750×55	0.225	7.93	150	P1515	150×1 500×55	0.225	9.01
	P3006	300×600×55	0.180	6.36		P1512	150×1 200×55	0.180	6.47
	P3004	300×450×55	0.135	5.08		P1509	150×900×55	0.135	4.93
250	P2515	250×1 500×55	0.375	13.19		P1507	150×750×55	0.113	4.23
	P2512	250×1 200×55	0.300	10.66		P1506	150×600×55	0.090	3.40
	P2509	250×900×55	0.225	8.13		P1504	150×450×55	0.068	2.69
	P2507	250×750×55	0.188	6.98	100	P1015	100×1 500×55	0.150	6.36
	P2506	250×600×55	0.150	5.60		P1012	100×1 200×55	0.120	5.13
	P2504	250×450×55	0.133	4.45		P1009	100×900×55	0.090	3.90
200	P2015	200×1 500×55	0.030	9.76		P1007	100×750×55	0.075	3.33
	P2012	200×1 200×55	0.240	7.91		P1006	100×600×55	0.060	2.67
	P2009	200×900×55	0.180	6.03		P1004	100×450×55	0.045	2.11

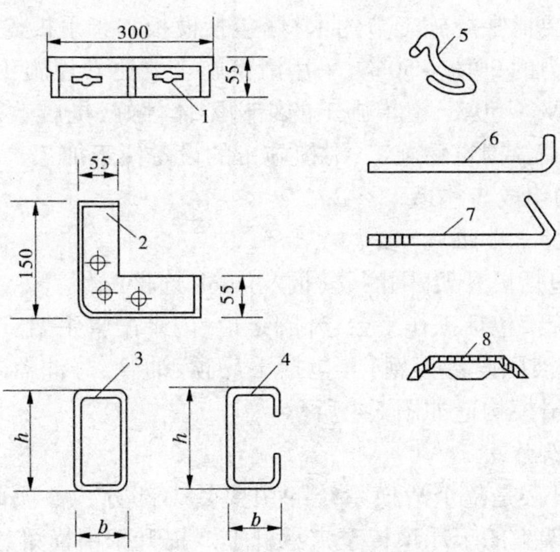

1—平面钢模板；2—拐角钢模板；3—薄壁矩形钢管；4—内卷边槽钢；

5—U形卡；6—L形插销；7—钩头螺栓；8—蝶形扣件

图5-2　定型组合钢模板系列　（单位：mm）

5.2.2.3 支承件

配件的支承件包括钢楞、柱箍、梁卡具、圈梁卡、钢管架、斜撑、组合支柱、钢管脚手支架、平面可调桁架和曲面可变桁架等。

5.2.3 木模板

木材是最早被人们用来制作模板的工程材料,其主要优点是制作方便、拼装随意,尤其适用于外形复杂或异形的混凝土构件。此外,因其导热系数小,对混凝土冬期施工有一定的保温作用。

木模板的木材主要采用松木和杉木,其含水率不宜过高,以免干裂,材质不宜低于三等材。

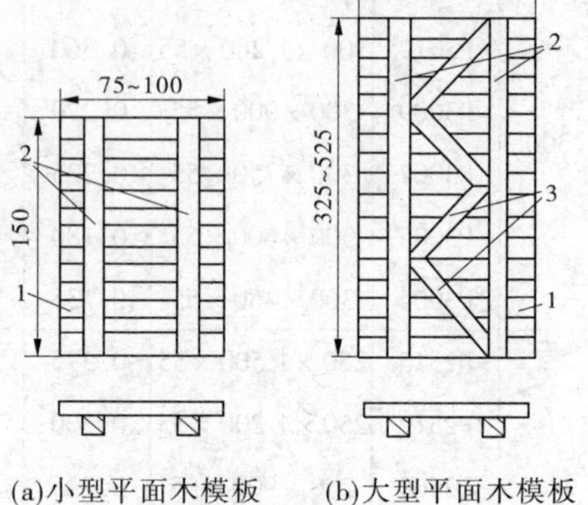

1—面板;2—加劲肋;3—斜撑

图 5-3 标准平面木模板 (单位:mm)

木模板的基本元件是拼板,它由板条和拼条(木档)组成,如图 5-3 所示。板条厚25 ~50 mm,宽度不宜超过 200 mm,以保证在干缩时,缝隙均匀,浇水后缝隙要严密且板条不翘曲,但梁底板的板条宽度不受限制,以免漏浆。拼条截面尺寸为 25 mm × 35 mm ~50 mm ×50 mm,拼条间距根据施工荷载大小及板条的厚度而定,一般取 400 ~500 mm。

5.2.4 滑动模板

滑动模板简称为滑模,是在混凝土连续浇筑过程中,可使模板面紧贴混凝土面滑动的模板。采用滑模施工要比常规施工节约木材(包括模板和脚手板等)的 70% 左右;采用滑模施工可以节约劳动力的 30% ~50%;采用滑模施工要比常规施工的工期短,速度快,可以缩短施工周期的 30% ~50%;滑模施工的结构整体性好,抗震效果明显,适用于高层或超高层抗震建筑物和高耸构筑物施工;滑模施工的设备便于加工、安装、运输。

5.2.4.1 滑模系统的组成与构造

1. 滑板系统装置的三个组成部分

(1)模板系统。包括提升架、围圈、模板及加固、连接配件。

(2)施工平台系统。包括工作平台、外圈走道、内外吊脚手架。

(3)提升系统(以液压设备为例)。包括千斤顶、油管、分油器、针形阀、控制台、支承杆及测量控制装置。滑模构造如图 5-4 所示。

2. 主要部件构造及作用

(1)提升架。提升架是整个滑模系统的主要受力部分。各项荷载集中传至提升架,最后通过装设在提升架上的千斤顶传至支承杆上。提升架由横梁、立柱、牛腿及外挑架组成。各部分尺寸及杆件断面应通盘考虑经计算确定。

(2)围圈。围圈是模板系统的横向连接部分,将模板按工程平面形状组合为整体。围圈也是受力部件,它既承受混凝土侧压力产生的水平推力,又承受模板的重量、滑动时

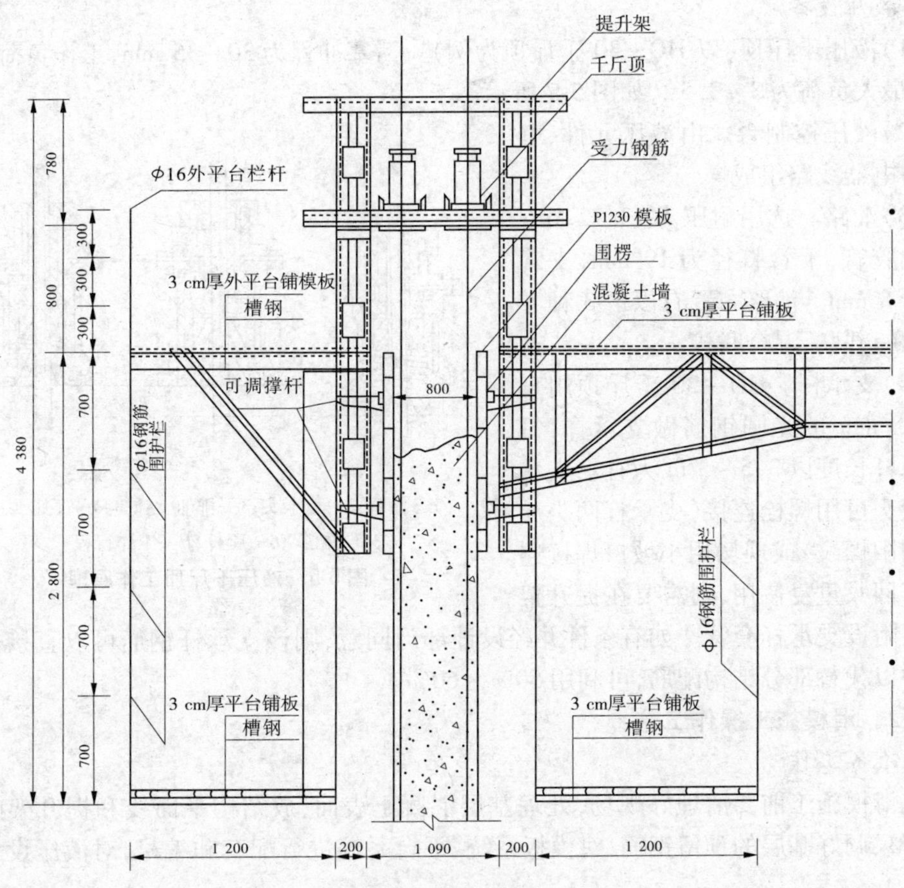

图 5-4　滑模施工组装示意图　(单位:mm)

产生的摩阻力等竖向力。在有些滑模系统的设计中,也将施工平台支承在围圈上。在这种情况下,围圈还将承受平台传来的各种荷载。围圈架设在提升架的牛腿上,各种荷载将最终传至提升架上。围圈一般用型钢制作,也可用木材制作。为保证围圈的垂直刚度与水平刚度,限制变形,围圈须经过验算。

(3)模板。模板是混凝土成型的模具,要求板面平整,尺寸准确,刚度适中。模板高度一般为 90 ~ 120 cm,宽度为 50 cm,但根据需要也可加工成小于 50 cm 的异形模板。模板通常用钢材制作,也有用其他材料制作的,如钢木组合模板,用硬质塑料板或玻璃钢等材料做面板的有机材料复合模板。

(4)施工平台与吊脚手架。施工平台是滑模施工中各工种的作业面及材料、工具的存放场所。施工平台应视建筑物的平面形状、开门大小、操作要求及荷载情况设计。施工平台必须有可靠的强度及必要的刚度,确保施工安全,防止平台变形导致模板倾斜。如果跨度大时,在平台下应设置承托桁架。

吊脚手架用于对已滑出的混凝土结构进行处理或修补,要求沿结构内外两侧周围布置。吊脚手架的高度一般为 1.8 m,可以设双层或三层。吊脚手架要有可靠的安全设备及防护设施。

3. 液压设备

(1)液压千斤顶(以 HQ－30 千斤顶为例)。活塞冲程为 30～35 mm,工作负荷为 1～1.5 t,最大负荷为 3～3.5 t,如图 5-5 所示。

(2)液压控制台。由液压元件、电动机与电器线路组成。

(3)油路。选用耐压为 13.72 MPa 的耐油胶管,干管直径为 19 mm,支管直径为 8 mm。油路布置有以下 3 种方式:串联、并联、混合联接。

(4)支承杆。HQ－30 千斤顶用直径为 25 mm 的光圆钢筋做支承杆,每根支承杆长度以 3.5～5 m 为宜。支承杆的接头可用螺栓连接(支承杆两头加工成阴阳螺纹)或现场用小坡口焊接连接。若回收重复使用,则需要在提升架横梁下附设支承杆套管。如有条件并经设计部门同意,则该支承杆钢筋可以直接打在混凝土中以代替部分结构配筋,可利用 50%～60%。

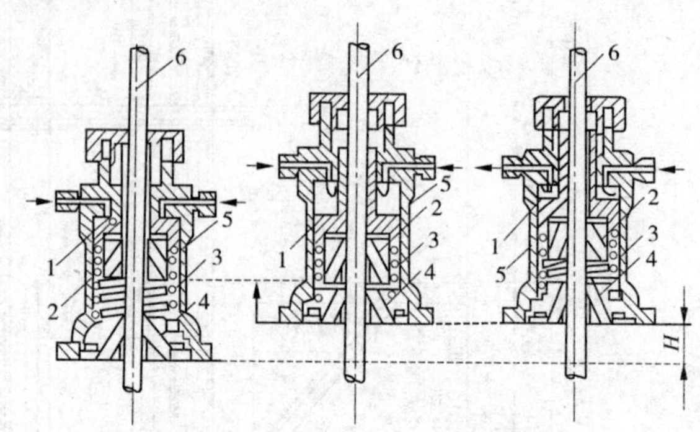

1—活塞;2—上卡头;3—排油大弹簧;4—下卡头;5—缸筒;6—爬杆;H—工作行程

图 5-5　液压千斤顶工作原理

5.2.4.2　滑模施工操作工艺

1. 准备工作

在滑模施工前要清理好现场,处理基层混凝土表面,放结构平面线和提升架的位置线,调整、调好基层的预留钢筋,对模板系统、平台系统进行配套和编号,对液压设备进行配套。

2. 组装顺序和要求

(1)安装提升架。提升架要求安装位置必须准确,并要控制住水平与垂直度。

(2)架设围圈。围圈的架设要求其平面位置准确,内外围圈之间的净距离及围圈的水平高差要符合要求。

(3)安装模板。安装模板应按先安装内模板、后安装外模板的顺序进行,并要安排好与钢筋绑扎及预埋件敷设的相互搭接关系。模板组装应平整、拼缝严密,相邻模板用 U 形卡环连接牢固,并与围圈固定牢靠。安装好的模板必须符合 4‰的锥度要求。模板安装好后,应对其进行检查校正,经验收合格后才能进行下一道工序。

(4)铺设施工平台、外圈走道与护身栏。

(5)安装液压设备时,一般采用并联油路,个别情况下也采用串联或混合油路。

(6)设置动力、照明电器设施及接地、避雷装置,然后进行液压系统试验检查。

(7)在正式浇灌混凝土之前,插入支承杆,并要确保支承杆的垂直度。

(8)开始滑升后,当升至 1～1.5 m 高时,要安装好吊脚手架。

5.2.4.3　滑模施工工艺要点和要求

1. 施工精度控制系统

施工精度控制系统包括千斤顶同步控制装置、建筑物轴线和垂直度等的控制与观测设施等。

千斤顶同步控制装置可采用限位卡挡、激光控制仪、水杯自动控制装置等。滑动过程中,要求各千斤顶的相对标高之差不得大于 40 mm,相邻两个提升架上千斤顶的升差不得大于 20 mm。垂直度观测可用激光铅直仪、经纬仪和线锤等。

2. 滑升工艺

滑模的滑升过程可分为初滑、正常滑升和末滑 3 个主要阶段。

(1)初滑阶段是指工程开始时进行的初次提升阶段,主要是对滑模装置和混凝土凝结状态进行检查。初滑阶段的基本做法是:混凝土分层浇筑到模板高度的 2/3,每层浇筑高度 200 ~ 300 mm,分层间隔时间小于混凝土凝结时间,当第一层混凝土的强度超过出模强度时,进行试探性提升,即将模板提升 1 ~ 2 千斤顶行程(30 ~ 60 mm),观察并检查液压系统和模板系统工作情况。试升后,每浇筑 200 ~ 300 mm 高度,再提升 3 ~ 5 个千斤顶行程,直至浇筑到距模板上口 50 ~ 100 mm,即转入正常滑升阶段。

(2)正常滑升阶段是指经过初滑阶段后,绑扎钢筋、浇筑混凝土和提升模板这 3 个主要工序处于有节奏的循环操作中。混凝土浇筑高度始终保持与滑模的提升高度相等。在这个阶段,模板滑升速度直接影响混凝土施工质量和工程的进度。原则上滑升速度应与混凝土凝固程度相适应,并应根据沿模结构的支承情况来确定。当支承杆不发生失稳时,滑行速度可按混凝土出模强度来确定。当支承杆受压区可能会发生失稳时,滑升速度一般控制在 150 ~ 300 mm/min 范围内。

(3)末滑阶段是配合混凝土的最后浇筑阶段,模板滑升速度比正常滑升的速度稍慢。混凝土浇筑完后,尚应继续滑行,直至模板与混凝土脱离不致粘住为止。

5.2.5 其他形式模板

5.2.5.1 混凝土预制模板

混凝土预制模板可以工厂化生产,安装时多依靠自重维持稳定,因而可以节约大量的木材和钢材;因它既是模板,又是建筑物的组成部分,可提高建筑物表面的抗渗、抗冻和稳定性;简化了施工程序,可以加快工程进度。但安装时必须配合吊装设备进行。

混凝土预制模板主要用于挡土墙、大坝垂直部位、坝内廊道等处。施工中应注意模板与新浇混凝土表面结合处的凿毛处理,以保证结合。预制钢筋混凝土整体式廊道模板如图 5-6 所示。

5.2.5.2 土模

在小型水利工程施工中,为了节省木材,常用土模代替木模。土模除具有施工简单、节约木材、技术容易为群众掌握等优点外,还具有温度稳定、有一定湿度和浇筑时不易跑浆等特点,因而便于自然养护。土模可分为地下式、半地下式和地上式 3 种。地下式土模适用于结构外形简单的预制构件,对土质有一定要求,如图 5-7(a)所示。半地下式土模,适用于构件较复杂、地下开挖较困难的情况。地面以上部分可用木模或砌砖,如图 5-7(b)所示。地上式土模的构件,全部在地坪以上,主要用于外形比较复杂的构件。地上式土模拆除、吊装都比较方便,而且易于排水,如图 5-7(c)所示。

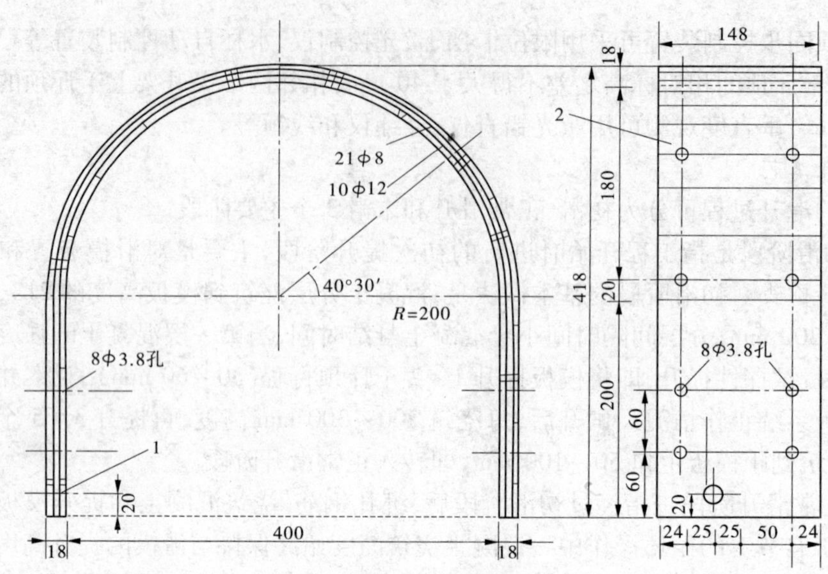

1—坝内排水孔;2—起吊环

图 5-6　预制钢筋混凝土整体式廊道模板　(单位:cm)

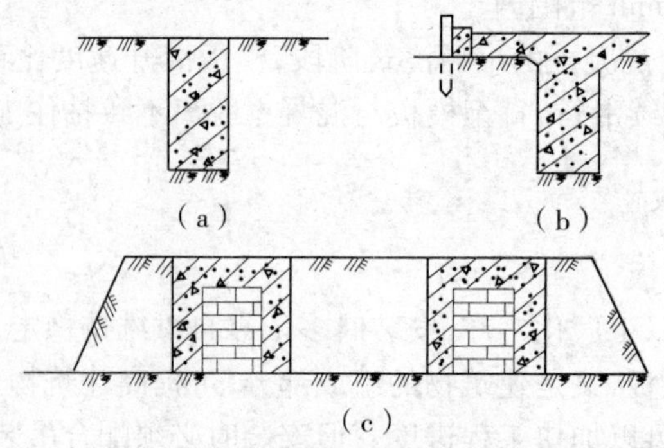

图 5-7　土模的形式

土模施工中应注意:①不宜设在透水性强的场地,黏土适宜含水量应控制在 20% ~ 24%;②地上式土模的培土宜选用沙质黏土或黏质沙土,含水量控制在 20% 左右为宜;③混凝土浇筑时,振捣棒一般应离开土模壁至少 5 cm,以防将土模壁碰坏;④土模的拆除时间应较木模稍迟,一般需在养护两周以后才能拆模,或移动构件的位置。

5.3　模板施工

5.3.1　模板安装

安装模板之前,应事先熟悉设计图纸,掌握建筑物结构的形状尺寸,并根据现场条件,初步考虑好立模及支撑的程序,以及与钢筋绑扎、混凝土浇捣等工序的配合,尽量避免工种之间的相互干扰。

模板的安装包括放样、立模、支撑加固、吊正找平、尺寸校核、堵设缝隙及清仓去污等工序。在安装过程中,应注意下述事项:

(1)模板竖立后,须切实校正位置和尺寸,垂直方向用垂球校对,水平长度用钢尺丈量两次以上,务使模板的尺寸符合设计标准。

(2)模板各结合点与支撑必须坚固紧密,牢固可靠,尤其是采用振捣器捣固的结构部位更应注意,以免在浇捣过程中发生裂缝、鼓肚等不良情况。但为了增加模板的周转次数,减少模板拆模损耗,模板结构的安装应力求简便,尽量少用圆钉,多用螺栓、木楔、拉条等进行加固联结。

(3)凡属承重的梁板结构,跨度大于 4 m 以上时,由于地基的沉陷和支撑结构的压缩变形,跨中应预留起拱高度,每米增高 3 mm,两边逐渐减少,至两端同原设计高程等高。

(4)为避免拆模时建筑物受到冲击或震动,安装模板时,撑柱下端应设置硬木楔形垫块,所用支撑不得直接支承于地面,应安装在坚实的桩基或垫板上,使撑木有足够的支承面积,以免沉陷变形。

(5)模板安装完毕,最好立即浇筑混凝土,以防日晒雨淋导致模板变形。为保证混凝土表面光滑和便于拆卸,宜在模板表面涂抹肥皂水或润滑油。夏季或在气候干燥情况下,为防止模板干缩裂缝漏浆,在浇筑混凝土之前,需洒水养护。如发现模板因干燥产生裂缝,应事先用木条或油灰填塞衬补。

(6)安装边墙、柱、闸墩等模板时,在浇筑混凝土以前,应将模板内的木屑、刨片、泥块等杂物清除干净,并仔细检查各连结点及接头处的螺栓、拉条、楔木等有无松动滑脱现象。在浇筑混凝土过程中,木工、钢筋、混凝土、架子等工种均应有专人"看仓",以便发现问题随时加固修理。

(7)模板安装的偏差,应符合设计要求的规定,特别是对于通过高速水流、有金属结构及机电安装等部位,更不应超出规范的允许值。施工中安装模板的允许偏差,可参考表 5-3 中规定的数值。

表 5-3 大体积混凝土木模板安装的允许偏差 (单位:mm)

项次	偏差项目		混凝土结构部位	
			外露表面	隐藏内面
1	模板平整度	相邻两面板高差 局部不平(用 2 m 直尺检查)	3 5	5 10
2	结构物边线与设计边线		10	15
3	结构物水平截面内部尺寸		±20	
4	承重模板标高		±5	
5	预留孔、洞尺寸及位置		±10	

5.3.2　模板隔离剂

模板安装前或安装后,为防止模板与混凝土黏结在一起,便于拆模,应及时在模板的表面涂刷隔离剂。常用模板隔离剂见表5-4。

表5-4　常用模板隔离剂配比、配置及使用

类别	材料及重量配合比	配制和使用方法	优缺点及使用
水质类	肥皂液	用肥皂切片泡水,涂刷模板1~2遍	涂刷方便,易脱模,价廉;但冬雨季不能使用。适于木模肥皂液、混凝土胎模、砖胎模使用
	洗衣粉:滑石粉=1:5	按比例用适量温水搅至浆状使用	优缺点同肥皂液,适于钢模、各种胎模
	松香:肥皂:柴油:水=15:12:100:800	松香、肥皂、柴油按比例加好后,冲入水搅拌均匀使用	涂刷干后遇雨仍保持隔离效果,适于长线台座使用
	石灰水	将石灰膏加水拌成糊状,均匀涂刷1~2遍	取材容易,涂刷方便,成本低,但较易脱落。适于土、混凝土脱模使用
	107胶:滑石粉:水=1:1:1	将建筑胶与水调匀,再将滑石粉加入调匀,涂刷1~2遍	材料易得,操作方便,易于脱模。适于钢模板使用
油质类	机油:滑石粉:汽油=100:15:10	在容器中按配比搅拌均匀,涂刷1~2遍	便于涂刷,易脱模。适于混凝土胎模使用
	废机油(机油):柴油=1:(1~4)	将较稠废机油掺柴油稀释搅匀,即可使用	便于涂刷,易脱模,干后下雨仍有效。适于钢、木模、各种胎模使用
	废机油:水泥(滑石粉):水=1:1.4(1.2):0.4	将3种组分拌和至乳状,刷1~2遍	材料易得,便于涂刷,表面光滑;但钢筋和构件较易沾油
石蜡类	石蜡	将石蜡均匀涂于模板面,用喷灯熔化,干布均匀涂擦,再均匀喷烤至深入木质内	易脱模,板面光滑;但成本较高,蒸汽养护时不能使用。适于木定型模板使用
	石蜡:煤油=1:2	将石蜡与2份柴油混合用水浴加热溶化,再加入剩余柴油拌匀	便于涂刷,易脱模,板面光滑;但成本稍高,蒸汽养护时不能使用。适于钢模板、混凝土台座使用
乳剂类	乳化机油:水=1:5	在容器中按配合比混合搅匀,涂刷1~2遍	有商品供应,使用方便,易脱模。适于木模使用
	高分子有机酸+矿物油	即金属切削加工使用的润滑冷却剂	有商品供应,使用方便,易于脱模。适于钢模、混凝土胎模使用

5.3.3 模板拆除

5.3.3.1 拆模期限

(1)不承重的侧模板在混凝土强度能保证混凝土表面和棱角不因拆模而受损害时方可拆模。一般此时混凝土的强度应达到2.5 MPa以上。

(2)承重模板应在混凝土达到下列强度以后方能拆除(按设计强度的百分率计)。①当梁、板、拱的跨度小于2 m时,要求达到设计强度的50%;②跨度为2~5 m时,要求达到设计强度的70%;③跨度为5 m以上,要求达到设计强度的100%;④悬臂板、梁跨度小于2 m为70%;跨度大于2 m为100%。

5.3.3.2 拆模注意事项

模板拆卸工作应注意以下事项:

(1)模板拆除工作应遵守一定的方法与步骤。拆模时要按照模板各结合点构造情况,逐块松卸。首先去掉扒钉、螺栓等连接铁件,然后用撬杠将模板松动或用木楔插入模板与混凝土接触面的缝隙中,以锤击木楔,使模板与混凝土面逐渐分离。拆模时,禁止用重锤直接敲击模板,以免使建筑物受到强烈震动或将模板毁坏。

(2)拆卸拱形模板时,应先将支柱下的木楔缓慢放松,使拱架徐徐下降,避免新拱因模板突然大幅度下沉而担负全部自重,并应从跨中点向两端同时对称拆卸。拆卸跨度较大的拱模时,则需从拱顶中部分段分期向两端对称拆卸。

(3)高空拆卸模板时,不得将模板自高处摔下,而应用绳索吊卸,以防砸坏模板或发生事故。

(4)当模板拆卸完毕后,应将附着在板面上的混凝土砂浆洗凿干净,损坏部分需加以修整,板上的圆钉应及时拔除(部分可以回收使用),以免刺脚伤人。卸下的螺栓应与螺帽、垫圈等拧在一起,并加黄油防锈。扒钉、铁丝等物均应收捡归仓,不得丢失。所有模板应按规格分放,妥加保管,以备下次立模周转使用。

(5)对于大体积混凝土,为了防止拆模后混凝土表面温度骤然下降而产生表面裂缝,应考虑外界温度的变化而确定拆模时间,并应避免早、晚或夜间拆模。

5.4 脚手架

5.4.1 脚手架的作用

脚手架是施工作业中不可缺少的手段和设备工具,是为施工现场工作人员生产和堆放部分建筑材料所提供的操作平台,它既要满足施工的需要,又要为保证工程质量和提高工作效率创造条件。其主要作用有:

(1)要保证工程作业面的连续性施工。

(2)能满足施工操作所需要的运料和堆料要求,并方便操作。

(3)对高处作业人员能起到防护作用,以确保施工人员的人身安全。

(4)使操作不致影响工效和工程质量。

(5)能满足多层作业、交叉作业、流水作业和多工种之间配合作业的要求。

5.4.2 脚手架的分类

脚手架的分类方法很多,通常按以下几种方式分类。

5.4.2.1 按脚手架的用途划分

一般可分为以下4类:

(1)结构工程作业脚手架(简称为结构脚手架)。是为满足结构施工作业需要而设置的脚手架,也称为砌筑脚手架。

(2)装修工程作业脚手架(简称为装修脚手架)。是为满足装修施工作业而设置的脚手架。

(3)支撑和承重脚手架(简称为模板支撑架或承重脚手架)。是为支撑模板及其荷载或为满足其他承重要求而设置的脚手架。

(4)防护脚手架。包括作业围护用墙式单排脚手架和通道防护棚等,是为施工安全而设置的架子。

5.4.2.2 按脚手架的设置状态划分

(1)落地式脚手架。脚手架荷载通过立杆传递给架设脚手架的地面、楼面、屋面或其他支持结构物。

(2)挑脚手架。从建筑物内伸出的或固定于工程结构外侧的悬挑梁或其他悬挑结构上向上搭设的脚手架。脚手架通过悬挑结构将荷载传递给工程结构承受。

(3)挂脚手架。使用预埋托挂件或挑出悬挂结构将定型作业架悬挂于建筑物的外墙面。

(4)吊脚手架。悬吊于屋面结构或屋面悬挑梁之下的脚手架。当脚手架为篮式构造时,就称为"吊篮"。

(5)桥式脚手架。由桥式工作台及其两端支柱(一般格构式)构成的脚手架。桥式工作台可自由提升和下降。

(6)移动式脚手架。自身具有稳定结构、可移动使用的脚手架。

5.4.2.3 按脚手架的搭设位置划分

(1)外脚手架。是沿建筑物外墙外侧周边搭设的一种脚手架。它既可用于砌筑墙柱,又可用于外装修。

(2)里脚手架。用于建筑物内墙的砌筑、装修用的脚手架。在施工中,里脚手架搭设在各层楼板上,每层楼板只需搭设两三步。

5.4.2.4 按脚手架杆件、配件材料和连接方式划分

(1)木、竹脚手架。

(2)扣件式钢管脚手架。

(3)碗扣式钢管脚手架。

(4)门式钢管脚手架。

(5)其他连接形式钢脚手架。

5.4.3 木脚手架

5.4.3.1 概述

木脚手架取材方便,经济适用,历史悠久,搭设经验丰富,技术成熟,是我国工程施工中应用较为广泛的脚手架。但这些脚手架由于木材用量大,重复利用率低,因而,在各方面条件允许的情况下,尽可能不使用木脚手架。

这类脚手架选用木杆为主要杆件,采用 8 号铁丝绑扎而成。木脚手架根据使用要求可搭设成单排脚手架或双排脚手架。它由立杆、大横杆、小横杆、斜撑、剪刀撑、抛撑、扫地杆及脚手板等组成。

5.4.3.2 木脚手架的搭设

木脚手架的搭设方式通常有单排外脚手架和双排外脚手架,如图 5-8 所示。单排外脚手架外侧只有一排立杆,小横杆一端与立杆或大横杆连接,另一端搁置在建筑物上。

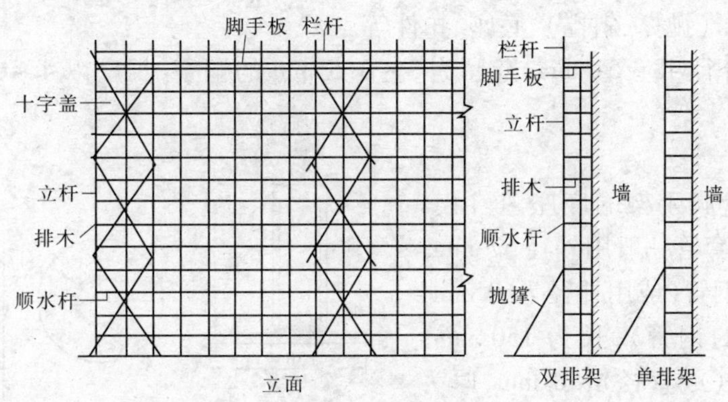

图 5-8 木脚手架

注意事项:

(1)由于单排外脚手架稳定性差,搭设高度一般不得超过 20 m。

(2)小横杆在墙上的搁置宽度不宜小于 240 mm。

(3)立杆埋设深度一般不小于 0.5 m。也可直接立于地面,但应加设垫板,并用扫地杆帮助稳定。

(4)立杆的间距以 1.5 m 左右为宜,最大不能超过 2 m。横杆的距离一般为 1 ~ 1.2 m,最大不得超过 1.5 m。

(5)十字盖之间的间距。一般每隔 6 根立杆设一档十字盖,十字盖占两个立杆档,从下到上绑扎,要撑到地面,并与地面的夹角为 60°。

双排外脚手架内外两侧均设立杆,小横杆两端分别与内、外侧立杆相连接,它的稳定性比较好,搭设高度一般不超过 30 m。

此外,木脚手架常作为坡道,坡道的架设如图 5-9 所示。

5.4.4 扣件式钢管脚手架

扣件式钢管脚手架是由钢管和扣件组成,它搭拆方便、灵活,能适应建筑物中平立面

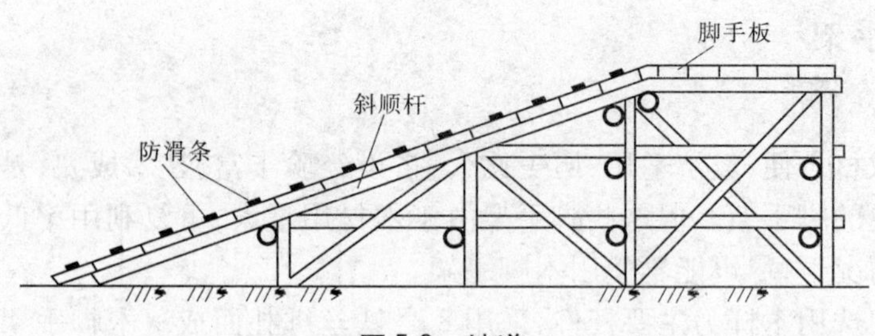

图 5-9　坡道

的变化，强度高，坚固耐用。扣件式钢管脚手架还可以格成井字架、栈桥或上料台架等，应用较多。

5.4.4.1　**材料要求**

1. 杆件用料要求

扣件武钢管脚手架的主要杆件有：立杆、顺水杆（大横杆）、排木则（小横杆）、十字盖（剪刀撑）、压柱子（抛撑、斜撑）、底座、扣件等。

钢管：采用外径 48 ~ 51 mm，壁厚为 3 ~ 3.5 mm 的钢管，长度以 4 ~ 6.5 m 和 2.1 ~ 2.3 m为宜。

2. 底座

扣件式钢管脚手架的底座，是由套管和底板焊成。套管一般用外径 57 mm，壁厚 3.5 mm 的钢管（或用外径为60 mm，壁厚 3 ~ 4 mm 的钢管），长为 150 mm。底板一般用边长（或直径）150 mm，厚为 5 mm 的钢板，如图 5-10 所示。

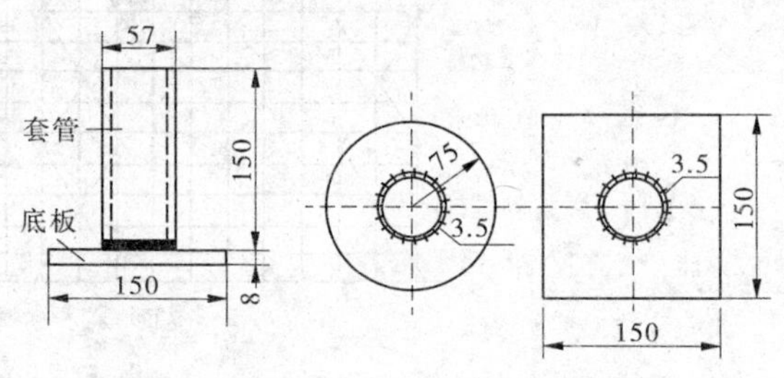

图 5-10　底座　（单位：mm）

3. 扣件

扣件是用铸铁锻制而成，螺栓用 Q235 钢制成，其形式有 3 种，如图 5-11 所示。

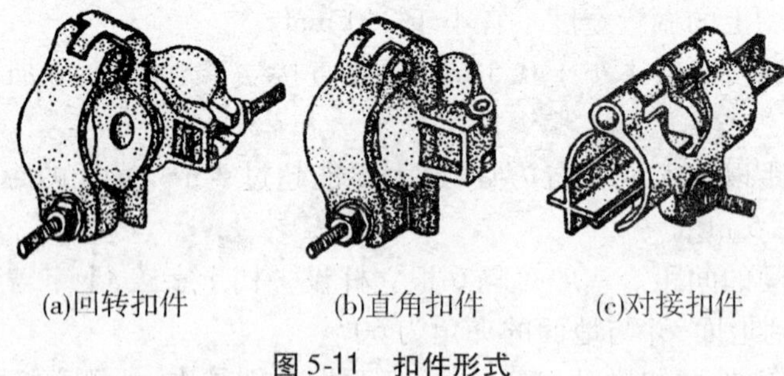

(a)回转扣件　(b)直角扣件　(c)对接扣件

图 5-11　扣件形式

（1）回转扣件。回转扣件用于连接扣紧呈任意角度相交的杆件，如立杆与十字盖的连接。

（2）直角扣件。直角扣件又称十字扣件，用于连接扣紧两根垂直相交的杆件，如立杆与顺水杆、排木的连接。

（3）对接扣件。对接扣件又称一字扣件，用于两根杆件的对接接长，如立杆、顺水杆的接长。

5.4.4.2 扣件式钢管脚手架的搭设与拆除

1. 扣件式钢管脚手架的搭设

扣件式钢管脚手架的搭设要求钢管的规格相同,地基平整夯实;对高层建筑物脚手架的基础要进行验算,脚手架地基的四周排水畅通,立杆底端要设底座或垫木。通常脚手架搭设顺序为:放置纵向扫地杆→立杆→ 横向扫地杆→ 第一步纵向水平杆(大横杆)→第一步横向水平杆(小横杆)→ 连墙件(或加抛撑) → 第二步纵向水平杆(大横杆)→第二步横向水平杆(小横杆)……

开始搭设第一节立杆时,每6跨应暂设一根抛撑,当搭设至设有连墙件的构造层时,应立即设置连墙件与墙体连接,当装设两道墙件后,抛撑便可拆除。双排脚手架的小横杆靠墙一端应离开墙体装饰面至少100 mm,杆件相交的伸出端长度不小于100 mm,以防止杆件滑脱;扣件规格必须与钢管外径相一致,扣件螺栓拧紧。除操作层的脚手板外,宜每隔1.2 m高满铺一层脚手板,在脚手架全高或高层脚手架的每个高度区段内,铺板不多于6层,作业不超过3层,或者根据设计搭设。

2. 扣件式钢管脚手架的拆除

扣件式钢管脚手架的拆除按由上而下,后搭者先拆,先搭者后拆的顺序进行,严禁上下同时拆除,以及先将整层连墙件或数层连墙件拆除后再拆其余杆件。如果采用分段拆除,其高差不应大于2步架,当拆除至最后一节立杆时,应先加临时抛撑,后拆除连墙件,拆下的材料应及时分类集中运至地面,严禁抛扔。

5.5 模板施工安全知识

模板施工中的不安全因素较多,从模板的加工制作,到模板的支模拆除,都必须认真加以防范。

(1)施工技术人员应向机械操作人员进行施工任务及安全技术措施交底。操作人员应熟悉作业环境和施工条件,听从指挥,遵守现场安全规则。

(2)机械作业时,操作人员不得擅自离开工作岗位或将机械交给非本机操作人员操作。严禁无关人员进入作业区和操作室内。工作时,思想要集中,严禁酒后操作。

(3)机械操作人员和配合作业人员,都必须按规定穿戴劳动保护用品,长发不得外露。高空作业必须戴安全带,不得穿硬底鞋和拖鞋。严禁从高处往下投掷物件。

(4)工作场所应备有齐全可靠的消防器材。严禁在工作场所吸烟和有其他明火,并不得存放油、棉纱等易燃品。

(5)加工前,应从木料中清除铁钉、铁丝等金属物。作业后,切断电源,锁好闸箱,进行擦拭、润滑,清除木屑、刨花。

(6)悬空安装大模板、吊装第一块预制构件、吊装单独的大中型预制构件时,必须站在操作平台上操作。吊装中的大模板和预制构件上,严禁站人和行走。

(7)模板支撑和拆卸时的悬空作业,必须遵守下列规定:①支模应按规定的作业程序进行,模板未固定前不得进行下一道工序。严禁在连接件和支撑件上攀登上下,并严禁在上下同一垂直面上装、拆模板。结构复杂的模板,装、拆应严格按照施工组织设计的措施进行。②支设高度在3 m以上的柱模板,四周应设斜撑,并应设立操作平台。低于3 m的可使用马凳操作。③支设悬挑形式的模板时,应有稳固的立足点。支设临空构筑物模板时,应搭设支架或脚手架。模板上有预留洞时,应在安装后将洞盖没。混凝土板上拆模后形成的临边或洞口,应按有关要求进行防护。④拆模高处作业,应配置登高用具或搭设支架。

(8)滑模施工中应经常与当地气象台、气象站取得联系,遇到雷雨、六级和六级以上大风时,必须停止施工。

本章小结

1. 模板的要求及模板的受力与荷载组合

模板应保证混凝土结构和构件浇筑后的各部分形状和尺寸以及相互位置的准确性,具有足够的稳定性、刚度及强度,装拆方便,能够多次周转使用、形式要尽量做到标准化、系列化,接缝严密、不易漏浆,表面要光洁平整,所用材料受潮后不易变形。

在施工前,施工企业应根据建筑物的实际情况、现场条件、混凝土结构施工与验收规范及有关的模板技术规范进行模板设计,模板设计包括模板面板、支承系统及连接配件的设计。

2. 模板类型

按模板形状分为平面模板和曲面模板;按模板材料分为木模板、钢模板、混凝土预制模板、塑料模板、橡胶模板等;按模板受力条件分为承重模板和侧面模板;按模板使用特点分为固定式、拆移式、移动式和滑动式。

定型组合钢模板系列包括钢模板、连接件、支承件三部分。其中,钢模板包括平面钢模板和拐角模板;连接件有U形卡、L形插销、钩头螺栓、紧固螺栓、蝶形扣件等;支承件有圆钢管、薄壁矩形钢管、内卷边槽钢、单管伸缩支撑等。

3. 模板施工

安装模板之前,应事先熟悉设计图纸,掌握建筑物结构的形状尺寸,并根据现场条件,初步考虑好立模及支撑的程序,以及与钢筋绑扎、混凝土浇捣等工序的配合,尽量避免工种之间的相互干扰。模板的安装包括放样、立模、支撑加固、吊正找平、尺寸校核、堵设缝隙及清仓去污等工序。

拆模期限:不承重的侧模板在混凝土强度能保证混凝土表面和棱角不因拆模而受损害时方可拆模,一般此时混凝土的强度应达到2.5 MPa以上;承重模板应在混凝土达到要求强度以后方能拆除(按设计强度等级的百分率计)。

4. 脚手架

脚手架是施工作业中不可缺少的手段和设备工具,是为施工现场工作人员生产和堆放部分建筑材料所提供的操作平台,它既要满足施工的需要,又要为保证工程质量和提高工作效率创造条件。

按脚手架的用途划分一般可分为结构工程作业脚手架(简称为结构脚手架)、装修工程作业脚手架(简称为装修脚手架)、支撑和承重脚手架(简称为模板支撑架或承重脚手架)、防护脚手架。

按脚手架的设置状态分为落地式脚手架、挑脚手架、挂脚手架、吊脚手架、桥式脚手架、移动式脚手架。

按脚手架的搭设位置分为外脚手架、里脚手架。

按脚手架杆件、配件材料和连接方式分为木、竹脚手架、扣件式钢管脚手架、碗扣式钢管脚手架、门式钢管脚手架、其他连接形式钢脚手架。

5. 模板施工安全知识

模板施工中的不安全因素较多,从模板的加工制作,到模板的支模拆除,都必须认真加以防范。施工技术人员应向机械操作人员进行施工任务及安全技术措施交底。操作人员应熟悉作业环境和施工条件,听从指挥,遵守现场安全规则。作业人员必须按规定穿戴劳动保护用品,长发不得外露。高空作业必须戴安全带,不得穿硬底鞋和拖鞋。严禁从高处往下投掷物件。工作场所应备有齐全可靠的消防器材。严禁在工作场所吸烟和有其他明火,并不得存放油、棉纱等易燃品。

本章重点是模板的基本构造和模板的安装、拆除。

复习思考题

1. 模板的作用有哪些?由哪几部分组成?
2. 模板的基本要求是什么?
3. 按模板的周转工艺(使用特点)可划分为哪几类?各类模板的使用条件是什么?
4. 模板设计应考虑哪些荷载?承重模板和竖向(侧向)模板在计算强度和刚度时,基本荷载组合有何不同?
5. 按现行水工混凝土施工规范模板的侧压力如何计算?
6. 模板安装和拆除中应注意哪些事项?

第6章　钢筋工程

学习目标

- 了解钢筋的种类及钢筋制作。
- 掌握钢筋配料单编制、钢筋安装的方法和要求。
- 了解钢筋安装的质量控制与施工安全技术措施。

6.1　钢筋的验收与配料

6.1.1　钢筋的验收与储存

6.1.1.1　钢筋的验收

钢筋进场时，应按现行国家标准《钢筋混凝土用热轧带肋钢筋》(GB 1499—1998)等的规定抽取试件作为力学性能检验，其质量必须符合有关标准的规定。钢筋在使用时，当发现钢筋脆断、焊接性能不良或力学性能显著不正常等现象时，应对该批钢筋进行化学成分检验或其他专项检验。

检查数量：按进场的批次和产品的抽样检验方案确定。

检验方法：检查产品合格证、出厂检验报告和进场复验报告。

1. 外观检查

外观检查应满足表6-1要求。

表6-1　钢筋外观检查要求

钢筋种类	外观要求
热轧钢筋	表面不得有裂纹、结疤和折叠，如有凸块不得超过横肋的高度，其他缺陷的高度和深度不得大于所在部位尺寸的允许偏差，钢筋外形尺寸等应符合国家标准
热处理钢筋	表面不得有裂纹、结疤和折叠，如局部凸块不得超过横肋的高度。钢筋外形尺寸应符合国家标准
冷拉钢筋	表面不得有裂纹和局部缩颈
冷拔低碳钢丝	表面不得有裂纹和机械损伤
碳素钢丝	表面不得有裂纹、小刺、机械损伤、锈皮和油漆
刻痕钢丝	表面不得有裂纹、分层、锈皮、结疤
钢绞线	不得有折断、横裂和相互交叉的钢丝，表面不得有润滑剂、油渍

2. 验收要求

钢筋、钢丝、钢绞线应作成批验收,作力学性能试验时,其抽样方法应按相应标准所规定的规则抽取,如表 6-2 所示。

表 6-2　钢筋、钢丝、钢绞线验收要求和方法

钢筋种类		验收批钢筋组成	每批数量	取样方法
热轧钢筋		1. 同一牌号、规格和同一炉罐号 2. 同钢号的混合批,不超过 6 个炉罐号	≤60 t	在每批钢筋中任取 2 根钢筋,每根钢筋取 1 个拉力试样和 1 个冷弯试样
热处理钢筋		1. 同一处截面尺寸,同一热处理制度和炉罐号 2. 同钢号的混合批,不超过 10 个炉罐号	≤60 t	取 10% 盘数(不少于 25 盘),每盘 1 个拉力试样
冷拉钢筋		同级别、同直径	≤20 t	任取 2 根钢筋,每根钢筋取 1 个拉力试样和 1 个冷弯试样
冷拔低碳钢丝	甲级		逐盘检查	每盘取 1 个拉力试样和 1 个弯曲试样
	乙级	用相同材料的钢筋冷拔成同直径的钢丝	5 t	任取 3 盘,每盘取 1 个拉力试样和 1 个弯曲试样
碳素钢丝 刻痕钢丝		同一钢号、同一形状尺寸、同一交货状态		取 5% 盘数(不少于 3 盘),优质钢丝取 10% 盘数(不少于 3 盘),每盘取 1 个拉力试样和 1 个冷弯试样
钢绞线		同一钢号、同一形状尺寸、同一生产工艺	≤60 t	任取 3 盘,每盘取 1 个拉力试样

注:拉力试验包括屈服点、抗拉强度和伸长率 3 个指标。

检验要求,如有一个试样一项试验指标不合格,则另取双倍数量的试样进行复检,如仍有一个试样不合格,则该批钢筋不予验收。

6.1.1.2 钢筋的储存

钢筋进场后,必须严格按批分等级、牌号、直径、长度挂牌存放,不得混淆。钢筋应尽量堆入仓库或料棚内。条件不具备时,应选择地势较高、土质坚硬的场地存放。堆放时,钢筋下部应垫高,离地至少 20 cm 高,以防钢筋锈蚀。在堆场周围应挖排水沟,以利泄水。

6.1.2 钢筋的配料

钢筋配料是根据构件配筋图,先绘出各种形状和规格的单根钢筋简图并加以编号,然后分别计算钢筋下料长度和根数,填写配料单,申请加工。

6.1.2.1 钢筋下料长度

钢筋因弯曲或弯钩会使其长度变化，在配料中不能直接根据图纸中尺寸下料；必须了解对混凝土保护层、钢筋弯曲、弯钩等规定，再根据图中尺寸计算其下料长度。各种钢筋下料长度计算如下：

直钢筋下料长度 = 构件长度 − 保护层厚度 + 弯钩增加长度

弯起钢筋下料长度 = 直段长度 + 斜段长度 − 弯曲调整值 + 弯钩增加长度

箍筋下料长度 = 箍筋周长 + 箍筋调整值

上述钢筋需要搭接的话，还应增加钢筋搭接长度。

1. 钢筋长度

施工图（钢筋图）中所指的钢筋长度是钢筋外缘至外缘之间的长度，即外包尺寸。

2. 混凝土保护层厚度

混凝土保护层厚度是指受力钢筋外缘至混凝土表面的距离，其作用是保护钢筋在混凝土中不被锈蚀。

3. 弯曲调整值

钢筋弯曲后的特点：一是在弯曲处内皮收缩、外皮延伸、轴线长度不变；二是在弯曲处形成圆弧。钢筋的量度方法是沿直线量外包尺寸（见图 6-1）；因此，弯起钢筋的量度尺寸大于下料尺寸，两者之间的差值称为弯曲调整值。弯曲调整值根据理论推算并结合实践经验，列于表 6-3 所示。

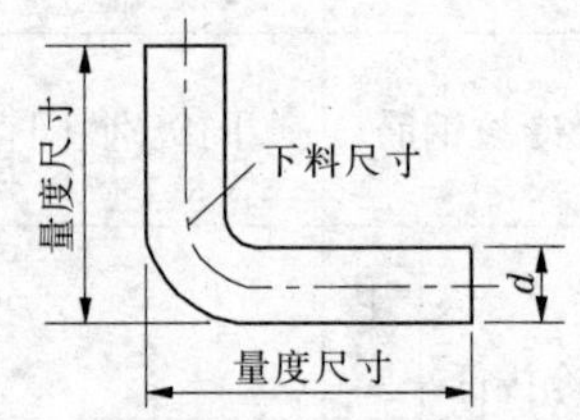

图 6-1 钢筋弯曲时的量度方法

表 6-3 钢筋弯曲调整值

钢筋弯曲角度	30°	45°	60°	90°	135°
钢筋弯曲调整值	$0.35d$	$0.5d$	$0.85d$	$2d$	$2.5d$

注：d 为钢筋直径，下同。

4. 弯钩增加长度

钢筋的弯钩形式有 3 种：半圆弯钩、直弯钩及斜弯钩（见图 6-2）。半圆弯钩是最常用的一种弯钩。直弯钩只用在柱钢筋的下部、箍筋和附加钢筋中。斜弯钩只用在直径较小的钢筋中。

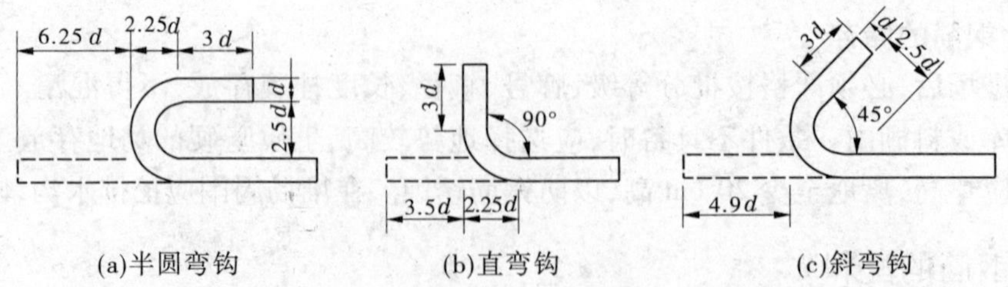

图 6-2 钢筋弯钩计算简图

半圆钢筋的弯钩增加长度按图 6-2 所示的简图（弯心直径为 $2.5d$、平直部分为 $3d$）

计算，即半圆弯钩为6.25d，直弯钩为3.5d，斜弯钩为4.9d。

在生产实践中，由于实际弯心直径与理论弯心直径有时不一致、钢筋粗细和机具条件不同等而影响平直部分的长短（手工弯钩时平直部分可适当加长，机械弯钩时可适当缩短），因此在实际配料计算时，对弯钩增加长度常根据具体条件，采用经验数据，见表6-4。

表6-4　半圆弯钩增加长度参考值（用机械弯）

钢筋直径（mm）	≤6	8～10	12～18	20～28	32～36
一个弯钩长度（mm）	40	6d	5.5d	5d	4.5d

5. 弯起钢筋斜长

弯起钢筋斜长计算简图，见图6-3。弯起钢筋斜长系数见表6-5。

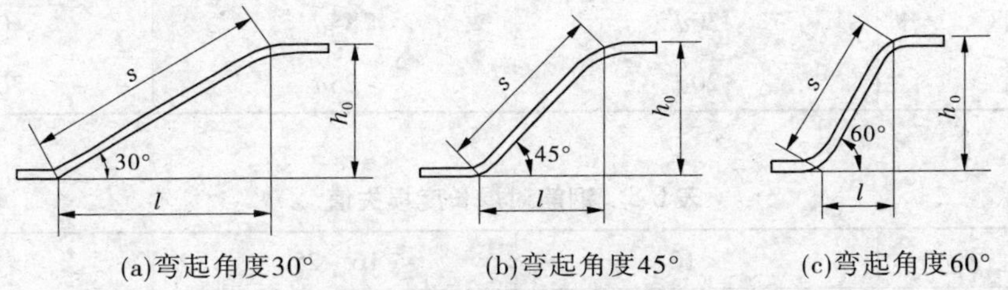

(a)弯起角度30°　(b)弯起角度45°　(c)弯起角度60°

图6-3　弯起钢筋斜长计算简图

表6-5　弯起钢筋斜长系数

弯起角度	$\alpha=30°$	$\alpha=45°$	$\alpha=60°$
斜边长度 s	$2h_0$	$1.41h_0$	$1.15h_0$
底边长度 l	$1.732h_0$	h_0	$0.575h_0$
增加长度 $s-l$	$0.268h_0$	$0.41h_0$	$0.575h_0$

注：h_0 为弯起高度。

6. 箍筋调整值

箍筋调整值，即为弯钩增加长度和弯曲调整值两项之差或和，根据箍筋量外包尺寸或内皮尺寸确定见图6-4、表6-6。

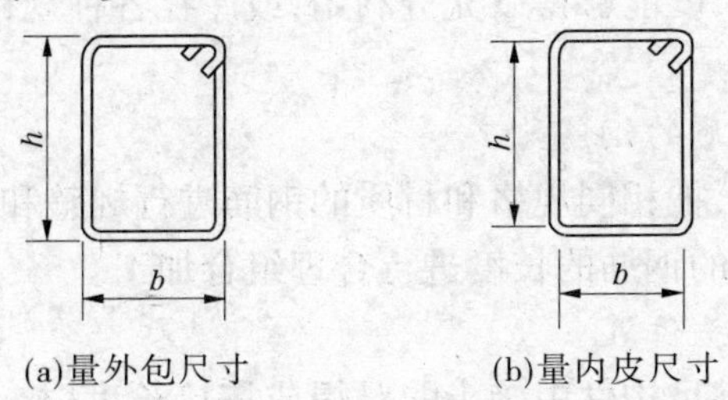

(a)量外包尺寸　(b)量内皮尺寸

图6-4　箍筋量度方法

表 6-6 箍筋调整值 （单位:mm）

箍筋量度方法	箍筋直径(mm)			
	4~5	6	8	10~12
量外包尺寸	40	50	60	70
量内皮尺寸	80	100	120	150~170

7. 钢筋接头增加值

由于钢筋直条的供货长度一般为 6~10 m,而有的钢筋混凝土结构的尺寸很大,需要对钢筋进行接长。钢筋接头增加值见表 6-7、表 6-8、表 6-9。

表 6-7 钢筋绑扎接头的最小搭接长度

钢筋级别	HPB235 级	HRB335 级	HRB400 级
受拉区	$30d$	$35d$	$40d$
受压区	$20d$	$25d$	$30d$

表 6-8 钢筋对焊长度损失值 （单位:mm）

钢筋直径	<16	16~25	>25
损失值	20	25	30

表 6-9 钢筋搭接焊最小搭接长度

焊接类型	HPB235 级钢筋	HRB335、HRB400 级钢筋
双面焊	$4d$	$5d$
单面焊	$8d$	$10d$

6.1.2.2 钢筋配料

钢筋配料是钢筋加工中的一项重要工作,合理地配料能使钢筋得到最大限度的利用,并使钢筋的安装和绑扎工作简单化。钢筋配料是依据钢筋表合理安排同规格、同品种的下料,使钢筋的出厂规格长度能够得以充分利用,或库存各种规格和长度的钢筋得以充分利用。

1. 规整相同规格和材质的钢筋

下料长度计算完毕后,把相同规格和材质的钢筋进行规整和组合,同时根据现有钢筋的长度和能够及时采购到的钢筋的长度进行合理组合加工。

2. 合理利用钢筋的接头位置

对有接头的配料,在满足构件中接头的对焊或搭接长度、接头错开的前提下,必须根据钢筋原材料的长度来考虑接头的布置。要充分考虑原材料被截下来的一段长度的合理使用,如果能够使一根钢筋正好分成几段钢筋的下料长度,则是最佳方案。但往往难以做到，所以在配料时要尽量地使被截下的一段能够长一些，这样才不致使余料成为废料，使钢筋能得到充分利用。

3.钢筋配料应注意的事项

(1)配料计算时，要考虑钢筋的形状和尺寸在满足设计要求的前提下，有利于加工安装。

(2)配料时要考虑施工需要的附加钢筋。如板双层钢筋中保证上层钢筋位置的撑脚、墩墙，双层钢筋中固定钢筋间距的撑铁、柱钢筋骨架增加的斜撑等。

根据钢筋下料长度计算结果和配料选择后，汇总编制钢筋配单。在钢筋配料单中必须反映出工程部位、构件名称、钢筋编号、钢筋简图及尺寸、钢筋直径、钢号、数量、下料长度、钢筋重量等。

列入加工计划的配料单，将每一编号的钢筋制作一块料牌作为钢筋加工的依据，并在安装中作为区别各工程部位、构件和各种编号钢筋的标志，如图 6-5 所示。

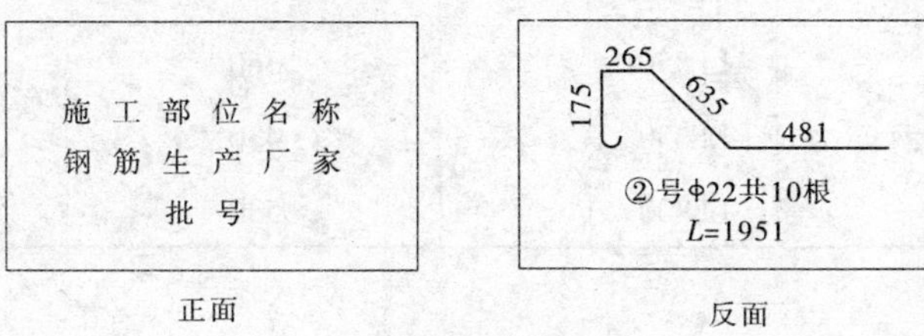

图 6-5 钢筋料牌

钢筋配料单和料牌应严格校核，必须准确无误，以免返工浪费。

6.1.3 钢筋代换

钢筋加工时，如果工地现有钢筋的种类、钢号和直径与设计不符，应根据不影响使用条件下进行代换。但代换必须征得工程监理的同意。

6.1.3.1 钢筋代换的基本原则

(1)等强度代换。不同种类的钢筋代换，按抗拉设计值相等的原则进行代换。

(2)等截面代换。相同种类和级别的钢筋代换，按截面相等的原则进行代换。

6.1.3.2 钢筋代换方法

如施工图中所用的钢筋设计强度为 f_{y1}，钢筋总面积为 A_{s1}，代换后的钢筋设计强度为 f_{y2}，钢筋总面积为 A_{s2}，则应使

$$A_{s1}f_{y1} \leqslant A_{s2}f_{y2}$$

即

$$\frac{n_1 \pi d_1^2 f_{y1}}{4} \leqslant \frac{n_2 \pi d_2^2 f_{y2}}{4}$$

$$n_2 \geqslant \frac{n_1 d_1^2 f_{y1}}{d_2^2 f_{y2}} \tag{6-1}$$

式中：n_1 为施工图钢筋根数；n_2 为代换钢筋根数；d_1 为施工图钢筋直径；d_2 为代换钢筋直径。f_{y1} 为原设计钢筋抗拉强度设计值；f_{y2} 为代换钢筋抗拉强度设计值（见表 6-10）。

上式有两种特例。

（1）设计强度相同、直径不同的钢筋代换：

$$n_2 \geqslant n_1 \frac{d_1^2}{d_2^2} \tag{6-2}$$

（2）直径相同、强度设计值不同的钢筋代换：

$$n_2 \geqslant n_1 \frac{f_{y1}}{f_{y2}} \tag{6-3}$$

表 6-10 钢筋强度设计值（单位：N/mm²）

项次	钢筋种类		符号	抗拉强度设计值 f_y	抗压强度设计值 f'_y
1	热轧钢筋	HPB235	ϕ	210	210
		HRB335	Φ	300	300
		HRB400	Φ	360	360
		RRB400	$Φ^R$	360	360
2	冷轧带肋钢筋	LL550		360	360
		LL650		430	380
		LL800		530	380

6.1.3.3 钢筋代换注意事项

在水利水电工程施工中进行钢筋代换时，应注意以下事项：

（1）以一种钢号钢筋代替施工图中规定钢号的钢筋时，应按设计所用钢筋计算强度和实际使用的钢筋计算强度经计算后，对截面面积作相应的改变。

（2）某种直径的钢筋以钢号相同的另一种钢筋代替时，其直径变更范围不宜超过 4 mm，变更后的钢筋总截面面积较设计规定的总截面积不得小于 2% 或超过 3%。

（3）如用冷处理钢筋代替设计中的热轧钢筋时，宜采用改变钢筋直径的方法而不宜采用改变钢筋根数的方法来减少钢筋截面面积。

（4）以较粗钢筋代替较细钢筋时，部分构件（如预制构件、受挠构件等）应校核钢筋握裹力。

（5）要遵守钢筋代换的基本原则：①当构件受强度控制时，钢筋可按等强度代换；②当构件按最小配筋率配筋时，钢筋可按等截面代换；③当构件受裂缝宽度或挠度控制时，代换后应进行裂缝宽度或挠度验算。

（6）对一些重要构件，凡不宜用 HPB235 级光面钢筋代替其他钢筋时，不得轻易代用，以免受拉部位的裂缝开展过大。

（7）在钢筋代换中不允许改变构件的有效高度，否则就会降低构件的承载能力。

（8）对于在施工图中明确不能以其他钢筋进行代换的构件和结构的某些部位，均不得擅自进行代换。

（9）钢筋代换后，应满足钢筋构造要求，如钢筋的根数、间距、直径、锚固长度。

【例 6-1】 已知梁的截面面积尺寸如图 6-6（a）所示，采用 C20 混凝土制作，原设计的纵向受力钢筋采用 HRB400 级Φ 20 钢筋，共计 6 根，单排布置，中间 4 根分别在两处弯起。现拟改用 HRB335 级Φ 22 钢筋，求所需钢筋根数及其布置。

解：（1）弯起钢筋与纵向受力钢筋分别代换，以 2 Φ 20 为单位，按公式（6-2）代换Φ 22 钢筋

$$n_2 = \frac{2 \times 20^2 \times 360}{22^2 \times 300} = 1.98$$

取 2 根。

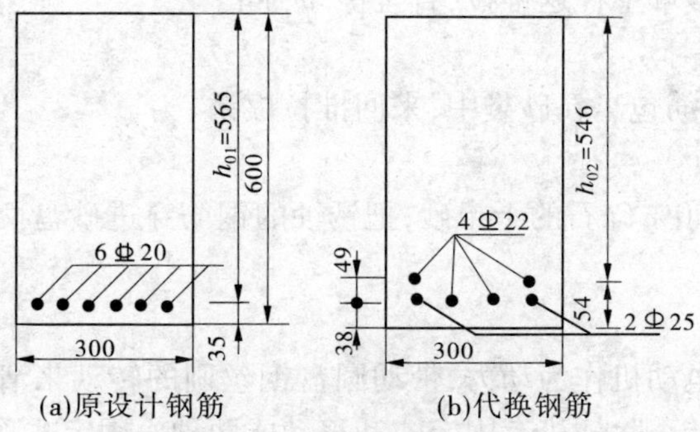

(a)原设计钢筋　(b)代换钢筋

图 6-6　矩形梁钢筋代换

（2）代换后的钢筋根数不变，但直径增大，需要复核钢筋净间距 s。

$s = (300 - 2 \times 25 - 6 \times 22)/5 = 23.6(\text{mm}) < 25$ mm，需要布置为两排（底排 4 根、二排 2 根）。

（3）代换后的构件截面有效高度 h_{02} 减小，需要复核截面强度。

$$h_{01} = 600 - 35 = 565(\text{mm}),\ h_{02} = 600 - \frac{38 \times 4 + 2 \times 87}{6} = 546(\text{mm})$$

$$N_1\left(h_{01} - \frac{N_1}{2f_c b}\right) = 6 \times 314 \times 360 \times \left(565 - \frac{6 \times 314 \times 360}{2 \times 9.6 \times 300}\right) = 303.3(\text{kN} \cdot \text{m})$$

$$N_2\left(h_{02} - \frac{N_2}{2f_c b}\right) = 6 \times 380 \times 300 \times \left(546 - \frac{6 \times 380 \times 300}{2 \times 9.6 \times 300}\right) = 292.2(\text{kN} \cdot \text{m}) < 303.3\ \text{kN} \cdot \text{m}$$

（4）角部两根改为Φ 25 钢筋，再复核截面强度。

$$N_2\left(h_{02} - \frac{N_2}{2f_c b}\right) = (4 \times 380 + 2 \times 491) \times 300 \times \left(546 - \frac{2\,502 \times 300}{2 \times 9.6 \times 300}\right) = 312.0(\text{kN} \cdot \text{m})$$

小结：代换钢筋采用 4 Φ 22 + 2 Φ 25，按图 6-6(b)布置，满足原设计要求。

6.2　钢筋内场加工

6.2.1　钢筋的除锈

钢筋由于保管不善或存放时间过久，就会受潮生锈。在生锈初期，钢筋表面呈黄褐色，称水锈或色锈，这种水锈除在焊点附近必须清除外，一般可不处理；但是当钢筋锈蚀进一步发展，钢筋表面已形成一层锈皮，受锤击或碰撞可见其剥落，这种铁锈不能很好地和

混凝土黏结,影响钢筋和混凝土的握裹力,并且在混凝土中继续发展,需要清除。

钢筋除锈方式有3种:一是手工除锈,如钢丝刷、砂堆、麻袋砂包、砂盘等擦锈;二是除锈机械除锈;三是在钢筋的其他加工工序的同时除锈,如在冷拉、调直过程中除锈。

6.2.1.1 手工除锈

1. 钢丝刷擦锈

将锈钢筋并排放在工作台或木垫板上,分面轮换用钢丝刷擦锈。

2. 砂堆擦锈

将带锈钢筋放在砂堆上往返推拉,直至擦净为止。

3. 麻袋砂包擦锈

用麻袋包砂,将钢筋包裹在砂袋中,来回推拉擦锈。

4. 砂盘擦锈

在砂盘里装入掺20%碎石的干粗砂,把锈蚀的钢筋穿进砂盘两端的半圆形槽里来回冲擦,可除去铁锈。

6.2.1.2 机械除锈

除锈机由小功率电动机作为动力,带动圆盘钢丝刷的转动来清除钢筋上的铁锈。钢丝刷可单向或双向旋转。除锈机有固定式和移动式两种。固定式除锈机又分为封闭式和敞开式两种类型,它主要由小功率电动机和圆盘钢丝刷组成。圆盘钢丝刷有厂家供应成品,也可自行用钢丝绳废头拆开取丝编制,直径为25~35 cm,厚度为5~15 cm。所用转速一般为1 000 r/min。封闭式除锈机另加装一个封闭式的排尘罩和排尘管道。

6.2.2 钢筋调直

钢筋在使用前必须经过调直,否则会影响钢筋受力,甚至会使混凝土提前产生裂缝,如未调直直接下料,会影响钢筋的下料长度,并影响后续工序的质量。

钢筋的机械调直可用钢筋调直机、弯筋机、卷扬机等调直。钢筋调直机用于圆钢筋的调直和切断,并可清除其表面的氧化皮和污迹。目前常用的钢筋调直机有GT16/4、GT3/8、GT6/12、GT10/16。此外,还有一种数控钢筋调直切断机,利用光电管进行调直、输送、切断、除锈等功能的自动控制。

6.2.2.1 卷扬机拉直设备

卷扬机拉直设备如图6-7所示。两端采用地锚承力。冷拉滑轮组回程采用荷重架,标尺量伸长。该法设备简单,宜用于施工现场或小型构件厂。

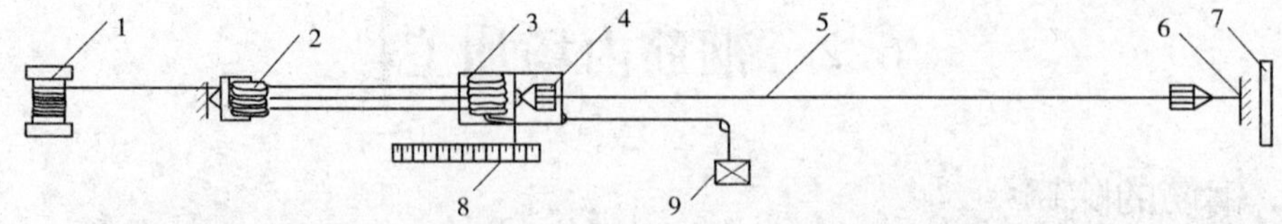

1—卷扬机;2—滑轮组;3—冷拉小车;4—钢筋夹具;5—钢筋;6—地锚;7—防护壁;8—标尺;9—荷重架

图6-7 卷扬机拉直设备布置

6.2.2.2　**钢筋调直机**

钢筋调直机的技术性能,见表6-11。图6-8为GT3/8型钢筋调直机外形。

表6-11　钢筋调直机技术性能

机械型号	钢筋直径(mm)	调直速度(m/min)	断料长度(mm)	电机功率(kW)	外形尺寸(mm)长×宽×高	机重(kg)
GT3/8	3~8	40、65	300~6 500	9.25	1 854×741×1 400	1 280
GT6/12	6~12	36、54、72	300~6 500	12.6	1 770×535×1 457	1 230

注:表中所列的钢筋调直机断料长度误差≤3 mm。

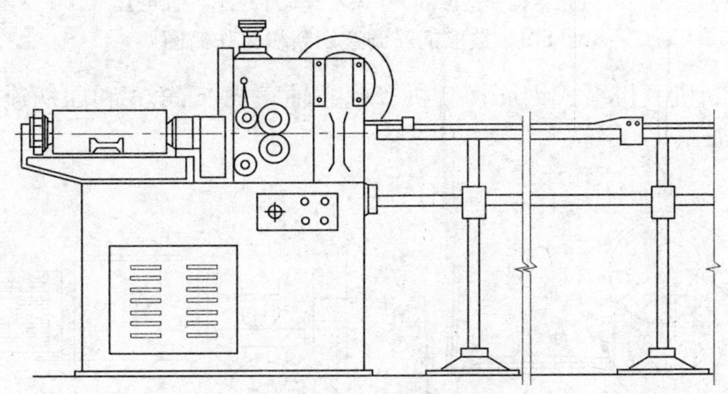

图6-8　GT3/8型钢筋调直机

6.2.2.3　**数控钢筋调直切断机**

数控钢筋调直切断机是在原有调直机的基础上应用电子控制仪,准确控制钢丝断料长度,并自动计数。该机的工作原理如图6-9所示。在该机摩擦轮(周长100 mm)的同轴上装有一个穿孔光电盘(分为100等份),光电盘的一侧装有一只小灯泡,另一侧装有一只光电管。当钢筋通过摩擦轮带动光电盘时,灯泡光线通过每个小孔照射光电管,就被光电管接收而产生脉冲信号(每次信号为钢筋长1 mm),控制仪长度部位数字上立即示出相应读数。当信号积累到给定数字(即钢丝调直到所指定长度)时,控制仪立即发出指令,使切断装置切断钢丝。与此同时长度部位数字回到零,根数部位数字示出根数,这样连续作业,当根数信号积累至给定数字时,即自动切断电源,停止运转。

钢筋数控调直切断机已在有些构件厂采用,断料精度高(偏差仅1~2 mm),并实现了钢丝调直切断自动化。采用此机时,要求钢丝表面光洁,截面均匀,以免钢丝移动时速度不匀,影响切断长度的精确性。

6.2.3　钢筋切断

钢筋切断有人工剪断、机械切断、氧气切割等3种方法。直径大于40 mm的钢筋一般用氧气切割。

钢筋切断机是用来把钢筋原材料或已调直的钢筋切断,其主要类型有机械式、液压式

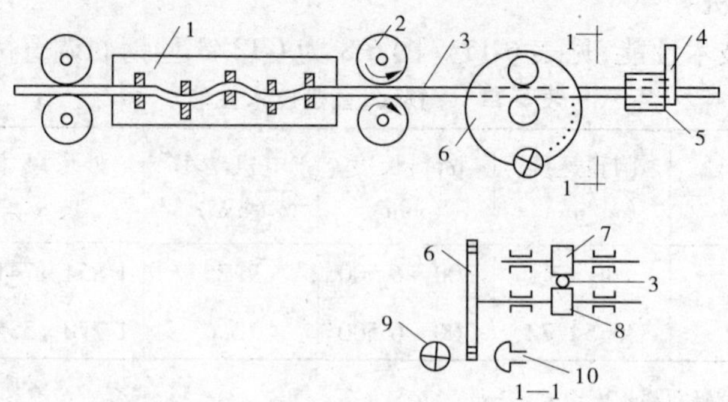

1—调直装置;2—牵引轮;3—钢筋;4—上刀口;5—下刀口;
6—光电盘;7—压轮;8—摩擦轮;9—灯泡;10—光电管

图 6-9 数控钢筋调直切断机工作简图

和手持式钢筋切断机。机械式钢筋切断机有偏心轴立式、凸轮式和曲柄连杆式等型式,如图 6-10、图 6-11 所示。

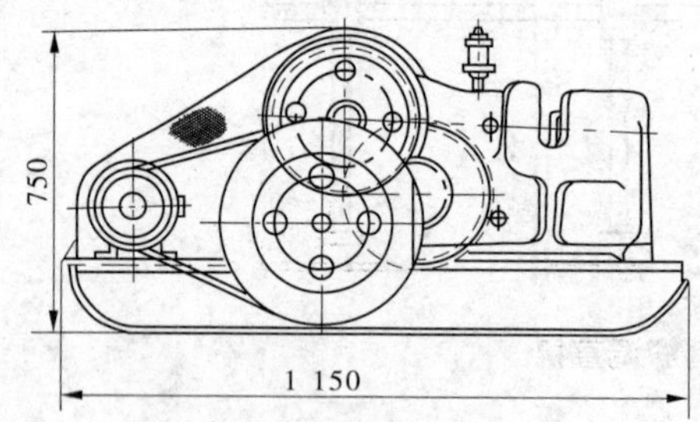

图 6-10 GQ40 型钢筋切断机 (单位:mm)

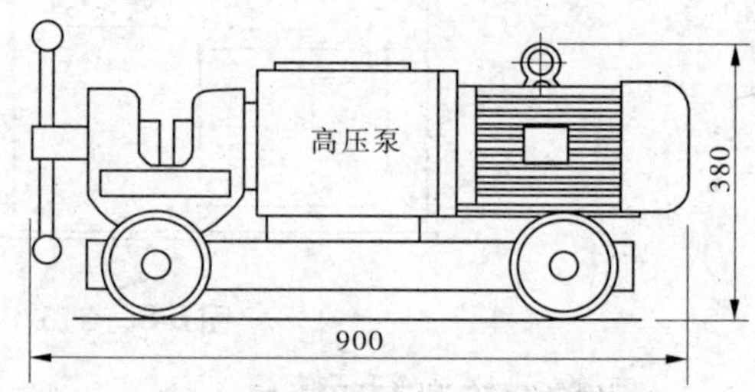

图 6-11 DYQ32B 电动液压切断机 (单位:mm)

6.2.4 钢筋弯曲成型

将已切断、配好的钢筋弯曲成所规定的形状尺寸是钢筋加工的一道主要工序。钢筋弯曲成型要求加工的钢筋形状正确,平面上没有翘曲不平的现象,以便于绑扎安装。

6.2.4.1 钢筋弯钩和弯折的有关规定

1. 受力钢筋

(1) HPB235 级钢筋末端应作 180°弯钩,其弯弧内直径不应小于钢筋直径的 2.5 倍,弯钩的弯后平直部分长度不应小于钢筋直径的 3 倍(见图 6-12(a));

(2) 当设计要求钢筋末端需作 135°弯钩时(见图 6-12(b)),HRB335 级、HRB400 级钢筋的弯弧内直径 D 不应小于钢筋直径的 4 倍,弯钩的弯后平直部分长度应符合设计要求;

(3) 钢筋作不大于 90°的弯折时,弯折处的弯弧内直径不应小于钢筋直径的 5 倍。

2. 箍筋

除焊接封闭环式箍筋外,箍筋的末端应作弯钩。弯钩形式应符合设计要求;当设计无具体要求时,应符合下列规定:

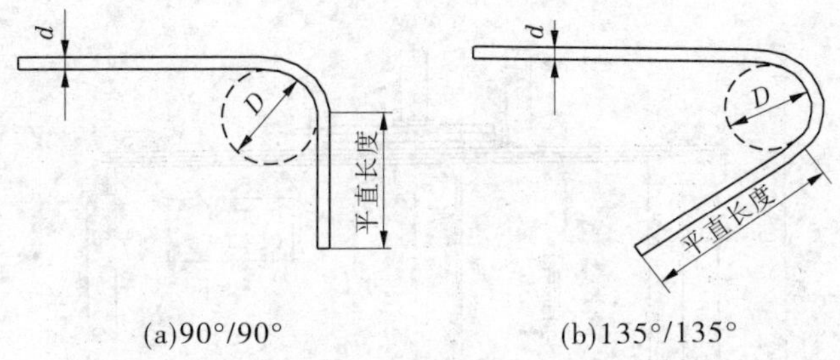

图 6-12　受力钢筋弯折

(1)箍筋弯钩的弯弧内直径除应满足上述要求外,尚应不小于受力钢筋的直径。

(2)箍筋弯钩的弯折角度。对一般结构,不应小于 90°;对有抗震等要求的结构应为 135°(见图 6-13)。

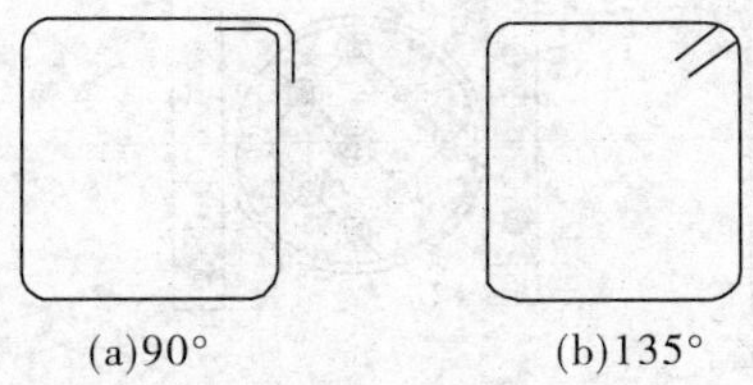

图 6-13　箍筋示意

(3)箍筋弯后的平直部分长度。对一般结构,不宜小于箍筋直径的 5 倍;对有抗震等要求的结构,不应小于箍筋直径的 10 倍。

6.2.4.2　钢筋弯曲机具设备

钢筋弯曲成型有手工和机械弯曲成型两种方法。

钢筋弯曲机有机械钢筋弯曲机、液压钢筋弯曲机和钢筋弯箍机等几种型式。机械式钢筋弯曲机按工作原理分为齿轮式及蜗轮蜗杆式钢筋弯曲机两种,如图 6-14、图 6-15 所示。

图 6-15 为四头弯筋机,是由一台电动机通过三级变速带动圆盘,再通过圆盘上的偏心铰带动连杆与齿条,使四个工作盘转动。每个工作盘上装有心轴与成型轴,但与钢筋弯曲机不同的是:工作盘不停地往复运动,且转动角度一定(事先可调整)。

四头弯筋机主要技术参数是:电机功率为 3 kW,转速为 960 r/min,工作盘反复动作次数为 31 r/min。该机可弯曲 $\phi4 \sim \phi12$ 钢筋,弯曲角度在 0° ~180°范围内变动。

该机主要是用来弯制钢箍;其工效比手工操作提高约 7 倍,加工质量稳定,弯折角度偏差小。

6.2.4.3　弯曲成型工艺

1. 画线

钢筋弯曲前,对形状复杂的钢筋(如弯起钢筋),根据钢筋料牌上标明的尺寸,用石笔将各弯曲点位置画出。画线时应注意:

(1)根据不同的弯曲角度扣除弯曲调整值(见表 6-3),其扣法是从相邻两段长度中各扣一半;

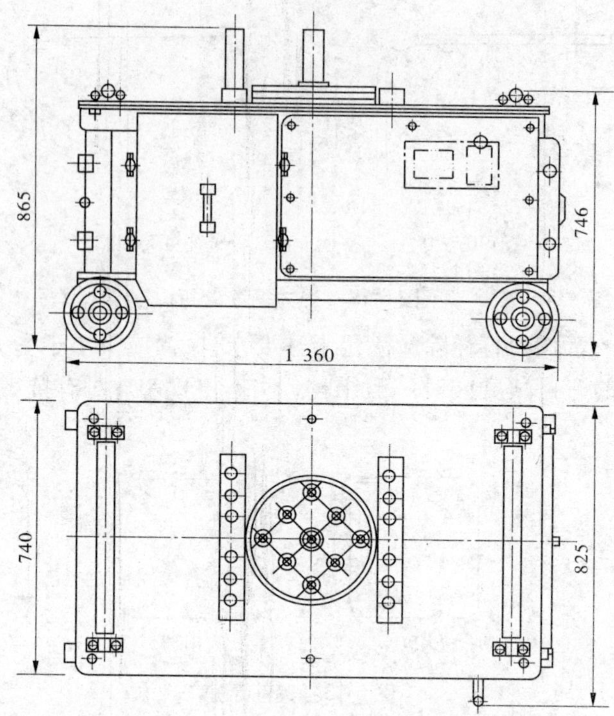

图 6-14 GW40 型钢筋弯曲机 （单位：mm）

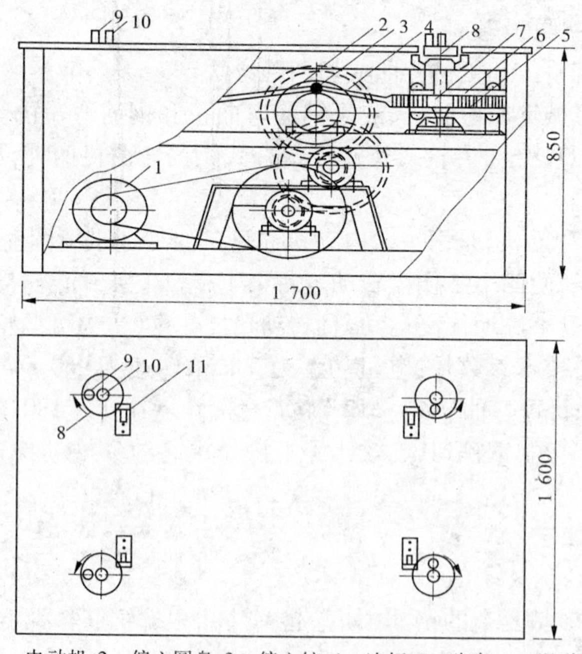

1—电动机；2—偏心圆盘；3—偏心铰；4—连杆；5—齿条；6—滑道；7—正齿轮；8—工作盘；9—成型轴；10—心轴；11—挡铁

图 6-15 四头弯筋机 （单位：mm）

(2)钢筋端部带半圆弯钩时,该段长度画线时增加 $0.5d$(d 为钢筋直径);

(3)画线工作宜从钢筋中线开始向两边进行;两边不对称的钢筋,也可从钢筋一端开始画线,如画到另一端有出入时,则应重新调整。

【例 6-2】 今有一根直径 20 mm 的弯起钢筋,其所需的形状和尺寸如图 6-16 所示。

解:画线方法如下:

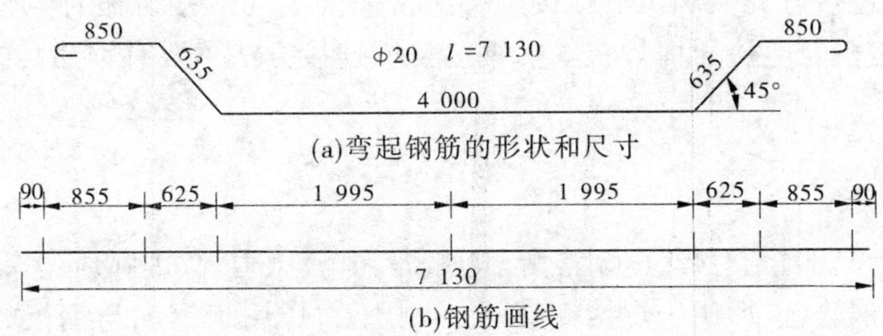

图 6-16 弯起钢筋的画线 (单位:mm)

第一步在钢筋中心上画第一道线;

第二步取中段 $4\ 000/2-0.5d/2=1\ 995$(mm),画第二道线;

第三步取斜段 $635-2\times0.5d/2=625$(mm),画第三道线;

第四步取直段 $850-0.5d/2+0.5d=855$(mm),画第四道线。

上述画线方法仅供参考。第一根钢筋成型后应与设计尺寸校对一遍,完全符合后再成批生产。

2. 钢筋弯曲成型

钢筋在弯曲机上成型时(见图 6-17),心轴直径应是钢筋直径的 2.5~5.0 倍,成型轴宜加偏心轴套,以便适应不同直径的钢筋弯曲需要。弯曲细钢筋时,为了使弯弧一侧的钢筋保持平直,挡铁轴宜做成可变挡架或固定挡架(加铁板调整)。

钢筋弯曲点线和心轴的关系,如图 6-18 所示。由于成型轴和心轴在同时转动,就会带动钢筋向前滑移。因此,钢筋弯 90°时,弯曲点线约与心轴内边缘齐;弯 180°时,弯曲点线距心轴内边缘为 $(1.0\sim1.5)d$(钢筋硬时取大值)。

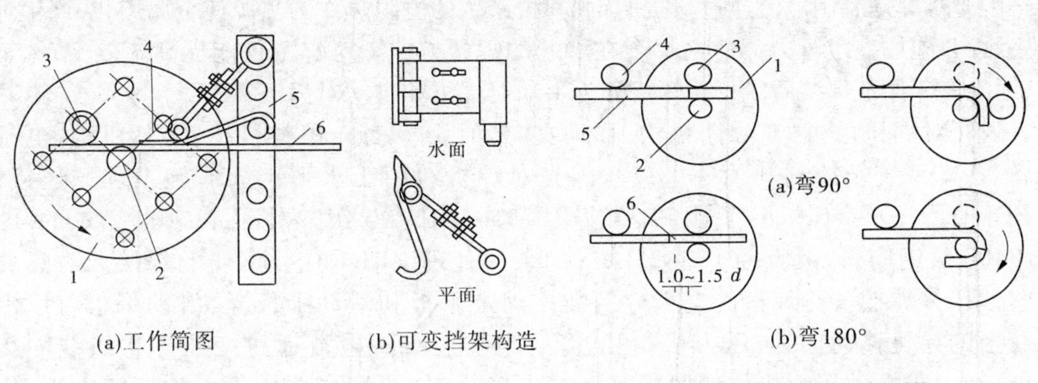

(a)工作简图 (b)可变挡架构造

1—工作盘;2—心轴;3—成型轴;4—可变挡架;5—插座;6—钢筋

图 6-17 钢筋弯曲成型

(a)弯 90° (b)弯 180°

1—工作盘;2—心轴;3—成型轴;4—固定挡铁;5—钢筋;6—弯曲点线

图 6-18 弯曲点线与心轴关系

注意:对 HRB335 与 HRB400 钢筋,不能弯过头再弯过来,以免钢筋弯曲点处发生裂纹。

6.3 钢筋接头的连接

钢筋的接头连接有焊接和机械连接两类。常用的钢筋焊接机械有电阻焊接机、电弧焊接机、气压焊接机及电渣压力焊机等。钢筋机械连接方法主要有钢筋套筒挤压连接、锥螺纹套筒连接等。

6.3.1 钢筋焊接

钢筋焊接方式有闪光对焊、电阻点焊、电弧焊、电渣压力焊、埋弧压力焊、气压筋等,其中对焊用于接长钢筋,点焊用于焊接钢筋网,埋弧压力焊用于钢筋与钢板的焊接,电渣压力焊用于现场焊接竖向钢筋。

6.3.1.1 电阻焊

1. 钢筋点焊

钢筋点焊机是利用电流通过焊件时产生的电阻热作为热源,并施加一定的压力,使交叉连接的钢筋接触处形成一个牢固的焊点,将钢筋焊合起来。点焊机又分电动凸轮式点焊机、气压传动式点焊机及多头点焊机等。点焊机主要由点焊变压器、时间调节器、电极和加压机构等部分组成。根据点焊机传动方式不同又分为电动凸轮式及气压传动式。

点焊时,将表面清理好的钢筋叠合在一起,放在两个电极之间预压夹紧,使两根钢筋交接点紧密接触。当踏下脚踏板时,带动压紧机构使上电极压紧钢筋,同时断路器也接通电路,电流经变压器次级线圈引到电极,接触点处在极短的时间内产生大量的电阻热,使钢筋加热到熔化状态,在压力作用下两根钢筋交叉焊接在一起。当放松脚踏板时,电极松开,断路器随着杠杆下降,断开电路,点焊结束。

2. 钢筋闪光对焊

闪光对焊是利用电流通过对接的钢筋时,产生的电阻热作为热源使金属熔化,产生强烈飞溅,并施加一定压力而使之焊合在一起的焊接方式。对焊不仅能提高工效,节约钢材,还能充分保证焊接质量。对焊机分为手动对焊机和自动对焊机。

闪光对焊机由机架、导向机构、移动夹具和固定夹具、送料机构、夹紧机构、电气设备、冷却系统及控制开关等组成。闪光对焊机适用于水平钢筋非施工现场连接;适用于直径 10 ~ 40 mm 的 HPB235、HRB335、HRB400 级热轧钢筋、10 ~ 25 mm 的 RRB400 级钢筋,以及直径 10 ~ 25 mm 的余热处理 RRB400 级钢筋的焊接。对焊属于塑性压力焊接。对焊机的电极分别装在固定平板和滑动平板上,滑动平板可以沿机身上的导轨移动,并与压力机构相连。接通电源后,电流通过变压器次级线圈传到电极上,当推动压力机构使两根钢筋端头接触到一起时,造成很大的短路电阻,使通过的电流产生很强的热量,钢筋端部温度升高而熔化,燃后利用压力机构施压,使钢筋端部牢固地焊接在一起。

6.3.1.2 电弧焊接

钢筋电弧焊是以焊条作为一极，钢筋为另一极，利用焊接电流通过产生的电弧热进行焊接的一种熔焊方法。

电弧焊具有设备简单、操作灵活、成本低等特点，且焊接性能好，但工作条件差、效率低。适用于构件厂内和施工现场焊接碳素钢、低合金结构钢、不锈钢、耐热钢和对铸铁的补焊，可在各种条件下进行各种位置的焊接。

电弧焊又分手弧焊、埋弧压力焊等。

1. 手弧焊

手弧焊是利用手工操纵焊条进行焊接的一种电弧焊。手弧焊用的焊机有交流弧焊机（焊接变压器）、直流弧焊机（焊接发电机）等。

手弧焊用的焊机是一台额定电流 500 A 以下的弧焊电源：交流变压器或直流发电机；辅助设备有焊钳、焊接电缆、面罩、敲渣锤、钢丝刷和焊条保温筒等

电弧焊是利用电焊机（交流变压器或直流发电机）的电弧产生的高温（可达 6 000 ℃），将焊条末端和钢筋表面熔化，使熔化了的金属焊条流入焊缝，冷凝后形成焊缝接头。BX3－300 型交流弧焊机是一台动绕组式单相焊接变压器，其降压特性是借助于初、次级线圈间的漏磁作用而获得的。AX－320 型直流弧焊机是由一台 12 kW 的三相感应电动机和一台裂板式直流弧焊发电机组成，其降压特性是借电枢反应的退磁作用而获得。空载时，由于无焊接电流通过，不产生电压下降，所以空载电压下降较高，便于引燃电弧，电弧能产生光和热。焊接时，由于有焊接电流通过，弧焊机产生的漏磁或退磁作用而使电压下降到相当于电弧稳定燃烧的电压。焊接过程中，随着电弧长度的增加，由于电阻增加，焊接电流下降，电压增加；相反则电压减小，电流增加，从而满足了焊接时的实际需要。

2. 埋弧压力焊

埋弧压力焊是将钢筋与钢板安放成 T 形形状，利用焊接电流通过时在焊剂层下产生电弧，形成熔池，加压完成的一种压焊方法。具有生产效率高、质量好等优点，适用于各种预埋件、T 形接头、钢筋与钢板的焊接。预埋件钢筋压力焊适用于热轧直径 6～25 mm HPB235 级、HRB335 级钢筋的焊接，钢板为普通碳素钢，厚度 6～20 mm。

埋弧压力焊机主要由焊接电源（BX2－500、AX1－500）、焊接机构和控制系统（控制箱）三部分组成。图 6-19 是由 BX2－500 型交流弧焊机作为电源的埋弧压力焊机的基本构造。其工作线圈（副线圈）分别接入活动电极（钢筋夹头）及固定电极（电磁吸铁盘）。焊机结构采用摇臂式，摇臂固定在立柱上，可作左右回转活动；摇臂本身可作前后移动，以使焊接时能取得所需要的工作位置。摇臂末端装有可上下移动的工作头，其下端是用导电材料制成的偏心夹头，夹头接工作线圈，成活动电极。工作平台上装有平面型电磁吸铁盘，拟焊钢板放置其上，接通电源，能被吸住而固定不动。

在埋弧压力焊时，钢筋与钢板之间引燃电弧之后，由于电弧作用使局部用材及部分焊剂熔化和蒸发，蒸发气体形成了一个空腔，空腔被熔化的焊剂所形成的熔渣包围，焊接电弧就在这个空腔内燃烧，在焊接电弧热的作用下，熔化的钢筋端部和钢板金属形成焊接熔池。待钢筋整个截面均匀加热到一定温度，将钢筋向下顶压，随即切断焊接电源，冷却凝固后形成焊接接头。

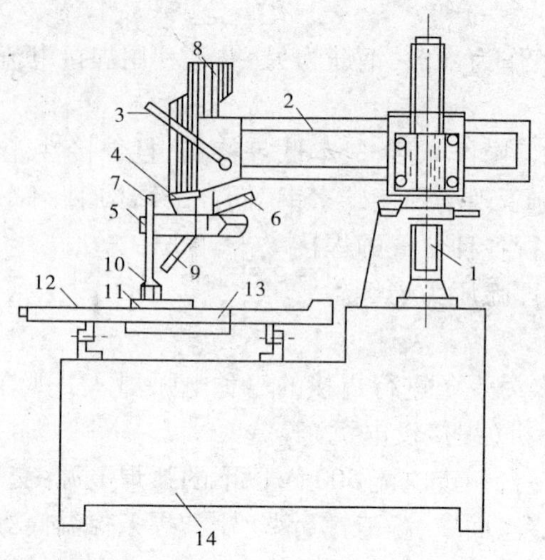

1—立柱;2—摇臂;3—压柄;4—工作头;5—钢筋夹头;6—手柄;7—钢筋;8—焊剂料箱;
9—焊剂漏口;10—铁圈;11—预埋钢板;12—工作平台;13—焊剂储斗;14—机座

图 6-19 埋弧压力焊机

6.3.1.3 气压焊接

气压焊是利用氧气和乙炔气,按一定的比例混合燃烧的火焰,将被焊钢筋两端加热,使其达到热塑状态,经施加适当压力,使其接合的固相焊接法。钢筋气压焊适用于 14 ~ 40 mm 热轧钢筋,也能进行不同直径钢筋间的焊接,还可用于钢轨焊接。被焊材料有碳素钢、低合金钢、不锈钢和耐热合金等。钢筋气压焊设备轻便,可进行水平、垂直、倾斜等全方位焊接,具有节省钢材、施工费用低廉等优点。

钢筋气压焊接机由供气装置(氧气瓶、溶解乙炔瓶等)、多嘴环管加热器、加压器(油泵、顶压油缸等)、焊接夹具及压接器等组成,如图 6-20 所示。

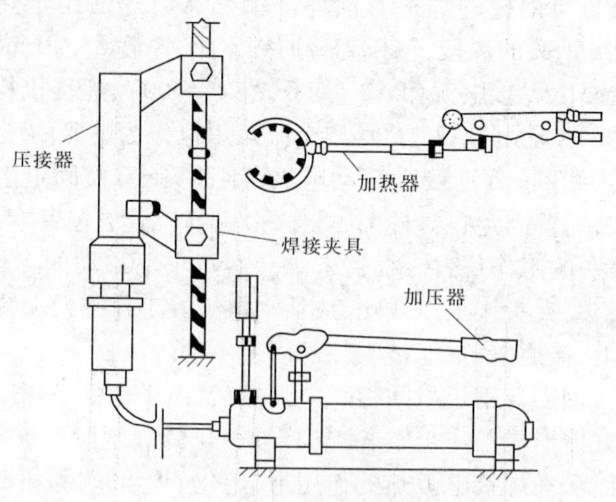

图 6-20 钢筋气压焊机

钢筋气压焊采用氧—乙炔火焰对着钢筋对接处连续加热，淡白色羽状火焰前端要触及钢筋或伸到接缝内，火焰始终不离开接缝，待接缝处钢筋红热时，加足顶锻压力，使钢筋端面闭合。钢筋端面闭合后，把加热焰调成乙炔稍多的中性焰，以接合面为中心，多嘴加热器沿钢筋轴向，在两倍钢筋直径范围内均匀摆动加热。摆幅由小变大，摆速逐渐加快。当钢筋表面变成炽白色、氧化物变成芝麻粒大小的灰白色球状物，继而聚集成泡沫，开始随多嘴加热器摆动方向移动时，再加足顶锻压力，并保持压力到使接合处对称均匀变粗，其直径为钢筋直径的1.4～1.6倍，变型长度为钢筋直径的1.2～1.5倍，即可终断火焰，焊接完成。

6.3.1.4 电渣压力焊

钢筋电渣压力焊是将两根钢筋安放成竖向对接形式，利用焊接电流通过两钢筋端面间隙，在焊剂层下形成电弧过程和电渣过程，产生电弧热和电阻热，熔化钢筋，加压完成的一种焊接方法。钢筋电渣压力焊机操作方便，效率高，适用于竖向或斜向受力钢筋的连接，钢筋级别为HPB235级、HRB335级，直径为14～40 mm。

电渣压力焊机分为自动电渣压力焊机及手工电渣压力焊机两种。主要由焊接电源(BX2－1000型焊接变压器)、焊接夹具、操作控制系统、辅件(焊剂盒、回收工具)等组成。图6-21为电动凸轮式钢筋自动电渣压力焊机基本构造示意图。图6-22为手工电渣压力焊示意图。将上、下两钢筋端部埋于焊剂之中，两端面之间留有一定间隙。电源接通后，采用接触引燃，焊接电弧在两钢筋之间燃烧，电弧热将两钢筋端部熔化，熔化的金属形成熔池，熔融的焊剂形成熔渣(渣池)，覆盖于熔池之上。熔池受到熔渣和焊剂蒸气的保护，不与空气接触而发生氧化反应。随着电弧的燃烧，两根钢筋端部熔化量增加，熔池和渣池加深，此时应不断将上钢筋下送。至其端部直接与渣池接触时，电弧熄灭。焊接电流通过液体渣池产生的电阻热，继续对两钢筋端部加热，渣池温度可达1 600～2 000 ℃。待上下钢筋端部达到全断面均匀加热的时候，迅速将上钢筋向下顶压，液态金属和熔渣全部挤出；随即切断焊接电源。冷却后，打掉渣壳，露出带金属光泽的焊包。

6.3.2 钢筋机械连接

钢筋机械连接的种类很多，如钢筋套筒挤压连接、锥螺纹套筒连接、精轧大螺旋钢筋套筒连接、热熔剂充填套筒连接、平面承压对接等。这类连接方式是利用钢筋表面轧制或特制的螺纹(或横肋)和套筒之间的机械咬合作用来传递钢筋所受拉力或压力。

6.3.2.1 钢筋套筒挤压连接

钢筋套筒挤压连接工艺的基本原理是将两根待接钢筋插入钢连接套筒，采用专用液压压接钳侧向(或侧向和轴向)挤压连接套筒，使套筒产生塑性变形，从而使套筒的内周壁变形而嵌入钢筋螺纹，由此产生抗剪力来传递钢筋连接处的轴向力。

挤压连接有径向挤压和轴向挤压两种方式，宜用于连接直径20～40 mmHRB335级、HRB400级变形钢筋。当所用套筒外径相同时，连接钢筋直径相差不宜大于两个级差。钢筋接头处宜采用砂轮切割机断料，端部的扭曲、弯折、斜面等应予校正或切除，钢筋连接部位的飞边或纵肋过高应采用砂轮机修磨，以保证套筒能自由套入钢筋。

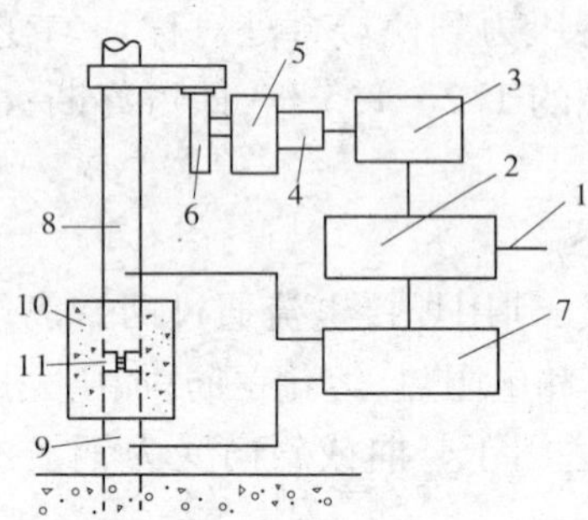

1—输入;2—控制箱;3—操作箱;4—电动机;
5—减速箱;6—凸轮;7—焊接变压器;8—上钢筋;
9—下钢筋;10—焊剂;11—引弧圆

图 6-21　电动凸轮式钢筋自动电渣压力焊机基本构造示意图

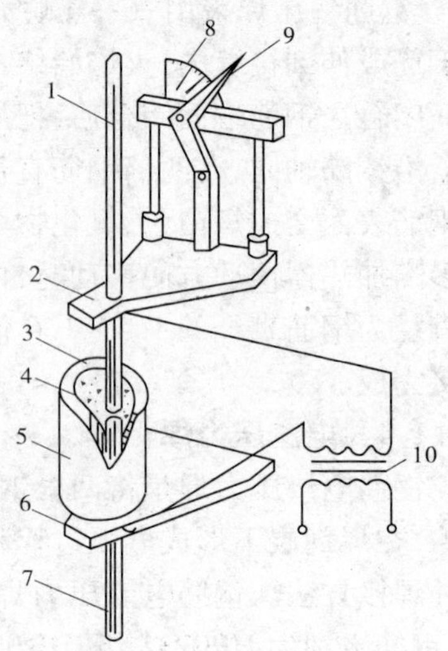

1—钢筋;2—活动电极;3—焊剂;4—导电焊剂;
5—焊剂盒;6—固定电极;7—钢筋;
8—标尺;9—操纵杆;10—变压器

图 6-22　手工电渣压力焊示意图

(1)径向挤压连接。其主要设备有挤压机、超高压油泵、平衡器、吊挂小车、画标志用工具及检查压痕卡板等。

挤压连接工艺为:钢筋、套筒验收→钢筋断料、画出套筒套入长度定长标志→套筒套入钢筋、安装压接钳→开动液压泵、逐步扣压套筒至接头成型→卸下压接钳→接头外形检查。

(2)轴向挤压连接。其主要设备有超高液压泵站、半挤压机、挤压机、压模、垫块、手拉葫芦、画线尺、量规等。施工时先用半挤压机进行钢筋半接头挤压,再在现场用挤压机进行钢筋连接挤压。

6.3.2.2　锥螺纹套筒连接

1. 锥螺纹套筒连接介绍

锥螺纹套筒连接是采用锥螺纹连接钢筋的一种机械式钢筋接头。它能在施工现场连接 HRB335 级、HRB400 级 16 ~ 40 mm 的同径或异径的竖向、水平或任何倾角钢筋,不受钢筋有无花纹及含碳量的限制。它连接速度快,对中性好,工艺简单,安全可靠,无明火作业,不污染环境,节约钢材和能源,可全天候施工,有利于工业化文明施工,有明显的技术、经济和社会效益。所连钢筋直径之差不宜超过 9 mm。锥螺纹套筒连接的设备主要由钢筋套丝机、量规(牙形规、卡规、锥螺纹塞规)、力矩扳手、砂轮锯、台式砂轮等组成,如图 6-23所示。

(1)钢筋套丝机。加工钢筋连接端锥螺纹,加工钢筋直径 16 ~ 50 mm。

(2)量规。根据钢筋直径大小配备。其中,牙形规用于检查钢筋锥螺纹牙形加工质量;卡规检查钢筋锥螺纹小端直径;锥螺纹塞规检查连接套的锥螺纹加工质量。

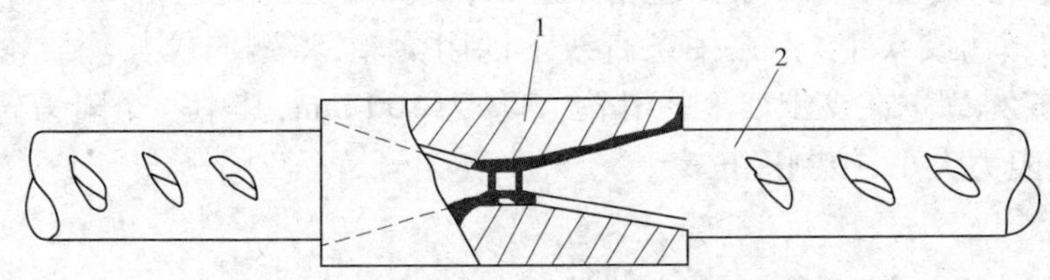

1—锥形螺纹套筒;2—变形钢筋

图 6-23　锥形螺纹钢筋接头

(3)力矩扳手。它是保证钢筋连接质量的测力扳手,有多种力矩值,当达到调定的力矩值时,便发生“咔嗒”响声。使用时,根据连接的钢筋直径大小,按规定的拧紧力矩值进行调定。

(4)砂轮锯,用于切断钢筋端头的马蹄形或挠曲头。

(5)台式砂轮,用于施工现场修磨。

2. 锥螺纹套筒连接钢筋作业

锥螺纹钢筋连接,首先将钢筋用钢筋切断机或砂轮锯下料;然后将被连接的钢筋端部在专用钢筋套丝机上套丝,加工成锥形状外螺纹,最后用手和力矩扳手旋入锥形状内螺纹套筒。当听到扳手发出“咔嗒”声响时,表明钢筋接头已拧紧,两根钢筋已连接在一起。

(1)钢筋端部锥形螺纹是在专用套丝机上加工而成,长度约为 16d;套丝牙形质量必须与牙形规吻合;钢筋锥螺纹小端直径必须在卡规的允许误差范围。

(2)连接套筒内的锥形螺纹是在锥形螺纹旋切机上加工而成,套筒材料采用 30 ~ 40 号优质碳素钢,长度为 3.5d ~ 4.2d,直径为 1.3d ~ 1.5d。连接套规格必须与钢筋规格协调一致。

(3)连接好的钢筋接头丝扣,不准一个完整丝扣外露;如果发现有这样的钢筋接头,必须查明原因,重新拧紧到规定的力矩值,并且无一个完整丝扣外露。

(4)连接钢筋时,应先回收钢筋连接端的塑料密封盖和塑料保护帽,检查丝扣牙形是否完好无损、清洁,钢筋规格与连接套筒规格是否一致,确认无误后才能开始拧紧。

6.4　钢筋的冷拉

钢筋的冷加工有冷拉、冷拔、冷轧等 3 种形式。这里仅介绍钢筋的冷拉。

6.4.1　冷拉机械

常用的冷拉机械有阻力轮式、卷扬机式、丝杠式、液压式等钢筋冷拉机。

6.4.1.1　**阻力轮式钢筋冷拉机**

阻力轮式钢筋冷拉机的构造如图 6-24 所示。它由支承架、阻力轮、电动机、变速箱、绞轮等组成。主要适用于冷拉直径为 6 ~ 8 mm 的盘圆钢筋,冷拉率为 6% ~ 8%。若与两台调直机配合使用,可加工出所需长度的冷拉钢筋。阻力轮式冷拉机是利用一个变速箱,其出头轴装有绞轮，由电动机带动变速箱高速轴，使绞轮随着变速箱低速轴一同旋转，强力使钢筋通过 4 个（或 6 个）不在一条直线上的阻力轮，将钢筋拉长。绞轮直径一般为 550 mm。阻力轮是固定在支承架上的滑轮，直径为 100 mm，其中一个阻力轮的高度可以调节，以便改变阻力大小，控制冷拉率。

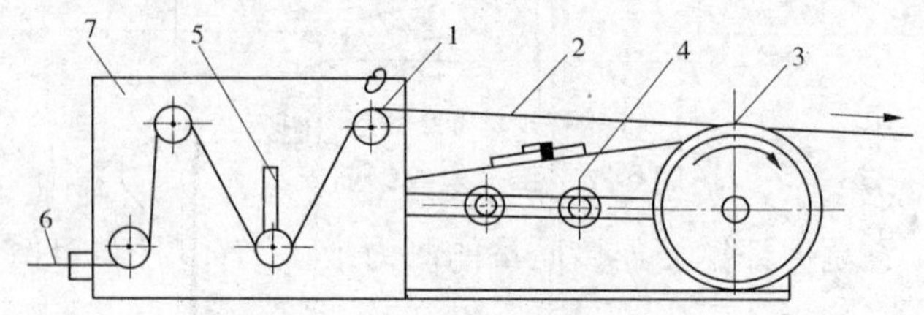

1—阻力轮；2—钢筋；3—绞轮；4—变速箱；5—调节槽；6—钢筋；7—支承架

图 6-24　阻力轮式钢筋冷拉设备

6.4.1.2　卷扬机式钢筋冷拉机

卷扬机式钢筋冷拉工艺是目前普遍采用的冷拉工艺。它适应性强，可按要求调节冷拉率和冷拉控制应力；冷拉行程大，不受设备限制，可适应冷拉不同长度和直径的钢筋；设备简单，效率高，成本低。图 6-25 为卷扬机式钢筋冷拉机构造，它主要由卷扬机、滑轮组、地锚、导向滑轮、夹具和测力装置等组成。工作时，由于卷筒上传动钢丝绳是正、反穿绕在两副动滑轮组上，因此当卷扬机旋转时，夹持钢筋的一副动滑轮组被拉向卷扬机，使钢筋被拉伸；而另一副动滑轮组则被拉向导向滑轮，为下次冷拉时交替使用。钢筋所受的拉力经传力杆、活动横梁传送给测力装置，从而测出拉力的大小。对于拉伸长度，可通过标尺直接测量或用行程开关来控制。

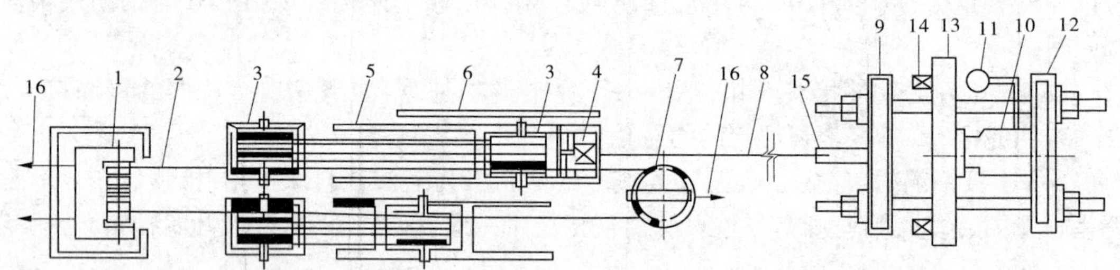

1—卷扬机；2—传动钢丝绳；3—滑轮组；4—夹具；5—轨道；6—标尺；7—导向滑轮；
8—钢筋；9—活动前横梁；10—千斤顶；11—油压表；12—活动后横梁；13—固定横梁；
14—台座；15—夹具；16—地锚

图 6-25　卷扬机式钢筋冷拉机

6.4.2　冷拉钢筋作业

（1）钢筋冷拉前，应先检查钢筋冷拉设备的能力和冷拉钢筋所需的吨位值是否相适应，不允许超载冷拉。特别是用旧设备拉粗钢筋时应特别注意。

（2）为确保冷拉钢筋的质量，钢筋冷拉前，应对测力器和各项冷拉数据进行校核，并做好记录。

(3)冷拉钢筋时,操作人员应站在冷拉线的侧向,操作人员应在统一指挥下进行作业。听到开车信号,看到操作人员离开危险区后,方能开车。

(4)在冷拉过程中,应随时注意限制信号,当看到停车信号或见到有人误入危险区时,应立即停车,并稍微放松钢丝绳。在作业过程中,严禁横向跨越钢丝绳或冷拉线。

(5)冷拉钢筋时,不论是拉紧或放松,均应缓慢和均匀地进行,绝不能时快时慢。

(6)冷拉钢筋时,如遇焊接接头被拉断,可重新焊接后再拉,但一般不得超过两次。

6.5 钢筋的绑扎与安装

建基面终验清理完毕或施工缝处理完毕养护一定时间,混凝土强度达到2.5 MPa后,即进行钢筋的绑扎与安装作业。

钢筋的安装方法有两种:一种是将钢筋骨架在加工厂制好,再运到现场安装,叫整装法;另一种是将加工好的散钢筋运到现场,再逐根安装,叫散装法。

6.5.1 钢筋的绑扎接头

根据施工规范规定:直径在25 mm以下的钢筋接头,可采用绑扎接头。轴心受压、小偏心受拉构件和承受振动荷载的构件中,钢筋接头不得采用绑扎接头。

钢筋绑扎采用应遵守以下规定:

(1)搭接长度不得小于表6-7规定的数值。

(2)受拉区域内的光面钢筋绑扎接头的末端应做弯钩。

(3)梁、柱钢筋的接头如采用绑扎接头,则在绑扎接头的搭接长度范围内应加密钢箍。当搭接钢筋为受拉钢筋时,箍筋间距不应大于$5d$(d为两搭接钢筋中较小的直径);当搭接钢筋为受压钢筋时,箍筋间距不应大于$10d$。

钢筋接头应分散布置,配置在同一截面内的受力钢筋,其接头的截面面积占受力钢筋总截面面积的比例应符合下列要求:

(1)绑扎接头在构件的受拉区中不超过25%,在受压区中不超过50%。

(2)焊接与绑扎接头距钢筋弯起点不小于$10d$,也不位于最大弯矩处。

(3)在施工中如分辨不清受拉、受压区时,其接头设置应按受拉区的规定。

(4)两根钢筋相距在$30d$或50 cm以内,两绑扎接头的中距在绑扎搭接长度以内,均作同一截面。

直径等于和小于12 mm的受压HPB235级钢筋的末端,以及轴心受压构件中任意直径的受力钢筋的末端,可不做弯钩,但搭接长度不应小于$30d$。

6.5.2 钢筋的现场绑扎

6.5.2.1 准备工作

1. 熟悉施工图纸

通过熟悉施工图纸,一方面校核钢筋加工中是否有遗漏或误差;另一方面也可以检查图纸中是否存在与实际情况不符的地方,以便及时改正。

2. 核对钢筋加工配料单和料牌

在熟悉施工图纸的过程中，应核对钢筋加工配料单和料牌，并检查已加工成型的成品的规格、形状、数量、间距是否和图纸一致。

3. 确定安装顺序

钢筋绑扎与安装的主要工作内容包括放样画线、排筋绑扎、垫撑铁和保护层垫块、检查校正及固定预埋件等。为保证工程顺利进行，在熟悉图纸的基础上，要考虑钢筋绑扎安装顺序。板类构件排筋顺序一般先排受力钢筋后排分布钢筋；梁类构件一般先排纵筋（摆放有焊接接头和绑扎接头的钢筋应符合规定），再排箍筋，最后固定。

4. 做好材料、机具的准备

钢筋绑扎与安装的主要材料、机具包括钢筋钩、吊线垂球、木水平尺、麻线、长钢尺、钢卷尺、扎丝、垫保护层用的砂浆垫块或塑料卡、撬杆、绑扎架等。对于结构较大或形状较复杂的构件，为了固定钢筋还需一些钢筋支架、钢筋支撑。

扎丝一般采用 18 ~22 号铁丝或镀锌铁丝，如表 6-12 所示。扎丝长度一般以钢筋钩拧2 ~3圈后，铁丝出头长度为 20 cm 左右。

表 6-12　绑扎用扎丝

钢筋直径（mm）	<12	12 ~25	>25
铁丝型号	22 号	20 号	18 号

混凝土保护层厚度，必须严格按设计要求控制。控制其厚度可用水泥砂浆垫块或塑料卡。水泥砂浆垫块的厚度应等于保护层厚度；当保护层厚度等于或小于 20 mm 时平面尺寸为 30 mm ×30 mm、大于 20 mm 时平面尺寸为 50 mm ×50 mm。在垂直方向使用垫块，应在垫块中埋入两根 20 号或 22 号铁丝，用铁丝将垫块绑在钢筋上。

5. 放线

放线要从中心点开始向两边量距放点，定出纵向钢筋的位置。水平筋的放线可放在纵向钢筋或模板上。

6.5.2.2　钢筋的绑扎

钢筋的绑扎应顺直均匀、位置正确。钢筋绑扎的操作方法有一面顺扣法、十字花扣法、反十字扣法、兜扣法、缠扣法、兜扣加缠法、套扣法等，较常用的是一面顺扣法，如图 6-26所示。

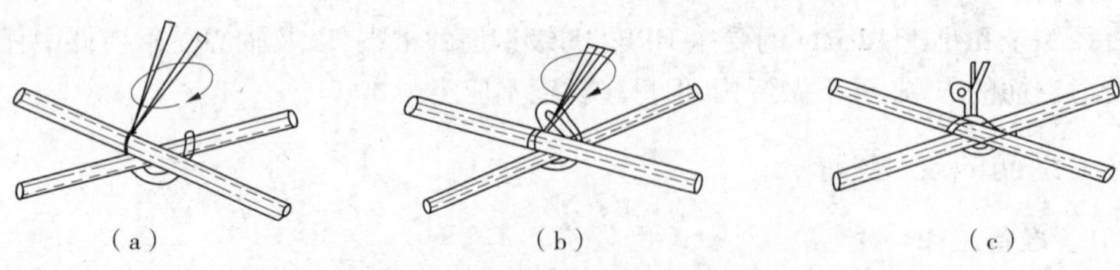

图 6-26　钢筋一面顺扣绑扎

一面扣法的操作步骤是:首先将已切断的扎丝在中间折合成180°弯,然后将扎丝清理整齐。绑扎时,执在左手的扎丝应靠近钢筋绑扎点的底部,右手拿住钢筋钩,食指压在钩前部,用钩尖端钩住扎丝底扣处,并紧靠扎丝开口端,绕扎丝拧转两圈套半,在绑扎时扎丝扣伸出钢筋底部要短,并用钩尖将铁丝扣紧。为使绑扎后的钢筋骨架不变形,每个绑扎点进扎丝扣的方向要求交替变换90°。

6.6 施工质量控制与施工安全技术

6.6.1 钢筋安装质量控制

按现行施工规范,水工钢筋混凝土工程中的钢筋安装,其质量应符合以下规定:

(1)钢筋的安装位置、间距、保护层厚度及各部分钢筋的大小尺寸,均应符合设计要求,其偏差不得超过表6-13的规定。

检查时先进行宏观检查,若没发现有明显不合格处,即可进行抽样检查,对梁、板、柱等小型构件,总检测点数不少于30个,其余总检测点数一般不少于50个。

(2)现场焊接或绑扎的钢筋网,其钢筋交叉的连接应按设计规定进行。如设计未作规定,且直径在25 mm以下时,则除楼板和墙内靠近外围两行钢筋之交点应逐根扎牢外,其余按50%的交叉点进行绑扎。

(3)钢筋安装中交叉点的绑扎,对于HPB235、HRB335级钢筋,直径在16 mm以上且不损伤钢筋截面时,可用手工电弧焊进行点焊来代替,但必须采用细焊条、小电流进行焊接,并严加外观检查,钢筋不应有明显的咬边和裂纹出现。

(4)板内双向受力钢筋网,应将钢筋全部交叉点全部扎牢。柱与梁的钢筋中,主筋与箍筋的交叉点在拐角处应全部扎牢,其中间部分可每隔一个交叉点扎一点。

(5)安装后的钢筋应有足够的刚性和稳定性。整装的钢筋网、钢筋骨架在运输和安装过程中应采取措施,以免变形、开焊及松脱。安装后的钢筋应避免错动和变形。

(6)在混凝土浇筑施工中,严禁为方便浇筑擅自移动或割除钢筋。

6.6.2 钢筋施工安全技术

(1)在高空绑扎和安装钢筋,须注意不要将钢筋集中堆放在模板或脚手架的某一部位,以保安全,特别是悬臂构件,更要检查支撑是否牢固。

(2)在脚手架上不要随便放置工具、箍筋或短钢筋,避免这些物件放置不稳或其他原因滑落伤人。

(3)在高空安装整装钢筋骨架或绑扎钢筋时,不允许站在模板或墙上操作,操作部位应搭设牢固的脚手架。

(4)应尽量避免在高空修整、扳弯钢筋。在不得已必须操作时,一定要带好安全带,选好位置,防止脱板造成人员摔倒。

(5)绑扎筒式结构,不准踩在钢筋骨架上操作或上下踩动。

(6)要注意在安装钢筋时不要碰撞电线,以免触电。

表6-13 钢筋安装的允许偏差

项次	项目			允许偏差(mm)
1	点焊及电弧焊	帮条对焊接头中心的纵向偏移		0.5d
2		接头处钢筋轴线的曲折		4°
3		焊缝	长度	-0.5d
			高度	-0.5d
			宽度	-0.1d
			咬边深度	0.05d,但不大于1
			表面气孔夹渣	
			1)在2d长度上	不多于2个
			2)气孔、夹渣直径	不大于3
4	对焊及熔槽焊	焊接接头根部未焊透深度		
		1)25~40 mm钢筋		0.15d
		2)40~70 mm钢筋		0.10d
5		接头处钢筋中心线的位移		0.1d,不大于2
6		焊缝表面(长为2d)和焊缝截面上蜂窝、气孔排、金属杂质		不大于1.5 mm直径3个
7	钢筋长度方向的偏差			±1/2净保护层厚度
8	同一排受力钢筋间距的局部偏差			
	1)柱及梁中			±0.5d
	2)板、墙中			±0.1间距
9	同一排分布钢筋间距的偏差			±0.1间距
10	双排钢筋,其排与排间距的局部偏差			±0.1排距
11	梁与柱中钢箍间距的偏差			0.1箍筋间距
12	保护层厚度的局部偏差			±1/4净保护层厚度

本章小结

1.钢筋的验收与配料

钢筋进场应具有出厂证明书或试验报告单,每捆(盘)钢筋应有标牌,同时应按有关标准和规定进行外观检查和分批作力学性能试验。钢筋在使用时,如发现脆断、焊接性能不良或机械性能显著不正常等,则应进行钢筋化学成分检验。

外观检查应满足规范要求。钢筋、钢丝、钢绞线应作成批验收,作力学性能试验。

钢筋配料时应认真识读工程图纸、计算钢筋下料长度、编制配筋表。

钢筋配料时尽量使钢筋得到最大限度的利用,并使钢筋的安装和绑扎工作简单化。钢筋配料是依据钢筋表合理安排同规格、同品种的下料,使钢筋的出厂规格长度能够得以充分利用,或库存各种规格和长度的钢筋得以充分利用。

钢筋加工时,由于工地现有钢筋的种类、钢号和直径与设计不符,应根据不影响使用条件下进行代换。

2. 钢筋内场加工

铁锈不能很好地和混凝土黏结,影响钢筋和混凝土的握裹力,并且在混凝土中继续发展,需要清除。钢筋除锈方式有三种:一是手工除锈,如钢丝刷、砂堆、麻袋砂包、砂盘等擦锈;二是除锈机械除锈;三是在钢筋的其他加工工序的同时除锈,如在冷拉、调直过程中除锈。

钢筋在使用前必须经过调直,否则会影响钢筋受力,甚至会使混凝土提前产生裂缝,如未调直直接下料,会影响钢筋的下料长度,并影响后续工序的质量。

调直方法有人工调直、机械调直。钢筋的机械调直可用钢筋调直机、弯筋机、卷扬机等调直。

钢筋切断有人工剪断、机械切断、氧气切割等 3 种方法。直径大于 40 mm 的钢筋一般用氧气切割。将已切断配好的钢筋,弯曲成所规定的形状尺寸是钢筋加工的一道主要工序。钢筋弯曲成型要求加工的钢筋形状正确,平面上没有翘曲不平的现象,以便于绑扎安装。钢筋弯曲成型有手工和机械弯曲成型两种方法。

3. 钢筋接头的连接

钢筋的接头连接有焊接和机械连接两类。常用的钢筋焊接机械有电阻焊接机、电弧焊接机、气压焊接机及电渣压力焊机等。钢筋机械连接方法主要有钢筋套筒挤压连接、锥螺纹套筒连接等。

4. 钢筋的冷拉

钢筋的冷拉机械有阻力轮式、卷扬机式、丝杠式、液压式等。

钢筋冷拉前,应先检查钢筋冷拉设备的能力和冷拉钢筋所需的吨位值是否相适应,不允许超载冷拉。钢筋冷拉前,应对测力器和各项冷拉数据进行校核,并做好记录。冷拉钢筋时,不论是拉紧或放松,均应缓慢和均匀地进行,绝不能时快时慢。

5. 钢筋的绑扎与安装

建基面终验清理完毕或施工缝处理完毕养护一定时间,混凝土强度达到 2.5 MPa 后,即进行钢筋的绑扎与安装作业。钢筋的安装方法有两种:一种是将钢筋骨架在加工厂制好,再运到现场安装,叫整装法;另一种是将加工好的散钢筋运到现场,再逐根安装,叫散装法。

钢筋绑扎时要熟悉施工图纸,通过熟悉图纸,一方面校核钢筋加工中是否有遗漏或误差;另一方面也可以检查图纸中是否存在与实际情况不符的地方,以便及时改正;核对钢筋加工配料单和料牌,在熟悉施工图纸的过程中,应核对钢筋加工配料单和料牌,并检查已加工成型的成品的规格、形状、数量、间距是否和图纸一致;确定安装顺序。

钢筋的绑扎应顺直均匀、位置正确。钢筋绑扎的操作方法有一面顺扣法、十字花扣法、反十字扣法、兜扣法、缠扣法、兜扣加缠法、套扣法等,较常用的是一面顺扣法。

6. 钢筋安装的质量控制与施工安全技术

钢筋的安装位置、间距、保护层厚度及各部分钢筋的大小尺寸，均应符合设计要求，其偏差不得超过有关规定；现场焊接或绑扎的钢筋网，其钢筋交叉的连接应按设计规定进行。

在高空绑扎和安装钢筋，须注意不要将钢筋集中堆放在模板或脚手架的某一部位，以保安全，特别是悬臂构件，更要检查支撑是否牢固；在脚手架上不要随便放置工具、箍筋或短钢筋，避免这些物件放置不稳或其他原因滑落伤人；在高空安装整装钢筋骨架或绑扎钢筋时，不允许站在模板或墙上操作，操作部位应搭设牢固的脚手架。

本章重点是钢筋的配料、加工和绑扎方法及施工质量控制检查要求、方法。

复习思考题

1. 钢筋加工包括哪些内容？

2. 钢筋冷拉的控制方法有哪两种？试叙述其具备的控制过程和方法。

3. 钢筋的冷拉设备由哪些部分组成？如何计算设备拉力和控制冷拉速度？

4. 钢筋焊接的常用方法有哪些？

5. 闪光对焊接按操作工艺不同可分为几种操作方式？各适用于什么场合？有什么具体要求？闪光对焊的主要工艺参数有哪些内容？如何选择工艺参数？

6. 电阻电焊的主要焊接参数包括哪些内容？

7. 钢筋电弧焊的接头形式有哪几种？说明其构造和要求。

8. 什么是电渣压力焊？其主要用途是什么？

9. 钢筋机械连接的方法有几种？与其他形式的钢筋连接相比，机械连接有何优点？

10. 钢筋配料时，钢筋的下料长度是如何计算的？什么是钢筋的外包尺寸？量度差值和弯钩增加长度是如何计算的？

11. 在现场施工中，钢筋可能出现哪几种代换的方式？它们是根据什么原则进行代换的？

12. 钢筋绑扎的程序是什么？应符合哪些规定？

13. 水工混凝土的预埋铁件主要有哪几种方法？

14. 钢筋安装时质量应符合哪些要求？

第7章　混凝土工程

学习目标

- 掌握混凝土配料、拌制、运输、铺料、振捣、养护等生产工艺。
- 掌握混凝土配料、拌和、运输、浇筑的质量要求。
- 了解预应力混凝土构件的施工方法及混凝土冬、夏季施工措施
- 了解混凝土施工缺陷产生的原因和预防、修补方法。
- 掌握混凝土施工安全技术措施。

7.1　普通混凝土施工

7.1.1　施工准备

混凝土施工准备工作的主要项目有基础处理、施工缝处理、设置卸料入仓的辅助设备、模板、钢筋的架设、预埋件及观测设备的埋设、施工人员的组织、浇筑设备及其辅助设施的布置、浇筑前的检查验收等。

7.1.1.1　基础处理

对于岩基，一般要求清除到质地坚硬的新鲜岩面，然后进行整修。整修是用铁撬等工具去掉表面松软岩石、棱角和反坡，并用高压水冲洗，压缩空气吹扫。若岩面上有油污、灰浆及其黏结的杂物，还应采用钢丝刷反复刷洗，直至岩面清洁为止。清洗后的岩基在混凝土浇筑前应保持洁净和湿润。

对于土基，应先将开挖基础时预留下来的保护层挖除，并清除杂物，然后用碎石垫底，盖上湿砂，再进行压实，浇8～12 cm厚素混凝土垫层。砂砾地基应清除杂物，整平基础面，并浇筑10～20 cm厚素混凝土垫层。

对于砂砾地基，应清除杂物，整平基础面，并浇筑10～20 cm厚的低强度等级混凝土垫层，以防止漏浆。

当有地下水时，要认真处理，否则会影响混凝土的质量。处理方法是：做截水墙，拦截渗水，引入集水井排出；对基岩进行必要的固结灌浆，以封堵裂缝，阻止渗水；沿周边打排水孔，导出地下水，在浇筑混凝土时埋管，用水泵抽出孔内积水，直至混凝土初凝，7 d后灌浆封孔；将底层砂浆和混凝土的水灰比适当降低。

7.1.1.2　施工缝处理

施工缝是指浇筑块之间新老混凝土之间的结合面。为了保证建筑物的整体性，在新混凝土浇筑前，必须将老混凝土表面的水泥膜（又称乳皮）清除干净，并使其表面为新鲜整洁、有石子半露的麻面，以利于新老混凝土的紧密结合。但对于要进行接缝灌浆处理的纵缝面，可不凿毛，只需冲洗干净即可。

施工缝的处理方法有以下几种。

(1)刷毛和冲毛。在混凝土凝结后但尚未完全硬化以前,用钢丝刷或高压水对混凝土表面进行冲刷,形成麻面,称为刷毛和冲毛。高压水冲毛效率高,水压力一般为0.4~0.6 MPa,根据水泥品种、混凝土强度等级和当地气温来确定冲毛的时间,一般春秋季节,在浇筑完毕后10~16 h开始;夏季掌握在6~10 h,冬季则在18~24 h后进行。

(2)凿毛。当混凝土已经硬化,用人工或风镐等机械将混凝土表面凿成麻面称为凿毛。凿深一般为1~2 cm,然后用高压水清洗干净。凿毛以浇筑后32~40 h进行为宜,多用垂直缝面的处理。

(3)喷毛。将经过筛选的粗砂和水装入密封的砂箱,再通过压缩空气,风压为0.4~0.6 MPa。压缩空气与水、砂混合后,经喷枪喷出,将混凝土表面冲成麻面,冲毛时间一般在浇筑后24~48 h内进行。

施工缝面凿毛或冲毛后,应用压力水冲洗干净,排除积水,使其表面无渣、无尘,才能浇筑混凝土。

7.1.1.3 仓面准备

浇筑仓面的准备工作,包括机具设备、劳动组合、照明、风水电供应、所需混凝土原材料的准备等,应事先安排就绪,仓面施工的脚手架、工作平台、安全网、安全标识等应检查是否牢固,电源开关、动力线路是否符合安全规定。

仓位的浇筑高程、上升速度、特殊部位的浇筑方法和质量要求等技术问题,须事先进行技术交底。

地基或施工缝处理完毕并养护一定时间,已浇好的混凝土强度达到2.5 MPa后,即可在仓面进行放线,安装模板、钢筋和预埋件,架设脚手架等作业。

7.1.1.4 模板、钢筋及预埋件检查

开仓浇筑前,必须按照设计图纸和施工规范的要求,对仓面安设的模板、钢筋及预埋件进行全面检查验收,签发合格证。

(1)模板检查。主要检查模板的架立位置与尺寸是否准确,模板及其支架是否牢固稳定,固定模板用的拉条是否弯曲等。模板板面要求洁净、密封并涂刷脱模剂。

(2)钢筋检查。主要检查钢筋的数量、规格、间距、保护层、接头位置与搭接长度是否符合设计要求。要求焊接或绑扎接头必须牢固,安装后的钢筋网应有足够的刚度和稳定性,钢筋表面应清洁。

(3)预埋件检查。对预埋管道、止水片、止浆片、预埋铁件、冷却水管和预埋观测仪器等,主要检查其数量、安装位置和牢固程度。

7.1.2 混凝土的拌制

混凝土拌制是按照混凝土配合比设计要求,将其各组成材料(砂石、水泥、水、外加剂及掺合料等)拌和成均匀的混凝土料,以满足浇筑的需要。

混凝土制备的过程包括贮料、供料、配料和拌和。其中配料和拌和是主要生产环节,也是质量控制的关键,要求品种无误、配料准确、拌和充分。

7.1.2.1　**混凝土配料**

配料是按设计要求,称量每次拌和混凝土的材料用量。配料的精度直接影响混凝土质量。混凝土配料要求采用重量配料法,即是将砂、石、水泥、掺合料按重量计量,水和外加剂溶液按重量折算成体积计量。施工规范对配料精度(按重量百分比计)的要求是水泥、掺合料、水、外加剂溶液为 ±1%,砂石料为 ±2%。

设计配合比中的加水量根据水灰比计算确定,并以饱和面干状态的砂子为标准。由于水灰比对混凝土强度和耐久性影响极为重大,绝不能任意变更;施工采用的砂子,其含水量又往往较高,在配料时采用的加水量,应扣除砂子表面含水量及外加剂中的水量。

1. 给料设备

给料是将混凝土各组分从料仓按要求供到称料斗。给料设备的工作机构常与称量设备相连,当需要给料时,控制电路开通,进行给料。当计量达到要求时,即断电停止给料。常用的给料设备如表 7-1 所示。

表 7-1　常用给料设备

序号	名称	特点	适宜给料对象
1	皮带给料机	运行稳定、无噪声、磨损小、使用寿命长、精度较高	砂
2	给料闸门	结构简单、操作方便、误差较大,可手控、气控、电磁控制	砂、石
3	电磁振动给料机	给料均匀,可调整给料量,误差较大,噪声较大	砂、石
4	叶轮给料机	运行稳定、无噪声、称料准确,可调给料量,满足粗、精称量要求	水泥、混合材料
5	螺旋给料机	运行稳定、给料距离灵活、工艺布置方便,但精度不高	水泥、混合材料

2. 混凝土称量

混凝土配料称量的设备,有简易称量(地磅)、电动磅秤、自动配料杠杆秤、电子秤、配水箱及定量水表。

(1)简易称量。当混凝土拌制量不大时,可采用简易称量方式,如图 7-1 所示。地磅称量是将地磅安装在地槽内,用手推车装运材料推到地磅上进行称量。这种方法最简便,但称量速度较慢。台秤称量需配置称料斗、储料斗等辅助设备。称料斗安装在台秤上,骨料能由储料斗迅速落入,故称量时间较快,但储料斗承受骨料的重量大,结构较复杂。储料斗的进料可采用皮带机、卷扬机等提升设备。

(2)电动磅秤。电动磅秤是简单的自控计量装置,每种材料用一台装置,如图 7-2 所示。给料设备下料至主称量料斗,达到要求重量后即断电停止供料,称量料斗内材料卸至皮带机送至集料斗。

(3)自动配料杠杆秤。自动配料杠杆秤带有配料装置和自动控制装置,如图 7-3 所示。自动化水平高,可做砂、石的称量,精度较高。

(4)电子秤。电子秤是通过传感器承受材料重力拉伸,输出电信号在标尺上指出荷重的大小,当指针与预先给定数据的电接触点接通时,即断电停止给料,同时继电器动作称料斗斗门打开向集料斗供料。

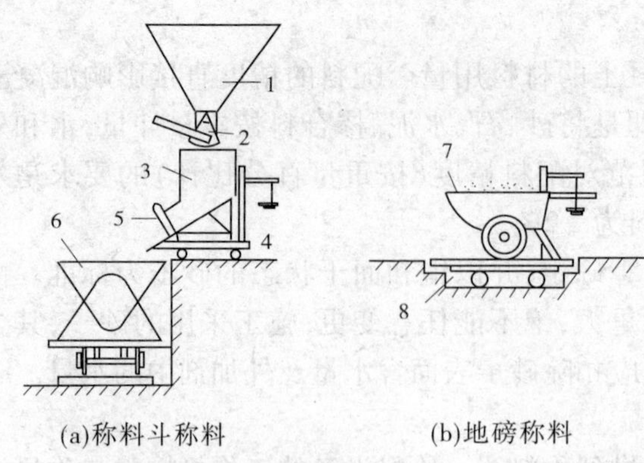

(a)称料斗称料　　(b)地磅称料

1—贮料斗；2—弧形门；3—称料斗称料；4—台秤；
5—卸料门；6—斗车；7—手推车；8—地槽

图7-1　简易称量设备

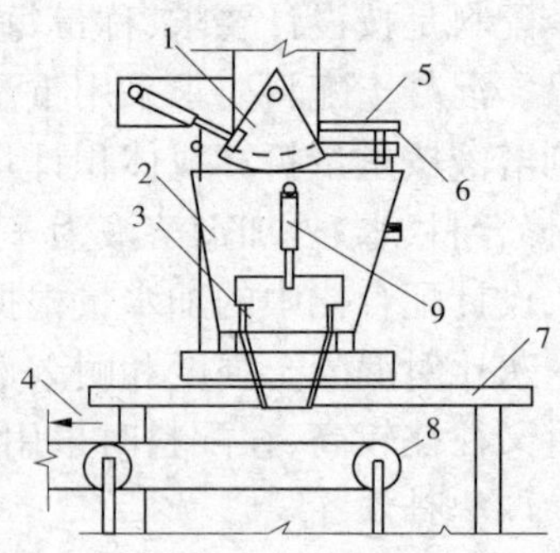

1—扇形给料器；2—称量斗；3—出料口；4—送至集料斗；
5—磅秤；6—电源闭路按纽；7—支架；
8—水平胶带；9—液压或气动开关

图7-2　电动磅秤

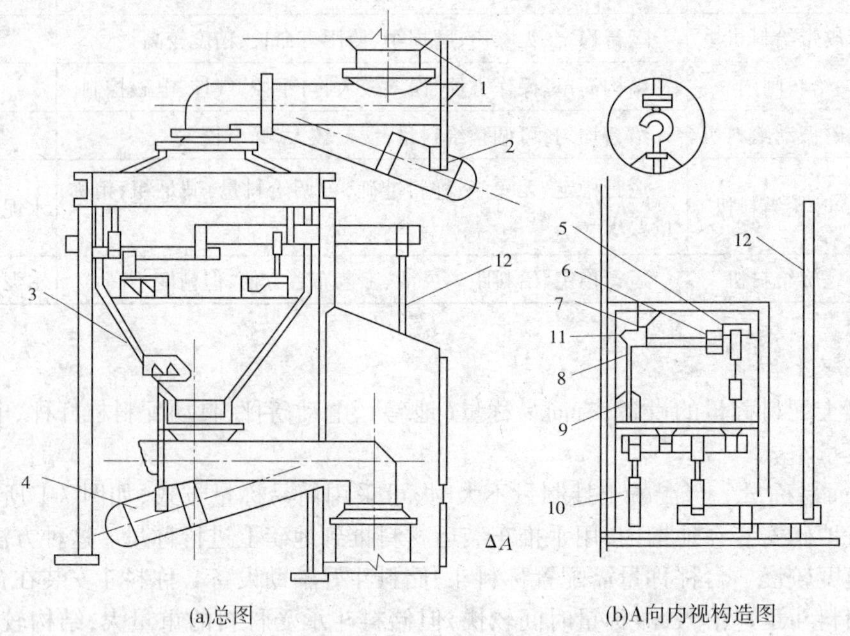

(a)总图　　(b)A向内视构造图

1—贮料斗；2、4—电磁振动给料器；3—称量斗；5—调整游锤；6—游锤；7—接触棒；8—重锤托盘；
9—附加重锤（构造如小圆图）；10—配重；11—标尺；12—传重拉杆

图7-3　自动配料杠杆秤

（5）配水箱及定量水表。水和外加剂溶液可用配水箱和定量水表计量。配水箱是搅拌机的附属设备，可利用配水箱的浮球刻度尺控制水或外加剂溶液的投放量。定量水表常用于大型搅拌楼，使用时将指针拨至每盘搅拌用水量刻度上，按电钮即可送水，指针也随进水量回移，至零位时电磁阀即断开停水。此后，指针能自动复位至设定的位置。

称量设备一般要求精度较高，而其所处的环境粉尘较大，因此应经常检查调整，及时清除粉尘。一般要求每班检查一次称量精度。

以上给料设备、称量设备、卸料装置一般通过继电器联锁动作,实行自动控制。

7.1.2.2 混凝土拌和

混凝土拌和的方法,有人工拌和与机械拌和两种。

1. 人工拌和

人工拌和是在一块钢板上进行,先倒入砂子,后倒入水泥,用铁锹反复干拌至少3遍,直到颜色均匀为止。然后在中间扒一个坑,倒入石子和2/3的定量水,翻拌1遍。再进行翻拌(至少2遍),其余1/3的定量水随拌随洒,拌至颜色一致,石子全部被砂浆包裹,石子与砂浆没有分离、泌水与不均匀现象为止。人工拌和劳动强度大、混凝土质量不容易保证,拌和时不得任意加水。人工拌和只适宜于施工条件困难、工作量小、强度不高的混凝土。

2. 机械拌和

用拌和机拌和混凝土较广泛,能提高拌和质量和生产率。拌和机械有自落式和强制式两种,其类型如表7-2所示。

表7-2 混凝土搅拌机的型号

型式		自落式		强制式			
		锥形反转出料	锥形倾翻出料	涡浆	行星	单卧轴	双卧轴
代号	组	J	J	J	J	J	J
	型	Z	F	W	X	D	S

1)混凝土搅拌机的类型

(1)自落式混凝土搅拌机。自落式搅拌机是通过筒身旋转,带动搅拌叶片将物料提高,在重力作用下物料自由坠下,反复进行,互相穿插、翻拌、混合使混凝土各组分搅拌均匀的。

a. 锥形反转出料搅拌机。锥形反转出料搅拌机是中、小型建筑工程常用的一种搅拌机,正转搅拌,反转出料。由于搅拌叶片呈正、反向交叉布置,拌和料一方面被提升后靠自落进行搅拌,另一方面又被迫沿轴向做左右窜动,搅拌作用强烈。

图7-4(a)为锥形反转出料搅拌机外形,它主要由上料装置、搅拌筒、传动机构、配水系统和电气控制系统等组成。

b. 双锥形倾翻出料搅拌机。双锥形倾翻出料搅拌机进出料在同一口,出料时由气动倾翻装置使搅拌筒下旋50°~60°,即可将物料卸出,如图7-4(b)所示。双锥形倾翻出料搅拌机卸料迅速,拌筒容积利用系数高,拌和物的提升速度低,物料在拌筒内靠滚动自落而搅拌均匀,能耗低,磨损小,能搅拌大粒径骨料混凝土。主要用于大体积混凝土工程。

(2)强制式混凝土搅拌机。强制式混凝土搅拌机一般筒身固定,搅拌机片旋转,对物料施加剪切、挤压、翻滚、滑动、混合使混凝土各组分搅拌均匀。

a. 涡浆强制式混凝土搅拌机。涡浆强制式混凝土搅拌机是在圆盘搅拌筒中装一根回转轴,轴上装有拌和铲和刮板,随轴一同旋转,如图7-5所示。它用旋转着的叶片,将装在

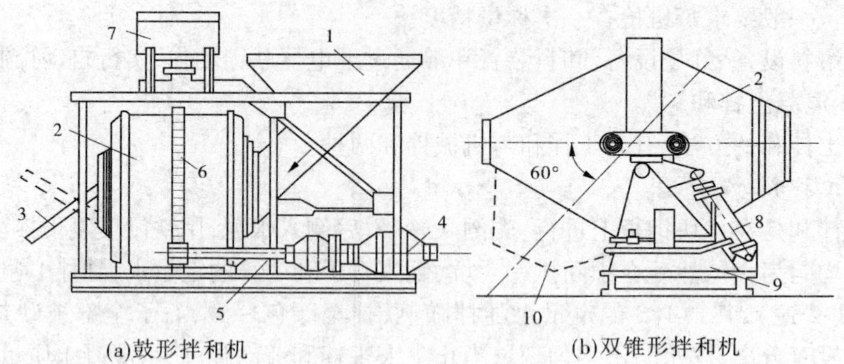

1—装料机；2—拌和筒；3—卸料槽；4—电动机；5—传动轴；6—齿圈；7—量水器；
8—气顶；9—机座；10—卸料位置

图 7-4　自落式混凝土拌和机

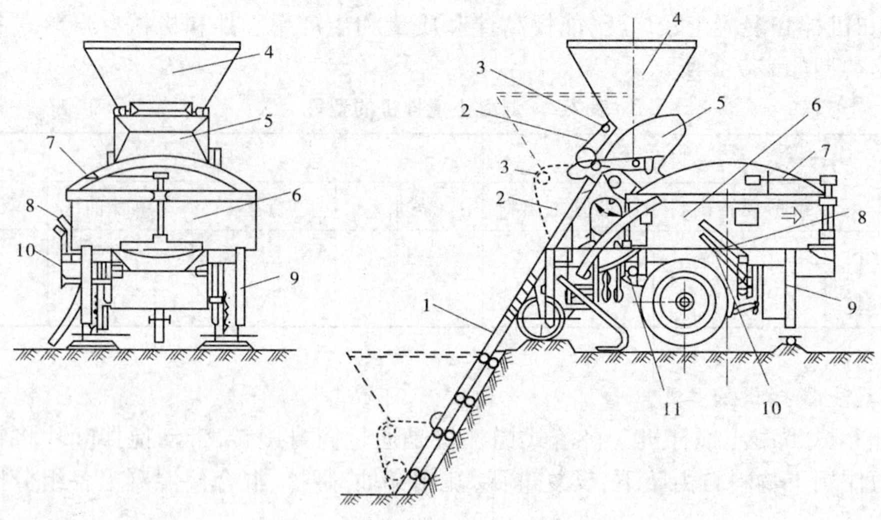

1—上料轨道；2—上料斗底座；3—铰链轴；4—上料斗；5—进料承口；6—搅拌筒；
7—卸料手柄；8—斜斗下降手柄；9—撑脚；10—上料手柄；11—给水手柄

图 7-5　涡桨强制式混凝土搅拌机

搅拌筒内的物料强行搅拌使之均匀。涡桨强制式混凝土搅拌机由动力传动系统、上料和卸料装置、搅拌系统、操纵机构和机架等组成。

b. 单卧轴强制式混凝土搅拌机。单卧轴强制式混凝土搅拌机的搅拌轴上装有两组叶片，两组推料方向相反，使物料既有圆周方向运动，也有轴向运动，因而能形成强烈的物料对流，使混合料能在较短的时间内搅拌均匀。它由搅拌系统、进料系统、卸料系统和供水系统等组成。

c. 双卧轴强制式混凝土搅拌机。双卧轴强制式混凝土搅拌机，如图 7-6 所示。它有两根搅拌轴，轴上布置有不同角度的搅拌叶片，工作时两轴按相反的方向同步相对旋转。由于两根轴上的搅拌铲布置位置不同，螺旋线方向相反，于是被搅拌的物料在筒内既有上下翻滚的动作，也有沿轴向的来回运动，从而增强了混合料运动的剧烈程度，因此搅拌效果更好。双卧轴强制式混凝土搅拌机为固定式，其结构基本与单卧式相似。它由搅拌系统、进料系统、卸料系统和供水系统等组成。

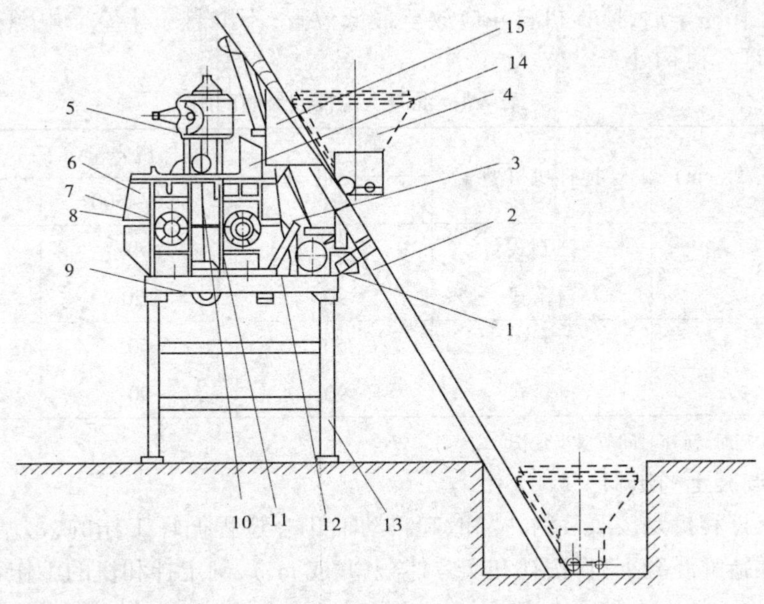

1—上料传动装置；2—上料架；3—搅拌驱动装置；4—料斗；5—水箱；6—搅拌筒；7—搅拌装置；8—供油器；9—卸料装置；10—三通阀；11—操纵杆；12—水泵；13—支承架；14—受料斗；15—电气箱

图7-6　双卧轴强制式混凝土搅拌机

2）混凝土搅拌机的使用

（1）搅拌机使用前的检查。搅拌机使用前应按照“十字作业法”（清洁、润滑、调整、紧固、防腐）的要求检查离合器、制动器、钢丝绳等各个系统和部位，是否机件齐全、机构灵活、运转正常，并按规定位置加注润滑油脂。检查电源电压，电压升降幅度不得超过搅拌电气设备规定的5%。随后进行空转检查，检查搅拌机旋转方向是否与机身箭头一致，空车运转是否达到要求值。供水系统的水压、水量满足要求。在确认以上情况正常后，搅拌筒内加清水搅拌3 min，然后将水放出，再可投料搅拌。

（2）开盘操作。在完成上述检查工作后，即可进行开盘搅拌，为不改变混凝土设计配合比，补偿黏附在筒壁、叶片上的砂浆，第一盘应减少石子约30%，或多加水泥、砂各15%。

（3）正常运转。①投料顺序，普通混凝土一般采用一次投料法或两次投料法。一次投料法是按砂（石子）—水泥—石子（砂）的次序投料，并在搅拌的同时加入全部拌和水进行搅拌；二次投料法是先将石子投入拌和筒并加入部分拌和用水进行搅拌，清除前一盘拌和料黏附在筒壁上的残余，然后再将砂、水泥及剩余的拌和用水投入搅拌筒内继续拌和。②搅拌时间，混凝土搅拌质量直接和搅拌时间有关，搅拌时间应满足表7-3的要求。③搅拌质量检查，混凝土拌和物的搅拌质量应经常检查，混凝土拌和物颜色均匀一致，无明显的砂粒、砂团及水泥团，石子完全被砂浆所包裹，说明其搅拌质量较好。

（4）停机。每班作业后应对搅拌机进行全面清洗，并在搅拌筒内放入清水及石子运转 10 ~ 15 min 后放出，再用竹扫帚洗刷外壁。搅拌筒内不得有积水，以免筒壁及叶片生锈，如遇冰冻季节应放尽水箱及水泵中的存水，以防冻裂。

每天工作完毕后，搅拌机料斗应放至最低位置，不准悬于半空。电源必须切断，锁好电闸箱，保证各机构处于空位。

表 7-3　混凝土搅拌的最短时间　（单位：s）

混凝土坍落度(cm)	搅拌机机型	搅拌机容量(L)		
		<250	250 ~ 500	>500
≤3	强制式	60	90	120
	自落式	90	120	150
>3	强制式	60	60	90
	自落式	90	90	120

注：掺有外加剂时，搅拌时间应适当延长。

7.1.2.3　混凝土的出料

混凝土拌和机是按照装料、拌和、卸料动轴 3 个过程循环工作的，每循环工作一次就拌制出一罐新鲜混凝土料，按拌和实方体积（L 或 m^3），确定拌和机的工作容量（又称出料体积）。

混凝土拌和机的装料体积是指每拌和一次，装入拌和筒内各种松散体积之和。拌和机的出料系数，是出料体积与装料体积之比，为 0.6 ~ 0.7。

每台拌和机的生产率 P 可按下式计算：

$$P = k_t \frac{3\ 600V}{t_1 + t_2 + t_3 + t_4} \tag{7-1}$$

式中：P 为单台拌和机生产率，m^3/h；V 为拌和机出料容量，m^3；t_1 为装料时间，自动化配料为 10 ~ 15 s，半自动化配料为 15 ~ 20 s；t_2 为搅拌时间；t_3 为卸料时间，倾翻卸料为 15 s，非倾翻卸料为 25 ~ 30 s；t_4 为必要的技术间隙时间，对双锥式为 3 ~ 5 s；k_t 为时间利用系数，视施工条件而定。

7.1.3　混凝土拌和站（楼）

在混凝土施工工地，通常把骨料堆场、水泥仓库、配料装置、拌和机及运输设备等，比较集中地布置，组成混凝土拌和站，或采用成套的混凝土工厂（拌和楼）来制备混凝土。

目前采用最普遍的是混凝土拌和楼，如图 7-7 所示，它把进料、储料、配料、拌和及出料组成定型的、装配式的混凝土工厂。20 世纪 80 年代以来大型的混凝土拌和站得以发展。大型拌和站又称为二阶式拌和楼，它采用大组件组装结构，每组单元均在厂内组装好，并适合在公路上拖运，相对拌和楼可大大缩短安装时间，降低现场安装费用。

混凝土拌和楼的生产能力应满足混凝土质量品种和浇注强度的要求，混凝土工厂的生产能力可按式(7-2)混凝土月高峰浇筑强度计算。

$$P = \frac{q}{mn} K \tag{7-2}$$

式中:P 为混凝土工厂的生产能力,m^3/h; q 为高峰月浇筑强度,m^3/h;m 为高峰月内有效工作天数,可取 25 d;n 为高峰月每日有效时数,可取 20 h;K 为浇筑不均匀系数,可取 1.5。

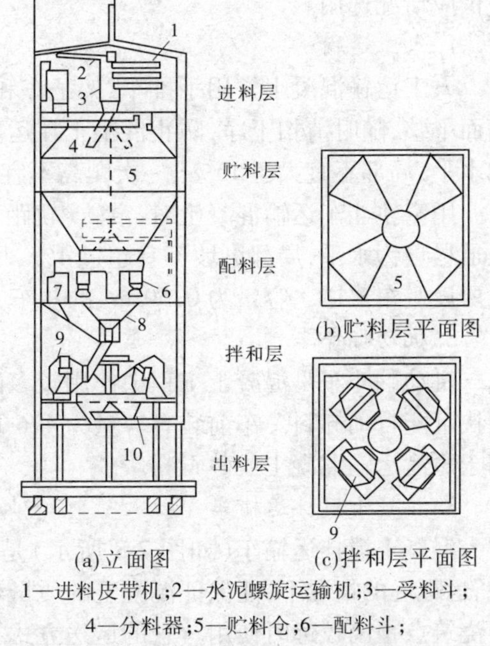

1—进料皮带机;2—水泥螺旋运输机;3—受料斗;4—分料器;5—贮料仓;6—配料斗;7—量水器;8—集料斗;9—拌和机;10—混凝土出料斗

图 7-7 混凝土拌和楼

7.1.4 混凝土运输

混凝土运输是整个混凝土施工中的一个重要环节,对工程质量和施工进度影响较大。由于混凝土料拌和后不能久存,而且在运输过程中对外界的影响敏感,运输方法不当或疏忽大意,都会降低混凝土质量,甚至造成废品。如供料不及时或混凝土品种错误,正在浇筑的施工部位将不能顺利进行。因此,要解决好混凝土拌和、浇筑、水平运输和垂直运输之间的协调配合问题,还必须采取适当的措施,保证运输混凝土的质量。

混凝土料在运输过程中应满足下列基本要求:

(1)运输设备应不吸水、不漏浆,运输过程中不发生混凝土拌和物分离、严重泌水及过多降低坍落度。

(2)同时运输两种以上强度等级的混凝土时,应在运输设备上设置标志,以免混淆。

(3)尽量缩短运输时间、减少转运次数。运输时间不得超过表 7-4 的规定。因故停歇过久混凝土产生初凝时应作废料处理。在任何情况下,严禁中途加水后运入仓内。

表 7-4 混凝土允许运输时间

气温(℃)	20 ~ 30	10 ~ 20	5 ~ 10
混凝土允许运输时间(min)	30	45	60

注:本表数值未考虑外加剂、混合料及其他特殊施工措施的影响。

(4)运输道路基本平坦,避免拌和物振动、离析、分层。

(5)混凝土运输工具及浇筑地点,必要时应有遮盖或保温设施,以避免因日晒、雨淋、受冻而影响混凝土的质量。

(6)混凝土拌和物自由下落高度以不大于 2 m 为宜,超过此界限时应采用缓降措施。

混凝土运输包括两个运输过程:一是从拌和机前到浇筑仓前,主要是水平运输;二是从浇筑仓前到仓内,主要是垂直运输。

7.1.4.1 混凝土水平运输设备

混凝土的水平运输又称为供料运输。常用的运输方式有人工、机动翻斗车、混凝土搅拌运输车、自卸汽车、混凝土泵、皮带机、机车等几种,应根据工程规模、施工场地宽窄和设备供应情况选用。

1. 人工运输

人工运输混凝土常用手推车、架子车和斗车等。用手推车和架子车时,要求运输道路路面平整,随时清扫干净,防止混凝土在运输过程中受到强烈振动。道路的纵坡,一般要求水平,局部不宜大于15%,一次爬高不宜超过2~3 m,运输距离不宜超过200 m。

用窄轨斗车运输混凝土时,窄轨(轨距610 mm)车道的转弯半径以不小于10 m为宜。轨道尽量为水平,局部纵坡不宜超过4%,尽可能铺设双线;以便轻、重车道分开。如为单线要设避车叉道。容量为0.60 m^3 的斗车一般用人力推运,局部地段可用卷扬机牵引。

2. 机动翻斗车

机动翻斗车是混凝土工程中使用较多的水平运输机械。它轻便灵活、转弯半径小、速度快且能自动卸料。车前装有容量为476 L的翻斗,载重量约1 t,最高时速20 km/h,适用于短途运输混凝土或砂石料。

3. 混凝土搅拌运输车

混凝土搅拌运输车(如图7-8所示)是运送混凝土的专用设备。它的特点是在运量大、运距远的情况下,能保证混凝土的质量均匀,一般用于混凝土制备点(商品混凝土站)与浇筑点距离较远时使用。它的运送方式有两种:一是在10 km范围内作短距离运送时,只作运输工具使用,即将拌和好的混凝土接送至浇筑点,在运输途中为防止混凝土分离,让搅拌筒只作低速搅动,使混凝土拌和物不致分离、凝结;二是在运距较长时,搅拌运输两者兼用,即先在混凝土拌和站将干料——砂、石、水泥按配比装入搅拌鼓筒内,并将水注入配水箱,开始只作干料运送,然后在到达距使用点10~15 min路程时,启动搅拌筒回转,并向搅拌筒注入定量的水,这样在运输途中边运输边搅拌成混凝土拌和物,送至浇筑点卸出。

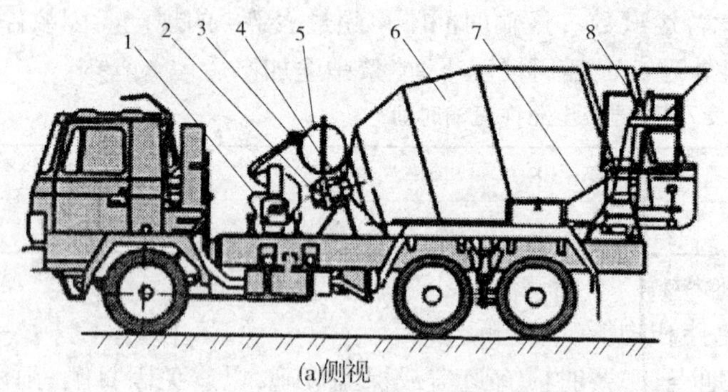

(a)侧视

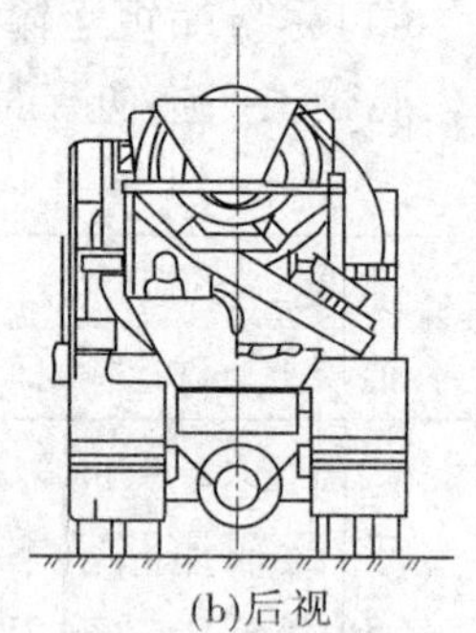
(b)后视

1—泵连接组件;2—减速机总成;3—液压系统;4—机架;
5—供水系统;6—搅拌筒;7—操纵系统;8—进出料装置

图7-8 混凝土搅拌运输车

4. 架空单轨运输

架空单轨运输于20世纪70年代后期首次在巴西伊太普工程成功应用,采用钢桁架和钢柱架设环行的架空运输单轨道,轨道上悬挂用电动小车牵引行驶的混凝土料斗,小车经过拌和楼装料后,驶至卸料点,将混凝土卸入中间转运车,空料斗沿环行单轨驶回拌和楼,如此反复进行。中间转运站将混凝土卸入起重机的吊罐内。该运输方式自动化程度高,工作时无噪音,工作安全可靠,轨道系统构造简单维修方便,效率高,但操作现代化,要求管理水平高,线路布置不适合爬坡,布置上要求尽量少转弯。

5. 皮带机运输

皮带机运输混凝土可将混凝土运送直接入仓,也可作为转料设备。直接入仓浇筑混凝土主要有固定式和移动式两种,固定式即用钢排架支撑多条胶带通过仓面,每条胶带控制浇筑宽度 5 ~6 m,每隔几米设置刮板,混凝土经过溜筒直垂下卸。移动式为仓面上的移动梭式胶带布料机与供应混凝土的固定胶带正交布置,混凝土经过梭式胶带布料机分料入仓。

7.1.4.2 混凝土垂直运输设备

混凝土的垂直运输又称为入仓运输,主要由起重机械来完成,常见的起重机有履带式、门机、塔机等几种。

1. 履带式起重机

履带式起重机多由开挖石方的挖掘机改装而成,直接在地面上开行,无需轨道。它的提升高度不大,但机动灵活、适应工地狭窄的地形,在开工初期能及早使用,生产率高。浇筑混凝土,常与自卸汽车配合。

2. 门式起重机和塔式起重机

门式起重机又称门机,是一种大型移动式起重设备,如图 7-9(a)所示。它的下部为一钢结构门架,门架底部装有车轮,可沿轨道移动。门架下可供运输车辆通行,这样便可使起重机和运输车辆在同一高程上行驶,具有结构简单、运行灵活、起重量大、控制范围较大、工作效率较高等优点,因此在大型水利工程中应用较普遍。这种门机的缺点是塔制高度不大,工作时不能变幅。因此,在高坝施工中,已逐渐被高架门机所代替。

我国新产的 MQ2000 单臂架高架门机如图 7-9(b)所示,起重高度可达 80 m,适宜于浇筑高坝和大型厂房。

塔式起重机又称塔机或塔吊,是在门架上装置高达数十米的钢塔,用于增加起重高度。其起重臂多是水平的,起重小车(带有吊钩)可沿起重臂水平移动,用以改变起重幅度,如图 7-10 所示。塔机可靠近建筑物布置,沿着轨道移动,利用起重小车变幅,所以控制范围是一个长方形的空间,但塔机的稳定性和运行灵活性不如门机,当有 6 级以上大风时,必须停止工作。由于塔顶旋转是由钢绳牵引,塔机只能向一个方向旋转 180°或 360°之后,再回转,而门机却可任意转动。相邻塔机运行时的安全距离要求大,相邻中心距不小于 34 ~85 m。塔机适用于浇筑高坝,并将多台塔机安装在不同的高程上,以发挥控制范围大的优点。

7.1.4.3 混凝土辅助运输设备

运输混凝土的辅助设备有吊罐、集料斗、溜槽、溜管等,用于混凝土装料、卸料和转运入仓,对于保证混凝土质量和运输工作顺利进行起着相当大的作用。

(1)溜槽与振动溜槽,溜槽为钢制槽子(钢模),可从皮带机、自卸汽车、斗车等受料,将混凝土转送入仓。其坡度可由试验确定,常采用 45°左右。当卸料高度过大时,可采用振动溜槽。振动溜槽装有振动器,单节长 4 ~6 m,拼装总长可达 30 m,其输送坡度由于振

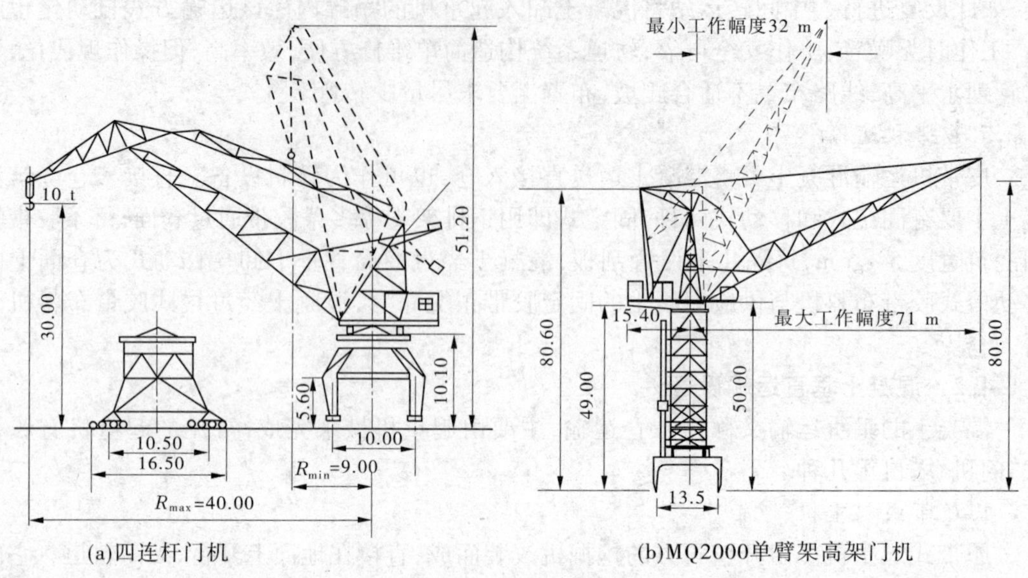

(a)四连杆门机　　(b)MQ2000单臂架高架门机

图 7-9　门机　(单位:m)

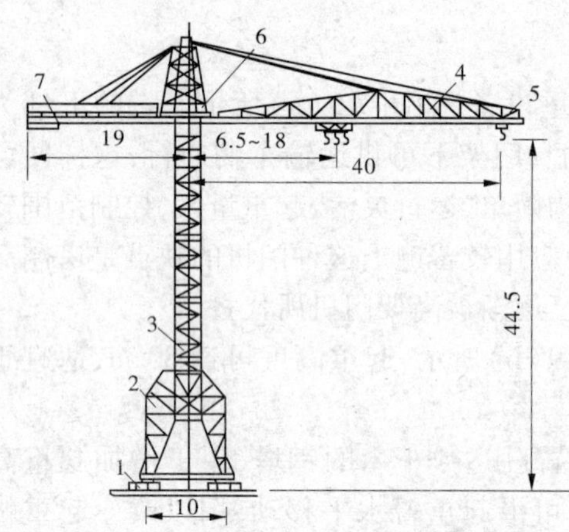

1—车轮;2—门架;3—塔身;4—起重臂;
5—起重小车;6—回转塔架;7—平衡重

图 7-10　10/25 t 塔式起重机　(单位:m)

动器的作用可放缓至 15°～20°。采用溜槽时,应在溜槽末端加设 1～2 节溜管或挡板(如图 7-11 所示),以防止混凝土料在下滑过程中分离。利用溜槽转运入仓,是大型机械设备难以控制部位的有效入仓手段。

(2)溜管与振动溜管。溜管(溜筒)由多节铁皮管串挂而成。每节长 0.8～1 m,上大下小,相邻管节铰挂在一起,可以拖动,如图 7-12 所示。采用溜管卸料可起到缓冲消能作用,以防止混凝土料分离和破碎。

溜管卸料时,其出口离浇筑面的高差应不大于 1.5 m。并利用拉索拖动均匀卸料,但应使溜管出口段约 2 m 长与浇筑面保持垂直,以避免混凝土料分离。随着混凝土浇筑面的上升,可逐节拆卸溜管下端的管节。

溜管卸料多用于断面小、钢筋密的浇筑部位,其卸料半径为 1～1.5 m,卸料高度不大于 10 m。

振动溜管与普通溜管相似,但每隔 4～8 m 的距离装有一个振动器,以防止混凝土料中途堵塞,其卸料高度可达 10～20 m。

(3)吊罐。吊罐有卧罐和立罐之分。卧罐通过自卸汽车受料,立罐置于平台列车直接在搅拌楼出料口受料(如图 7-13、图 7-14 所示)。

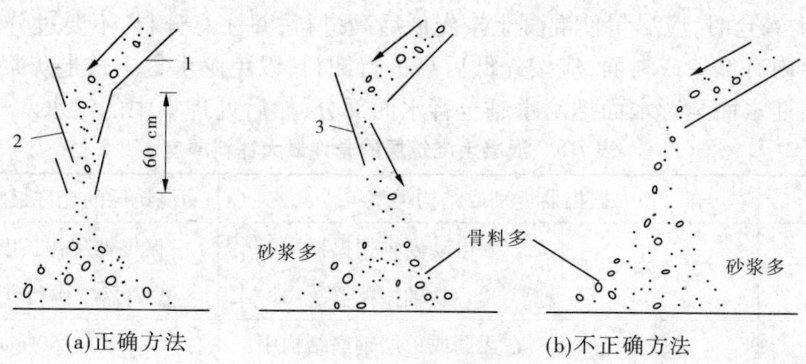

(a)正确方法　　(b)不正确方法

1—溜槽;2—溜筒;3—挡板

图 7-11　溜槽卸料

7.1.5　混凝土浇筑

7.1.5.1　铺料

开始浇筑前,要在岩面或老混凝土面上,先铺一层 2 ~ 3 cm 厚的水泥砂浆(接缝砂浆)以保证新混凝土与基岩或老混凝土结合良好。砂浆的水灰比应较混凝土水灰比减少 0.03 ~ 0.05。混凝土的浇筑,应按一定厚度、次序、方向分层推进。

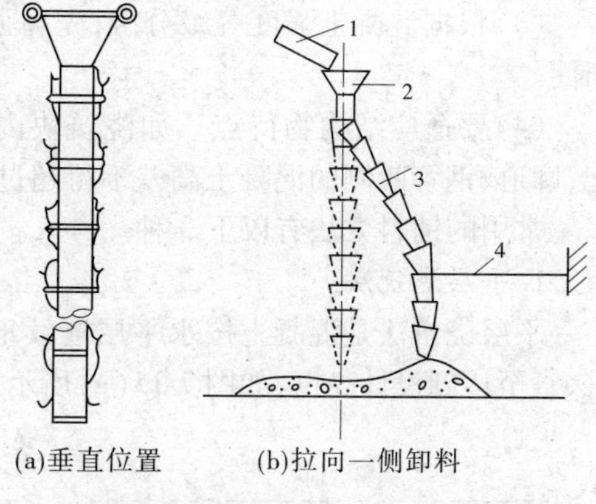

(a)垂直位置　　(b)拉向一侧卸料

1—运料工具;2—受料斗;3—溜管;4—拉索

图 7-12　溜筒

铺料厚度应根据拌和能力、运输距离、浇筑速度、气温及振捣器的性能等因素确定。一般情况下,浇筑层的允许最大厚度不应超过表 7-5 规定的数值,如采用低流态混凝土及大型强力振捣设备时,其浇筑层厚度应根据试验确定。

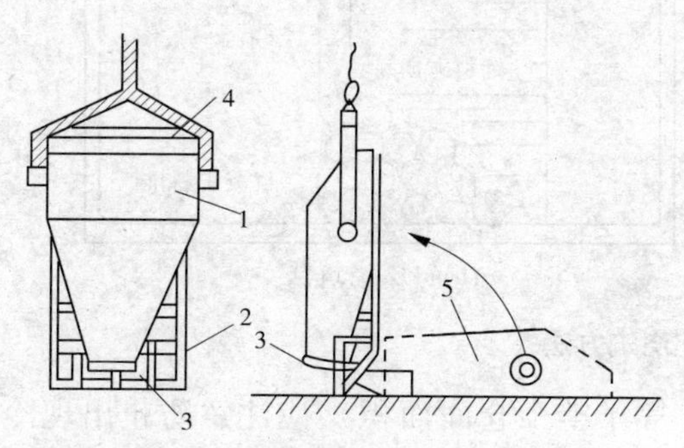

1—装料斗;2—滑架;3—斗门;4—吊梁;5—平卧状态

图 7-13　混凝土卧罐

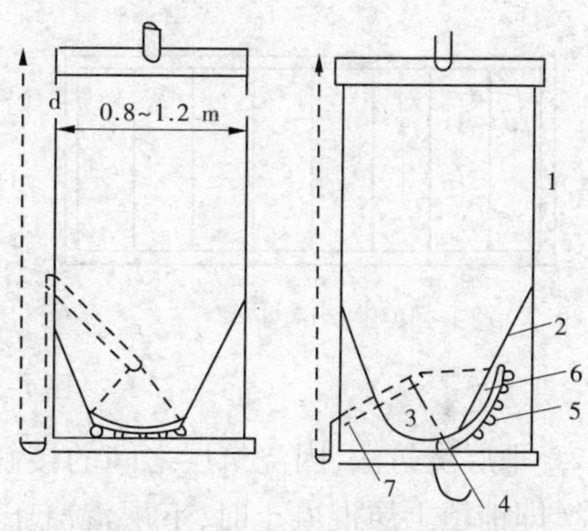

1—金属桶;2—料斗;3—出料口;4—橡皮垫;5—锟轴;6—扇形活门;7—手柄

图 7-14　混凝土立罐

混凝土入仓时，应尽量使混凝土按先低后高进行，并注意分料，不要过分集中。要求：

(1)仓内有低塘或料面，应按先低后高进行卸料，以免泌水集中带走灰浆。

(2)由迎水面至背水面把泌水赶至背水面部分，然后处理集中的泌水。

表 7-5　混凝土浇筑层的允许最大铺料厚度

项次	振捣器类别或结构类型		浇筑层的允许最大铺料厚度
1	插入式	电动硬轴振捣器	振捣器工作长度的 0.8 倍
		软轴振捣器	振捣器工作长度的 1.25 倍
2	表面式	在无筋或单层钢筋结构中	250 mm
		在双层钢筋结构中	120 mm

(3)根据混凝土强度等级分区，先高强度后低强度进行下料，以防止减少高强度区的断面。

(4)要适应结构物待点。如浇筑块内有廊道、钢管或埋件的仓位，卸料必须两侧平起，廊道、钢管两侧的混凝土高差不得超过铺料的层厚(一般 30 ~ 50 cm)。

常用的铺料方法有以下 3 种。

1. 平层浇筑法

平层浇筑法是混凝土按水平层连续地逐层铺填，第一层浇完后再浇第二层，依次类推，直至达到设计高度，如图 7-15(a)所示。

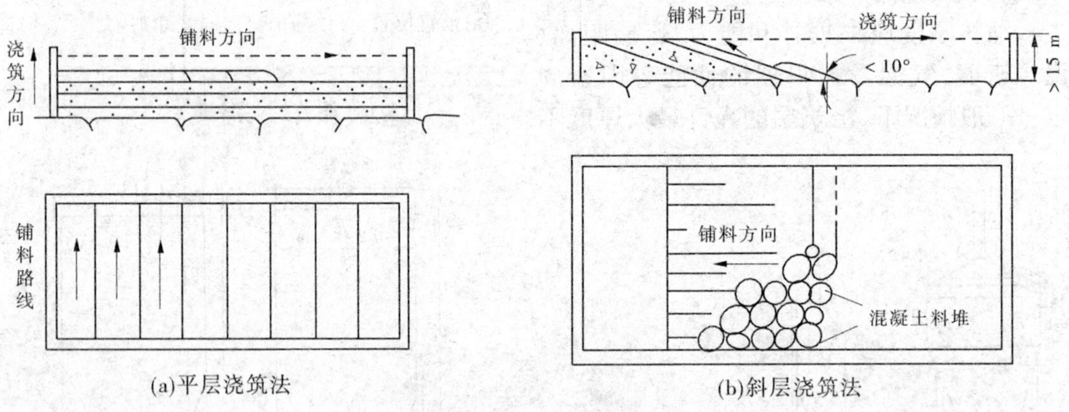

(a)平层浇筑法　　(b)斜层浇筑法

图 7-15　混凝土浇筑方法

平层浇筑法，因浇筑层之间的接触面积大(等于整个仓面面积)，应注意防止出现冷缝(即铺填上层混凝土时，下层混凝土已经初凝)。为了避免产生冷缝，仓面面积 A 和浇筑层厚度 h 必须满足公式(7-3)。

$$Ah \leqslant KQ(t_2 - t_1) \tag{7-3}$$

式中：A 为浇筑仓面最大水平面积，m^2；h 为浇筑厚度，取决于振捣器的工作深度，一般为 0.3 ~ 0.5 m；K 为时间延误系数，可取 0.8 ~ 0.85；Q 为混凝土浇筑的实际生产能力，m^3/h；t_2 为混凝土初凝时间，h；t_1 为混凝土运输、浇筑所占时间，h。

平层铺料法实际应用较多,有以下特点:

(1)铺料的接头明显,混凝土便于振捣,不易漏振;

(2)平层铺料法能较好地保持老混凝土面的清洁,保证新老混凝土之间的结合质量;

(3)适用于不同坍落度的混凝土;

(4)适用于有廊道、竖井、钢管等结构的混凝土。

2. 斜层浇筑法

当浇筑仓面面积较大,而混凝土拌和、运输能力有限时,采用平层浇筑法容易产生冷缝时,可用斜层浇筑法和台阶浇筑法。

斜层浇筑法是在浇筑仓面,从一端向另一端推进,推进中及时覆盖,以免发生冷缝。斜层坡度不超过10°,否则在平仓振捣时易使砂浆流动,骨料分离,下层已捣实的混凝土也可能产生错动,如图7-15(b)所示。浇筑块高度一般限制在1.5 m左右。当浇筑块较薄,且对混凝土采取预冷措施时,斜层浇筑法是较常见的方法,因浇筑过程中混凝土冷量损失较小。

3. 台阶浇筑法

台阶浇筑法是从块体短边一端向另一端铺料,边前进、边加高,逐步向前推进并形成明显的台阶,直至把整个仓位浇到收仓高程。浇筑坝体迎水面仓位时,应顺坝轴线方向铺料。浇筑块的台阶层数以3~5层为宜,层数过多,易使下层混凝土错动,并使浇筑仓内平仓振捣机械上下频率调动,容易造成漏振。

应该指出,不管采用上述何种铺筑方法,浇筑时相邻两层混凝土的间歇时间不允许超过混凝土铺料允许间隔时间。混凝土允许间隔时间是指自混凝土拌和机出料口到初凝前覆盖上层混凝土为止的这一段时间,它与气温、太阳辐射、风速、混凝土入仓温度、水泥品种、掺外加剂品种等条件有关,如表7-6所示。

表7-6 混凝土浇筑允许间隔时间

混凝土浇筑时的气温(℃)	允许间隔时间(min)	
	普通硅酸盐水泥	矿渣硅酸盐水泥及火山灰质硅酸盐水泥
20~30	90	120
10~20	135	180
5~10	195	

注:本表数值未考虑外加剂、混合料及其他特殊施工措施的影响。

7.1.5.2 平仓

平仓是把卸入仓内成堆的混凝土摊平到要求的均匀厚度。平仓不好会造成离析,使骨料架空,严重影响混凝土质量。

1. 人工平仓

人工平仓用铁锹,平仓距离不超过3 m。只适用以下场合:

(1)在靠近模板和钢筋较密的地方,用人工平仓,使石子分布均匀。

(2)水平止水、止浆片底部要用人工送料填满,严禁料罐直接下料,以免止水、止浆片卷曲和底部混凝土架空。

(3)门槽、机组预埋件等空间狭小的二期混凝土。

(4)各种预埋件、观测设备周围用人工平仓,防止位移和损坏。

2. 振捣器平仓

振捣器平仓时应将振捣器斜插入混凝土料堆下部,使混凝土向操作者位置移动,然后一次一次地插向料堆上部,直至混凝土摊平到规定的厚度为止。如将振捣器垂直插入料堆顶部,平仓工效固然较高,但易造成粗骨料沿锥体四周下滑,砂浆则集中在中间形成砂浆窝,影响混凝土均质性。经过振动摊平的混凝土表面可能已经泛出砂浆,但内部并未完全捣实,切不可将平仓和振捣合二为一,影响浇筑质量。

7.1.5.3 振捣

振捣是振动捣实的简称,它是保证混凝土浇筑质量的关键工序。振捣的目的是尽可能减少混凝土中的空隙,以清除混凝土内部的孔洞,并使混凝土与模板、钢筋及埋件紧密结合,从而保证混凝土的最大密实度,提高混凝土质量。

当结构钢筋较密,振捣器难于施工,或混凝土内有预埋件、观测设备,周围混凝土振捣力不宜过大时采用人工振捣。人工振捣要求混凝土拌和物坍落度大于 5 cm,铺料层厚度小于 20 cm。人工振捣工具有捣固锤、捣固杆和捣固铲。捣固锤主要用来捣固混凝土的表面;捣固铲用于插边,使砂浆与模板靠紧,防止表面出现麻面;捣固杆用于钢筋稠密的混凝土中,以使钢筋被水泥砂浆包裹,增加混凝土与钢筋之间的握裹力。人工振捣工效低,混凝土质量不易保证。

混凝土振捣主要采用振捣器进行,振捣器产生小振幅、高频率的振动,使混凝土在其振动的作用下,内摩擦力和黏结力大大降低,使干稠的混凝土获得了流动性,在重力的作用下骨料互相滑动而紧密排列,空隙由砂浆所填满,空气被排出,从而使混凝土密实,并填满模板内部空间,且与钢筋紧密结合。

1. 混凝土振捣器

混凝土振捣器的类型,按振捣方式的不同,分为插入式、外部式、表面式和振动台等,如图 7-16 所示。其中外部式只适用于柱、墙等结构尺寸小且钢筋密的构件;表面式只适用于薄层混凝土的捣实(如渠道衬砌、道路、薄板等);振动台多用于实验室。

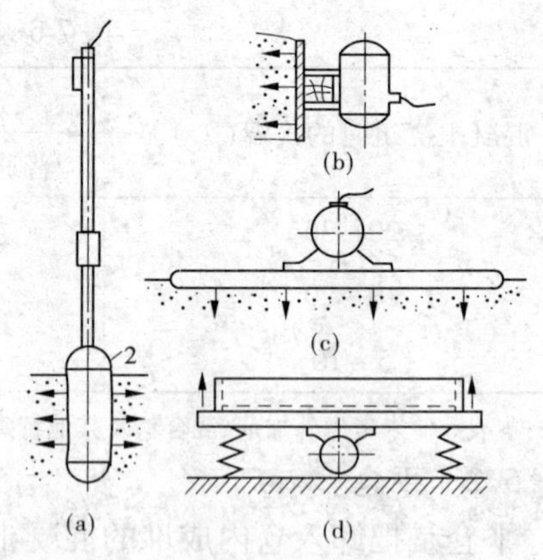

(a)插入式振捣器;(b)外部振捣器;(c)表面式振捣器;(d)振动台

图 7-16 混凝土振捣器

1)插入式振捣器

根据使用的动力不同,插入式振捣器有电动式、风动式和内燃机式 3 类。内燃机式仅用于无电源的场合。风动式因其能耗较大、不经济,同时风压和负载变化时会使振动频率显著改变,因而影响混凝土振捣密实质量,逐渐被淘汰。因此,一般工程均采用电动式振捣器。电动插入式振捣器又分为三种,如表 7-7 所示。

(1)电动软轴插入式振捣器,如图 7-17 所示。它的电动机和机械增速器(齿轮机构)

安装在底盘上，通过软轴（由钢丝股制成）带动振动棒内的偏心轴高速旋转而产生振动。这偏心轴式软轴振捣器，由于偏心轴旋转的振动频率受到制造上的限制，故振动频率不高，应用在钢筋密集、结构单薄的部位，有 B-50 型，ϕ63 型等。

表 7-7 电动插入式振捣器

序号	名称	构造	适用范围
1	串激式振捣器	串激式电机拖动，直径 18 ~ 50 mm	小型构件
2	软轴振捣器	有偏心式、外滚道行星式、内滚道行星式振捣棒直径 25 ~ 100 mm	除薄板以外各种混凝土工程
3	硬轴振捣器	直联式，振捣棒直径 80 ~ 133 mm	大体积混凝土

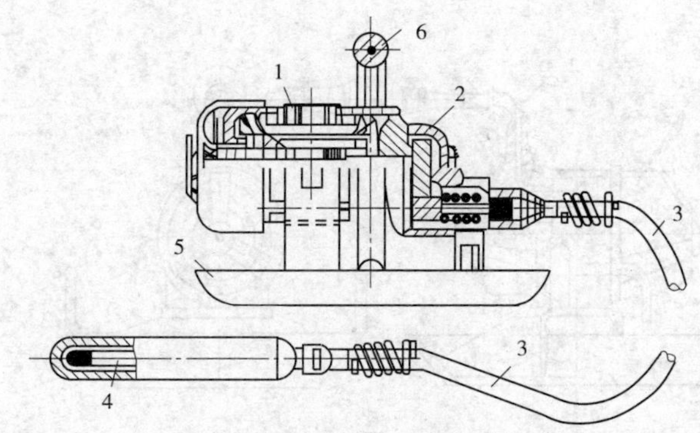

1—电动机；2—机械增速器；3—软轴；
4—振动棒；5—底盘；6—手柄

图 7-17 电动软轴插入式振动器

（2）电动硬轴插入式振捣器。电动机装在振动棒内部，直接与偏心块振动机构相连，如图 7-18 所示。同时采用低压变频装置代替机械增速器，以保证工人安全操作和提高振捣器的振动频率。

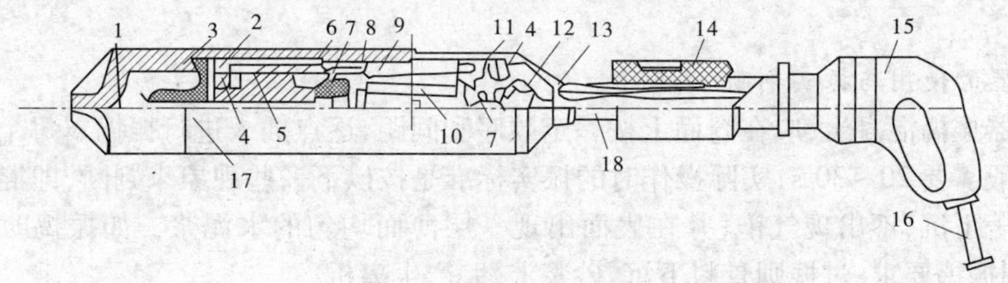

1—端塞；2—吸油嘴；3—油盘；4—轴承；5—偏心轴；6—油封座；
7—油封；8—中间壳体；9—定子；10—转子；11—轴承座；12—接线盖；13—尾盖；
14—减振器；15—手柄；16—引出电缆；17—圆销孔；18—连接管

图 7-18 插入式电动硬轴振捣器 （单位：mm）

硬轴振捣器构造比较简单，使用方便，其振动影响半径大（35 ~ 60 cm），振捣效果好，故在大体积混凝土浇筑中应用最普遍。常见型号有国产 HZ6P－800、HZ6X－30 型,电动机电压为 30～42 V。

2)外部式振捣器

外部式振捣器包括附着式、平板(梁)式及振动台 3 种类型。平板(梁)式振捣器有两种型式,一是在附着式振捣器底座上用螺栓紧固一块木板或钢板(梁),通过附着式振捣器所产生的激振力传递给振板,迫使振板振动而振实混凝土,如图 7-19 所示;另一类是定型的平板(梁)式振捣器,振板为钢制槽形(梁形)振板,上有把手,便于边振捣边拖行,更适用于大面积的振捣作业。

上述外部式振捣器空载振动频率在 2 800～2 850 r/min 之间,由于振捣频率低,混凝土拌和物中的气泡和水分不易逸出,振捣效果不佳。近年来已开始采用变频机组供电的附着式和平板式振捣器,振捣频率可达 9 000～12 000 r/min,振捣效果较好。

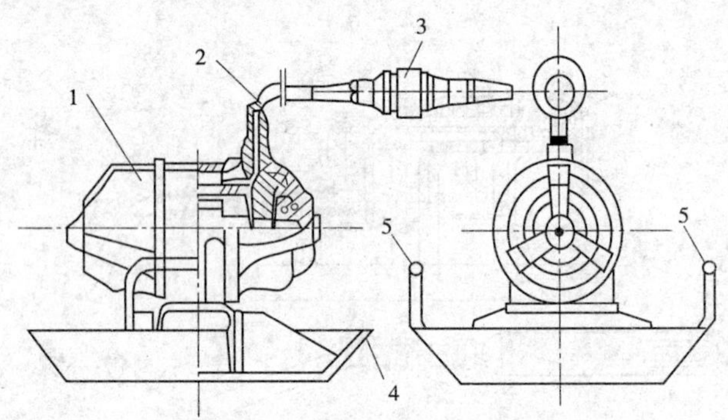

1—振动电动机;2—电缆;3—电缆接头;4—钢制槽形振板;5—手柄

图 7-19 槽形平板式振捣器

3)振动台

混凝土振动台,又称台式振捣器。它是一种使混凝土拌和物振动成型的机械。其机架一般支承在弹簧上,机架下装有激振器,机架上安置成型制品的钢模板,模板内装有混凝土拌和物。在激振器的作用下,机架连同模板及混合料一起振动,使混凝土拌和物密实成型。

2. 振捣器的使用与振实判断

用振捣器振捣混凝土,应在仓面上按一定顺序和间距,逐点插入进行振捣。每个插点振捣时间一般需要 20～30 s,实际操作时的振实标准是按以下一些现象来判断,即混凝土表面不再显著下沉,不出现气泡;并在表面出现一层薄而均匀的水泥浆。如振捣时间不够,则达不到振捣要求;过振则骨料下沉、砂浆上翻,产生离析。

振捣器的有效振动范围用振动作用半径 R 表示。R 值的大小与混凝土坍落度和振捣器性能有关,可经试验确定,一般为 30～50 cm。

为了避免漏振,插入点之间的距离不能过大。要求相邻插点间距不应大于其影响半径的 1.5～1.75 倍;如图 7-20 所示。在布置振捣器插点位置时,还应注意不要碰到钢筋和模板。但离模板的距离也不要大于 20～30 cm,以免因漏振使混凝土表面出现蜂窝麻面。

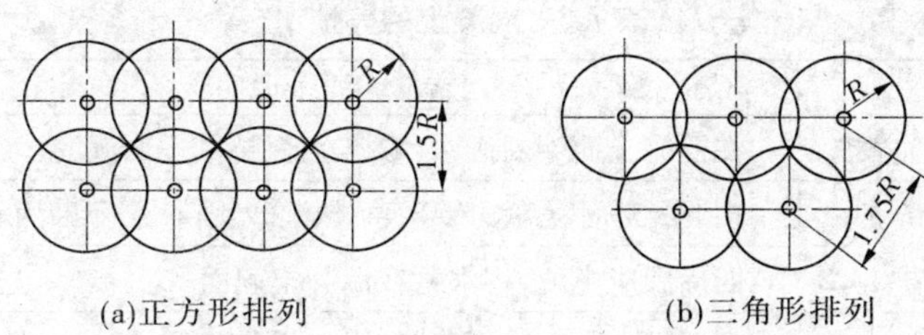

图 7-20　振捣器插入点排列示意图

在每个插点进行振捣时，振捣器要垂直插入，快插慢拔，并插入下混凝土 5 ~ 10 cm，以保证上、下混凝土结合。

3. 混凝土平仓振捣机

它是一种能同时进行混凝土平仓和振捣两项作业的新型混凝土施工机械，如图 7-21 所示。

采用平仓振捣机，能代替繁重的劳动、提高振实效果和生产率，适用于大体积混凝土机械化施工。但要求仓面大、无模板拉条、履带压力小，还需要起重机吊运入仓。

根据行走底盘的型式，平仓振捣机主要有履带推土机式和液压臂式两种基本类型。

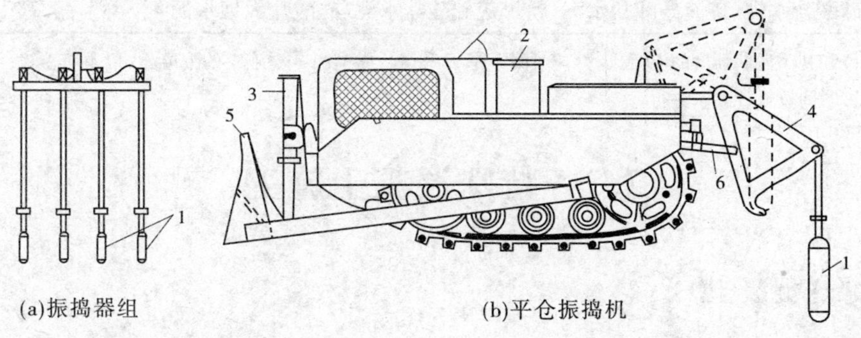

1—振捣器；2—推土机；3—液压缸；4—吊架；5—推土刀片；6—悬吊机构

图 7-21　振捣器组和平仓振捣机

7.1.6　混凝土的养护

混凝土浇筑完毕后，在一个相当长的时间内，应保持其适当的温度和足够的湿度，以造成混凝土良好的硬化条件，这就是混凝土的养护工作。混凝土表面水分不断蒸发，如不设法防止水分损失，水化作用未能充分进行，混凝土的强度将受到影响，还可能产生干缩裂缝。因此，混凝土养护的目的，一是创造有利条件，使水泥充分水化，加速混凝土的硬化；二是防止混凝土成型后因曝晒、风吹、干燥等自然因素影响，出现不正常的收缩、裂缝等现象。

混凝土的养护方法分为自然养护和热养护两类，如表 7-8 所示。养护时间取决于当地气温、水泥品种和结构物的重要性，如表 7-9 所示。

表 7-8　混凝土的养护

类别	名称	说明
自然养护	洒水(喷雾)养护	在混凝土面不断洒水(喷雾),保持其表面湿润
	覆盖浇水养护	在混凝土面覆盖湿麻袋、草袋、湿砂、锯末等,不断洒水保持其表面湿润
	围水养护	四周围成土埂,将水蓄在混凝土表面
	铺膜养护	在混凝土表面铺上薄膜,阻止水分蒸发
	喷膜养护	在混凝土表面喷上薄膜,阻止水分蒸发
热养护	蒸汽养护	利用热蒸汽对混凝土进行湿热养护
	热水(热油)养护	将水或油加热,将构件搁置在其上养护
	电热养护	对模板加热或微波加热养护
	太阳能养护	利用各种罩、窑、集热箱等封闭装置对构件进行养护

表 7-9　混凝土养护时间

水泥种类	养护时间(d)
硅酸盐水泥、普通硅酸盐水泥	14
火山灰质硅酸盐水泥、矿渣硅酸盐水泥、粉煤灰硅酸盐水泥、硅酸盐大坝水泥	21

注:重要部位和利用后期强度的混凝土,养护时间不少于 28 d。夏季和冬季施工的混凝土,以及有温度控制要求混凝土养护时间按设计要求进行。

7.2　特殊混凝土施工

7.2.1　泵送混凝土

泵送混凝土是将混凝土拌和物从搅拌机出口通过管道连续不断地泵送到浇筑仓面的一种施工方法。

7.2.1.1　混凝土泵

1. 混凝土泵类型

混凝土泵类型及泵送原理如表 7-10 所示。

表 7-10　混凝土泵类型及泵送原理

类别		泵送原理
活塞式	机械式	动力装置带动曲柄使活塞往返动作,将混凝土送出
	液压式	液压装置推动活塞往返动作,将混凝土送出
挤压式		泵室内有橡胶管及滚轮架,滚轮架转动时将橡胶管内混凝土压出
隔膜式		利用水压力压缩泵体内橡胶隔膜,将混凝土压出
气罐式		利用压缩空气将贮料罐内的混凝土吹压输送出

2. 液压活塞式混凝土泵

工程上使用较多的是液压活塞式混凝土泵，它是通过液压缸的压力油推动活塞，再通过活塞杆推动混凝土缸中的工作活塞来进行压送混凝土。

混凝土泵分拖式（地泵）和泵车两种型式。图 7-22 为 HBT60 拖式混凝土泵示意图。它主要由混凝土泵送系统、液压操作系统、混凝土搅拌系统、油脂润滑系统、冷却和水泵清洗系统以及用来安装和支承上述系统的金属结构车架、车桥、支脚和导向轮等组成。

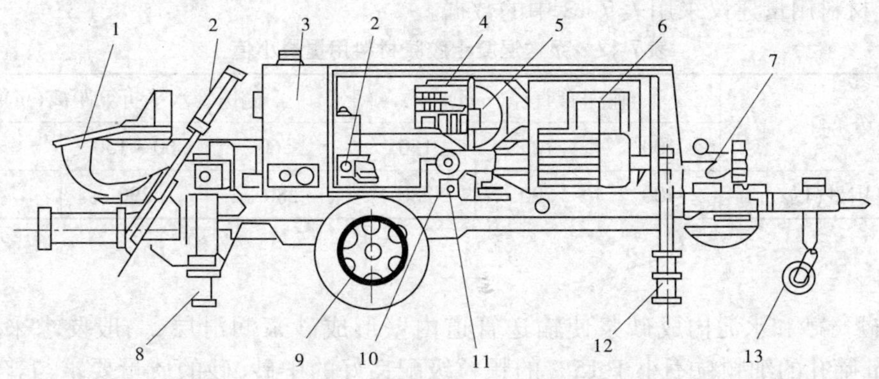

1—料斗；2—集流阀组；3—油箱；4—操作盘；5—冷却器；6—电器柜；7—水泵；8——后支脚；9—车桥；10—车架；11—排出量手轮；12—前支腿；13—导向轮

图 7-22　HBT60 拖式混凝土泵

泵送系统由左、右主油缸、先导阀、洗涤室、止动销、混凝土活塞、输送缸、滑阀及滑阀缸、“Y”形管、料斗架组成。当压力油进入右主油缸无杆腔时，有杆腔的液压油通过闭合油路进入左主油缸，同时带动混凝土活塞缩回并产生自吸作用，这时在料斗搅拌叶片的助推作用下，料斗的混凝土通过滑阀吸入口，被吸入输送缸，直到右主轴油缸活塞行程到达终点，撞击先导阀实现自动换向后，左缸吸入的混凝土再通过滑阀输出口进入“Y”形管，完成一个吸、送行程，如表 7-11 所示。由于左、右主油缸是不断地交叉完成各自的吸、送行程，这样，料斗里的混凝土就源源不断地被输送到达作业点，完成泵送作业，如表 7-12 所示。

表 7-11　混凝土泵泵送循环

类别	活塞	滑阀	
吸入混凝土	缩回	吸入口放开	输出口关闭
输出混凝土	推进	吸入口关闭	输出口开放

将混凝土泵安装在汽车上称为臂架式混凝土泵车，它是将混凝土泵安装在汽车底盘上，并用液压折叠式臂架管道来运输混凝土，不需要在现场临时铺设管道。

7.2.1.2　泵送混凝土的配合比

泵送混凝土除满足普通混凝土有关要求外，还应具备可泵性。可泵性与胶凝材料类型、砂子级配及砂率、石子颗粒大小及级配、水灰比及外加剂品种与掺量等因素有关。

1. 原材料要求

1）胶凝材料

（1）水泥，水泥品质符合国家标准。一般采用保水性好的硅酸盐水泥或普通硅酸盐水泥。泵送大体积混凝土时，应选用水化热低的水泥。

（2）粉煤灰，为节约水泥，保证混凝土拌和物具有必要的可泵性，在配制泵送混凝土时可掺入一定数量粉煤灰。粉煤灰质量应符合标准。

胶凝材料用量建议采用表7-12中的数据。

表7-12　泵送混凝土胶凝材料用量最小值

泵送条件	输送管直径（mm）			输送管水平折算距离（m）		
	100	125	150	<60	60～150	>150
胶凝材料用量（kg/m^3）	300	290	280	280	290	300

2）骨料

（1）砂。砂和水泥构成砂浆使输送管道内壁形成砂浆润滑层，一般要求采用通过0.315 mm筛孔的细颗粒不小于15%的颗粒级配良好的中砂，砂的质量要求与普通混凝土相同。

（2）石子。石子最大粒径应满足表7-13的要求，并不应有超径骨料进入混凝土泵。石子级配应连续。

表7-13　泵送混凝土管径与粗骨料最大粒径关系

粗骨料种类	碎石	卵石
管径	粗骨料最大粒径的4倍	粗骨料最大粒径的3.5倍

（3）外加剂。为节约水泥及改善可泵性，常采用减水剂及泵送剂。

2. 坍落度

规范要求进泵混凝土拌和物坍落度一般宜为8～14 cm。但如果石子粒径适宜、级配良好、配合比适当，坍落度为5～20 cm的混凝土也可泵送。当管道转弯较多时，由于弯管、接头多，压力损失大，应适当加大坍落度。向下泵送时，为防止混凝土因自重下滑而引起堵管，坍落度应适当减小。向上泵送时，为避免过大的倒流压力，坍落度亦不能过大。

7.2.1.3　泵送混凝土施工

1. 施工准备

1）混凝土泵的安装

（1）混凝土泵安装应水平，场地应平坦坚实，尤其是支腿支承处。严禁左右倾斜和安装在斜坡上，如地基不平，应整平夯实。

（2）应尽量安装在靠近施工现场。若使用混凝土搅拌运输车供料，还应注意车道和进出方便。

（3）长期使用时需在混凝土泵上方搭设工棚。

（4）混凝土泵安装应牢固：①支腿升起后，插销必须插准、锁紧并防止振动松脱。

②布管后应在混凝土泵出口转弯的弯管和锥管处,用钢钎固定,必要时还可用钢丝绳固定在地面上。

2)管道安装

泵送混凝土布管,应根据工程施工场地特点,最大骨料粒径、混凝土泵型号、输送距离及输送难易程度等进行选择与配置。布管时,应尽量缩短管线长度,少用弯管和软管;在同一条管线中,应采用相同管径的混凝土管;同时采用新、旧配管时,应将新管布置在泵送压力较大处,管线应固定牢靠,管接头应严密,不得漏浆;应使用无龟裂、无凸凹损伤和无弯折的配管。

(1)混凝土输送管的使用要求。①管径。输送管的管径取决于泵送混凝土粗骨料的最大粒径,如表7-14所示。②管壁厚度。管壁厚度应与泵送压力相适应。使用管壁太薄的配管,作业中会产生爆管,使用前应清理检查,太薄的管应装在前端出口处。

表7-14 泵送管道及配件

类别		单位	规格
直管	管径	mm	100、125、150、175、200
	长度	m	4、3、2、1
弯管	水平角		15°、30°、45°、60°、90°
	曲率半径	m	0.5、1.0
锥形管		mm	200→175、175→150、150→125、125→100
布料管	管径	mm	与主管相同
	长度	mm	约6 000

(2)布管。混凝土输送管线宜直,转弯宜缓,以减少压力损失;接头应严密,防止漏水漏浆;浇筑点应先远后近(管道只拆不接,方便工作);前端软管应垂直放置,不宜水平布置使用。如需水平放置,切忌弯曲角过大,以防爆管。管道应合理固定,不影响交通运输,不搞乱已绑扎好的钢筋,不使模板振动;管道、弯头、零配件应有备品,可随时更换。垂直向上布管时,为减轻混凝土泵出口处压力,宜使地面水平管长度不小于垂直管长度的1/4,一般不宜小于15 m。如条件限制可增加弯管或环形管满足要求。当垂直输送距离较大时,应在混凝土泵机"Y"形管出料口3~6 m处的输送管根部设置销阀管(亦称插管),以防混凝土拌和物反流,如图7-23所示。

侧斜向下布管时,当高差大于20 m时,应在斜管下端设置5倍高差长度的水平管;如条件限制,可增加弯管或环形管满足以上要求,如图7-24所示。

当坡度大于20°时,应在斜管上端设排气装置。泵送混凝土时,应先把排气阀打开,待输送管下段混凝土有了一定压力时,方可关闭排气阀。

3)混凝土泵空转

混凝土泵压送作业前应空运转,方法是将排出量手轮旋至最大排量,给料斗加足水空转10 min以上。

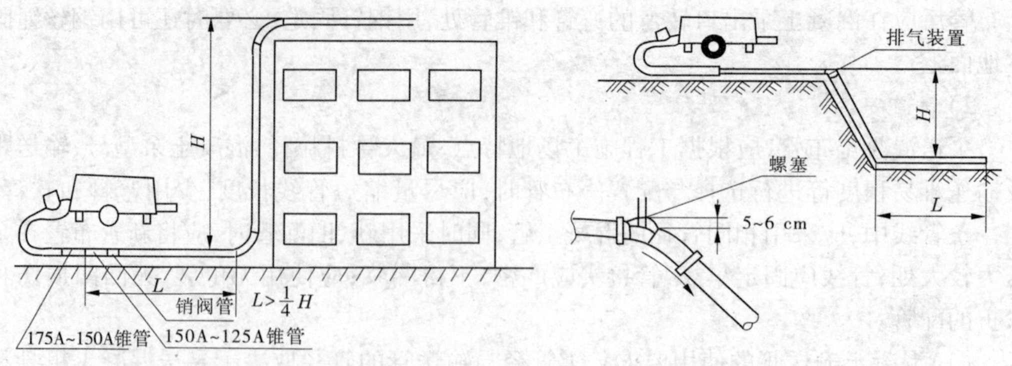

图 7-23　垂直向上布管　　　　图 7-24　垂直向下布管

4）管道润滑剂的压送

混凝土泵开始连续泵送前要对配管泵送润滑剂。润滑剂有砂浆和水泥浆两种，一般常采用砂浆。砂浆的压送方法是：①配好砂浆。②将砂浆倒入料斗，并调整排出量手轮至 20 ~ 30 m^3/h 处，然后进行压送。当砂浆即将压送完毕时，即可倒入混凝土，直接转入正常压送。③砂浆压送时出现堵塞时，可拆下最前面的一节配管，将其内部脱水块取出，接好配管，即可正常运转。

2. 混凝土的压送

1）混凝土压送

开始压送混凝土时，应使混凝土泵低速运转，注意观察混凝土泵的输送压力和各部位的工作情况，在确认混凝土泵各部位工作正常后，才提高混凝土泵的运转速度，加大行程，转入正常压送。

如管路有向下倾斜下降段时，要将排气阀门打开，在倾斜段起点塞一个用湿麻袋或泡沫塑料球做成的软塞，以防止混凝土拌和物自由下降或分离。塞子被压送的混凝土推送，直到输送管全部充满混凝土后，关闭排气阀门。

正常压送时，要保持连续压送，尽量避免压送中断。静停时间越长，混凝土分离现象就会越严重。当中断后再继续压送时，输送管上部泌水就会被排走，最后剩下的下沉粗骨料就易造成输送管的堵塞。

泵送时，受料斗内应经常有足够的混凝土，防止吸入空气造成阻塞。

2）压送中断措施

浇灌中断是允许的，但不得随意留施工缝。浇灌停歇压送中断期内，应采取一定的技术措施，防止输送管内混凝土离析或凝结而引起管路的堵塞。压送中断的时间，一般应限制在 1 h 之内，夏季还应缩短。压送中断期内混凝土泵必须进行间隔推动，每隔 4 ~ 5 min 一次，每次进行不少于 4 个行程的正、反转推动，以防止输送管的混凝土离析或凝结。如泵机停机时间超过 45 min，应将存留在导管内的混凝土排出，并加以清洗。

3）压送管路堵塞及其预防、处理

（1）堵管原因。在混凝土压送过程中，输送管路由于混凝土拌和物品质不良，可泵性差；输送管路配管设计不合理；异物堵塞；混凝土泵操作方法不当等原因，常常造成管路堵塞。坍落度大，黏滞性不足，泌水多的混凝土拌和物容易产生离析，在泵压作用下，水泥浆体容易流失，而粗骨料下沉后推动困难，很容易造成输送管路的堵塞。在输送管路中混凝土流动阻力增大的部位（如“Y”形管、锥形管及弯管等部位）也极易发生堵塞。

向下倾斜配管时，当下倾配管下端阻压管长度不足，在使用大坍落度混凝土时，在下倾管处，混凝土会呈自由下流状态，在自流状态下混凝土易发生离析而引起输送管路的堵塞。由于对进料斗、输送管检查不严及压送过程中对骨料的管理不良，使混凝土拌和物中混入了大粒径的石块、砖块及短钢筋等而引起管路的堵塞。

混凝土泵操作不当，也易造成管路堵塞。操作时要注意观察混凝土泵在压送过程中的工作状态。压送困难、泵的输送压力异常及管路振动增大等现象都是堵塞的先兆，若在这种异常情况下，仍然强制高速压送，就易造成堵管。堵管原因如表 7-15 所示。

表 7-15　输送管堵塞原因

项目	混凝土拌和物质量	泵送管道	操纵方法	混凝土泵
堵塞原因	1. 坍落度不稳定 2. 砂子用量较少 3. 石料粒径、级配超过规定 4. 搅拌后停留时间超过规定 5. 砂子、石子分布不匀	1. 使用弯曲半径太小的弯管 2. 使用了锥度太大的锥形管 3. 配管凹陷或接口未对齐 4. 管子和管接头漏水	1. 混凝土排量大 2. 待料或停机时间过长	1. 滑阀磨损过大 2. 活塞密封和输送缸磨损过大 3. 液压系统调整不当，动作不协调

（2）堵管的预防。防止输送管路堵塞，除混凝土配合比设计要满足可泵性的要求，配管设计要合理，加强混凝土拌制、运输、供应过程的管路确保混凝土的质量外，在混凝土压送时，还应采取以下预防措施：①严格控制混凝土的质量。对和易性和均质性不符合要求的混凝土不得入泵，禁止使用已经离析或拌制后超过 90 min 而未经任何处理的混凝土。②严格按操作规程的规定操作。在混凝土输送过程中，当出现压送困难、泵的输送压力升高、输送管路振动增大等现象时，混凝土泵的操作人员首先应放慢压送速度，进行正、反转往复推动，辅助人员用木锤敲击弯管、锥形管等易发生堵塞的部位，切不可强制高速压送。

（3）堵管的排除。堵管后，应迅速找出堵管部位，及时排除。首先用木锤敲击管路，敲击时声音闷响说明已堵管。待混凝土泵卸压后，即可拆卸堵塞管段，取出管内堵塞混凝土。拆管时操作者勿站在管口的正前方，避免混凝土突然喷射。然后对剩余管段进行试压送，确认再无堵管后，才可以重新接管。

重新接入管路的各管段接头扣件的螺栓先不要拧紧（安装时应加防漏垫片），应待重新开始压送混凝土、把新接管段内的空气从管段的接头处排尽后，方可把各管段接头扣件的螺丝拧紧。

7.2.2　真空作业混凝土

为提高混凝土的密实性、抗冲耐磨性、抗冻性，以及增大强度，减少表面缩裂，可采用混凝土真空作业法。真空作业法借助于真空负压，将水从刚成型的混凝土拌和物中排出，减少水灰比，提高混凝土强度，同时使混凝土密实。

7.2.2.1　**真空作业系统**

真空作业系统包括真空泵机组、真空罐、集水罐、连接器、气垫薄膜吸水装置等，如图 7-25 所示。

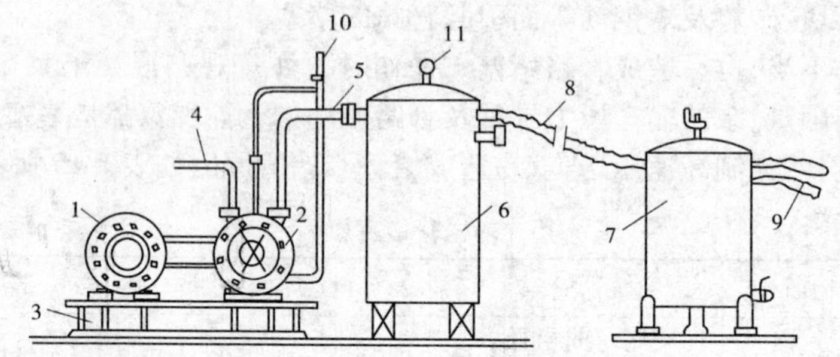

1—电动机；2—真空泵；3—基础支架；4—排水管；5—吸水管；6—真空罐；
7—集水罐；8—橡皮吸入总管；9—橡皮吸入管；10—给水管；11—真空计

图 7-25　真空作业系统

7.2.2.2　**真空吸水施工**

1. 混凝土拌和物

采用真空吸水的混凝土拌和物，按设计配合比适当增大用水量，水灰比可为 0.48 ~ 0.55，其他材料维持原设计不变。

2. 作业面准备

按常规方法将混凝土振捣密实、抹平。因真空作业后混凝土面有沉降，此时混凝土应比设计高度略高 5 ~ 10 mm，具体数据由试验确定。然后，在过滤布上涂上一层石灰浆或其他防止黏结的材料，以防过滤布与混凝土黏结。

3. 真空作业

混凝土振捣抹平后 15 min，应开始真空作业。开机后真空度应逐渐增加，当达到要求的真空度（500 ~ 600 mmHg 柱）开始正常出水后，真空度保持均匀。结束吸水工作前，真空度应逐渐减弱，防止在混凝土内部留下出水通路，影响混凝土的密实度。

真空吸水时间（min）宜为作业厚度（cm）的 1 ~ 1.5 倍，并以剩余水灰比来检验真空吸水效果（如表 7-16 所示）。真空作业深度不宜超过 30 cm。

表 7-16　真空作业所需时间参考值

混凝土层厚（cm）	<5	6 ~ 10	11 ~ 15	16 ~ 20	21 ~ 25
吸真空所需时间（min）	3.75	4.75 ~ 8.50	10 ~ 16	18 ~ 26	28.5 ~ 38.5

注：1. 适用于普通硅酸盐水泥配制的混凝土；

2. 模板、吸盘真空腔真空度为 500 mmHg 柱高度。

真空吸水作业完成后要进一步对混凝土表面抹光，保证表面的平整。

在气温低于 8 ℃的条件下进行真空作业时，应注意防止真空系统内水分冻结。真空系统各部位应采取防冻措施。

每次真空作业完毕，模板、吸盘、真空系统和管道应清洗干净。

7.2.3 埋石混凝土施工

混凝土施工中，为节约水泥，降低混凝土的水化热，常埋设大量块石。埋设块石的混凝土即称为埋石混凝土。

埋石混凝土对埋放块石的质量要求是：石料无风化现象和裂隙，完整，形状方正，并经冲洗干净风干。块石大小不宜小于300～400 mm。

埋石混凝土的埋石方法采用单个埋设法，即先铺一层混凝土，然后将块石均匀地摆上，块石与块石之间必须有一定距离。

(1)先埋后振法，即铺填混凝土后，先将块石摆好，然后将振捣器插入混凝土内振捣。先埋后振法的块石间距不得小于混凝土粗骨料最大粒径的两倍。由于施工中有时块石供应赶不上混凝土的浇筑，特别是人工抬石入仓更难与混凝土铺设取得有节奏的配合，因此先埋后振法容易使混凝土放置时间过长，失去塑性，造成混凝土振动不良，块石未能很好地沉放混凝土内等质量事故。

(2)先振后埋法，即铺好混凝土后即进行振捣，然后再摆块石。这样人工抬石比较省力，块石间的间距可以大大缩短，只要彼此不靠即可。块石摆好后再进行第二次的混凝土的铺填和振捣。

从埋石混凝土施工质量来看，先埋后振比先振后埋法要好，因为块石是借振动作用挤压到混凝土内去的。为保证质量，应尽可能不采用先振后埋法。

埋石混凝土块石表面凸凹不平，振捣时低洼处水分难于排出，形成块石表面水分过多；水泥砂浆泌出的水分往往集中于块石底部；混凝土本身的分离，粗骨料下降，水分上升，形成上部松散层；埋石延长了混凝土的停置时间，使它失去塑性，以致难于捣实。这些原因会造成块石与混凝土的胶结强度难以完全得到保证，容易造成渗漏事故。因此，迎水面附近1.5 m内，应用普通防渗混凝土，不埋块石；基础附近1.0 m内，廊道、大孔洞周围1.0 m内，模板附近0.3 m内，钢筋和止水片附近0.15 m内，都要采用普通混凝土，不埋块石。

7.3 预制混凝土构件和预应力混凝土施工

7.3.1 预制混凝土构件施工

预制混凝土构件的成型工序主要有准备模板、安放钢筋及预埋件、浇筑混凝土、构件表面修饰、养护等。预制混凝土构件振捣工艺一般有振动法、挤压法、离心法、真空作业法等。

预制场地的布置要有利于吊装，又便于预制，易于管理，尽可能靠近安装地点。预制场地应平整结实、排水良好。

浇筑预制构件应符合下列规定：

(1)浇筑前，应检查钢筋、预埋件的数量和位置。

(2)每个构件应一次浇筑完成，不得间断，并宜采用机械振捣。

(3)构件的外露面应平整、光滑，不得有蜂窝麻面、掉角、扭曲或开裂等情况。

(4)重叠法制作构件时，其下层构件混凝土的强度应达到 5 MPa 后方可浇筑上层构件，并应有隔离措施。

(5)构件浇制完毕后，应标注型号、混凝土强度等级、制作日期和上下面。无吊环的构件应标明吊点位置。

7.3.1.1 施工准备

预制现场应设有临时的排水沟，预防下雨时原地下沉。对立式地胎模，应表面平整、尺寸准确。优先选用型钢底模，也可采用混凝土或砖胎模，底模应抄平。采用地胎模时应处理地基，夯实平整，表面抄平粉光。地胎模要顺滑，便于脱模。

底模使用后应铲除混凝土残渣瘤疤，清扫表面灰尘，涂刷隔离剂。

7.3.1.2 置放钢筋

钢筋骨架安装定位前应检查钢筋骨架中钢筋的种类、规格与数量、几何形状和尺寸是否符合设计要求，铁件规格、数量及焊接是否正确。亦可在隔离剂已干燥的地胎模上绑扎钢筋骨架，以避免预制钢筋骨架在搬动起吊时变形。

7.3.1.3 安装侧模

宜优先选用钢制侧模。侧模安装应平整且结合牢固，拼缝紧密不漏浆，内壁要平整光滑，木模应尽可能刨光，转角处应顺滑无缝以便脱模，几何尺寸要准确，斜撑、螺栓要牢靠，预埋铁件顶留孔洞位置尺寸应符合设计要求，侧模安装后应保持清洁无杂质残渣，以保证混凝土的浇筑质量。

7.3.1.4 浇筑成型

浇捣混凝土前应检验钢筋、预埋件的规格、数量、钢筋保护层厚度及预留孔洞是否符合设计要求，浇捣时应润湿模板，人工反铲带浆下料，构件厚度不超过 360 mm 时可一次浇筑全厚度，用平板振捣器或插入式振捣器振捣；构件厚度大于 360 mm 时应按每层 300～350 mm厚分层浇筑，振捣器应插入下层混凝土 5 cm，以使上下层结合成整体。浇筑时应随振随抹，整平表面，原浆收光。

如构件截面较小、节点钢筋较密、预埋件较多时，容易出现蜂窝，应仔细地用套装刀片的振捣器振捣节点和端角钢筋密集处。振捣混凝土时应经常注意观察模板、支撑架、钢筋、预埋铁件和预留孔洞，发现有松动变形、钢筋移位、漏浆等现象应停止振捣，并应在混凝土初凝前修整完好，继续振捣，直至成型。浇筑顺序应从一端向另一端进行。浇到芯模部位时，注意两侧对称下料和振捣，以防芯模因单侧压力过大而产生偏移。浇到上部有预埋铁件的部位时，应注意捣实下面的混凝土，并保持预埋件位置正确。浇灌混凝土时不得直接站在模板或支撑上操作，不得乱踩钢筋。浇捣完毕后 2 h 内应进行养护。

7.3.1.5 拆模养护

当混凝土强度达到 1.2 MPa 以上能保证构件不变形、棱角完整无裂缝时即可拆除侧模。预留孔洞芯模应在混凝土强度能保住孔洞表面不发生裂缝、不塌陷时方可拆除。注意芯模应在初凝前后转动，以免混凝土凝结后难于脱模。拆模时应精力集中，随拆随运，拆下的模板堆放在指定地点，按规格码垛整齐。

采用自然养护时,在浇筑完成 12 h 内进行养护,保湿养护不少于 14 d。

7.3.1.6 **成品堆放**

当混凝土强度达到设计强度后方可起吊。先用橇棍将构件轻轻撬松脱离底模,然后起吊归堆。构件的移运方法和支承位置,应符合构件的受力情况,防止损伤。

构件堆放应符合下列要求:

(1)堆放场地应平整夯实,并有排水措施;

(2)构件应按吊装顺序,以刚度较大的方向堆放稳定;

(3)重叠堆放的构件,标志应向外,堆垛高度应按构件强度、地面承载力、垫木强度及堆垛的稳定性确定,各层垫木的位置应在同一垂直线上。

构件制作的允许偏差应符合设计规定,经检验合格的构件应有合格标志。

7.3.2 预应力钢筋混凝土施工

预应力钢筋混凝土施工分先张法和后张法两类。

7.3.2.1 **先张法**

先张法是在浇筑混凝土之前张拉钢筋(钢丝)产生预应力。一般用于预制梁、板等构件。如图 7-26 所示为预应力混凝土板生产工艺流程图。

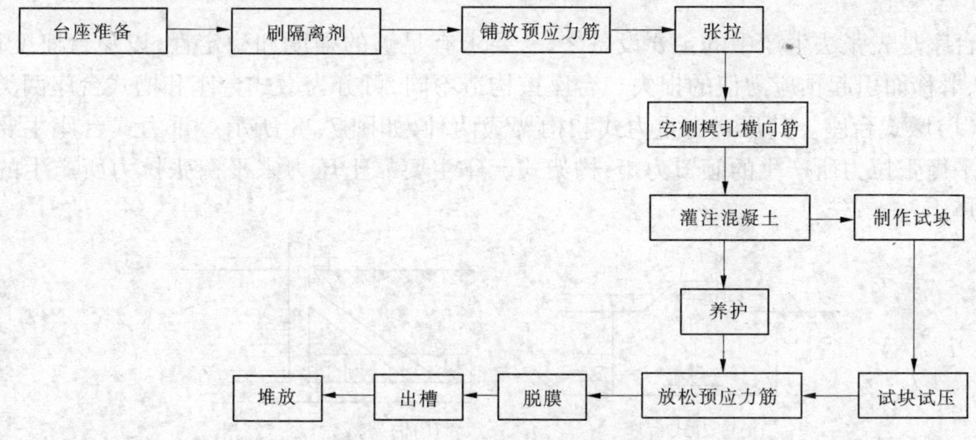

图 7-26 先张法施工工艺流程图

如图 7-27 所示,在浇筑混凝土前张拉预应力筋,并将张拉的预应力筋临时固定在台座上(或钢模上),然后浇筑混凝土,待混凝土强度达到强度标准值的 75% 以上,预应力筋与混凝土之间具有足够的黏结力之后,在端部放松预应力筋,使混凝土产生预压应力。先张法施工可采用台座法或机组流水法。

采用台座法时,构件是在固定的台座上生产,预应力筋的张拉力由台座承受。预应力筋的张拉、锚固,混凝土的浇筑、养护和预应力筋的放张等均在台座上进行。台座法不需要复杂的机械设备,能适宜多种产品生产,可露天生产、自然养护,也可采用湿热养护,故应用较广。

采用机组流水法时,构件是在钢模中生产的,预应力筋拉力由钢模承受;构件连同钢模按流水方式,通过张拉、浇筑、养护等固定机组完成每一生产过程。机组流水需大量钢

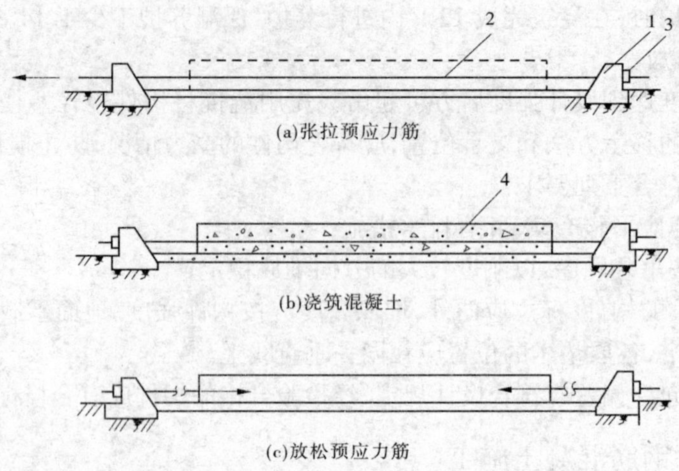

(a)张拉预应力筋

(b)浇筑混凝土

(c)放松预应力筋

1—台座;2—预应力筋;3—夹具;4—构件

图 7-27　先张法施工顺序

模和较高的机械化程度,且需蒸汽养护,因此只用在生产定型预制构件。

1. 张拉设备

1) 台座

台座是先张法生产中的主要设备之一,要求有足够的强度和稳定性,以免台座变形、倾覆、滑移而引起预应力值的损失。台座按构造不同,可分为墩式台座和槽式台座两类。

(1)墩式台座。其形式有重力式和构架式两种,如图 7-28 所示。重力式台座主要靠自重平衡张拉力所产生的倾覆力矩;构架式台座主要靠土压力来平衡张拉力所产生的倾覆力矩。

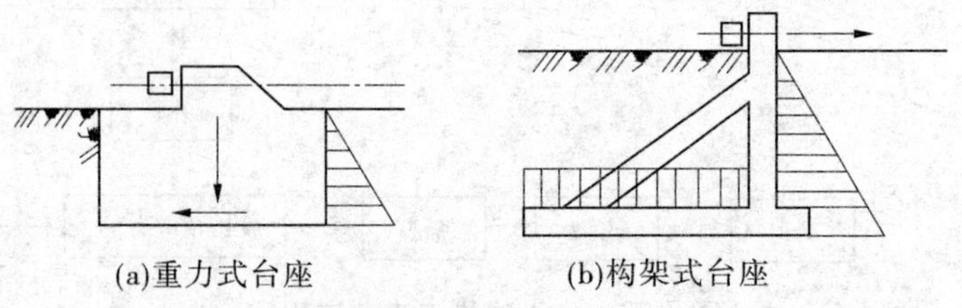

(a)重力式台座　　(b)构架式台座

图 7-28　墩式台座

(2)槽式台座。浇筑中小型吊车梁时,由于张拉力和倾覆力矩都很大。一般多采用槽式台座,如图 7-29 所示,它由钢筋混凝土立柱、上下横梁及台面组成。为便于拆卸迁移,台座式应设计成装配式。此外,在施工现场亦可利用条石或已预制好的柱、桩和基础梁等构件,装配成简易式台座。

2) 夹具

夹具是预应力筋进行张拉和临时固定的工具,要求夹具工作可靠,构造简单,施工方便,成本低。根据夹具的工作特点分为张拉夹具和锚固夹具。

(1)张拉夹具。张拉夹具是将预应力筋与张拉机械连接起来,进行预应力张拉的工具。常用的张拉夹具有偏心式夹具(见图 7-30)、楔形夹具(见图 7-31)。

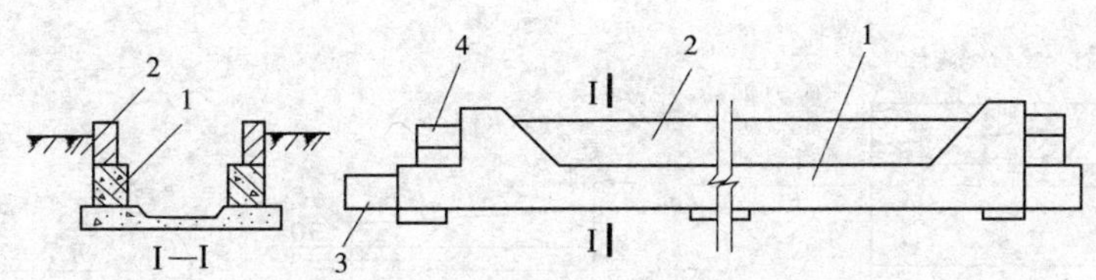

1—传力柱;2—砖墙;3—下横梁;4—上横梁

图 7-29　槽式台座

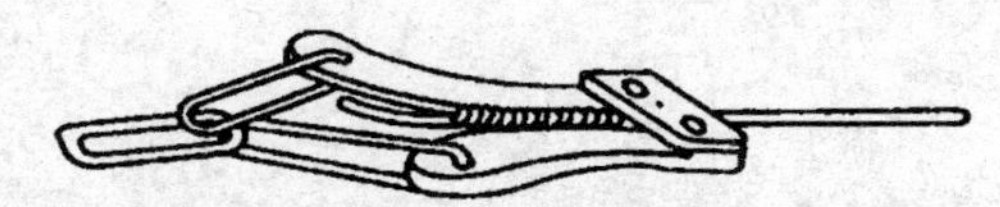

图 7-30　偏心式夹具

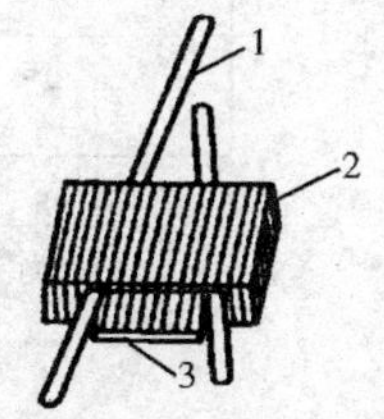

1—钢丝;2—锚板;3—楔块

图 7-31　楔形夹具

(2)锚固夹具。锚固夹具是将预应力筋临时固定在台座横梁上的工具。常用的锚固夹具有锥形夹具、圆套筒、三片式夹具、方套筒两片式夹具、镦头夹具 5 种。

锥形夹具。锥形夹具是用来锚固预应力钢丝的,由中间开有圆锥形孔的套筒和刻有细齿的锥形齿板或锥销组成。分别称为圆锥齿板式夹具和圆锥三槽式夹具,见图 7-32 和图 7-33。

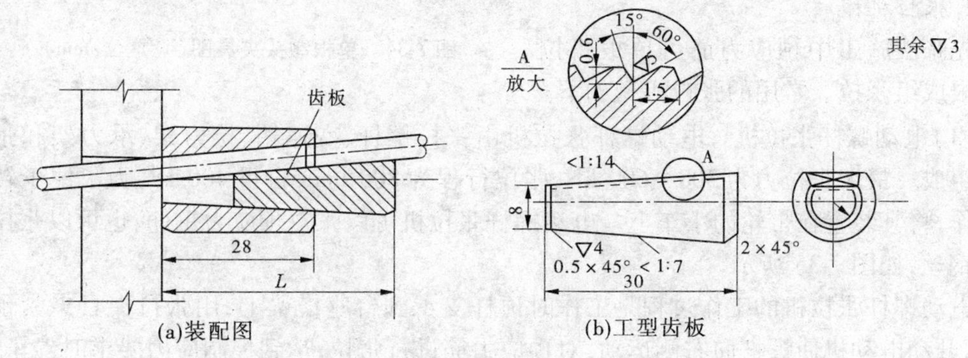

图 7-32　圆锥齿板式夹具　(单位:mm)

圆锥齿板式夹具的套筒和齿板均用 45 号钢制作。套筒不需作热处理,齿板热处理后的硬度应达到 HRC40 ~ 50。

圆锥三槽式夹具锥销上有三条半圆槽,依锥销上半圆槽的大小,可分别锚固一根 ϕ_b3、ϕ_b4 或 ϕ_b5 钢丝。套筒和锥销均用 45 号钢制作,套筒不作热处理,锥销热处理后的硬度应达到 HRC40 ~ 45。

锥形夹具工作时依靠预应力钢丝的拉力就能够锚固住钢丝。锚固夹具有本身牢固可靠地锚固住预应力筋的能力,称为自锚。

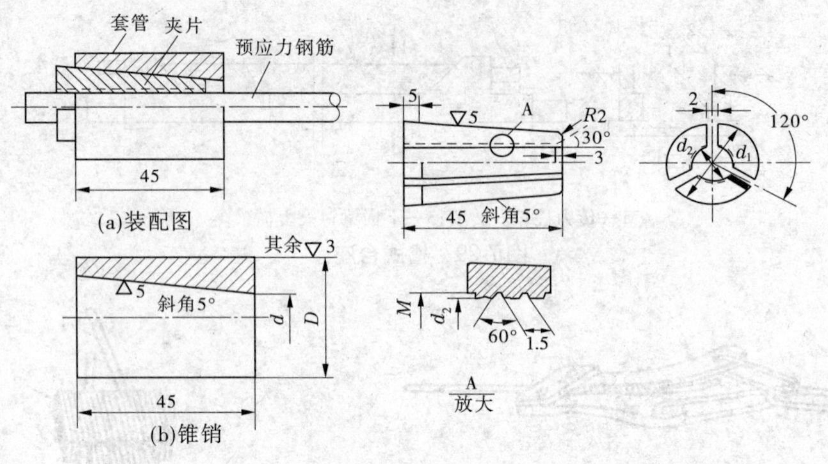

图 7-33 圆锥三槽式夹具 （单位:mm）

镦头夹具。预应力钢丝或钢筋的固定端常采用镦头锚固。冷拔低碳钢丝可采用冷镦或热镦方法制作镜头;碳素钢丝只能采用冷镦方法制作镜头;直径小于22 mm 的钢筋可在对焊机上采用热镦方法制作镜头;大直径的钢筋只能采用热锻方法锻制镦头,镦头夹具见图 7-34。

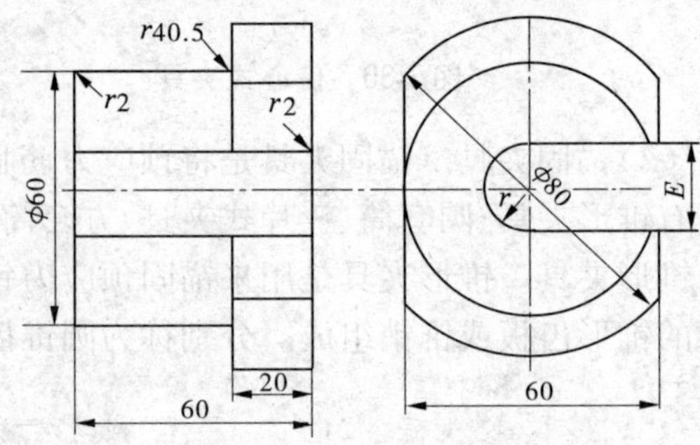

图 7-34 单根镦头夹具图 （单位:mm）

2. 张拉机械

先张法施工中预应力筋可单根张拉或多根成组张拉。常用的张拉机械如下。

(1)电动螺杆张拉机。电动螺杆张拉机由张拉螺杆、变速箱、拉力架、承力架和张拉夹具组成。最大张拉力为 300 ~ 600 kN,张拉行程为 800 mm,自重 400 kg,为了便于转移和工作,将其装置在带轮的小车上。电动螺杆张拉机可以张拉预应力钢筋,也可以张拉顶应力钢丝,如图 7-35 所示。

电动螺杆张拉机的工作过程是工作时顶杆支承到台座横梁上,用张拉夹具夹紧预应力筋,开动电动机使螺杆向右侧运动,对预应力筋进行张拉,达到控制应力要求时停车,并用预先套在预应力筋上的锚固夹具将预应力筋临时锚固在台座的横梁上,然后开倒车,使电动螺杆张拉机卸荷。

(2)YC－200 穿心式千斤顶。张拉直径 12 ~ 20 mm 的单根预应力钢筋,可采用 YC-200 型穿心式千斤顶,如图 7-36 所示。最大张拉力 200 kN,张拉行程 200 mm,由偏心式夹具、油缸和弹性顶压头组成。

YC－200 穿心式千斤顶工作时,张拉预应力钢筋的工作过程为油嘴 6 进油,油缸向左侧伸出,由于偏心式夹具夹紧了预应力钢筋,预应力钢筋被张拉。临时锚固预应力钢筋和回油的工作过程为油缸向左伸出至最大行程,如果预应力钢筋尚未达到控制应力,则需进行第二次张拉预应力钢筋的工作过程。为此,先使油嘴 6 缓缓回油,这时由于预应力钢筋

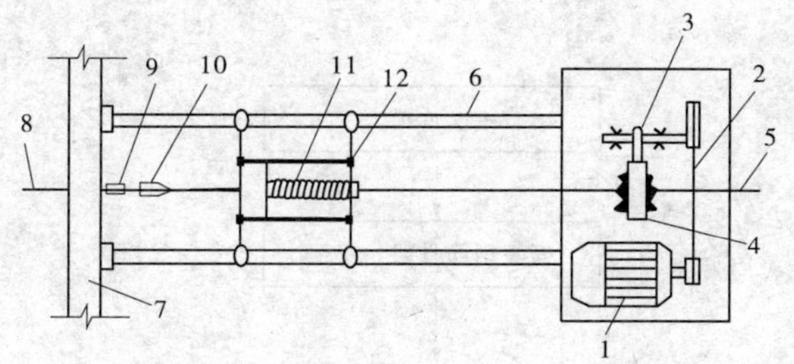

1—电动机;2—皮带传动;3—齿轮;4—齿轮螺母;
5—螺杆;6—顶杆;7—台座横梁;8—钢丝;9—锚固;
10—张拉夹具;11—弹簧测力器;12—滑动架

图 7-35 电动螺杆张拉机

回缩和弹性顶压头的共同作用,将圆套筒三片式夹具的夹片推入到套筒,而将预应力钢筋临时锚固在台座的横梁上。再向油嘴 5 进油,此时偏心式夹具自动松开,油缸退回到零行程位置,便完成了一个张拉循环过程,如图 7-36 所示。为将预应力钢筋张拉达到控制应力的要求,常需要经过若干个张拉循环过程才能完成。

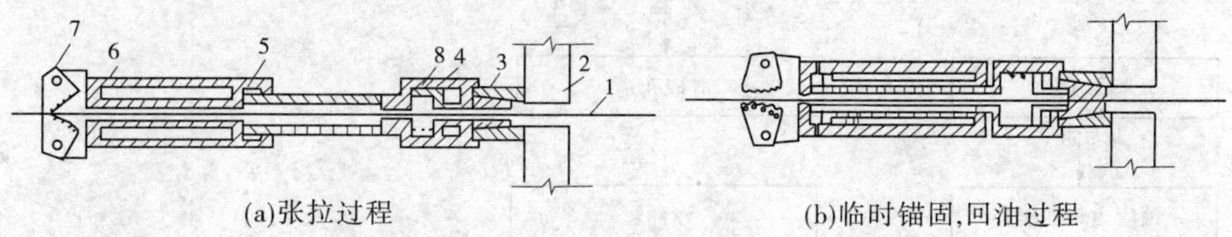

(a)张拉过程　　(b)临时锚固,回油过程

1—钢筋;2—台座;3—圆套筒三片式夹具;4—弹性顶压头;5、6—油嘴;7—偏心式夹具;8—弹簧

图 7-36 YC-20 型穿心式千斤顶工作示意图

3. 混凝土的浇筑和养护

施工前将台面的垃圾、泥土等杂物清除干净,然后涂刷隔离剂,待干透后铺筋。钢丝对准两端台座孔眼,按顺序进行,不得交错。钢丝在固定端应用夹具固定在定位板上,张拉端用夹具夹紧,然后用张拉设备张拉,最后锚紧。模板固定即可浇筑混凝土,混凝土应为干硬性混凝土,混凝土下料时应均匀铺撒。振捣采用平板式振捣器或用插入式振捣器。

浇捣时应注意台座内每台作业线上的构件,应一次连续将混凝土浇捣完毕,在振捣混凝土时,振捣器要尽可能避免碰撞预应力钢丝和吊环等,以免移动位置和撞断钢丝;混凝土必须振捣密实,在振捣过程中,模板边角处适当多振,以防止蜂窝、麻面等缺陷产生。

混凝土成型 12 h 内应开始进行养护,当混凝土强度达到设计强度的 75% 以上,达到设计要求的松张程度时即可放张。

7.3.2.2 后张法

后张法是在构件或块体上直接张拉预应力钢筋,不需要专门的台座。大型构件可分块制作,运到现场拼装,利用预应力钢筋连成整体。因此,后张法灵活性较大,适用于现场预制或工厂预制块体,现场拼装的大中型预应力构件、特种结构和构筑物等。

后张法施工工艺流程如图 7-37 所示,下面仅对孔道留设、预应力钢筋张拉和孔道灌浆主要工序进行介绍。

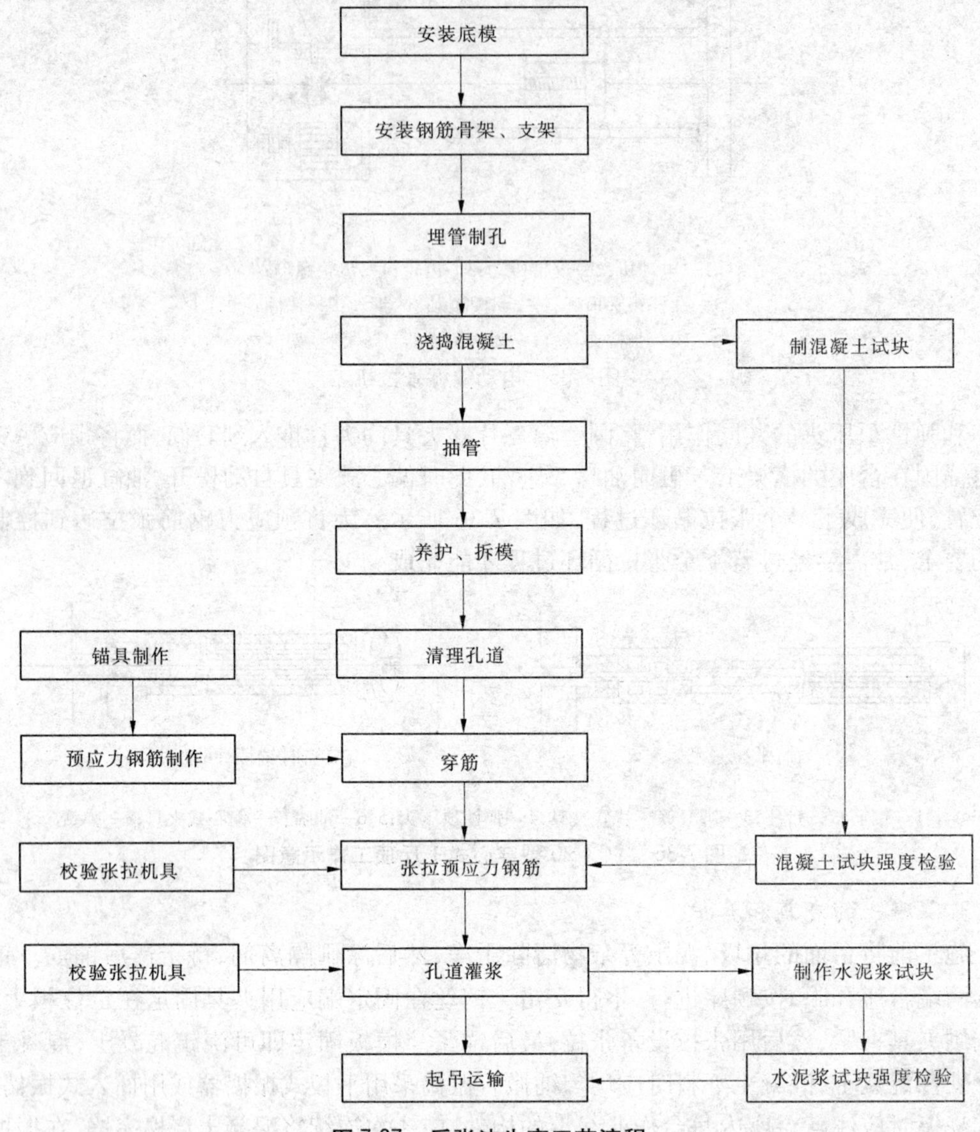

图7-37 后张法生产工艺流程

1. 孔道留设

孔道的直径一般比预应力钢筋(束)外径(包括钢筋对焊接头处外径或必须穿过孔道的锚具外径)大10~15 mm,以利于预应力钢筋穿入。孔道的留设方法有抽芯法和预埋管法。

(1)抽芯法。该方法在我国已有较长的历史,价格相对比较便宜。但此方法也有一定的局限性,如对大跨度结构、大型的或形状复杂的特种结构及多跨连续结构等,因孔道密集就难以适应。抽芯法一般有两种,即钢管抽芯法与胶管抽芯法。

钢管抽芯法大都用于留设直线孔道时,预先将钢管埋设在模板内的孔道位置外。钢管要平直,表面要光滑,每根长度最好不超过15 m,钢管两端应各伸出构件约500 mm。

较长的构件可采用两根钢管，中间用套管连接。在混凝土浇筑过程中和混凝土初凝后，每间隔一定时间慢慢转动钢管，不让混凝土与钢管凝成一体，抽管困难。常温下抽管时间应掌握在混凝土终凝前。抽管过早，会造成坍孔事故；太晚，则混凝土与钢管凝成一体。抽管顺序宜先上后下，抽管可采用人工或用卷扬机，速度必须均匀，边抽边转，使孔道保持直线。抽管后应及时检查孔道情况，做好孔道清理工作。

胶管抽芯法不仅可以留设直线孔道，亦可留设曲线孔道，胶管弹性好，便于弯曲，一般有五层或七层夹布胶管和钢丝网橡皮管两种。胶管具有一定弹性，在拉力作用下，其断面能缩小，故在混凝土初凝后即可把胶管抽拔出来。夹布胶管质软，必须在管内充气或充水。以浇筑混凝土前，胶皮管中充入压力为0.6～0.8 MPa的压缩空气或压力水，此时胶皮管直径可增大3 mm左右，然后浇筑混凝土，待混凝土初凝后，放出压缩空气或压力水，胶管孔径变小，并与混凝土脱离，随即抽出胶管，形成孔道。抽管顺序，一般应为先上后下，先曲后直。

一般采用钢筋井字形网架固定管子在模内的位置，井字网架间距：钢管1～2 m；胶管直线段一般为500 mm左右，曲线段为300～400 mm。

(2)预埋管法。预埋管采用一种金属波纹软管，是由镀锌薄钢带经波纹卷管机压波卷成，具有重量轻、刚度好、弯折方便、连接简单、与混凝土黏结较好等优点。波纹管的内径为50～100 mm，管壁厚0.25～0.3 mm。除圆形管外，近年来又研制成一种扁形波纹管，可用于板式结构中，扁管的长边边长为短边边长的2.5～4.5倍。

这种孔道成型方法一般均用于采用钢丝或钢绞线作为预应力钢筋的大型构件或结构中，可直接把下好料的钢丝、钢绞线在孔道成型前就穿入波纹管中，这样可以省掉穿束工序，亦可待孔道成型后再进行穿束。

对连续结构中呈波浪状布置的曲线束，且高差较大时，应在孔道的每个峰顶处设置泌水孔；起伏较大的曲线孔道，应在弯曲的低点处设置排水孔；对于较长的直线孔道，应每隔12～15 m设置排气孔。泌水孔、排气孔必要时可考虑作为灌浆孔用。波纹管的连接可采用大一号的同型波纹管，接头管的长度为200 mm，密封胶带封口。

2.预应力钢筋张拉

(1)混凝土的张拉强度。预应力钢筋的张拉是制作预应力构件的关键，必须按规范有关规定精心施工。张拉时构件或结构的混凝土强度应符合设计要求，当设计无具体要求时，不应低于设计强度标准值的75%。

(2)张拉控制应力及张拉程序。预应力张拉控制应力应符合设计要求及最大张拉控制应力不能超过规定。其中后张法控制应力值低于先张法，这是因为后张法构件在张拉钢筋的同时，混凝土已受到弹性压缩，张拉力可以进一步补足；而先张法构件，是在预应力钢筋放松后，混凝土才受到弹性压缩，这时张拉力无法补足。此外，混凝土的收缩、徐变引起的预应力损失，后张法也比先张法小。

(3)张拉方法。张拉方法有一端张拉和两端张拉。两端张拉宜先在一端张拉，再在另一端补足张拉力。如有多根可一端张拉的预应力钢筋，宜将这些预应力钢筋的张拉端分别设在结构的两端。

长度不大的直线预应力钢筋可一端张拉；曲线预应力钢筋应两端张拉。抽芯成孔的直线预应力钢筋,长度大于 24 m 应两端张拉;不大于 24 m 可一端张拉。预埋波纹管成孔的直线预应力钢筋,长度大于 30 m 应两端张拉;不大于 30 m 可一端张拉。竖向预应力结构宜采用两端分别张拉,且以下端张拉为主。

安装张拉设备时,应使直线预应力钢筋张拉力的作用线与孔道中心线重合;曲线预应力钢筋张拉力的作用线与孔道中心线末端的切线重合。

(4)预应力值的校核。张拉控制应力值除了靠油压表读数来控制,在张拉时还应测定预应力钢筋的实际伸长值。若实际伸长值与计算伸长值相差 10% 以上时,应检查原因,修正后再重新张拉。预应力钢筋的计算伸长值可由下式求得

$$\Delta L = \frac{\sigma_{con}}{E_s}L \tag{7-4}$$

式中:ΔL 为预应力钢筋的伸长值,mm;σ_{con} 为预应力钢筋张拉控制应力,N/mm^2(如需超张拉,σ_{con} 取实际超张拉的应力值);E_s 为预应力钢筋的弹性模量,Pa;L 为预应力钢筋的长度,mm。

(5)张拉顺序。选择合理的张拉顺序是保证质量的重要一环。当构件或结构有多根预应力钢筋(束)时,应采用分批张拉,此时按设计规定进行,如设计无规定或受设备限制必须改变时,则应经核算确定。张拉时宜对称进行,避免引起偏心。在进行预应力钢筋张拉时,可采用一端张拉法,亦可采用两端同时张拉法。当采用一端张拉时,为了克服孔道摩擦力的影响,使等应力钢筋的应力得以均匀传递,采用反复张拉 2 ~ 3 次,可以达到较好的效果。

采用分批张拉时,应考虑后批张拉预应力钢筋所产生的混凝土弹性压缩对先批预应力钢筋的影响;即应在先批张拉的预应力钢筋的张拉应力中增加$\frac{E_s}{E_h}\sigma_h$。

先批张拉的预应力钢筋的控制应力 σ_{con}^1 应为

$$\sigma_{con}^1 = \sigma_{con} + \frac{E_s}{E_h}\sigma_h \tag{7-5}$$

式中:σ_{con}^1 为先批预应力钢筋张拉控制应力;σ_{con} 为设计控制应力(即后批预应力钢筋张拉控制应力);E_s 为预应力钢筋弹性模量;E_h 为混凝土弹性模量;σ_h 为张拉后批预应力钢筋时在已张拉预应力钢筋重心处产生的混凝土法向应力。

对于平卧叠浇制的构件,张拉时应考虑由于上下层间的摩阻引起的预应力损失,可由上至下逐层加大张应力。对于钢丝、钢绞线、热处理钢筋,底层张拉力不宜比顶层张拉力大 5%;对于冷拉Ⅱ ~ Ⅳ级钢筋,底层张拉力不宜比顶层张拉力大 9%,且不得超过最大张拉控制应力允许值。如果隔离层效果较好,亦可采用同一张拉值。

3. 孔道灌浆

预应力钢筋张拉、锚固完成后,应立即进行孔道灌浆工作,以防锈蚀,增加结构的耐久性。

灌浆用的水泥浆,除应满足强度和黏结力的要求外,应具有较大的流动性和较小的干缩性、泌水性。应采用强度等级不低于 32.5 普通硅酸盐水泥;水灰比宜为 0.4 左右。对于空隙大的孔道,可采用水泥砂浆灌浆,水泥浆及水泥砂浆的强度均不得小于 20 N/mm^2。

为增加灌浆密实度和强度,可使用一定比例的膨胀剂和减水剂。减水剂和膨胀剂均应事前检验,不得含有导致预应力钢材锈蚀的物质。建议拌和后的收缩率应小于2%,自由膨胀率不大于5%。

灌浆前孔道应湿润、洁净。对于水平孔道,灌浆顺序应先灌下层孔道,后灌上层孔道。对于竖直孔道,应自下而上分段灌注,每段高度视施工条件而定,下段顶部及上段底部应分别设置排气孔和灌浆孔。灌浆压力0.5~0.6 MPa为宜。灌浆应缓慢均匀地进行,不得中断,并应排气通畅。不掺外加剂的水泥浆,可采用二次灌浆法,以提高密实度。

如闸墩预应力施工,在张拉前要对钢丝下料编束,埋设钢管、金属波纹管或塑料拔管。然后浇筑混凝土,注意运载工具严禁碰撞预应力管道,振捣器离管道应有一定的距离,以免管道变形或损坏。浇筑时要防止砂浆进入孔道。当发现有变形、移位时应立即停止浇筑,并在已浇筑的混凝土凝结前修整完好。混凝土应一次浇筑完毕,不允许留施工缝。对塑料拔管,要求混凝土终凝后即要放气拔管。

当混凝土达到一定强度后即可穿钢丝(也可将预应力钢丝先穿入管道,后浇混凝土)。养护至混凝土达到设计强度的70%以上进行张拉,张拉先后顺序应按设计进行。一般应对称张拉,以免结构承受过大的偏心压力,必要时可分批、分阶段进行。张拉时应注意安全,防止钢筋断裂伤人。预应力筋张、拉结束后,应立即进行灌浆封闭。

目前,正推广应用无黏结预应力混凝土。其做法是:在预应力筋表面涂刷防锈涂料并包塑料布(管)后,如同普通钢筋一样先铺设在支好的模板内,待混凝土达到可张拉强度后进行张拉锚固。这样无需留孔与灌浆,施工简单,预应力筋易弯成所需要的曲线形状。

7.4 混凝土冬季、夏季及雨季施工

7.4.1 混凝土冬季施工

7.4.1.1 混凝土冬季施工的一般要求

现行施工规范规定:寒冷地区的日平均气温稳定在5 ℃以下或最低气温稳定在3 ℃以下时,温和地区的日平均气温稳定在3 ℃以下时,均属于低温季节,这就需要采取相应的防寒保温措施,避免混凝土受到冻害。

混凝土在低温条件下,水化凝固速度大为降低,强度增长受到阻碍。当气温在-2 ℃时,混凝土内部水分结冰,不仅水化作用完全停止,而且结冰后由于水的体积膨胀,使混凝土结构受到损害,当冰融化后,水化作用虽将恢复,混凝土强度也可维续增长,但最终强度必然降低。试验资料表明:混凝土受冻越早,最终强度降低越大。如在浇筑后3~6 h受冻,最终强度至少降低50%以上;如在浇筑后2~3 d受冻,最终强度降低只有15%~20%。如混凝土强度达到设计强度的50%以上(在常温下养护3~5 d)时再受冻,最终强度则降低极小,甚至不受影响,因此低温季节混凝土施工,首先要防止混凝土早期受冻。

7.4.1.2 冬季施工措施

低温季节混凝土施工可以采用人工加热、保温蓄热及加速凝固等措施,使混凝土入仓浇筑温度不低于5 ℃;同时保证混凝土浇筑后的正温养护条件,在未达到允许受冻临界强

度以前不遭受冻结。

1. 调整配合比和掺外加剂

(1)对非大体积混凝土,采用发热量较高的快凝水泥;

(2)提高混凝土的配制强度;

(3)掺早强剂或早强剂减水剂,其中氯盐的掺量应按有关规定严格控制,并不适应于钢筋混凝土结构;

(4)采用较低的水灰比;

(5)掺加气剂可减缓混凝土冻结时在其内部水结冰时产生的静水压力,从而提高混凝土的早期抗冻性能。但含气量应限制在3%~5%。因为混凝土中含气量每增加1%,会使强度损失5%,为弥补由于加气剂招致的强度损失,最好与减水剂并用。

2. 原材料加热法

当日平均气温为-2~-5 ℃时,应加热水拌和;当气温再低时,可考虑加热骨料。水泥不能加热,但应保持正温。

水的加热温度不能超过80 ℃,并且要先将水和骨料拌和,这时水不超过60 ℃,以免水泥产生假凝。所谓假凝是指拌和水温超过60 ℃时,水泥颗粒表面将会形成一层薄的硬壳,使混凝土和易性变差,而后期强度降低的现象。

砂石加热的最高温度不能超过100 ℃,平均温度不宜超过65 ℃,并力求加热均匀。对大中型工程,常用蒸汽直接加热骨料,即直接将蒸汽通过需要加热的砂、石料堆中,料堆表面用帆布盖好,防止热量损失。

3. 蓄热法

蓄热法是将浇筑法的混凝土在养护期间用保温材料加以覆盖,尽可能把混凝土在浇筑时所包含的热量和凝固过程中产生的水化热蓄积起来,以延缓混凝土的冷却速度,使混凝土在达到抗冰冻强度以前,始终保证正温。

4. 加热养护法

当采用蓄热法不能满足要求时可以采用加热养护法,即利用外部热源对混凝土加热养护,包括暖棚法、蒸汽加热法和电热法等。大体积混凝土多采用暖棚法,蒸汽加热法多用于混凝土预制构件的养护。

(1)暖棚法。即在混凝土结构周围用保温材料搭成暖棚,在棚内安设热风机、蒸汽排管、电炉或火炉进行采暖,使棚内温度保持在15~20 ℃以上,保证混凝土浇筑和养护处于正温条件下。暖棚法费用较高,但暖棚为混凝土硬化和施工人员的工作创造了良好的条件。此法适用于寒冷地区的混凝土施工。

(2)蒸汽加热法。利用蒸汽加热养护混凝土,不仅使新浇混凝土得到较高的温度,而且还可以得到足够的湿度,促进水化凝固作用,使混凝土强度迅速增长。

(3)电热法。是用钢筋或薄铁片作为电极,插入混凝土内部或贴附于混凝土表面,利用新浇混凝土的导电性和电阻大的特点,通以50~100 V的低压电,直接对混凝土加热,使其尽快达到抗冻强度。由于耗电量大,大体积混凝土较少采用。

上述几种施工措施,在严寒地区往往是同时采用,并要求在拌和、运输、浇筑过程中,尽量减少热量损失。

7.4.1.3　冬季施工注意事项

冬季施工应注意以下几个方面：

(1)砂石骨料宜在进入低温季节前筛洗完毕。成品料堆应有足够的储备和堆高，并进行覆盖，以防冰雪和冻结。

(2)拌和混凝土前，应用热水或蒸汽冲洗搅拌机，并将水或冰排除。

(3)混凝土的拌和时间应比常温季节适当延长，延长时间应通过试验确定。

(4)在岩石基础或老混凝土面上浇筑混凝土前，应检查其温度。如为负温，应将其加热成正温。加热深度不小于10 cm，并经验证合格方可浇筑混凝土。仓面清理宜采用喷洒温水配合热风枪，寒冷期间亦可采用蒸汽枪，不宜采用水枪或风水枪。在软基上浇筑第一层混凝土时，必须防止与地基接触的混凝土遭受冻害和地基受冻变形。

(5)混凝土搅拌机应设在搅拌棚内并设有采暖设备，棚内温度应高于5 ℃。混凝土运输容器应有保温装置。

(6)浇筑混凝土前和浇筑过程中，应注意清除钢筋、模板和浇筑设施上附着的冰雪和冻块，严禁将冻雪冻块带入仓内。

(7)在低温季节施工的模板，一般在整个低温期间都不宜拆除。如果需要拆除，要求混凝土强度必须大于允许受冻的临界强度；具体拆模时间及拆模后的要求，应满足温控制防裂要求。当预计拆模后混凝土表面降温可能超过6～9 ℃时，应推迟拆模时间，如必须拆模时，应在拆模后采取保护措施。

(8)低温季节施工期间，应特别注意温度检查。

7.4.2　混凝土夏季施工

7.4.2.1　高温环境对新拌及刚成型混凝土的影响

(1)拌制时，水泥容易出现假凝现象。

(2)运输时，坍落度损失大，捣固或泵送困难。

(3)成型后直接曝晒或干热风影响，混凝土面层急剧干燥，外硬内软，出现塑性裂缝。

(4)昼夜温差较大，易出现温差裂缝。

7.4.2.2　夏季高温期混凝土施工的技术措施

1. 原材料

(1)掺用外加剂(缓凝剂、减水剂)；

(2)用水化热低的水泥；

(3)供水管埋入水中，贮水池加盖，避免太阳直接曝晒；

(4)当天用的砂、石用防晒棚遮蔽；

(5)用深井冷水或冰水拌和，但不能直接加入冰块。

2. 搅拌运输

(1)送料装置及搅拌机不宜直接曝晒，应有荫棚；

(2)搅拌系统尽量靠近浇筑地点；

(3)动运输设备遮盖。

3. 模板

(1)因干缩出现的模板裂缝,应及时填塞;

(2)浇筑前充分将模板淋湿。

4. 浇筑

(1)适当减小浇筑层厚度,从而减少内部温差;

(2)浇筑后立即用薄膜覆盖,不使水分外逸;

(3)露天预制场宜设置可移动荫棚,避免制品直接曝晒。

7.4.3 混凝土雨季施工

混凝土工程在雨季施工时,应做好以下准备工作:

(1)砂石料场的排水设施应畅通无阻;

(2)浇筑仓面宜有防雨设施;

(3)运输工具应有防雨及防滑设施;

(4)加强骨料含水量的测定工作,注意调整拌和用水量。

混凝土在无防雨棚仓面小雨中进行浇筑时,应采取以下技术措施:

(1)减少混凝土拌和用水量;

(2)加强仓面积水的排除工作;

(3)做好新浇混凝土面的保持工作;

(4)防止周围雨水流入仓面。

无防雨棚的仓面在浇筑过程中如遇大雨、暴雨,应立即停止浇筑,并遮盖混凝土表面。雨后必须先行排除仓内积水,受雨水冲刷的部位应立即处理。如停止浇筑的混凝土尚未超出允许间歇时间或还能重塑时,应加砂浆继续浇筑,否则,应按施工缝处理。

对抗冲、耐磨、需要抹面部位及其他高强度混凝土不允许在雨下施工。

7.5 混凝土施工质量控制与缺陷的防治

7.5.1 混凝土的质量控制

混凝土工程质量包括结构外观质量和内在质量。前者指结构的尺寸、位置、高程等;后者则指从混凝土原材料、设计配合比、配料、拌和、运输、浇捣等方面。

7.5.1.1 原材料的控制检查

1. 水泥

水泥是混凝土主要胶凝材料,水泥质量直接影响混凝土的强度及其性质的稳定性。运至工地的水泥应有生产厂家品质试验报告,工地实验室外必须进行复验,必要时还要进行化学分析。进场水泥每200~500 t同品种、同强度等级的水泥作一取样单位,如不足200 t亦作为一取样单位。可采用机械连续取样,混合均匀后作为样品,其总量不少于10 kg。检查的项目有水泥强度等级、凝结时间、体积安定性。必要时应增加稠度、细度、密度和水化热试验。

2. 粉煤灰

粉煤灰每天至少检查 1 次细度和需水量比。

3. 砂石骨料

(1) 在筛分场每班检查 1 次各级骨料超逊径、含泥量、砂子的细度模数。

(2)在拌和厂检查砂子、小石的含水量、砂子的细度模数以及骨料的含泥量、超逊径。

4. 外加剂

外加剂应有出厂合格证,并经试验认可。

7.5.1.2 混凝土拌和物

拌制混凝土时,必须严格遵守实验室签发的配料单进行称量配料,严禁擅自更改。控制检查的项目有以下几方面。

1. 衡器的准确性

各种称量设备应经常检查,确保称量准确。

2. 拌和时间

每班至少抽查 2 次拌和时间,保证混凝土充分拌和,拌和时间符合要求。

3. 拌和物的均匀性

混凝土拌和物应均匀,经常检查其均匀性。

4. 坍落度

现场混凝土坍落度每班在机口应检查 4 次。

5. 取样检查

按规定在现场取混凝土试样作抗压试验,检查混凝土的强度。

7.5.1.3 混凝土浇捣质量控制检查

1. 混凝土运输

混凝土运输过程中应检查混凝土拌和物是否发生分离、漏浆、严重泌水及过多降低坍落度等现象。

2. 基础面、施工缝的处理及钢筋、模板、预埋件安装

开仓前应对基础面、施工缝的处理及钢筋、模板、预埋件安装作最后一次检查,应符合规范要求。

3. 混凝土浇筑

严格按规范要求控制检查接缝砂浆的铺设、混凝土入仓铺料、平仓、振捣、养护等内容。

7.5.1.4 混凝土外观质量和内部质量缺陷检查

混凝土外观质量主要检查表面平整度(有表面平整要求的部位)、麻面、蜂窝、空洞、露筋、碰损掉角、表面裂缝等。重要工程还要检查内部质量缺陷,如用回弹仪检查混凝土表面强度、用超声仪检查裂缝、钻孔取芯检查各项力学指标等。

7.5.2 混凝土施工缺陷及防治

混凝土施工缺陷分外部缺陷和内部缺陷两类。

7.5.2.1 外部缺陷

1. 麻面

麻面是指混凝土表面呈现出无数绿豆大小的不规则的小凹点。

(1)混凝土麻面产生的原因有:①模板表面粗糙、不平滑;②浇筑前没有在模板上洒水湿润,湿润不足,浇筑时混凝土的水分被模板吸去;③涂在钢模板上的油质脱模剂过厚,液体残留在模板上;④使用旧模板,板面残浆未清理,或清理不彻底;⑤新拌混凝土浇灌入模后,停留时间过长,振捣时已有部分凝结;⑥混凝土振捣不足,气泡未完全排出,有部分留在模板表面;⑦模板拼缝漏浆,构件表面浆少,或成为凹点,或成为若断若续的凹线。

(2)混凝土麻面的预防措施有:①模板表面应平滑;②浇筑前,不论是哪种模型,均需浇水湿润。但不得积水;③脱模剂涂擦要均匀,模板有凹陷时,注意将积水拭干;④旧模板残浆必须清理干净;⑤新拌混凝土必须按水泥或外加剂的性质,在初凝前振捣;⑥尽量将气泡排出;⑦浇筑前先检查模板拼缝,对可能漏浆的缝,设法封嵌。

(3)混凝土麻面的修补。混凝土表面的麻点,如对结构无大影响,可不作处理。如需处理,方法如下:①用稀草酸溶液将该处脱模剂油点或污点用毛刷洗净,于修补前用水湿透;②修补用的水泥品种必须与原混凝土一致,砂子为细砂,粒径最大不宜超过 1 mm;③水泥砂浆配合比为 1:(2~2.5),由于数量不多,可用人工在小灰桶中拌匀,随拌随用;④按照漆工刮腻子的方法,将砂浆用刮刀大力压入麻点内,随即刮平;⑤修补完成后,即用草帘或草席进行保湿养护。

2. 蜂窝

蜂窝是指混凝土表面无水泥浆,形成蜂窝状的孔洞,形状不规则,分布不均匀,露出石子深度大于 5 mm,不露主筋,但有时可能露箍筋。

(1)混凝土蜂窝产生的原因有:①配合比不准确,砂浆少,石子多;②搅拌用水过少;③混凝土搅拌时间不足,新拌混凝土未拌匀;④运输工具漏浆;⑤使用干硬性混凝土,但振捣不足;⑥模板漏浆,加上振捣过度。

(2)混凝土蜂窝的预防方法是:①砂率不宜过小;②计量器具应定期检查;③用水量如较少,应掺用减水剂;④计量器具应定期检查;⑤搅拌时间应足够;⑥注意运输工具的完好性,及时修理;⑦捣振工具的性能必须与混凝土的坍落度相适应;⑧浇筑前必须检查和嵌填模板拼缝,并浇水湿润;⑨浇筑过程中,有专人巡视模板。

(3)混凝土蜂窝修补。如系小蜂窝,可按麻面方法修补。如系较大蜂窝,按下法修补:①将修补部分的软弱部分凿去,用高压水及钢丝刷将基层冲洗干净;②修补用的水泥应与原混凝土的一致;砂子用中粗砂;③水泥砂浆的配合比为 1:2~1:3,应搅拌均匀;④按照抹灰工的操作方法,用抹子大力将砂浆压入蜂窝内刮平;在棱角部位用靠尺将棱角取直;⑤修补完成后即用草帘或草席进行保湿养护。

3. 混凝土露筋、空洞

主筋没有被混凝土包裹而外露,或在混凝土孔洞中外露的缺陷称之为露筋。混凝土表面有超过保护层厚度,但不超过截面尺寸 1/3 的缺陷,称之为空洞。

(1)混凝土出现露筋、空洞的原因有:①漏放保护层垫块或垫块位移;②浇灌混凝土时投料距离过高过远,又没有采取防止离析的有效措施;③搅拌机卸料入吊斗或小车时,或运输过程中有离析，运至现场又未重新搅拌；④钢筋较密集，粗骨料被卡在钢筋上，加上振捣不足或漏振；⑤采用干硬性混凝土而又振捣不足。

(2)露筋、空洞的预防措施有：①浇筑混凝土前应检查垫块情况；②应采用合适的混凝土保护层垫块；③浇筑高度不宜超过 2 m；④浇灌前检查吊斗或小车内混凝土有无离析；⑤搅拌站要按配合比规定的规格使用粗骨料；⑥如为较大构件，振捣时专人在模板外用木槌敲打，协助振捣；⑦构件的节点、柱的牛腿、桩尖或桩顶、有抗剪筋的吊环等处钢筋的吊环等处钢筋较密，应特别注意捣实；⑧加强振捣；⑨模板四周，用人工协助捣实，如为预制构件，在钢模周边用抹子插捣。

(3)混凝土露筋、空洞的处理措施：①将修补部位的软弱部分及突出部分凿去，上部向外倾斜，下部水平；②用高压水及钢丝刷将基层冲洗干净，修补前用湿麻袋或湿棉纱头填满，使旧混凝土内表面充分湿润；③修补用的水泥品种应与原混凝土的一致，小石混凝土强度等级应比原设计高一级；④如条件许可，可用喷射混凝土修补；⑤安装模板浇筑；⑥混凝土可加微量膨胀剂；⑦浇筑时，外部应比修补部位稍高；⑧修补部分达到结构设计强度时，凿除外倾面。

4. 混凝土施工裂缝

(1)混凝土施工裂缝产生的原因：①曝晒或风大，水分蒸发过快，出现的塑性收缩裂缝；②混凝土塑性过大，成型后发生沉陷不均，出现的塑性沉陷裂缝；③配合比设计不当引起的干缩裂缝；④骨料级配不良，又未及时养护引起的干缩裂缝；⑤模板支撑刚度不足，或拆模工作不慎，外力撞击的裂缝。

(2)预防方法：①成型后立即进行覆盖养护，表面要求光滑，可采用架空措施进行覆盖养护；②配合比设计时，水灰比不宜过大；搅拌时，严格控制用水量；③水灰比不宜过大，水泥用量不宜过多，灰骨比不宜过大；④骨料级配中，细颗粒不宜偏多；⑤浇筑过程应有专人检查模板及支撑；⑥注意及时养护；⑦拆模时，尤其是使用吊车拆大模板时，必须按顺序进行，不能强拆。

(3)混凝土施工裂缝的修补。①混凝土微细裂缝修补：用注射器将环氧树脂溶液黏结剂或甲凝溶液黏结剂注入裂缝内；注射时宜在干燥、有阳光的时候进行；裂缝部位应干燥，可用喷灯或电风筒吹干，在缝内湿气逸出后进行；注射时，从裂缝的下端开始，针头应插入缝内，缓慢注入；使缝内空气向上逸出，黏结剂在缝内向上填充。②混凝土浅裂缝的修补。顺裂缝走向用小凿刀将裂缝外部扩凿成 V 形，宽 5 ~ 6 mm，深度等于原裂缝；用毛刷将 V 形槽内颗粒及粉尘清除，用喷灯或电风筒吹干；用漆工刮刀或抹灰工小抹刀将环氧树脂胶泥压填在 V 形槽上，反复搓动，务使紧密黏结；缝面按需要做成与结构面齐平，或稍微突出成弧形。③混凝土深裂缝的修补。做法是将微细缝和浅缝两种措施合并使用，先将裂缝面凿成 V 形或凹形槽；按上述办法进行清理、吹干；先用微细裂缝的修补方法向深缝内注入环氧或甲凝黏结剂，填补深裂缝；上部开凿的槽坑按浅裂缝修补方法压填环氧胶泥黏结剂。

7.5.2.2 混凝土内部缺陷

1. 混凝土空鼓

混凝土空鼓常发生在预埋钢板下面。产生的原因是浇灌预埋钢板混凝土时，钢板底部未饱满或振捣不足。

预防方法：①如预埋钢板不大，浇灌时用钢棒将混凝土尽量压入钢板底部，浇筑后用敲击法检查；②如预埋钢板较大，可在钢板上开几个小孔排除空气，亦可作观察孔。

混凝土空鼓的修补：①在板外挖小槽坑，将混凝土压入，直至饱满，无空鼓声为止；②如钢板较大或估计空鼓较严重，可在钢板上钻孔，用灌浆法将混凝土压入。

2. 混凝土强度不足

混凝土强度不足产生的原因：①配合比计算错误；②水泥出厂期过长，或受潮变质，或袋装重量不足；③粗骨料针片状较多，粗、细骨料级配不良或含泥量较多；④外加剂质量不稳定；⑤搅拌机内残浆过多，或传动皮带打滑，影响转速；⑥搅拌时间不足；⑦用水量过大，或砂、石含水率未调整，或水箱计量装置失灵；⑧秤具或秤量斗损坏，不准确；⑨运输工具灌浆，或经过运输后严重离析；⑩振捣不够密实。

混凝土强度不足是质量上的大事故。处理方案由设计单位决定。通常处理方法有：

(1)强度相差不大时，先降级使用，待龄期增加、混凝土强度发展后，再按原标准使用；

(2)强度相差较大时，经论证后采用水泥灌浆或化学灌浆补强。

(3)强度相差较大且影响较大时，拆除返工。

7.6 混凝土施工安全技术

7.6.1 施工缝处理安全技术

(1)冲毛、凿毛前应检查所有工具是否可靠。

(2)多人同在一个工作面内操作时，应避免面对面近距离操作，以防飞石、工具伤人。严禁在同一工作面上下层同时操作。

(3)使用风钻、风镐凿毛时，必须遵守风钻、风镐安全技术操作规程。在高处操作时应用绳子将风钻、风镐拴住，并挂在牢固的地方。

(4)检查风砂枪枪嘴时，应先将风阀关闭，并不得面对枪嘴，也不得将枪嘴指向他人。使用砂罐时须遵守压力容器安全技术规程。当砂罐与风砂枪距离较远时，中间应有专人联系。

(5)用高压水冲毛，必须在混凝土终凝后进行。风、水管须装设控制阀，接头应用铅丝扎牢。使用冲毛机操作时，还应穿戴好防护面罩、绝缘手套和长筒胶靴。冲毛时要防止泥水冲到电气设备或电力线路上。工作面的电线灯应悬挂在不妨碍冲毛的安全高度。

(6)仓面冲洗时应选择安全部位排渣，以免冲洗时石渣落下伤人。

7.6.2 混凝土拌和的安全技术措施

(1)安装机械的地基应平整夯实，用支架或支脚简架稳，不准以轮胎代替支撑。机械安装要平稳、牢固。对外露的齿轮、链轮、皮带轮等转动部位应设防护装置。

(2)开机前，应检查电气设备的绝缘和接地是否良好，检查离合器、制动器、钢丝绳、倾倒机构是否完好。搅拌筒应用清水冲洗干净,不得有异物。

(3)启动后应注意搅拌筒转向与搅拌筒上标示的箭头方向一致。待机械运转正常后再加料搅拌。若遇中途停机、停电时,应立即将料卸出,不允许中途停机后重载启动。

(4)搅拌机的加料斗升起时;严禁任何人在料斗下通过或停留,不准用脚踩或用铁锹、木棒往下拨、刮搅拌筒口,工具不能碰撞搅拌机,更不能在转动时,把工具伸进料斗里扒浆。工作完毕后应将料斗锁好,并检查一切保护装置。

(5)未经允许,禁止拉闸、合闸和进行不合规定的电气维修。现场检修时,应固定好料斗,切断电源。进入搅拌筒内工作时,外面应有人监护。

(6)拌和站的机房、平台、梯道、栏杆必须牢固可靠。站内应配备有效的吸尘装置。

(7)操纵皮带机时,必须正确使用防护用品,禁止一切人员在皮带机上行走和跨越;机械发生故障时应立即停车检修,不得带病运行。

(8)用手推车运料时,不得超过其容量的3/4,推车时不得用力过猛和撒把。

7.6.3 混凝土运输的安全技术措施

7.6.3.1 吊罐吊送混凝土的安全技术措施

(1)使用吊罐前,应对钢丝绳、平衡梁、吊锤(立罐)、吊耳(卧罐)、吊环等起重部件进行检查,如有破损则禁止使用。

(2)吊罐的起吊、提升、转向、下降和就位,必须听从指挥。指挥信号必须明确、准确。

(3)起吊前,指挥人员应得到两侧挂罐人员的明确信号,才能指挥起吊;起吊时应慢速,并应吊离地面30~50 cm时进行检查,确认稳妥可靠后,方可继续提升或转向。

(4)吊罐吊至仓面下落到一定高度时,应减慢下降、转向及吊机行车速度,并避免紧急刹车,以免晃荡撞击人体。要慎防吊罐撞击模板、支撑、拉条和预埋件等。

(5)吊罐卸完混凝土后应将斗门关好,并将吊罐外部附着的骨料、砂浆等清除后,方可吊离。放回平板车时,应缓慢下降,对准并放置平稳后方可摘钩。

(6)吊罐正下方严禁站人。吊罐在空间摇晃时,严禁扶拉。吊罐在仓面就位时,不得硬拉。

(7)当混凝土在吊罐内初凝时不能用于浇筑;采用翻罐处理废料时应采取可靠的安全措施,并有带班人在场监护,以防发生意外。

(8)吊罐装运混凝土时严禁混凝土超出罐顶,以防坍落伤人。

(9)经常检查维修吊罐。立罐门的托辊轴承、卧罐的齿轮,要经常检查紧固,防止松脱坠落伤人。

7.6.3.2 混凝土泵作业安全技术措施

(1)混凝土泵送设备距离基坑不得小于2 cm,悬臂动作范围内禁止有任何障碍物和输电线路。

(2)管道敷设线路应接近直线,少弯曲,管道的支撑与固定必须紧固可靠;管道的接头应密封,"Y"形管道应装接锥形管。

(3)禁止垂直管道直接接在泵的输出口上,应在架设之前安装不小于10 m的水平管,在水平管近泵处应装逆止阀,敷设向下倾斜的管道,下端应接一段水平管,否则,应用采用弯管等,如倾斜大于7 ℃时,应在坡度上端装置排气活塞。

(4)风力大于6级时不得使用混凝土输送悬臂。

(5)混凝土泵送设备的停车制动和锁紧制动应同时使用,水箱应储满水,料斗内不得有杂物,各润滑点应润滑正常。

(6)操作时,操纵开关、调整手柄、手轮、控制杆、旋塞等均应放在正确位置,液压系统应无泄漏。

(7)作业前,必须按要求配制水泥砂浆润滑管道,无关人员应离开管道。

(8)支腿未支牢前,不得启动悬臂;悬臂伸出时,应按顺序进行,严禁用悬臂起吊和拖拉物件。

(9)悬臂在全伸出状态时,严禁移动车身;作业中需要移动时,应将上段悬臂折叠固定;前段的软管应用安全绳系牢。

(10)泵送系统工作时,不得打开任何输送管道的液压管道,液压系统的安全阀不得任意调整。

(11)用压缩空气冲洗管道时,管道出口10 m内不得站人,并应用金属网拦截冲出物,禁止用压缩空气冲洗悬臂配管。

7.6.4 混凝土平仓振捣的安全技术措施

(1)浇筑混凝土前应全面检查仓内排架、支撑、模板及平台、漏斗、溜筒等是否安全可靠。

(2)仓内脚手架、支撑、钢筋、拉条、预埋件等不得随意拆除、撬动。如须拆除、撬动时,应征得施工负责人的同意。

(3)平台上所预留的下料孔,不用时应封盖。平台除出入口外,四周均应设置栏杆和挡板。

(4)仓内人员上下设置靠梯,严禁从模板或钢筋网上攀登。

(5)吊罐卸料时,仓内人员应注意躲开,不得在吊罐正下方停留或操作。

(6)平仓振捣过程中,要经常观察模板、支撑、拉筋等是否变形。如发现变形有倒塌危险时,应立即停止工作,并及时报告。操作时,不得碰撞、触及模板、拉条、钢筋和预埋件。不得将运转中的振捣器放在模板或脚手架上。仓内人员要集中思想,互相关照。浇筑高仓位时,要防止工具和混凝土骨料掉落仓外,更不允许将大石块抛向仓外,以免伤人。

(7)使用电动式振捣器时,需有触电保安器或接地装置,搬移振捣器或中断工作时,必须切断电源。湿手不得接触振捣器的电源开关。振捣器的电缆不得破皮漏电。

(8)下料溜筒被混凝土堵塞时,应停止下料,立即处理。处理时不得直接在溜筒上攀登。

(9)电气设备的安装拆除或在运转过程中的事故处理,均应由电工进行。

7.6.5 混凝土养护时安全技术措施

(1)养护用水不得喷射到电线和各种带电设备上。养护人员不得用湿手移动电线。养护水管要随用随关,不得使交通道转梯、仓面出入口、脚手架平台等处有常流水。

(2)在养护仓面上遇有沟、坑、洞时,应设明显的安全标志。必要时,可铺安全网或设置安全栏杆。

(3)禁止在不易站稳的高处向低处混凝土面上直接洒水养护。

(4)高处作业时应执行高处作业安全规程。

本章小结

1.普通混凝土施工

混凝土施工包括施工准备、混凝土配料、拌和、运输、振捣、养护等工序。

混凝土施工准备工作的主要项目有基础处理、施工缝处理、设置卸料入仓的辅助设备、模板、钢筋的架设、预埋件及观测设备的埋设、施工人员的组织、浇筑设备及其辅助设施的布置、浇筑前的检查验收等。

为了保证建筑物的整体性,在新混凝土浇筑前,必须将老混凝土表面的水泥膜清除干净,并使其表面为新鲜整洁、有石子半露的麻面,以利于新老混凝土的紧密结合。

混凝土拌制,是按照混凝土配合比设计要求,将其各组成材料(砂石、水泥、水、外加剂及掺合料等)拌和成均匀的混凝土料,以满足浇筑的需要。混凝土制备的过程包括贮料、供料、配料和拌和。其中配料和拌和是主要生产环节,也是质量控制的关键,要求品种无误、配料准确、拌和充分。混凝土拌和一般采用机械拌和,混凝土拌和物的搅拌质量应经常检查,混凝土拌和物颜色均匀一致,无明显的砂粒、砂团及水泥团,石子完全被砂浆所包裹,说明其搅拌质量较好。

混凝土运输是整个混凝土施工中的一个重要环节,对工程质量和施工进度影响较大。混凝土拌和、浇筑、水平运输和垂直运输之间应协调配合,采取适当的措施,保证运输混凝土的质量。

开始浇筑前,要在岩面或老混凝土面上,先铺接缝砂浆以保证新混凝土与基岩或老混凝土结合良好。浇筑时振捣棒在每一孔位的振捣时间以混凝土不再显著下沉、水分和气泡不再逸出并开始泛浆为准。

混凝土浇筑完毕后,在一个相当长的时间内,应保持其适当的温度和足够的湿度,以造成混凝土良好的硬化条件,即对混凝土进行养护。混凝土的养护方法分为自然养护和热养护两类。养护时间取决于当地气温、水泥品种和结构物的重要性。

2.特殊混凝土的施工

泵送混凝土是将混凝土拌和物从搅拌机出口通过管道连续不断地泵送到浇筑仓面的一种施工方法。泵送混凝土除满足普通混凝土有关要求外,还应具备可泵性。可泵性与胶凝材料类型、砂子级配及砂率、石子颗粒大小及级配、水灰比及外加剂品种与掺量等因素有关。

为提高混凝土的密实性、抗冲耐磨性、抗冻性,以及增大强度,减少表面缩裂,可采用混凝土真空作业法。真空作业法借助于真空负压,将水从刚成型的混凝土拌和物中排出,减少水灰比,提高混凝土强度,同时使混凝土密实。

混凝土施工中,为节约水泥,降低混凝土的水化热,常埋设大量块石。埋石混凝土的埋石方法采用单个埋设法,即先铺一层混凝土,然后将块石均匀地摆上,块石与块石之间必须有一定距离。

3. 预制混凝土构件和预应力混凝土施工

预制混凝土构件的成型工序主要有准备模板、安放钢筋及预埋件、浇筑混凝土、构件表面修饰、养护等。预制混凝土构件振捣工艺一般有振动法、挤压法、离心法、真空作业法等。预制场地的布置要有利于吊装,又便于预制,易于管理,尽可能靠近安装地点。预制场地应平整结实,排水良好。

预应力钢筋混凝土施工分先张法和后张法两类。先张法是在浇筑混凝土之前张拉钢筋产生预应力。一般用于预制梁、板等构件。后张法是在混凝土浇筑的过程中,预留孔道,待混凝土构件达到设计强度后,在孔道内穿主要受力钢筋,张拉锚固建立预应力,并在孔道内进行压力灌浆,用水泥浆包裹保护预应力钢筋。

4. 混凝土冬季、夏季及雨季施工

混凝土在低温条件下,水化凝固速度大为降低,强度增长受到阻碍。冬季施工措施有调整配合比和掺外加剂(对非大体积混凝土,采用发热量较高的快凝水泥;提高混凝土的配制强度;掺早强剂或早强剂减水剂;采用较低的水灰比;掺加气剂可减缓混凝土冻结时在其内部水结冰时产生的静水压力,从而提高混凝土的早期抗冻性能);原材料加热法;蓄热法;热养护法。

混凝土夏季施工时:混凝土拌制时,水泥容易出现假凝现象;运输时,坍落度损失大,捣固或泵送困难;成型后直接曝晒或干热风影响,混凝土面层急剧干燥,外硬内软,出现塑性裂缝;昼夜温差较大,易出现温差裂缝。

夏季高温期混凝土施工的技术措施有掺用外加剂(缓凝剂、减水剂);用水化热低的水泥;供水管埋入水中,贮水池加盖,避免太阳直接曝晒;当天用的砂、石用防晒棚遮蔽;用深井冷水或冰水拌和,但不能直接加入冰块;适当减小浇筑层厚度,从而减少内部温差;浇筑后立即用薄膜覆盖,不使水分外逸。

混凝土工程在雨季施工时,砂石料场的排水设施应畅通无阻;浇筑仓面宜有防雨设施;运输工具应有防雨及防滑设施;加强骨料含水量的测定工作,注意调整拌和用水量。

5. 混凝土施工质量控制与缺陷的防治

混凝土工程质量包括结构外观质量和内在质量。前者指结构的尺寸、位置、高程等;后者则指从混凝土原材料、设计配合比、配料、拌和、运输、浇捣等方面。

混凝土施工缺陷分外部缺陷和内部缺陷两类。外部缺陷有麻面、蜂窝、混凝土露筋、空洞、混凝土施工裂缝等。混凝土内部缺陷有混凝土空鼓、混凝土强度不足。

6. 混凝土施工安全技术

施工缝处理、混凝土拌和、混凝土运输、混凝土平仓振捣、混凝土养护时严格遵守安全技术规定,采取切实可靠的措施,防止产生质量事故。

本章重点是混凝土的配料、拌和、运输、振捣、养护等工序要求、方法及质量控制检查的要求方法。

复习思考题

1. 混凝土施工准备工作的主要项目有哪些?

2. 施工缝的处理方法有哪几种?

3. 混凝土工程主要包括哪些施工工序?

4. 混凝土的材料有何要求?水泥、砂石应符合什么要求?

5. 混凝土的拌和方式有几种?

6. 试述搅拌机的分类及各自的特点。搅拌机的主要工艺参数有哪些?

7. 混凝土运输有什么要求?目前主要有哪些运输工具?

8. 运输混凝土的辅助设备有哪些?

9. 试述泵送混凝土的设备及其工作原理。混凝土输送管有几种类型?布管有什么要求?

10. 混凝土浇筑方案如何制定?如何确保浇筑质量?采取哪些具体措施?

11. 什么是施工缝?施工缝留置应遵循什么原则?施工缝可以留在结构哪些部位?

12. 混凝土浇筑后为什么要进行振捣?机械振捣的原理是什么?有哪几种类型的振捣机械?

13. 新浇筑的混凝土如何进行养护?有哪些养护方法?各有什么特点?

14. 如何进行混凝土的强度检查?有哪些具体规定?

15. 泵送混凝土的类型有哪几种?泵送混凝土对原材料有什么要求?

16. 泵送混凝土施工前应做好哪些准备工作?

17. 简述预制混凝土构件制作工艺。

18. 预应力钢筋混凝土施工方法有哪些?

19. 混凝土冬季、夏季施工应注意哪些方面?

20. 简述混凝土施工缺陷分类及处理方法。

21. 混凝土质量检查包括哪些内容?

第 8 章　地基处理与基础工程

学习目标

- 掌握土基处理的基本施工方法，特别是桩基施工的各种方法。
- 理解地基处理的基本要求，掌握防渗墙施工主要过程及质量检查要求。
- 熟练掌握各种灌浆施工程序和质量控制措施。

8.1　桩基施工

桩基础简称桩基，是提高土基承载能力最有效的方法之一。桩基是由若干个沉入土中的单桩组成的一种深基础，有基桩和连接于基桩桩顶的承台共同组成，承台和承台之间再用承台梁相互连接。若承台下只有一根桩，常见的为大直径桩，来承受和传递上部结构的荷载，这样的桩基础称为单桩基础；承台下有多根基桩组成的桩基础称为群桩基础。桩基础的作用是将上部结构的荷载，通过上部软弱地层传递到深部较坚硬的、压缩性较小的土层或岩层。

按桩的传力方式不同，将桩基分为端承桩和摩擦桩，如图 8-1 所示。端承桩就是穿过软弱土层并将建筑物的荷载直接传递给坚硬土层的桩。摩擦桩是将桩沉至软弱土层一定深度，用以挤密软弱土层，提高土层的密实度和承载能力，上部结构的荷载主要是由桩身侧面与土之间的摩擦力承受，桩间阻力也承受少量的荷载。

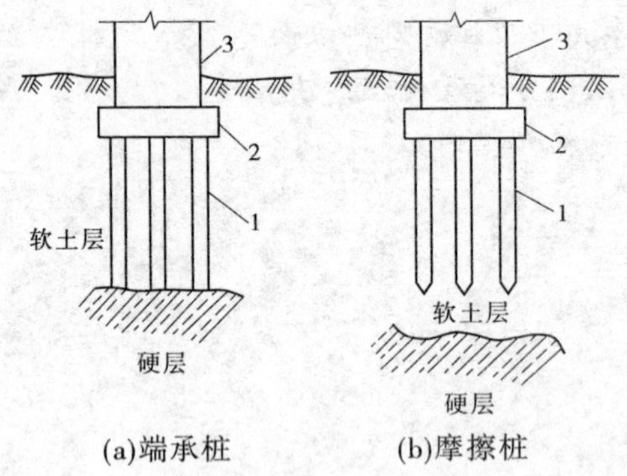

(a)端承桩　(b)摩擦桩

1—桩；2—承台；3—上部结构

图 8-1　桩的种类

按桩的施工方法，有预制桩和灌注桩两类。预制桩是在工厂或施工现场用不同的建筑材料制成的各种形状的桩。如钢筋混凝土桩、钢桩、木桩，桩的形状有方形、圆形等。然后用打桩设备将预制好的桩沉入地基土中。沉桩的方法有锤击沉桩、静力压桩、振动沉桩等。灌注桩是在设计桩位先成孔，然后放入钢筋骨架，再浇筑混凝土而成的桩。灌注桩按成孔的方法不同，分为泥浆护壁成孔灌注桩、干作业成孔灌注桩、套管成孔灌注桩、爆扩成孔灌注桩等。

8.1.1　混凝土及钢筋混凝土灌注桩施工

混凝土及钢筋混凝土灌注桩简称灌注桩，是直接在桩位上成孔，然后利用混凝土或砂石等材料就地灌注而成。与预制桩相比，其优点是施工方便，节约材料，成本低；缺点是操作要求高，稍有疏忽，容易发生缩颈、断桩现象，技术间隔时间较长，不能立即承受荷载等。

灌注桩的成桩技术日新月异，就其成桩过程中桩、土的相互影响特点可分为 3 大类：非挤土灌注桩、部分挤土灌注桩和挤土灌注桩。

根据桩的直径大小可分为小桩（$d \leqslant 250$ mm）、中等直径桩（250 mm $< d <$ 800 mm）和大直径桩（$d \geqslant 800$ mm）。下面介绍钻孔灌注桩、挖孔灌注桩、打拔管灌注桩的施工工艺和施工方法。

8.1.1.1　钻孔灌注桩

钻孔灌注桩是先在桩位上用钻孔设备进行钻孔，如用螺旋钻机、潜水电钻、冲孔机等冲钻而成，也可利用工具桩或将尖端封闭的钢管打入土中，拔出成孔，然后灌注混凝土。钻孔灌注桩的施工过程如图 8-2 所示。

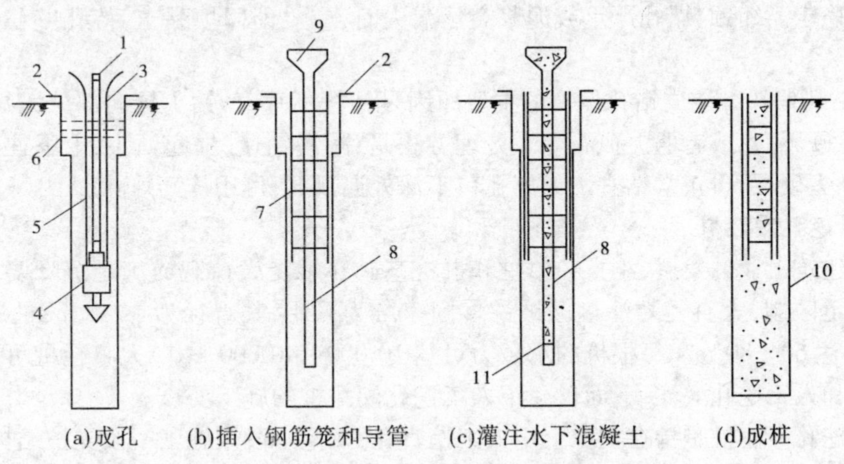

1—钻杆或悬挂绳；2—护筒；3—电缆；4—潜水电钻；
5—输水胶管；6—泥浆；7—钢筋骨架；8—导管；9—料斗；
10—混凝土；11—隔水栓

图 8-2　潜水钻成孔灌注桩成桩工艺示意图

在有地下水、流砂、砂夹层及淤泥等土层中钻孔时，先在测定桩位上埋设护筒，护筒一般由 3 ~ 5 mm 厚钢板做成，其直径比钻头直径大 10 ~ 20 mm，以便钻头提升操作等。护筒的作用有 3 个：一是起导向作用，使钻头能沿着桩位的垂直方向工作；二是提高孔内泥浆水头，防止塌孔；三是保护孔口，防止孔口破坏。护筒定位应准确，埋置应牢固密实，防止护筒与孔壁间漏水。

钻孔的同时在护筒中灌入密度为 1.1 ~ 1.3 g/cm^3 的黏土泥浆或膨润土泥浆，用以衬护孔壁,避免出现塌孔现象。钻孔达到设计深度后,应用探测器检查桩孔直径、深度和孔底情况,并及时进行清孔。清孔可用压缩空气喷翻泥浆,同时注入清水,被稀释的泥浆便夹杂着沉渣逐渐流出孔外。清孔时应保持护筒中的水位高出地下水位 1.5 m,防止塌孔。清孔后桩底沉渣允许厚度,对摩擦桩不得大于 300 cm,对端承桩不得大于 100 cm。

清孔后应及时下入钢筋骨架,进行水下混凝土浇筑。水下混凝土强度等级不应低于 C20,骨料粒径不应大于 300 mm,混凝土坍落度为 16 ~ 22 mm。为了改善混凝土的和易性,可掺入减水剂和粉煤灰等掺和料。水泥强度等级不低于 325,每 1 m^3 混凝土中水泥用量不少于 350 kg。

施工中常见问题及处理方法。

(1)护筒冒水。护筒外壁冒水,如不及时处理,严重时会造成护筒倾斜和位移,桩孔偏斜,甚至无法施工。冒水原因是在埋设护筒时周围填土不密实,或者由于起落钻头时碰动了护筒。其处理方法是若发现护筒刚开始冒水,可用黏土在护筒四周填实加密;如护筒严重下沉或移位,则应返工重埋。

(2)孔壁坍塌。在钻孔过程中,如发现在排出的泥浆中不断出气泡,或护筒内的水位突然下降,这都是塌孔的迹象。原因是土质松散、泥浆护壁不好、护筒内水位不够高等造成的。处理方法是在钻孔过程中如出现塌孔、缩颈,应加大泥浆比重,并保持孔内水位,以维持孔壁稳定。缩颈、塌孔严重或泥浆突然漏失时,应立即回填黏土,待孔壁稳定后再进行钻孔。

(3)钻孔偏斜。造成钻孔偏斜的主要原因是钻杆不垂直,钻头导向部分太短,导向性差,土质软硬不一,或者遇上孤石等。处理方法是:减慢钻速,提起钻头,上下往复扫钻几次,以便削去硬层,再正常钻进。如离孔口不深处遇孤石,可用炸药炸除。

8.1.1.2 挖孔灌注桩

随着建筑工业的发展,小直径单桩和群桩基础在承受大荷载或满足沉降要求等方面已受到一定限制,大直径灌注桩已被许多国家广为采用,其直径为 1 ~ 3 m,桩深 20 ~ 40 m,最深可达 60 ~ 80 m。每根桩的承载力可达 10 000 ~ 40 000 kN。大直径桩可采用机械挖孔灌注和人工挖孔灌注,下面仅介绍人工挖孔灌注桩的施工要点。

人工挖孔灌注桩是指在桩位上用人工挖直孔,每挖一段及施工一段支护结构,如此反复向下挖至设计深度,然后放下钢筋笼,浇筑混凝土而成桩。

人工挖孔灌注桩的优点是设备简单,对施工现场原有建筑物影响小,挖孔时,可直接观察土层变化情况,清除沉渣比较彻底,可同时开挖若干个桩孔,施工成本低等。

人工挖孔灌注桩挖孔,有一人在孔内用镐、铁锹、土筐等设备挖土,在地面上用电动葫芦或手动卷扬机、三角架提土,用潜水泵抽出孔内积水。桩的直径除应满足设计承载力要求外,还应满足人在下面操作的要求,故桩径不得小于 800 mm,一般都在 1 200 mm 以上。

人工挖孔灌注桩施工,主要应解决孔壁坍塌、施工排水、流砂和管涌等问题。为此,事先应根据地质水文资料,拟定合理的衬圈护壁和施工排水、降水方案。常用的护壁方案有混凝土护圈、沉井护圈和钢套管护圈 3 种,如图 8-3、图 8-4、图 8-5 所示。

(1)混凝土护圈挖孔桩。混凝土护圈挖孔桩亦称“倒挂金钟”,施工方法为分段开挖、分段浇筑护圈混凝土,直至设计高程后,再将桩的钢筋骨架放入护圈井筒内,然后浇筑

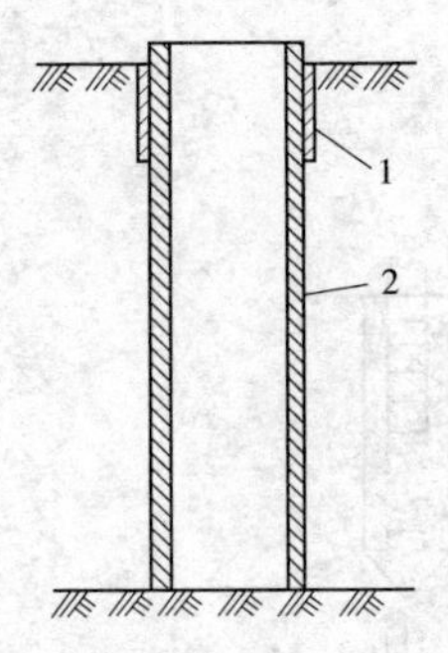

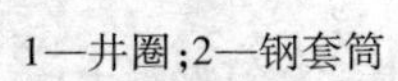
1—井圈;2—钢套筒

图 8-3　钢套管护圈挖孔桩

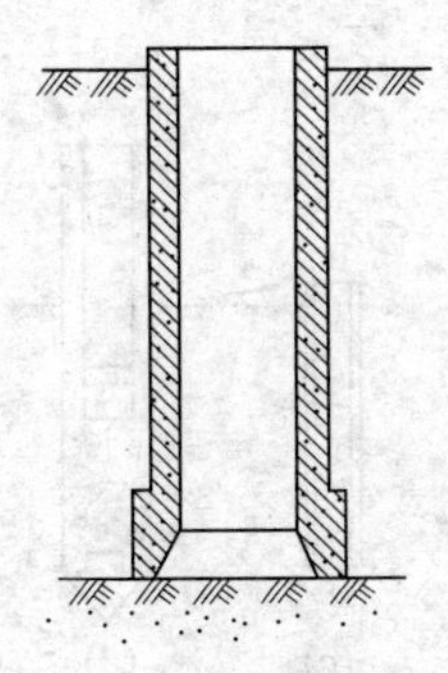
图 8-4　沉井护圈挖孔桩

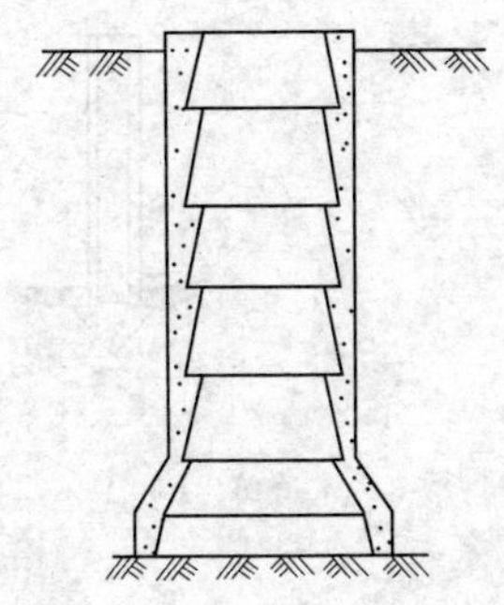
图 8-5　混凝土护圈挖孔桩

井筒桩基混凝土。

(2)沉井护圈挖孔桩。沉井护圈挖孔桩是在桩位上制作钢筋混凝土井筒,然后在井筒内挖土,井筒靠自重或附加荷载来克服筒壁与土壤之间的摩擦力,使其下沉至设计标高,再在筒内浇筑桩基混凝土。

(3)钢套管护圈挖孔桩。钢套管护圈挖孔桩是先在桩位处打入钢套管,直至设计标高,然后再将套管内的土挖出后浇筑桩基混凝土。待桩基混凝土浇筑完毕后,随即将套管拔出移至另一桩位使用。

钢套管由 12 ~ 16 mm 厚的钢板焊接加工成型,其长度根据设计要求而定。当地质构造有流砂或承压含水层时,采用这种方法施工,可避免产生流砂和管涌现象,能确保施工安全。

挖孔桩施工应注意:挖孔时应注意井内排水,孔底施工人员必须戴安全帽,孔上必须有人监督防护,护壁高出地面 200 ~ 300 mm,以防杂物掉入孔内,孔周围应设置安全防护栏杆,孔内照明应用安全电压,潜水泵必须有防漏电装置,设置鼓风机向孔内输送洁净空气,排出有害气体等。

8. 1. 1. 3　打拔管灌注桩

打拔管灌注桩是利用与桩的设计尺寸相适应的一根钢管,在端部套上预制的桩靴打入土中,然后将钢筋骨架放入钢管内,再浇筑混凝土,并边灌边将钢管拔出,利用拔管时的振动将混凝土振实。其施工步骤如图 8-6 所示。

此外,也常用振动灌注法。即钢管上端与振动沉桩机刚性连接,下端装有活瓣的桩尖,并在钢管的上部开有加料口,利用振动力将钢管沉入土中。当沉到设计标高后,停止振动,用上料斗将混凝土灌入钢管内,然后再开动沉桩机、卷扬机拔出钢管,边振边拔,从而使桩的混凝土得到捣实,如图 8-7 所示。

沉管时必须将桩尖活瓣合拢。如有水泥或泥浆进入管中,则应将管拔出,用砂回填桩孔后,再重新沉入土中,或在钢管中灌入一部分混凝土后再继续沉入。

拔管速度,一般土层中为 1. 2 ~ 1. 5 m/min,在软弱土层中不得大于 0. 8 ~ 1. 0 m/min。在拔管过程中,每拔起 0. 5 m 左右,应停 5 ~ 10 s,但保持振动,如此反复进行,直到将钢管拔离地面为止。

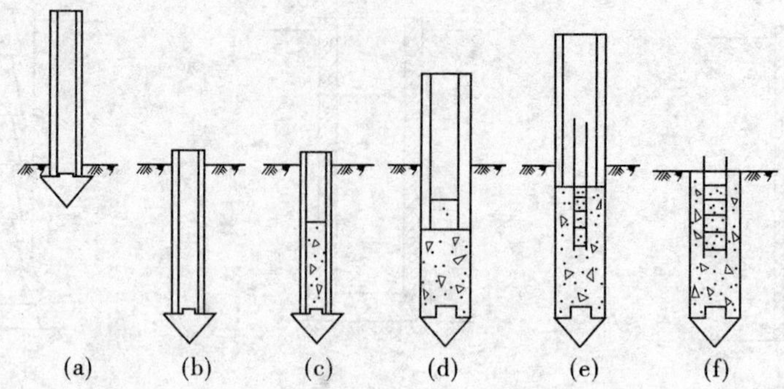

(a)就位;(b)沉入套管;(c)开始浇筑混凝土;(d)边锤击边拔管,继续浇筑混凝土;
(e)下钢筋笼,继续浇筑混凝土;(f)成型

图 8-6　锤击灌注桩施工程序

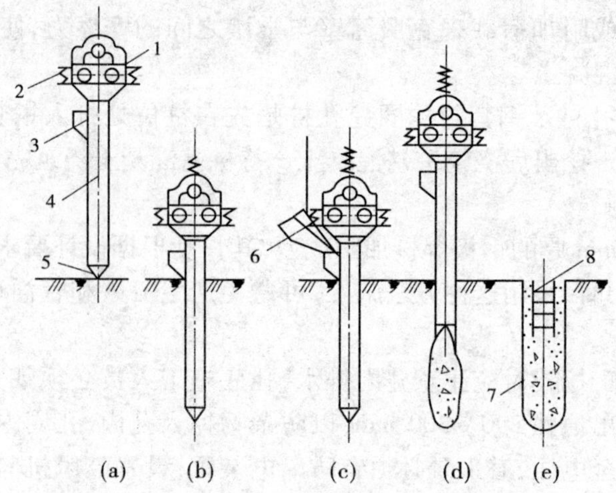

(a)桩机就位;(b)沉管;(c)第一次浇混凝土;
(d)边拔管、边振动、边灌注混凝土;(e)插入钢筋笼并灌满混凝土成桩
1—振动锤;2—加压减振弹簧;3—加料口;
4—桩管;5—活瓣桩尖;6—上料斗;7—混凝土桩;8—钢筋笼

图 8-7　振动沉管灌注桩成桩施工程序

根据承载力的要求不同,拔管方法可分别采用单打法、复打法和翻插法。

(1)单打法,即一次拔管法。拔管时每提升 0.5 ~ 1.0 m,振动 5 ~ 10 s,再拔起 0.5 ~ 1.0 m,如此反复进行,直到全部拔出为止。

(2)复打法。是在同一桩孔内进行两次单打,或根据要求进行局部复打。

(3)翻插法。是将钢管每提高 0.5 m,再下沉 0.3 m,或提升 1 m,下沉 0.5 m,主要按承载力要求而定,如此反复进行,直至拔离地面。这种方法,在淤泥层中可消除缩颈现象,但在坚硬土层中易损坏桩尖,不宜采用。

振动灌注桩在施工中已发生的质量事故主要有以下几种:

(1)隔层。由钢管的管径较小、混凝土骨料粒径较大、和易性较差、拔管速度过快等原因造成。预防措施是严格控制混凝土坍落度不小于 5 cm,骨料粒径不大于 30 mm;拔管速度不大于 2 m/min,淤泥中不大于 0.8 m/min,拔管时应密振慢拔。

(2)缩颈。在淤泥或者软土中沉管时,由于土受挤压产生孔隙水压,拔管后便挤向新灌的混凝土,造成缩颈。此外,当拔管速度过快、管内混凝土量过多、混凝土出管扩散性差时也会造成缩颈。预防措施是保持管内混凝土略高于地面,使之有足够的扩散压力;拔管时应采用复打或翻插的方法,严格控制拔管速度。

(3)断桩。因桩中心距过近,打邻近桩时受挤压,或者因混凝土终凝不久就受振动和外力作用所造成。预防措施是控制桩中心距不小于 4 倍桩径,或采用跳打法或间隔一段时间后再打邻近桩。

(4)吊脚桩。由于地下水量多,压力大,泥沙进入钢管内;或桩尖活瓣被土压实,拔管至一定高度才张开,混凝土虽下落,但不密实,形成空隙。预防措施是根据地下水量大小,采用水下灌注混凝土,或灌第一槽混凝土时,酌量减水。为防止活瓣打不开,可采用密振慢拔的方法,开始拔管时先翻插几下,然后再正常拔管。

8.1.2 钢筋混凝土预制桩施工

钢筋混凝土预制桩有实心桩和空心桩两种。空心桩为管桩,由预制厂用离心法生产而成,桩体强度较高,可达 C30 ~ C40,外径多为 400 ~ 500 mm;实心桩大多在现场预制,为方便预制,截面多为 200 mm × 200 mm ~ 550 mm × 550 mm 的正方形。桩长不得大于桩断面边长或外径的 50 倍,为了方便运输和施工,单根桩长一般不超过 30 m。钢筋混凝土预制桩主要施工过程如下。

8.1.2.1 桩的预制

桩的预制场地应平整夯实,应有良好的排水设施。桩的钢筋骨架应严格按设计要求进行焊接、绑扎。预制时应根据打桩的顺序来确定桩尖的朝向,尽量减少打桩时桩的调头。预制桩的混凝土应由桩顶向桩尖连续浇筑,严禁中断。预制桩上应标明制作日期和编号,如不埋设吊钩,则应标明绑扎吊点位置。桩的制作质量应符合下列要求:表面应平整,掉角的深度不应超过 10 mm,且局部蜂窝和掉角的总面积不得超过该桩表面积的 0.5%,并不得过分集中;因混凝土收缩产生的裂缝深度不得大于 20 mm,宽度不得大于 0.25 mm;横向裂缝长度不得超过边长的 1/2,管桩或多边形桩不得超过直径或对角线的 1/2;桩顶和桩尖不得出现蜂窝、麻面、裂缝和掉角。

8.1.2.2 桩的起吊、运输和堆放

预制桩的混凝土强度达到设计强度的 70% 以上方可起吊,达到 100% 才能运输和打桩。起吊时吊点位置必须严格按设计位置绑扎。不同吊点数的吊点位置如图 8-8 所示。

桩的运输,一般根据打桩顺序随打随运,避免二次运输。运距较小时,用卷扬机拖运,运距较大时,用平板车或铁路运输。

桩在堆放时,桩下用垫木架空,垫木间距与应吊点位置一致。各层垫木应在同一垂直线上,最下层垫木应适当加宽,堆放层数一般不宜超过四层;不同型号的桩应分别堆放,以免搞错。

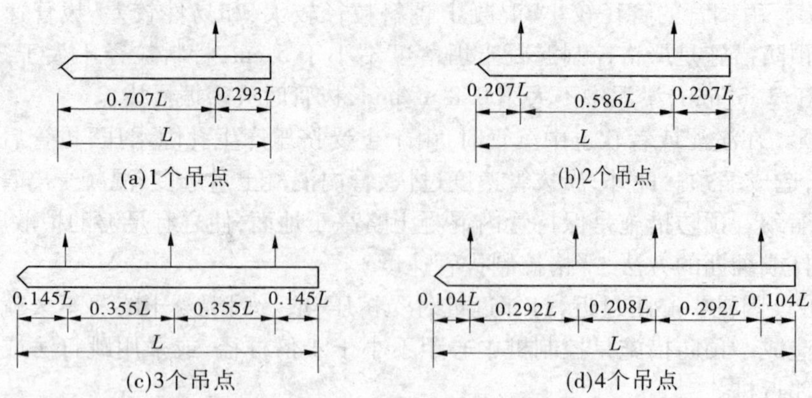

图 8-8　吊点的合理位置

8.1.2.3　打桩

打桩就是利用机械设备将预制好的钢筋混凝土桩沉入地层中。常用的施工方法有桩锤打桩、静力压桩、振动沉桩等。

打桩机具主要由桩锤、桩架和动力装置三部分组成。打桩机械的选择,应根据地基土壤的性质、桩的型号、尺寸和承载能力、工期要求、动力供应条件等因素综合进行选择。

1. 桩锤及桩架的选择

桩锤有落锤、单动汽锤、双动汽锤、柴油打桩锤和振动桩锤等。

(1)落锤为 0.5 ~ 2 t 的铸铁块,仅配上电动卷扬机和打桩架即可组成打桩机。这种打桩机构造简单,使用方便,冲击力大,使用于在黏土和砂砾石较多的土中打桩,可根据土质情况调整落距。单锤机速度慢,每分钟 6 ~ 12 次,效率低。

(2)单动汽锤是利用蒸汽或压缩空气的压力将桩锤提升到要求高度,打开排气口放掉压汽,落锤自由落下夯击桩顶。单动汽锤落距小,但落锤重量大,有 3 ~ 15 t,故冲击力较大,打桩速度快,每分钟 25 ~ 30 次,适合打各种桩。

(3)双动汽锤是用桩锤固定在桩头上不动,利用蒸汽或压缩空气的压力将桩锤上举和压下,以此冲击桩头完成打桩工作。这种桩锤锤重 1 ~ 7 t,冲击频率高,每分钟 200 ~ 300 次,冲击力大,效率高。能打各种桩,而且还可用于打斜桩、水下打桩和拔桩,也可不用桩架打桩。

(4)柴油打桩锤分杆式、筒式和活塞式 3 种。工作原理是利用柴油燃烧时气体体积突然膨胀产生的压力将气缸或活塞上抛,然后自由下落,夯击桩帽,使桩下沉。柴油锤重 0.3 ~ 7 t,桩锤每分钟锤击 40 ~ 80 次。柴油桩锤适合在有一定硬度的土层中工作,不适合用于过软的土层。

根据现场施工条件和机具设备选定桩锤类型后,还应进一步选定桩锤重量。桩锤重量过大,会过多地消耗能量,造成浪费;桩锤重量过小,则不易将桩打入。因此,恰当选择桩锤大小是非常重要的。为简单起见,可按桩锤重量与桩重的比来确定锤重,见表 8-1。经验证明,锤重为桩重的 1.5 ~ 2 倍时,效果较好。但桩锤亦不能过重,过重易将桩头打坏。

表 8-1　锤重与桩重的比值

桩的种类	单动汽锤		双动汽锤		柴油打桩锤		落锤	
	硬土	软土	硬土	软土	硬土	软土	硬土	软土
钢筋混凝土桩	1.4	0.4	1.8	0.6	1.5	1.0	1.5	0.35
木桩	3.0	2.0	2.5	1.5	3.5	2.5	4.0	2.0
钢板桩	2.0	0.7	2.5	1.5	2.5	2.0	2.0	1.0

注：桩长一般不大于 20 m。

桩架的作用是吊桩就位，起吊桩锤并在打桩过程中引导桩锤和桩的方向，使其不发生偏移。选择桩架时，应考虑桩锤的类型、桩的长度和施工条件等因素。桩架的高度由桩长、锤高、桩帽厚度及所用的滑轮组的高度来决定。另外，还应留 1 ~ 2 m 的高度作为桩锤的伸缩余地。落锤还应包括落距的高度。

2. 打桩顺序

打桩顺序直接影响打桩工程的质量和施工进度。因此，应结合地基土壤情况、工作面布置、桩的数量和工期要求等，进行综合考虑。打桩顺序一般分为由一侧向另一侧进行；自两边向中部进行；自中部向四周进行；自中部向两边对称进行，如图 8-9 所示。

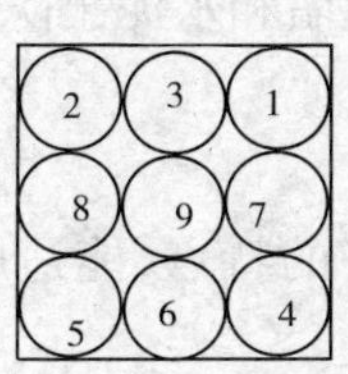

(a)先外后里跳打法

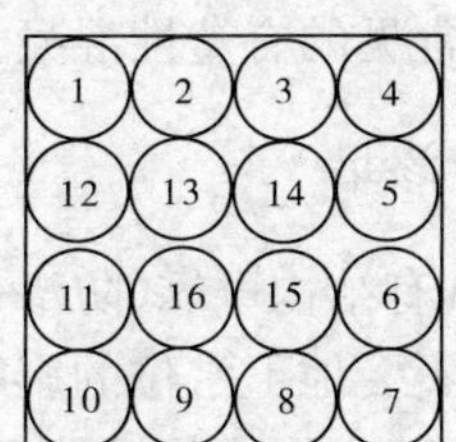

(b)先周边后中间打法

图 8-9　夯打顺序

确定打桩顺序时，既要考虑施工方便，又要考虑打桩过程中地基土壤被挤压的情况。由一侧向另一侧逐排打桩，桩架单向移动，移位迅速，打桩效率高。但这种打桩法是土壤向单方向挤压，地基受挤压不均匀，导致后打的桩深度减小，会引起建筑物的不均匀沉陷。自两边向中部打桩，中部土壤受挤严重，可用于桩距大于 4 倍桩径的情况。自中部向两边对称进行和自中部向四周进行两种方法打桩时，土壤由中央向两侧或四周挤压，易于保证施工质量，适用于桩距小于 4 倍桩径的情况。

打桩顺序确定后，还应根据桩的堆放、运输和现场布置以及桩入土后是否出露于地表面等情况进一步决定是"顶打"还是"退打"。

3. 打桩施工

打桩过程包括桩机的移动和就位、吊桩和定桩、打桩、截桩和接桩等。

打桩前应先在桩侧或桩架上设置标尺，以便观测打桩时每次锤击后桩的下沉量。桩机就位时，桩架应平移，导杆中心线应与打桩方向一致，并检查桩位是否正确。然后将桩提升就位并缓缓放下，插入土中，随即扣好桩帽、桩箍，校正好桩的垂直度，如桩顶不平，应用硬木垫平后再扣桩帽，脱钩后用锤轻压且轻击数锤，使桩沉入土中一定深度，达到稳定位置,再次校正桩位及垂直度,然后开始打桩。

打桩有“重锤低击”和“轻锤高击”两种打法。重锤低击,桩锤回弹小,桩头不宜损坏,大部分能量都用来克服桩身与土的摩阻力和桩尖阻力,因此,桩能较快地打入土中;轻锤高击,桩锤回弹较高,消耗掉了一部分能量,桩入土慢,且桩头容易损坏。所以,应尽量采用重锤低击。

打桩时应注意:先用小落距轻打,待桩入土1~2 m后再全程施打。打桩应连续,桩的入土速度应均匀,应随时注意桩的贯入度的变化,锤击间歇时间不要太长,应注意观察桩锤回跃情况;正常时桩锤回跃小,若桩锤回跃大,说明桩锤太轻,应更换桩锤;打桩时,应防止锤击偏心,以免打坏桩头或使桩身折断;打桩过程中应特别注意打桩机的工作情况和稳定性;应经常检查机件是否正常、钢绳有无损坏、桩锤悬挂是否牢固、桩架移动和固定是否安全;应做好打桩记录,打桩是隐蔽工程,作为工程验收时鉴定桩的质量的依据之一;打桩时如发生桩身断裂、桩头破坏严重,桩位严重偏斜等,应将桩拔出重打。

8.2 防渗墙施工

防渗墙是修建在透水地基中的地下连续墙,可用于坝基、河堤的防渗加固。根据成墙材料和成墙方法的不同,常见的有塑性混凝土防渗墙和水泥土防渗墙。

8.2.1 塑性混凝土防渗墙

塑性混凝土防渗墙具有结构可靠、防渗效果好的特点,能适应多种不同的地质条件,修建深度大,施工时几乎不受地下水位的影响。

塑性混凝土防渗墙的基本形式是槽孔型,它是由一段段槽孔套接而成的地下墙,施工分两期进行,先施工的为一期槽孔,后施工的为二期槽孔,一、二期槽孔套接成墙,如图8-10所示。

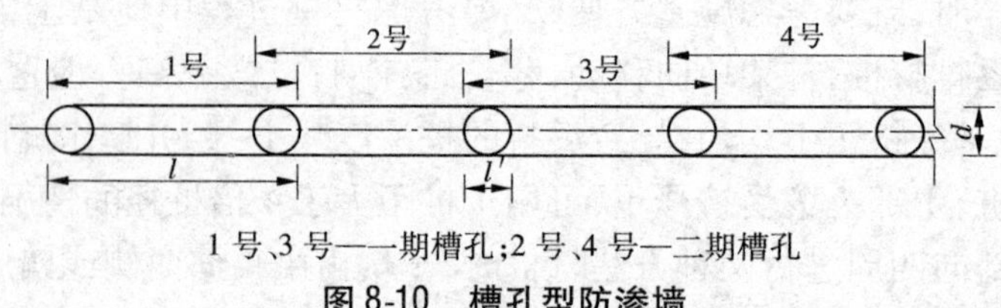

1号、3号——期槽孔;2号、4号—二期槽孔

图8-10 槽孔型防渗墙

防渗墙的施工程序为造孔前的准备、泥浆固壁造孔、终孔验收和清孔换浆、浇筑防渗墙混凝土、全墙质量验收等。其施工过程如图8-11所示。

8.2.1.1 造孔前的准备工作

造孔前的准备工作主要有:

(1)测量放线。造孔前应根据设计要求进行测量放样,确定防渗墙轴线。

(2)确定槽孔长度。根据地质条件和混凝土浇筑能力确定槽孔长度,一般在6~8 m为宜。

(3)设置导向槽。可采用混凝土导向槽或预制钢结构导向槽,用以控制造孔方向,维

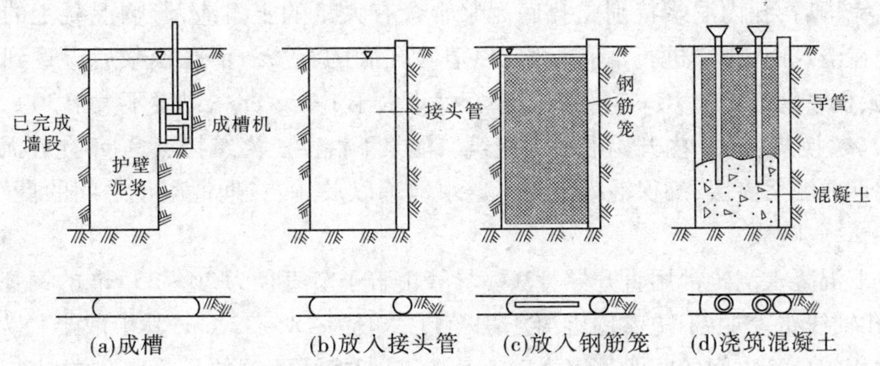

图 8-11　防渗墙施工程序示意图

持孔口稳定。导向槽的净宽一般略大于防渗墙的设计宽度,高度一般在 1 ~ 2 m 为宜;为了防止地表水倒流和便于自流排浆,其顶部高程应高于地面高程。

(4)辅助工作。铺设造孔机具作业轨道,修筑运输道路,架设动力和照明线路以及供浆管路,做好排水系统。

8.2.1.2　**浆固壁造孔**

由于土基比较松软,为了防止槽孔坍塌,造孔时应向槽孔内灌注泥浆以维持孔壁稳定。注入槽孔内的泥浆除了固壁作用以外,在造孔过程中,还有悬浮泥土和冷却、润滑钻头的作用,渗入孔壁的泥浆和胶结在孔壁的泥皮,还有防渗作用。造孔用的泥浆可用黏土或膨润土与水按一定比例配制。对泥浆的性能指标要求可参考表 8-2 进行控制。

表 8-2　泥浆性能指标参考值

黏度 (s)	密度 (g/cm^3)	含砂量 (%)	胶体率 (%)	失水量 (mL/30 min)	稳定性 (g/(cm^3 · d))	pH 值
18 ~ 25	1.1 ~ 1.2	≤5	≥96	20 ~ 30	≤0.03	7 ~ 9

施工必须注意泥浆的再生净化和回收利用,以降低工程造价,防止环境污染。

按造孔机具的不同,防渗墙槽孔的造孔可采用液压抓斗成槽、拉槽机成槽、气举法成槽、射水法成槽等。不管采用何种机械造孔,都应严格按照操作规程施工,及时向槽孔内补充泥浆,维持泥浆液面稳定,防止机械事故的发生,确保槽孔稳定。

8.2.1.3　**终孔验收和清孔换浆**

造孔后应做好终孔验收和清孔换浆工作。终孔验收项目可参考表 8-3。

表 8-3　终孔验收项目与要求

终孔验收项目	终孔验收要求	终孔验收项目	终孔验收要求
槽位允许偏差	±3 cm	一、二期槽孔搭接孔位中心偏差	≤1/3 设计墙厚
槽宽要求	≥设计墙厚	槽孔水平断面上	没有梅花孔、小墙
槽孔孔斜	≤4‰	槽孔嵌入基岩深度	满足设计要求

造孔完毕后,孔内泥浆特别是孔底泥浆常含有大量的土石渣,影响混凝土的浇筑质量。因此在浇筑前,必须进行清孔换浆,以清除孔底的沉渣。清孔换浆后应达到如下要求:孔底淤积厚度不大于10 cm;孔内泥浆密度不大于1.3 g/cm³,黏度不大于30 s,含砂量不大于12%;换浆后4 h内开始混凝土浇筑。泥浆下混凝土浇筑特点是:不允许泥浆与混凝土掺混形成泥浆夹层;确保混凝土与不透水地基以及一、二期混凝土之间的良好结合;连续施工,一气呵成。

泥浆下混凝土浇筑常用直升导管法。导管由若干节直径为20~25 cm的钢管连接而成,沿槽孔轴线布置,由于防渗墙混凝土坍落度一般为18~22 cm,其扩散半径为1.5~2.0 m,故相邻导管之间的间距不以大于3.5 m,一期槽孔两端的导管距孔端以1.0~1.5 m为宜,二期槽孔两端的导管距孔端以0.5~1.0 m为宜;导管安装时,要求管底与孔底距离为10~25 cm,以便导管中皮球顺利浮出并排出导管内的泥浆。浇筑前应仔细检查导管的形状、接头、焊缝的质量等,过度变形和损坏的导管不能使用,并按预定长度在地面进行分段组装和编号。导管顶部为受料斗,整个导管悬挂在导向槽上,如图8-12所示。

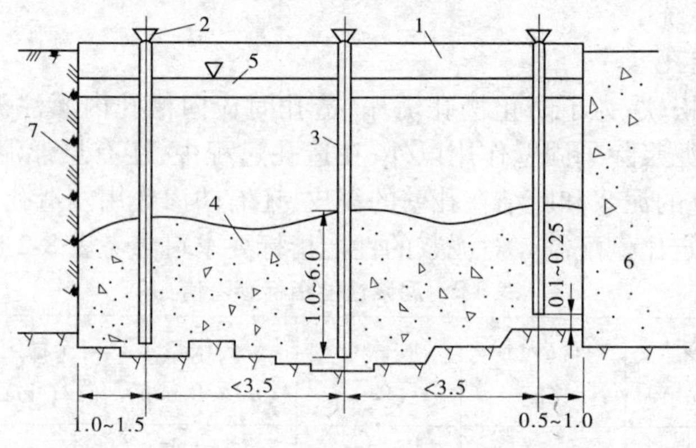

1—导向槽;2—受料斗;3—导管;4—混凝土;5—泥浆灌面;
6—已浇槽孔;7—未挖槽孔

图8-12 导管布置图 (单位:m)

开浇前要在导管内放入一个直径较导管略小的导柱塞(皮球或木球),通过受料斗向导管内注入适量的水泥砂浆,借水泥砂浆的重力将导柱塞压至孔底,并将管内泥浆排出孔外,导柱塞同时浮出泥浆液面。然后连续向导管内输送混凝土,保证导管底口埋入混凝土中的深度不小于1 m,但不超过6 m,以防泥浆掺混和埋管。浇筑时应遵循先深后浅的顺序,即从最深的导管开始,由深到浅一个一个导管依次开浇,待全槽混凝土面浇平后,再全槽均衡上升,混凝土面上升速度不应小于2 m/h,相邻导管出混凝土面高差应控制在0.5 m以内。

浇筑过程中,应做好混凝土面上升记录,防止堵管、埋管、导管漏浆和泥浆掺混等事故发生。

总之,槽内混凝土的浇筑,必须保持均衡、连续、有节奏地上升,直到全槽成墙为止。

8.2.2 水泥土防渗墙

水泥土防渗墙是软土地基的一种新的截渗方法，它是利用水泥、石灰等材料作为固化剂，通过深层搅拌机械，在地基深处就地将软土和固化剂强制搅拌，固化剂和软土经过一系列物理、化学反应后，软土便硬化成具有整体性、水稳定性和一定强度的良好地基。深层搅拌桩除能截断地下渗流通道外，还可达到加固地基、提高地基承载能力、减少沉降量和提高边坡稳定的作用。

深层搅拌桩施工分干法和湿法两类，干法是采用干燥状态的粉体材料作为固化剂，如石灰、水泥、矿渣粉等；湿法是采用水泥浆等浆液材料作为固化剂。下面只介绍湿法施工工艺。

8.2.2.1 施工机械

深层搅拌机是进行深层搅拌施工的关键机械，目前有中心管喷浆方式和叶片喷浆方式两种。后者水泥浆从叶片上若干个小孔喷出，水泥浆与土体混合较均匀，这对大直径叶片和连续搅拌是适合的。但喷浆管易被土体堵塞，故只能使用纯水泥浆，且机械加工较复杂。中心管喷浆方式中的水泥浆是从两根搅拌轴之间的一根管子输出，当叶片直径在1 m以下时也不影响搅拌的均匀性。

8.2.2.2 施工程序

深层搅拌法施工工艺过程如下：

(1)机械定位。搅拌机自行移至桩位、对中，地面起伏不平时，应进行平整。

(2)预搅下沉。启动搅拌机电机，放松起重机钢丝绳，使搅拌机沿导向架搅拌切土下沉。如下沉速度太慢，可从输浆系统补给清水以利钻进。

(3)制备水泥浆。搅拌机下沉时，按设计给定的配合比制备水泥浆，并将制备好的水泥浆倒入集料斗。

(4)喷浆提升搅拌。搅拌机下沉到设计深度时，开启灰浆泵，将浆液压入地基中，并且边喷浆边旋转，同时按设计要求的提升速度提升搅拌机。

(5)重复上下搅拌。深层搅拌及提升至设计加固标高时，集料斗中的水泥浆应正好注完，为使软土搅拌均匀，应再次将搅拌机旋转并沉入土中，至设计加固深度后再将搅拌机提升出地面。

(6)清洗。向集料斗中注入适量清水，开启灰浆泵，清除全部管线中残存的水泥浆，并将黏附在搅拌头上的软土清除干净。

(7)移至下一桩位，重复上述步骤，继续施工。

8.2.2.3 质量控制要点

影响搅拌桩施工质量的因素很多，主要有以下各个方面。

(1)水泥掺入比。水泥掺入比是指掺入的水泥重量与被加固的软土的重量之比。掺入比不同，水泥土的强度、渗透系数不同。根据需要可选用5%、7%、10%、12%、15%、20%等。

(2)水灰比。水灰比一般为0.5~0.6。水灰比不宜太小，大小容易堵塞输浆管道。为了改善浆液的流动性，可在浆液中加入一定量的减水剂。水灰比的大小可以通过对浆液比重测量来控制。

(3)喷浆提升速度和喷浆率。为了保证搅拌桩的均匀性,喷浆提升速度最好控制在0.4~0.8 m/min;灰浆泵应均匀输浆,确保沿桩身均匀喷浆。

8.3 岩石地基处理

岩基的一般地质缺陷,经过开挖和灌浆处理后,地基的承载力和防渗性能都可以得到不同程度的改善。但对于一些比较特殊的地质缺陷,如断层破碎带、缓倾角的软弱夹层、层理以及岩溶地区较大的孔洞和漏水通道等,如果这些缺陷的埋深较大或延伸较远,采用开挖处理在技术上就不太可能,在经济上也不合算,常需针对工程具体条件,采用一些特殊的处理措施。

8.3.1 断层破碎带的处理

由于地质构造原因形成的破碎带,有断层破碎带和挤压破碎带两种。经过地质错动和挤压,其中的岩块极易破碎,且风化强烈,常夹有泥质充填物。

对于宽度较小或闭合的断层破碎带,如果延伸不深,常采用开挖和回填混凝土的方法进行处理。即将一定深度范围内的断层和破碎风化岩层清理干净,直到新鲜岩基,然后再回填混凝土。如果断层破碎带需要处理的深度很大,为了克服深层开挖的困难,可以采用大直径钻头(直径在1 m以上)钻孔,到需要深度再回填混凝土;或开挖一层回填一层,在回填的混凝土中预留竖井或斜井,作为继续下挖的通道,直到预定深度为止。

对于贯通坝址上下游的宽而深的断层破碎带或深厚覆盖层的河床深槽,处理时,既要解决地基的承载能力,又要截断渗流通道。在这种情况下,为了解决承载力问题,可采用支承拱的办法,将上部结构的荷载通过横跨断层和深槽的支承拱,传到两侧坚固的岩层中,避免了深槽开挖的困难。为了截断渗流通道,可以修筑截水槽或防渗墙,必要时还可以辅以深孔帷幕灌浆。

8.3.2 软弱夹层的处理

软弱夹层是指基岩层面之间或裂隙面中间强度较低已经泥化或容易泥化的夹层。软弱夹层受到上部结构荷载作用后,很容易产生沉陷变形和滑动变形。软弱夹层的处理方法视夹层产状和地基的受力条件而定。

对于陡倾角夹层,如果没有和库水位相通,处理它主要是解决承载力问题,可以采用开挖和回填混凝土的办法进行处理。如果夹层和库水位相通,除了对坝基范围内的夹层进行开挖处理外,还必须在夹层上游库水位入口处进行封闭处理,切断库水进入夹层的通道。

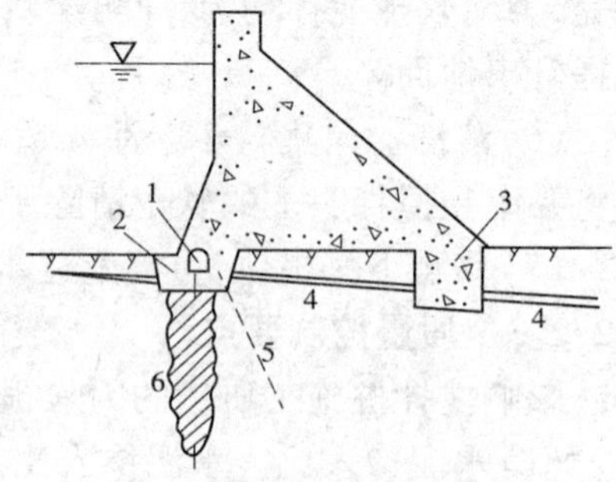

1—帷幕灌浆廊道;2—齿槽;
3—下游齿墙;4—软弱夹层;
5—排水孔;6—灌浆帷幕

图 8-13 含缓倾角夹层坝基处理

对于缓倾角夹层,如图 8-13 所示,特别是倾向下游的泥化夹层，由于层面的抗剪强度很低，处理的目的是提高地基的抗滑稳定能力。如果夹层不深，开挖工程量不大，应全部挖除。如果夹层埋深较大，或夹层上部有足够厚度的支承岩体，能够维持基岩的深层抗滑稳定，则可以考虑只挖除坝体上游部位的夹层，并进行封闭处理。如果夹层埋藏很深，且没有深层滑动的危险，处理的目的主要是加固地基，可采用一般的灌浆方法进行处理。

8.3.3 岩溶的处理

岩溶是可溶性岩层长期受地表水或地下水的溶蚀和溶滤作用后产生的一种自然现象。由溶蚀现象形成的溶槽、漏斗、溶洞、暗河、岩溶湖、岩溶泉等地质缺陷，削弱了基岩的承载能力，形成了漏水的通道。处理岩溶的主要目的是防止渗漏，保证蓄水，提高坝基的承载能力，确保大坝的安全稳定。

对岩溶的处理可采用堵、铺、截、围、导、灌等措施。堵就是堵塞漏水的洞眼；铺就是在漏水的地段做铺盖；截就是修筑截水墙；围就是将间歇泉、落水洞等围住，使之与库水隔开；导就是将建筑物下游的泉水导出建筑物以外；灌就是进行固结灌浆和帷幕灌浆。

8.3.4 基岩的锚固

基岩锚固是用预应力锚束对基岩施加预压应力的一种锚固技术，达到加固和改善地基受力条件的目的。

锚固技术具有效果可靠、施工方便、经济合理等优点，在国内外工程中得到广泛使用。在水电工程中，利用锚固技术可以解决以下几方面的问题：

(1)高边坡开挖时锚固边坡。

(2)坝基、岸坡抗滑稳定加固。

(3)锚固建筑物，改善受力条件，提高抗震性能。

(4)大型洞室支护加固。

(5)混凝土建筑物的裂缝和缺陷修补锚固。

锚固方法视工程具体条件不同而异。例如某工程采用预应力锚索加固坝基软弱夹层，如图 8-14 所示。

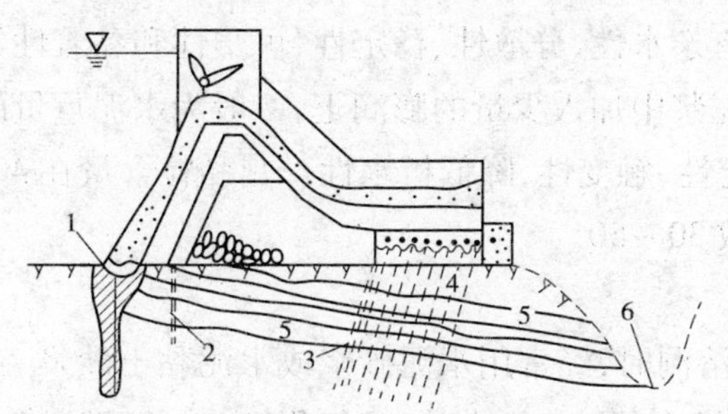

1—帷幕灌浆；2—排水孔；3—下游排水孔；4—预应力锚索；
5—软弱夹层；6—冲刷坑

图 8-14 用预应力锚索加固坝基软弱夹层

8.4 灌浆施工

灌浆是通过钻孔(或预埋管)将具有流动性和胶凝性的浆液,按一定配比要求,压入地层或建筑物的缝隙中胶结硬化成整体,达到防渗、固结、增强的工程目的。灌浆按其作用可分为帷幕灌浆、固结灌浆、回填灌浆、接触灌浆、接缝灌浆、补强灌浆和裂缝灌浆等;按灌浆材料可分为水泥灌浆、黏土灌浆、沥青灌浆及化学材料灌浆等。

8.4.1 灌浆材料与灌注浆液

灌浆工程中所用的浆液是由主剂(原材料)、溶剂(水或其他溶剂)及各种外加剂混合而成。通常所说的灌浆材料,是指浆液中所用的主剂。根据所制成的浆液状态的不同,灌浆材料可分为两类:一类是粒状灌浆材料,所制的浆液其固体颗粒基本上处于分散的悬浮状态,为悬浊液;另一类是化学灌浆材料,所制成的浆液是真溶液。

8.4.1.1 灌浆材料

1. 水泥

灌浆工程所采用的水泥品种,应根据灌浆目的和环境水的侵蚀作用等由设计确定。一般情况下,应采用普通硅酸盐水泥或硅酸盐大坝水泥。当有耐酸或其他要求时,可用抗酸水泥或其他特种水泥。使用矿渣硅酸盐水泥或火山灰质硅酸盐水泥灌浆时,应得到许可。

回填灌浆、帷幕灌浆和固结灌浆水泥强度等级不应低于32.5 MPa,坝体接缝灌浆不应低于42.5 MPa。

帷幕灌浆和坝体接缝灌浆对水泥细度的要求为通过80 μm方孔筛的筛余量不宜大于5%;当坝体接缝张开度小于0.5 mm时,对水泥细度的要求为通过71 μm方孔筛的筛余量不宜大于2%。

灌浆用水泥必须符合质量标准,不得使用受潮结块的水泥。采用细水泥时,应严格防潮和缩短存放时间。

2. 黏土和膨润土

(1)黏土。黏土具有亲水性、分散性、稳定性、可塑性和黏着性等特点。

(2)膨润土。在水泥浆中加入少量的膨润土,一般为水泥重量的2%~3%,起稳定剂作用,可提高浆液的稳定性、触变性,降低析水性。其黏粒含量在40%以上,液限多为100左右或更大些,塑性指数30~50。

3. 其他材料

用以灌注大裂隙和溶洞时,经常用水泥砂浆或水泥黏土砂浆。根据灌浆需要,可在水泥浆液中加入下列外加剂:速凝剂,如水玻璃、氯化钙、三乙醇胺等;减水剂,如萘系高效减水剂、木质素磺酸盐类减水剂等;稳定剂,如膨润土及其他高塑性黏土等;其他外加剂。所有外加剂凡能溶于水的应以水溶液状态加入。各类浆液掺入掺合料和加入外加剂的种类及其掺加量应通过室内浆材试验和现场灌浆试验确定。

8.4.1.2 灌注浆液

1. 水泥浆

纯水泥浆液的搅拌时间，使用普通搅拌机时，应不少于 3 min；使用高速搅拌机时，宜不少于 30 s。浆液在使用前应过筛，自制备至用完的时间宜少于 4 h。水泥浆的配比一般为水∶水泥 = 10∶1 ~ 10∶0.5。

2. 黏土浆

黏土浆有两种配制方法：①将一定量的黏土和一定量的水直接混合，经搅拌而形成所需配比的浆液。②将黏土制成一定浓度的黏土原浆，再取一定量的原浆加入一定量的水制成所需配比的浆液。

一般情况下原浆的配制按以下程序进行：

(1)浸泡崩解。将黏土在水池中用水浸泡，使其崩解泥化。

(2)拌制黏土原浆。将浸泡好的黏土放入泥浆搅拌机中，加适量的水，制成一定浓度的黏土原浆。

3. 水泥黏土浆

由于水泥、黏土各有其优缺点，将其混合在很大程度上可互补其缺点，成为良好的灌注浆液。水泥与黏土的比例一般为 1∶1 ~ 1∶4，水与干料的比例一般为 3∶1 ~ 1∶1，由于材料品种、性能及其作用不同，正确的配比应通过试验确定。

4. 水泥砂浆及水泥黏土砂浆

(1)水泥砂浆。在有宽大裂隙、溶洞、地下水流速大、耗浆量大的岩层中灌浆时，采用水泥砂浆灌注。水泥砂浆具有浆液流动度较小、不易流失、结石强度高、黏结力强、耐久性和抗渗性好等优点。水泥砂浆中，水与水泥的比值宜等于或小于 1∶1，否则砂易沉淀。为防止和减少其沉淀，宜加入少量膨润土、塑化剂、粉煤灰等。

(2)水泥黏土砂浆。水泥黏土砂浆中水泥起固结强度作用，黏土起促进浆液的稳定作用，砂起填充裂隙空洞的作用。拌制水泥黏土砂浆时，宜先制成水泥黏土浆而后加入砂。

5. 水泥水玻璃浆

水泥浆中加入水玻璃，有两种作用：一是将水玻璃作为速凝剂，促使浆液凝结；二是作为浆液的组成成分。水玻璃与水泥浆中的氢氧化钙起作用，生成具有一定强度的凝胶体——水化硅酸钙。水泥浆随水玻璃的加入量的增加而凝结时间逐渐缩短，当超过一定比值后，凝结时间随水玻璃加入量的增加转变为逐渐延长。

8.4.2 灌浆设备

8.4.2.1 制浆与储浆设备

灌浆制浆与储浆设备包括两部分：一是浆液搅拌机，为拌制浆液用的机械，其转速较高，能充分分离水泥颗粒，以提高水泥浆液的稳定性；二是储浆搅拌桶，储存已拌制好的水泥浆，供给灌浆机抽取而进行灌浆用的设备，转速可较低，仅要求其能连续不断地搅拌，维持水泥浆不发生沉积。

水泥灌浆常用的搅拌机主要有旋流式搅拌机、叶浆式搅拌机（见图 8-15、图 8-16）等。

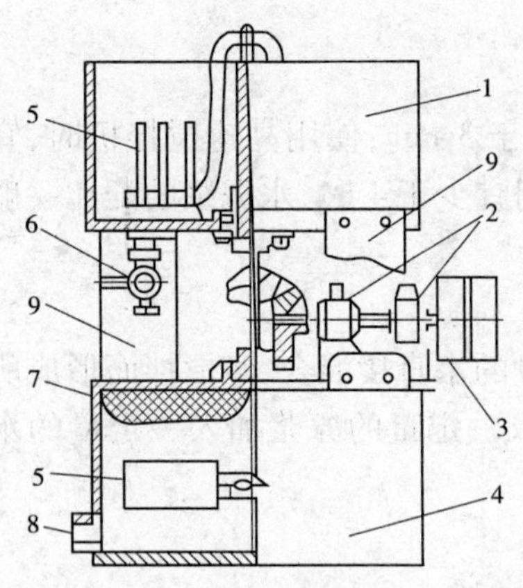

1—搅拌桶;2—轴承座;3—皮带轮;4—贮浆桶;
5—搅拌叶片;6—阀门;7—滤网;8—出浆口;9—支架

图 8-15　立式双桶搅拌机

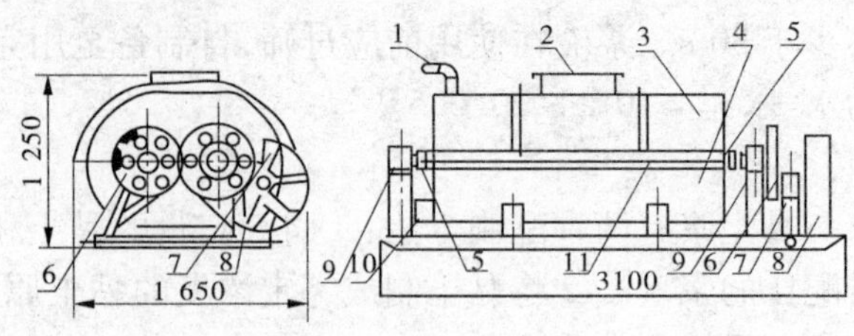

1—注水管子;2—加料口;3—搅拌桶;4—储浆桶;
5—搅拌轴;6—传动齿轮;7—主动齿轮;8—皮带轮;
9—轴承座;10—放浆口;11—机架

图 8-16　卧式搅拌机

8.4.2.2　**灌浆泵**

灌浆泵性能应与浆液类型、浓度相适应,容许工作压力应大于最大灌浆压力的 1.5 倍,并应有足够的排浆量和稳定的工作性能。灌浆泵一般采用多缸柱塞式灌浆泵。

往复式泵是依靠活塞部件的往复运动引起工作室的容积变化,从而吸入和排出浆体。往复式泵有单作用式和双作用式两种结构型式,如图 8-17、图 8-18 所示。

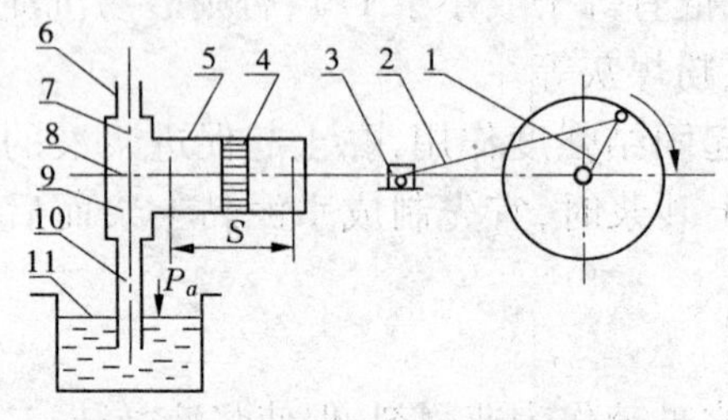

1—曲柄;2—连杆;3—滑块;4—活塞;5—水缸;
6—排水管;7—排水阀;8—泵室;9—吸水阀;
10—吸水管;11—水池

图 8-17　单作用往复式泵工作原理图

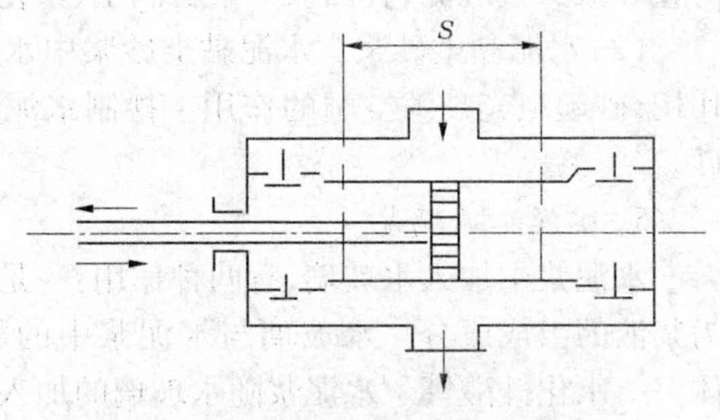

图 8-18　双作用往复式泵工作原理图

8.4.2.3　**灌浆管路及压力表**

1. 灌浆管路

输浆管主要有钢管及胶皮管两种,钢管适应变形能力差,不易清理,因此一般多用胶皮管,但在高压灌浆时仍需用钢管。灌浆管路应保证浆液流动畅通,并能承受 1.5 倍的最大灌浆压力。

2. 灌浆塞

灌浆塞又称灌浆阻塞器或灌浆胶塞(球),用以堵塞灌浆段和上部联系的必不可少的堵塞物,以免翻浆、冒浆以及不能升压而影响灌浆质量。灌浆塞的形式很多,一般应由富有弹性、耐磨性能较好的橡皮制成,应具有良好的膨胀性和耐压性能,在最大灌浆压力下能可靠地封闭灌浆孔段,并且易于安装和卸除,如图8-19所示为用在岩石灌浆中的一种灌浆塞。

3. 压力表

灌浆泵和灌浆孔口处均应安设压力表。使用压力宜在压力表最大标示值的1/4~3/4之间。压力表应经常进行检定,不合格的和已损坏的压力表严禁使用。压力表与管路之间应设有隔浆装置。

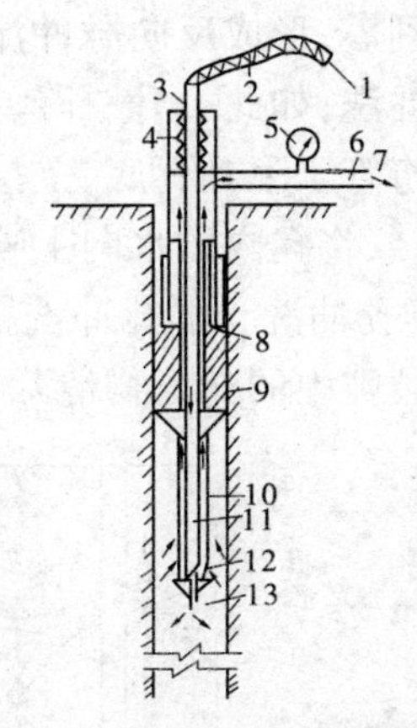

1、11—进浆管;2—胶皮管;3—钢管;
4—丝杆;5—压力表;6—阀门;
7、10—回浆管;8—胶皮管;
9—阻塞器;12—花管;13—出浆管

图8-19 用在岩石灌浆中的一种灌浆塞

8.4.3 灌浆施工

8.4.3.1 灌浆帷幕

1. 钻孔

帷幕灌浆孔宜采用回转式钻机和金刚石钻头或硬质合金钻头钻进,帷幕灌浆钻孔位置与设计位置的偏差不得大于1%。因故变更孔位时,应征得设计部门同意。实际孔位应有记录,孔深应符合设计规定,帷幕灌浆孔宜选用较小的孔径,钻孔孔壁应平直完整。帷幕灌浆钻孔必须保证孔向准确。钻机安装必须平正稳固,钻孔宜埋设孔口管,钻机立轴和孔口管的方向必须与设计孔向一致;钻进时应采用较长的粗径钻具并适当地控制钻进压力。帷幕灌浆孔应进行孔斜测量,发现偏斜超过要求应及时纠正或采取补救措施。

2. 洗孔和冲洗

1)洗孔

灌浆孔(段)在灌浆前应进行钻孔冲洗,孔内沉积厚度不得超过20 cm。帷幕灌浆孔(段)在灌浆前宜采用压力水进行裂隙冲洗,直至回水清净时止。冲洗压力可为灌浆压力的80%,该值若大于1 MPa时,采用1 MPa。

洗孔的目的是将残存在孔底岩粉和黏附在孔壁上的岩粉、铁砂碎屑等杂质冲出孔外,以免堵塞裂隙的通道口而影响灌浆质量。钻孔钻到预定的段深并取出岩芯后,将钻具下到孔底,用大流量水进行冲洗,直至回水变清,孔内残存杂质沉淀厚度不超过20 cm时,结束洗孔。

2)冲洗

冲洗的目的是用压力水将岩石裂隙或空洞中所充填的松软、风化的泥质充填物冲出孔外,或是将充填物推移到需要灌浆处理的范围外,这样裂隙被冲洗干净后,利于浆液流进裂隙并与裂隙接触面胶结,起到防渗和固结作用。使用压力水冲洗时,在钻孔内一定深度需要放置灌浆塞。冲洗有单孔冲洗和群孔冲洗两种方式。

(1)单孔冲洗。单孔冲洗仅能冲净钻孔本身和钻孔周围较小范围内裂隙中的填充物,因此此法适用于较完整的、裂隙发育程度较轻、充填物情况不严重的岩层。

单孔冲洗有以下几种方法:①高压冲洗。整个过程在大的压力下进行,以便将裂隙中的充填物向远处推移或压实,但要防止岩层抬动变形。如果渗漏量大,升不起压力,就尽量增大流量,加大流速,增强水流冲刷能力,使之能挟带充填物走得远些。②高压脉动冲洗。首先用高压冲洗,压力为灌浆压力的80% ~100%,连续冲洗5 ~10 min后,将孔口压力迅速降到零,形成反向脉冲流,将裂隙中的碎屑带出,回水呈浑浊色。当回水变清后,升压用高压冲洗,如此一升一降,反复冲洗,直至回水洁净后,延续10 ~20 min为止。③扬水冲洗。将管子下到孔底、上接风管,通入压缩空气,使孔内的水和空气混合,由于混合水体的密度轻,将孔内的水向上喷出孔外,孔内的碎屑随之喷出孔外。

(2)群孔冲洗。群孔冲洗是把两个以上的孔组成一组进行冲洗,可以把组内各钻孔之间岩石裂隙中的充填物清除出孔外,如图8-20所示。

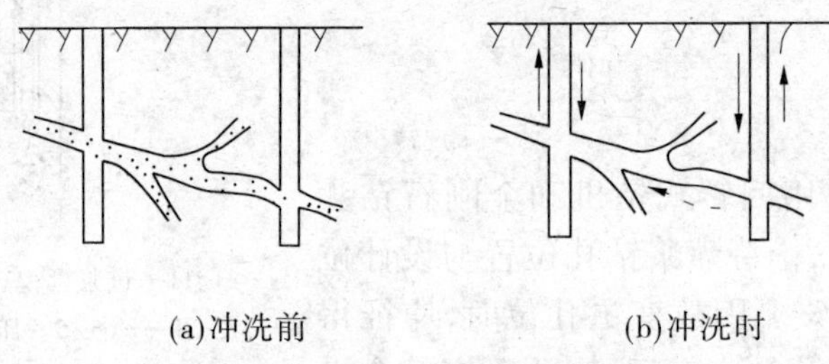

(a)冲洗前　　(b)冲洗时

图8-20　群孔冲洗裂缝示意图

群孔冲洗主要是使用压缩空气和压力水。冲洗时,轮换地向某一个或几个孔内压入气、压力水或气水混合体,使之由另一个孔或另几个孔出水,直到各孔喷出的水是清水后停止。

3)压水试验

帷幕灌浆采用自上而下分段灌浆法时,先导孔应自上而下分段进行压水试验,各次序灌浆孔的各灌浆段在灌浆前宜进行简易压水试验。

压水试验应在裂隙冲洗后进行。简易压水试验可在裂隙冲洗后或结合裂隙冲洗进行。压力可为灌浆压力的80%,该值若大于1 MPa时,采用1 MPa。压水20 min,每5 min测读一次压入流量,取最后的流量值作为计算流量,其成果以透水率表示。帷幕灌浆采用自下而上分段灌浆法时,先导孔仍应自上而下分段进行压水试验。各次序灌浆孔在灌浆前全孔应进行一次钻孔冲洗和裂隙冲洗。除孔底段外,各灌浆段在灌浆前可不进行裂隙冲洗和简易压水试验。

3. 灌浆的施工次序和施工方法

1)灌浆的施工次序

灌浆施工次序划分的原则是逐序缩小孔距,即钻孔逐渐加密。这样浆液逐渐挤密压实,可以促进灌浆帷幕的连续性;能够逐序升高灌浆压力,有利于浆液的扩散和提高浆液结石的密实性;根据各次序孔的单位注入量和单位吸水量的分析,可起到反映灌浆情况和灌浆质量的作用,为增、减灌浆孔提供依据;减少邻孔串浆现象,有利于施工。

大坝的岩石基础帷幕灌浆通常是由一排孔、二排孔、三排孔所构成,多于三排孔的比较少。

(1)单排孔帷幕施工(同二、三、多排帷幕孔的同一排上灌浆孔的施工次序),首先钻灌第Ⅰ次序孔，然后钻灌第Ⅱ次序孔，最后钻灌第Ⅲ次序孔。

(2)由两排孔组成的帷幕，先钻灌下游排，后钻灌上游排。

(3)由三排或多排孔组成的帷幕，先钻灌下游排，再钻灌上游排，最后钻灌中间排。

2)灌浆的施工方法

基岩灌浆方式有循环式和纯压式两种。帷幕灌浆应优先采用循环式，射浆管距孔底不得大于50 cm；浅孔固结灌浆可采用纯压式。

灌浆孔的基岩段长小于6 m时，可采用全孔一次灌浆法；大于6 m时，可采用自上而下分段灌浆法、自下而上分段灌浆法、综合灌浆法或孔口封闭灌浆法。

帷幕灌浆段长度宜采用5～6 m，特殊情况下可适当缩减或加长，但不得大于10 m。进行帷幕灌浆时，坝体混凝土和基岩的接触段应先行单独灌浆并应待凝，接触段在岩石中的长度不得大于2 m。

单孔灌浆有以下几种方法。

(1)全孔一次灌浆。全孔一次灌浆是把全孔作为一段来进行灌浆。一般在孔深不超过6 m的浅孔、地质条件良好、岩石完整、渗漏较小的情况下，无其他特殊要求，可考虑全孔一次灌浆，孔径也可以尽量减小。

(2)全孔分段灌浆。根据钻孔各段的钻进和灌浆的相互顺序，又分为以下几种方法：

①自上而下分段灌浆：就是自上而下逐段钻进，随段位安设灌浆塞，逐段灌浆的一种施工方法。这种方法适宜在岩石破碎、孔壁不稳固、孔径不均匀、竖向节理、裂隙发育、渗漏情况严重的情况下采用。

施工程序一般是：钻进(一段)→冲洗→简易压水试验→灌浆待凝→钻进(下一段)。

②自下而上分段灌浆：就是将钻孔一直钻到设计孔深，然后自下而上逐段进行灌浆。这种方法适宜岩石比较坚硬完整，裂隙不很发育，渗透性不甚大。在此类岩石中进行灌浆时，采用自下而上灌浆可使工序简化，钻进、灌浆两个工序各自连续施工；无需待凝，节省时间，工效较高。

③综合分段灌浆法：综合自上而下与自下而上相结合的分段灌浆法。有时由于上部岩层裂隙多，又比较破碎，上部地质条件差的部位先采用自上而下分段灌浆法，其后再采用综合分段灌浆法。

④小孔径钻孔、孔口封闭、无栓塞、自上而下分段灌浆法：就是把灌浆塞设置在孔口，自上而下分进，逐段灌浆并不待凝的一种分段灌浆法。孔口应设置一定厚度的混凝土盖重。全部孔段均能自行复灌，工艺简单，免去了起、下塞工序和塞堵不严的麻烦，不需要待凝，节省时间，发生孔内事故可能性较少。

3)灌浆压力

由于浆液的扩散能力与灌浆压力的大小密切相关，采用较高的灌浆压力，可以减少钻孔数，且有助于提高可灌性，使强度和不透水性等得到改善。当孔隙被某些软弱材料充填时，较高灌浆压力能在充填物中造成劈裂灌注，提高灌浆效果。随着灌浆基础处理技术和机械设备的完善配套，6.0～10 MPa的高压灌浆在采用提高灌浆压力措施和浇筑混凝土盖板处理后，在一些大型水利工程中应用较广。但是，当灌浆压力超过地层的压重和强度而没采取相应措施时，将有可能导致地基及其上部结构的破坏。因此，一般情况下，以不使地层结构破坏或发生局部的和少量的破坏,作为确定地基允许灌浆压力的基本原则。

灌浆压力宜通过灌浆试验确定,也可通过公式计算或根据经验先行拟定,而后在灌浆施工过程中调整确定。灌浆试验时,一般将压力升到一定数值而注浆量突然增大时的这一压力作为确定灌浆压力的依据(即临界压力)。

采用循环式灌浆,压力表应安装在孔口回浆管路上;采用纯压式灌浆,压力表应安装在孔口进浆管路上。压力读数宜读压力表指针摆动的中值,当灌浆压力为5 MPa或大于5 MPa时,也可读峰值。压力表指针摆动范围应小于灌浆压力的20%,摆动幅度宜做记录。灌浆应尽快达到设计压力,但注入率大时应分级升压。

如缺乏试验资料,做灌浆试验前需预定一个试验数值确定灌浆压力。考虑灌浆方法和地质条件的经验公式为

$$[p_c] = p_0 + mD$$

式中:$[p_c]$为容许灌浆压力,MPa;p_0为表面段容许灌浆压力,MPa;m为灌浆段每增加1 m容许增加的压力,MPa/m;D为灌浆段深度,m。

灌浆过程中灌浆压力的控制方法有以下两种。

(1)一次升压法。灌浆开始将压力尽快地升到规定压力,单位吸浆量不限。在规定压力下,每一级浓度浆液的累计吸浆量达到一定限度后,调换浆液配合比,逐级加浓,随着浆液浓度的逐级增加,裂隙逐渐被填充,单位吸浆量将逐渐减少,直至达到结束标准,即灌浆结束。

此法适用于透水性不大、裂隙不甚发育的较坚硬、完整岩石的灌浆。

(2)分级升压法。在灌浆过程中,将压力分为几个阶段,逐级升高到规定的压力值。灌浆开始如果吸浆量大时,使用最低一级的灌浆压力,当单位吸浆量减少到一定限度(下限),则将压力升高一级,当单位吸浆量又减少到下限时,再升高一级压力,如此进行下去,直到在规定压力下,灌至单位吸浆量减少到结束标准时,即可结束灌浆。

在灌浆过程中,在某一级压力下,如果单位吸浆量超过一定限度(上限),则应降低一级压力进行灌浆,待单位吸浆量达到下限值时,再提高到原一级压力,继续灌浆。单位吸浆量的上限、下限,可根据岩石的透水性、在帷幕中不同部位及灌浆次序而定。一般上限定为60~80 L/min,下限为30~40 L/min。

此法仅是在遇到基础岩石透水严重,吸浆量大的情况下采用。

4. 浆液使用的浆液浓度与配合比

1)浆液的配合比及分级

(1)浆液的配合比。浆液的配合比是指组成浆液的水和干料的比例。浆液中水与干料的比值越大,表示浆液越稀,反之则浆液越浓。这种浆液的浓稀程度,称之为浆液的浓度。

(2)浆液浓度的分级。帷幕灌浆浆液水灰比可采用5:1、3:1、2:1、1:1、0.8:1、0.6:1、0.5:1等七个比级。开灌水灰比可采用5:1。灌注细水泥浆液,可采用水灰比为2:1:1:1,0.6:1或1:1、0.8:1,0.6:1三个比级。

2)浆液浓度的使用

浆液浓度的使用有两种方式:

(1)由稀浆开始,逐级变浓,直至达到结束标准时,以所变至的那一级浆液浓度结束。

(2)由稀浆开始,逐级变浓,当单位吸浆量减少到某规定数值时,再将浆液变稀,直灌至达到结束标准时,用稀浆结束。

先灌稀浆的目的是稀浆的流动性能好,宽窄裂隙和大小空洞均能进浆,优先将细缝、小洞灌好、填实。而且将浆液变浓,使中等或较大的裂隙、空洞随后也得到良好的充填。一般情况下,如果灌浆段细小裂隙较多时,稀浆灌注的历时应长一些,就是多灌一些稀的浆液;反之,如果灌浆段宽大裂隙较多时,应较快地换成较浓的浆液,使浓浆灌注历时长一些。

3)灌浆过程中浆液浓度的变换

(1)当灌浆压力保持不变,注入率持续减少时,或当注入率不变而压力持续升高时,不得改变水灰比。

(2)当某一比级浆液的注入量已达 300 L 以上或灌注时间已达 1 h,而灌浆压力和注入率均无改变或改变不显著时,应改浓一级。

(3)当注入率大于 30 L/min 时,可根据具体情况越级变浓。

5. 灌浆结束与封孔

(1)灌浆结束的条件。帷幕灌浆采用自上而下分段灌浆法时,在规定的压力下,当注入率不大于 0.4 L/min 时,继续灌注 60 min;或不大于 1 L/min 时,继续灌注 90 min,灌浆可以结束。采用自下而上分段灌浆法时,继续灌注的时间可相应地减少为 30 min 和 60 min,灌浆可以结束。

(2)回填封孔。帷幕灌浆采用自上而下分段灌浆法时,灌浆孔封孔应采用分段压力灌浆封孔法;采用自下而上分段灌浆时,应采用置换和压力灌浆封孔法或压力灌浆封孔法。

6. 帷幕灌浆效果检查

帷幕灌浆质量检查应以检查孔压水试验成果为主,结合对竣工资料和测试成果的分析,综合评定。

1)布设检查孔检查

检查孔的数目一般按灌浆孔总数的 10% 左右布置,地质情况复杂的地区,一个坝段或一个单元工程内至少应布置一个检查孔,沿帷幕线 20 m 左右的范围内设有一个。

(1)检查孔的选定。对于单排孔的帷幕,检查孔可设置在两灌浆孔之间,两排或多排孔的帷幕,检查孔多位于帷幕的中间部位。

检查孔多选在地质条件较坏或灌浆质量较差的地段。在地质条件或者灌浆质量较好的地段,也应适当地布设一些检查孔。

帷幕灌浆检查孔压水试验应在该部位灌浆结束 14 d 后进行。帷幕灌浆检查孔应自上而下分段卡塞进行压水试验。帷幕灌浆检查孔压水试验结束后,按技术要求进行灌浆和封孔。帷幕灌浆检查孔应采取岩芯,计算岩芯获得率并加以描述。

(2)帷幕灌浆质量的合格标准。帷幕灌浆质量用压水试验检查,坝体混凝土与基岩接触段及其下一段的合格率应为 100%;再以下的各段的合格率应在 90% 以上,不合格段的透水率值不超过设计规定值的 100%,且不集中,灌浆质量可认为合格。否则,应进行处理,直至合格为止。对帷幕灌浆孔的封孔质量宜进行抽样检查。

2)测试扬压力值检查

当一个坝段或相连的几个坝段的帷幕灌浆已经完成,又钻了检查孔,并做了压水试验,认为帷幕幕体渗透性能已达到防渗要求后,即可开始在帷幕后边钻设排水孔和扬压力观测孔。

不要过早地钻设排水孔,以免帷幕幕体经检查尚未达到防渗要求,仍需加密钻孔补灌时,可能造成排水孔堵塞现象,易影响灌浆质量,灌完后又需重新钻设排水孔,造成浪费。

8.4.3.2 高压喷射灌浆

高压喷射灌浆是利用钻机把带有特制喷嘴的注浆管钻进至土层的预定位置后,用高压泵将水泥浆液通过钻杆下端的喷射装置,以高速喷出,冲击切削土层,使喷流射程内土体破坏,同时钻杆一方面以一定的速度(20 r/min)旋转,另一方面以一定的速度(15~30 cm/min)徐徐提升,使水泥浆与土体充分搅拌混合,胶结硬化后即在地基中形成具有一定强度(0.5~8.0 MPa)的固结体,从而使地基得到加固。

1. 分类及形式

根据使用机具设备的不同,高压喷射灌浆法可分为单管法、二重管法和三重管法。在施工中,根据工程需要和机具设备条件选用。

(1)单管法。单管法用一根单管喷射高压水泥浆液作为喷射流。由于高压浆液喷射流在土中衰减大,破碎土的射程较短,成桩直径较小,一般为0.3~0.8 m。

(2)二重管法。二重管法是用同轴双通道的二重注浆管,复合喷射高压水泥浆液和压缩空气两种介质。以浆液作为喷射流,但在其外围环绕着一圈空气流成为复合喷射流,因此破坏土体的能量显著加大,成桩直径一般为1.0 m左右。

(3)三重管法。三重管法用分别输送水、气、浆3种介质的同轴三重注浆管,使高压水流和在其外围环绕着的一圈空气流组成复合喷射流,冲切土体,形成较大的空隙,再由高压浆流填充空隙。三重管法成桩直径较大,一般为1.0~2.0 m,但成桩强度相对较低(0.9~1.2 MPa)。

加固体的形状与喷射流移动方向有关,有旋转喷射(简称旋喷)、定向喷射(简称定喷)和摆动喷射(简称摆喷)3种注浆形式。加固形状可分为柱状、壁状和块状。作为地基加固,一般采用旋喷注浆形式。

2. 特点和适用范围

高压喷射灌浆法具有以下特点:

(1)加固效果好,提高地基的抗剪强度,改善土的变形性质。

(2)能利用小直径钻孔旋喷成比孔大8~10倍的大直径固结体;可通过调节喷嘴的旋喷速度、提升速度、喷射压力和喷浆量,旋喷成各种形状的柱体,如均匀圆柱状、异型圆柱状、扇状、板墙状等。

(3)既可垂直喷射,也可倾斜或水平喷射。根据需要可制成垂直桩、斜桩或连续墙,并获得需要的强度。

(4)可用于对已有建筑物地基加固而不扰动附近土体,施工噪音低,振动小。

(5)可用于任何软弱土层,易控制加固范围。

(6)设备较简单、轻便,机械化程度高,材料来源广。

(7)施工简便,操作容易,速度快,效率高,用途广泛,成本低。

高压喷射灌浆法是用于处理淤泥、淤泥质土、黏性土、粉土、湿陷性黄土、砂土、碎石土及人工填土等地基;当土中含有较多的大粒径块石、坚硬黏性土、大量植物根茎或含有过多有机质时,应根据现场实验结果确定其使用程度。

高压喷射灌浆法可用于地基处理、深基坑侧壁挡土或挡水、基坑底部加固、防止管涌与隆起、坝的加固与防水帷幕等工程。在地下水流速过大、喷射浆液无法在注浆管周围凝聚的情况下,不宜采用。

3. 机具设备

高压喷射灌浆的施工机具设备由高压发生装置、钻机注浆、特种钻杆和高压管路等四部分组成。因喷射种类不同,使用的机具设备和数量也不同。主要包括钻机、高压泵、泥浆泵、空压机、浆液搅拌器、注浆管、喷嘴、操纵控制系统、高压管路系统、材料储存系统等。高压喷射灌浆法施工所用的钻机可采用一般浅孔钻机,常用XI-100型和SH-30型钻机,76型振动钻机是为喷射注浆法而设计的专用钻机设备。高压泵是高压发生装置,高压泥浆泵常用SN-H300型黄河牌压浆车、ACF-700型压浆车等;高压水泵可采用3W-TB4型高压柱塞泵、3XB型三柱塞泵等。

4. 材料

旋喷使用的水泥应采用新鲜无结块32.5 MPa或42.5 MPa普通硅酸盐水泥。水泥浆液的水灰比应按工程要求确定,一般可取1:1~1.5:1,常用1:1。根据需要可加入适量的速凝、悬浮或防冻等外加剂及掺合料。

5. 施工要点

(1)单管法、双管法和三管法喷射注浆的施工程序基本一致,即机具就位、贯入喷射注浆管、喷射注浆、拔管及冲洗等。施工工艺流程如图8-21、图8-22所示。

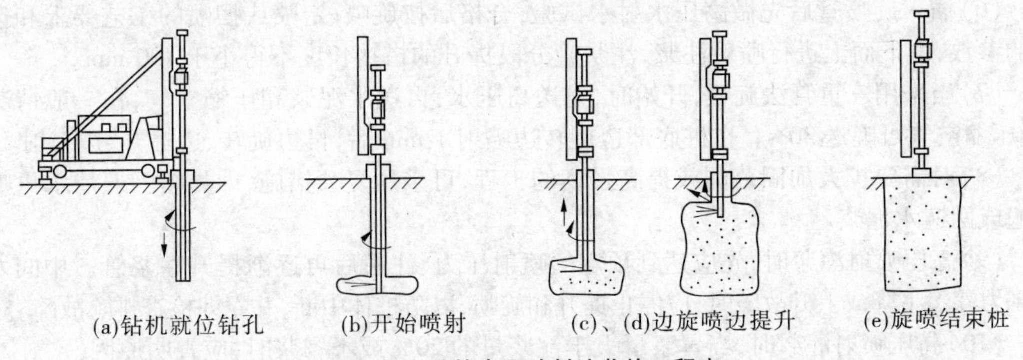

图8-21 单管高压喷射注浆施工程序

(2)高压喷射灌浆单管法及二重管法的高压水泥浆液射流和三重管法高压水射流的压力宜大于20 MPa,三重管法使用的低压水泥浆液射流压力宜大于1 MPa,气流压力宜取0.7 MPa,提升速度可取0.1~0.25 m/min。

(3)施工前应根据现场环境和地下埋设物的位置等情况,复核高压喷射灌浆的设计孔位。

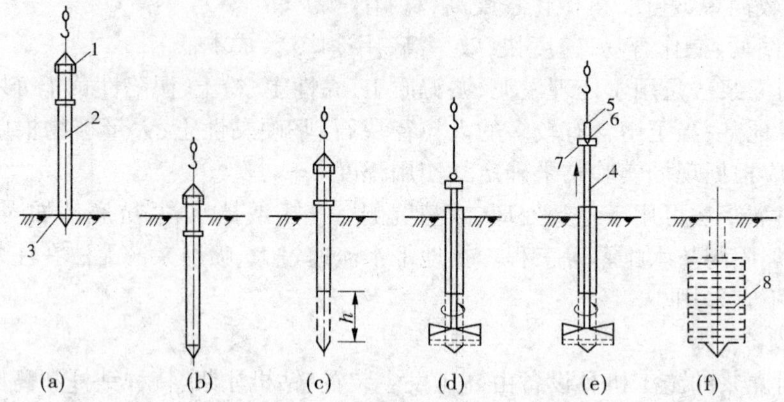

(a)振动沉桩机就位,施桩靴,立套管,安振动锤;(b)套管沉入设计深度;
(c)按起一段套管,使下段露出地面(使 $h>$ 要求的旋喷长度);
(d)卸上段套管,套管中插入三重管,边旋、边喷、边提升;
(e)自动提升喷射注浆管;(f)投出喷射注浆管与套管,下部形成圆柱喷射桩加固体
1—振动锤;2—钢套管;3—桩草化;4—三重管;5—浆液胶管;6—高压水胶管;
7—压缩空气胶管;8—喷射桩加固体

图 8-22　三重高压喷射注浆施工程序

(4)钻机与高压注浆泵的距离不宜过远,要求钻机安放保持水平,钻杆保持垂直,其倾斜度不得大于 1.5%,水平位置偏差不大于 50 mm。

(5)单管法和二重管法可用注浆管射水成孔至设计深度后,再一边提升一边进行喷射注浆。三重管法施工需预先用钻机或振动打桩机钻成直径 150 ~ 200 mm 的孔,然后将三重注浆管插入孔内。如因塌孔插入困难时,可用低压(小于 1 MPa)水冲孔喷下,但需把高压水喷嘴用塑料布包裹,以免泥土堵塞。

(6)插入旋喷管后先做高压水射水试验,合格后按旋喷、定喷或摆喷的工艺要求和选定的参数,由下而上进行喷射注浆,注浆管分段提升的搭接长度不得小于 100 mm。

(7)当采用三重管法旋喷,开始时,先送高压水,再送水泥浆和压缩空气,在一般情况下,压缩空气可晚送 30 s。在桩底部边旋转边喷射 1 min 后,再边旋转、边提升、边喷射。

(8)对需要扩大加固范围或提高强度的工程,可采用复喷措施,即先喷一遍清水再喷一遍或两遍水泥浆。

(9)高压喷射灌浆时,先应达到预定的喷射压力、注浆后再逐渐提升注浆管。中间发生压力骤然下降或上升故障时,应停止提升和旋喷,以防桩体中断,并立即检查排除故障。

(10)高压喷射灌浆时,当冒浆量大于注浆量的 20% 或不冒浆时,应查明原因。

冒浆量过大的主要原因是有效喷射范围与注浆量不相适应,注浆量大大超出喷浆固结所需的浆量所致,减少冒浆量可采取的措施有提高喷射压力、适当缩小喷嘴孔径、加快提升和旋转速度。对于冒出地面的浆液,若能迅速地进行过滤、沉淀、除去杂质和调整浓度后,可予以回收利用。但回收的浆液中难免有砂粒,只有三重管喷射注浆法可以利用冒浆再注浆。

不冒浆的主要原因是地层中有较大空隙,可采取的措施有在浆液中掺入适量的速凝剂，缩短固结时间，使浆液在一定土层范围内凝固；在空隙地段增大注浆量，填满空隙后再继续正常喷浆。

当处理既有建筑地基时，应采取速凝浆液或大间隔孔旋喷和冒浆回灌等措施，以防旋喷过程中地基产生附加变形和地基与基础间出现脱空现象，影响被加固建筑及邻近建筑。同时应对建筑物进行沉降观测。

桩喷浆量可按下式计算

$$Q = H/v \cdot q(1 + \beta)$$

式中：Q 为1根桩的喷浆量，L；H 为桩长，m；v 为旋喷管提升速度，m/min；q 为泵的排浆量，L/min；β 为浆液损失系数，一般取0.1～0.2。

喷到桩高后应迅速拔出注浆管，用清水冲洗注浆管、输浆液管路等机具，防止凝固堵塞，采用的方法一般是把浆液换成水，在地面喷射，以便把泥浆泵、注浆管和软管内的浆液全部排除。

本章小结

1. 土基处理

土基常见的处理方法有帷幕灌浆、防渗墙、垂直铺塑、深层搅拌桩等。

按桩的施工方法，有预制桩和灌注桩两类。

灌注桩施工有钻孔灌注桩、挖孔灌注桩、打拔灌注桩等施工方法。

预制桩常用的施工方法有桩锤打桩、静力压桩、振动沉桩等。

防渗墙根据成墙材料和成墙方法的不同，常见的有塑性混凝土防渗墙和水泥土防渗墙。

塑性混凝土防渗墙的基本形式是槽孔型，它是由一段段槽孔套接而成的地下墙，施工分两期进行，先施工的为一期槽孔，后施工的为二期槽孔，一、二期槽孔套接成墙。

水泥土防渗墙是利用水泥、石灰等材料作为固化剂，通过深层搅拌机械，在地基深处就地将软土和固化剂强制搅拌，固化剂和软土经过一系列物理、化学反应后，软土便硬化成具有整体性、水稳定性和一定强度的良好地基。深层搅拌桩除能截断地下渗流通道外，还可达到加固地基，提高地基承载能力，减少沉降量和提高边坡稳定的作用。

2. 岩石地基处理

对于宽度较小或闭合的断层破碎带，如果延伸不深，常采用开挖和回填混凝土的方法进行处理。

对于陡倾角夹层，如果没有和库水位相通，处理它主要是解决承载力问题，可以采用开挖和回填混凝土的办法进行处理。如果夹层和库水位相通，除了对坝基范围内的夹层进行开挖处理外，还必须在夹层上游库水位入口处进行封闭处理，切断库水进入夹层的通道。

对于缓倾角夹层，如果夹层不深，开挖工程量不大，应全部挖除。如果夹层埋深较大，或夹层上部有足够厚度的支承岩体，能够维持基岩的深层抗滑稳定，则可以考虑只挖除坝体上游部位的夹层，并进行封闭处理。

对岩溶的处理可采用堵、铺、截、围、导、灌等措施。堵就是堵塞漏水的洞眼；铺就是在漏水的地段做铺盖；截就是修筑截水墙；围就是将间歇泉、落水洞等围住，使之与库水隔开；导就是将建筑物下游的泉水导出建筑物以外；灌就是进行固结灌浆和帷幕灌浆。

3. 灌浆施工

灌浆材料应根据灌浆的目的和地质条件合理选择。灌浆用的材料有水泥、黏土和膨润土。根据灌浆需要，可在水泥浆液中加入速凝剂（水玻璃、氯化钙、三乙醇胺等）、减水剂（萘系高效减水剂、木质素磺酸盐类减水剂等）、稳定剂（膨润土及其他高塑性黏土等）、其他外加剂。

灌浆制浆与储浆设备包括两部分：一是浆液搅拌机，为拌制浆液用的机械，其转速较高，能充分分离水泥颗粒，以提高水泥浆液的稳定性；二是储浆搅拌桶，储存已拌制好的水泥浆，供给灌浆机抽取而进行灌浆用的设备，转速可较低，仅要求其能连续不断地搅拌，维持水泥浆不发生沉积。

输浆管主要有钢管及胶皮管两种，钢管适应变形能力差，不易清理，因此一般多用胶皮管，但在高压灌浆时仍需用钢管。灌浆管路应保证浆液流动畅通，并能承受1.5倍的最大灌浆压力。灌浆塞又称灌浆阻塞器或灌浆胶塞（球），用以堵塞灌浆段和上部联系的必不可少的堵塞物，以免翻浆、冒浆以及不能升压而影响灌浆质量。

帷幕灌浆孔宜采用回转式钻机和金刚石钻头或硬质合金钻头钻进，帷幕灌浆钻孔位置与设计位置的偏差不得大于1%。灌浆孔（段）在灌浆前应进行钻孔冲洗，孔内沉积厚度不得超过20 cm。帷幕灌浆孔（段）在灌浆前宜采用压力水进行裂隙冲洗，直至回水清净时止。冲洗的目的是用压力水将岩石裂隙或空洞中所充填的松软、风化的泥质充填物冲出孔外，或是将充填物推移到需要灌浆处理的范围外，这样裂隙被冲洗干净后，利于浆液流进裂隙并与裂隙接触面胶结，起到防渗和固结作用。灌浆施工次序划分的原则是逐序缩小孔距，即钻孔逐渐加密。

大坝的岩石基础帷幕灌浆通常是由一排孔、二排孔、三排孔所构成，多于三排孔的比较少。根据钻孔各段的钻进和灌浆的相互顺序，又分为自上而下分段灌浆、自下而上分段灌浆、综合分段灌浆法、小孔径钻孔、孔口封闭无栓塞自上而下分段灌浆法。

本章重点是灌浆材料、帷幕灌浆方法、要求。

复习思考题

1. 土基截渗处理有哪几种基本方法？
2. 灌注桩的成桩技术有哪些？
3. 土基加固处理有哪几种基本方法？
4. 端承桩和摩擦桩各自的作用特点是什么？
5. 钻孔灌注桩施工方法及其常见问题和处理方法有哪些？
6. 人工挖孔灌注桩施工常用哪几种护壁方案？
7. 打拔管灌注桩拔管方法有哪几种？
8. 钢筋混凝土预制桩施工程序是怎样的？

9. 钢筋混凝土预制桩打桩常用的施工方法有哪些?
10. 常用桩锤有哪几种?
11. 打桩顺序有哪几种?
12. 混凝土防渗墙施工中造孔前的准备工作有哪些?
13. 泥浆固壁造孔中泥浆的作用有哪些?
14. 泥浆下混凝土浇筑特点是什么?采用什么方法进行浇筑?
15. 深层搅拌桩施工有哪两种方法?
16. 如何对断层破碎带进行处理?
17. 如何对软弱夹层进行处理?
18. 作为灌浆用的材料,应具有哪些特性?
19. 钻进施工应注意的事项有哪些?
20. 钻孔如何进行洗孔?
21. 灌浆施工次序如何划分?
22. 帷幕孔的灌浆次序如何确定?
23. 单孔帷幕灌浆有哪些方法?
24. 灌浆结束的条件有哪些?
25. 高压喷射灌浆法具有哪些特点?

第9章　土石建筑物施工

学习目标

- 掌握堤防、土石坝施工土料选择与土场布置，掌握堤面作业、施工质量控制及检查。
- 掌握堤岸防护工程施工方法。
- 了解河道整治工程施工方法。

9.1　堤防工程施工

城市防洪堤的结构型式主要有两类：一是土石堤，二是混凝土、钢筋混凝土堤。前者边坡较缓，占用面积空间大，其防渗防冲的可靠性以及抗御超额洪水与漫顶的能力较弱。混凝土堤防尽管本身坚固耐冲，但对软基的适应能力差，且造价高。选用何种堤型，应根据工程实际情况而定。

土堤堤防施工的主要内容包括土料选择与土场布置、堤基清理、铺土压实与竣工验收等。

9.1.1　土料选择与土场布置

土料选择原则，一方面要满足防渗要求，另一方面应就地取材，因地制宜，对于有抗震要求的堤防，还应按规范要求选料。开工前，应根据设计要求、土质、天然含水量、运距、开采条件等因素选择取料区。淤泥土、杂质土、冻土块、膨胀土、分散性黏土等特殊土料，一般不宜用于筑堤身。

从各类土的物理性质看，黏性沙土及沙性黏土透水性较小，容易压实，是做堤的最好土料；沙土透水性大，黏结力小，筑堤易发生管涌；黏土颗料细且黏性大，不易透水，但有遇水易裂、遇湿易滑、遇冻易胀的缺点。沙土、黏土均不宜单独用来筑堤。但用黏土做堤防防渗心墙，外包一层透水性较强的土料，以防干裂或变形，或者用沙土筑堤，临水面外包一层透水性较小的土料用以防渗，也能保证筑堤质量。除此之外，对筑堤土料的含水量也有一定的要求，表9-1为筑堤土料的最优含水量和最大干密度。

表9-1　筑堤土料的最优含水量和最大干密度

土的类别	沙土	沙壤土	粉沙	壤土	重壤土	粉质壤土	黏土
最优含水量(%)	8~12	9~15	16~22	12~15	16~20	18~21	19~23
最大干密度(kN/m^3)	17.7~18.4	18.1~20.1	15.8~17.7	18.1~19.1	16.4~17.6	16.2~17.1	15.5~16.7

筑堤取土切忌离堤脚太近,以免土坑内常年积水,取土最好与改田造地相结合。土场应尽量布置在距堤脚一定距离的外滩上,因外滩取土,可逐年淤积起来。堤外取土,长江干堤规定在距大堤堤脚50~70 m以外,取土坑深不超过2.0 m。堤内取土一般在150 m以外,荆江大堤规定应在300~500 m以外,取土坑深不超过1.0 m。取土坑每间隔30~50 m应留一条与堤线垂直的土埂,以便作运土交通道路和避免堤外在洪水期形成顺堤串沟,危及堤身安全,同时也有利于土坑的回淤。

9.1.2 施工放样与堤基清理

施工放样首先沿堤防纵向定好中心线和内、外堤脚线,并钉以桩标。如果施工队伍经验不足,可每隔90~200 m,用竹杆和绳索设置一个堤身横断面样架。另外,放样时还应根据设计要求预留堤基、堤身的沉降量。

堤防施工前应进行堤基清理,堤基清理的范围包括堤身、戗台、铺盖、压载的基面,其边界应在设计基面边线外0.3~0.5 m。堤基表层的淤泥、腐殖土、泥炭等不合格土及草皮、树根、建筑垃圾等杂物必须清除掉,清除深度一般为0.3~0.8 m;堤基内的井窖、墓穴、树坑、坑塘及动物巢穴,应按堤身填筑要求进行回填处理,同时耙松地表,以利堤身与基础结合。

9.1.3 地基处理

软弱地基包括软黏土、淤泥、泥炭土等,是一种具有承载力低、压缩性高等特性的不良地基。

软弱地基处理有垫层法、强夯法、插塑板排水固结法、砂井排水固结法、震冲法等方法,透水地基处理有截水槽、防渗铺盖、截渗墙等方法。

9.1.4 堤身填筑与压实

9.1.4.1 堤面作业施工组织

基坑开挖和地基处理结束后即可进行坝体填筑。坝体土方填筑的特点是作业面狭窄、工种多、工序多、机械设备多,施工干扰大,若组织不好将导致窝工,影响工程进度和施工质量。坝面作业包括铺土、平土、洒水或晾晒(控制含水量)、压实和质量检查等。为了避免施工干扰、充分发挥各不同工序施工机械的生产效率,一般采用流水作业法组织堤面施工。

采用流水作业法组织施工时,首先应根据施工工序将堤面划分成若干区段,然后组织各工种专业施工队依次进入所划分的区段施工。各专业施工队按工序依次连续在同一施工区段施工,对各专业施工队而言,则不停地轮流在各个施工区段完成本专业的施工工作。完成不同工序的施工机械均由相应的专业施工队来操作,实现了施工专业化,有利于工人操作熟练程度的提高;同时在施工过程中保证了人、机、地三不闲,避免了施工干扰,有利于坝面作业连续、均衡地进行。

9.1.4.2 堤面铺土压实作业的施工要点

(1)上堤土料的土质及其含水率应符合设计和碾压试验确定的要求,施工前应先做碾压试验,确定碾压参数,使压实密度能达到设计干密度值。

(2)有关碾压试验的基本要求、试验场地的布置、试验方法及质量检测,按照《堤防工程施工规范》执行。

(3)堤身填筑多采用土料碾压筑堤的方法,该法是将土料分段分层填筑碾压,分段作业面的最小长度,机械作业不应小于90 m,人工作业不应小于50 m。应分层统一铺土、统一碾压,严禁出现界沟。相邻施工段的作业面宜均衡上升,若段与段之间不可避免地出现高差时,应按照《堤防工程施工规范》(SL 260—98)的规定施工。铺料厚度和土块直径的限制尺寸应符合表9-2的规定。

表9-2 铺料厚度和土块直径的限制尺寸

压实功能类型	压实机具种类	铺料厚度(cm)	土块限制直径(cm)
轻型	人工夯、机械夯	15~20	≤5
	5~9 t平碾	20~25	≤8
中型	12~15 t平碾、斗容2.5 m^3铲运机、5~8 t振动碾	25~30	≤9
重型	斗容大于7 m^3铲运机、9~16 t振动碾、加载气胎碾	30~50	≤15

(4)铺填中不应使堤面起伏不平,避免降雨积水,堤面铺筑时应使堤面中部凸起,并分别向上下游倾斜1%~2%的坡度,以便排除降水。铺料厚度检测应按作业面积大小每90~200 m^2取一个测点,铺填边线应按堤轴线长度每20~50 m取一个测点。

(5)碾压可按进退错距法或圈转套压法进行,碾压机械行走方向应平行于堤轴线,相邻作业面的碾迹必须搭接。搭接碾压宽度,平行堤轴线方向不应小于0.5 m,垂直堤轴线方向不应小于1.5 m。机械碾压不到的部位应采用人工或机械夯实,夯击应连环套打,双向套压,夯击搭压宽度不应小于1/3夯径。对因汽车上堤或压实机具压实后的土料表层形成的光面,必须进行刨毛处理,一般要求刨毛深度为4~5 cm。

(6)碾压时必须严格控制土料含水率,土料含水率应控制在最优含水率±3%范围内。当黏性土含水量偏低或偏高,可进行洒水或晾晒。洒水或晾晒工作主要在料场进行。如必须在堤防面洒水,为使水分能尽快分布到填筑土层中,可在铺土前洒1/3的水,其余2/3在铺好后再洒。洒水后应停歇一段时间,使水分在土层中均匀分布后再进行碾压。

(7)黏性土土堤的填筑标准应按压实度确定:1级堤防不应小于0.94;2级和高度超过6 m的3级堤防不应小于0.92;3级以下及低于6 m的3级堤防不应小于0.90。无黏性土土堤的填筑标准应按相对密度确定,1、2级和高度超过6 m的3级堤防不应小于0.65,低于6 m的3级及3级以下堤防不应小于0.60。

9.1.5 土方工程冬、雨季施工

9.1.5.1 土方工程冬季施工

在寒冷地区的冬季,气温常在0 ℃以下,由于土料冻结,给土方工程施工带来很大的困难。《水利水电施工组织设计规范》(SDJ 338—89)规定:当日平均气温低于0 ℃时,黏性土应按低温季节施工;当日平均气温低于 -9 ℃时,一般不宜填筑土料,否则,应进行技术经济论证。土方工程冬季施工的中心环节是防止土料的冻结。通常可以采用以下三方面的措施。

1. 防冻

(1)降低土料含水量。在入冬前,采用明沟截、排地表水或降低地下水位,使砂砾料的含水量降低到最低限度;对黏性土将其含水量降低到塑限的 90% 以下,并在施工中不再加水。

(2)降低土料冻结温度。在填土中加入一定量的食盐,降低土料冻结温度。

(3)加大施工强度,保证填土连续作业。采用严密的施工组织,严格控制各工序的施工速度,使土料在运输和填筑过程中的热量损失最小,下层土料未冻结前被新土迅速覆盖,以利于上下层间的良好结合。发现冻土应及时清除。

2. 保温

(1)覆盖隔热材料。对开挖面积不大的料场,可覆盖树枝、树叶、干草、锯末等保温材料。

(2)覆盖积雪。积雪是天然的隔热保温材料,覆盖一定厚度的积雪可以达到一定的保温效果。

(3)冰层保温。采取一定措施,在开挖土料表面形成 9 ~ 15 cm 厚度冰层,利用冰层下的空气隔热对土料进行保温。

(4)松土保温。在寒潮到来前,对将要开采的料场表层土料翻松、击碎,并平整至 5 ~ 35 cm 厚,利用松土内的空气隔热保温。

一般来讲,开采土料温度不低于 5 ~ 9 ℃,压实温度不低于 2 ℃,便能保证土料的压实效果。

3. 加热

当气温低、风速过大,一般保温措施不能满足要求时,则采用加热和保温相结合的暖棚作业,在棚内用蒸汽或火炉升温。蒸汽可以用暖气管或暖气包放热。暖棚作业费用高,只有在冬季较长,工期很紧,质量要求很高,工作面狭长的情况下使用。

9.1.5.2 土方工程雨季施工

在多雨的地区进行土方工程施工,特别是黏性土,常因含水量过大而影响施工质量和施工进度。因此,规范要求土料施工尽可能安排在少雨季节,若在雨季或多雨地区施工,应选用合适的土料和施工方法,并采取可靠的防雨措施。雨季作业通常采取以下措施:

(1)改进黏性土特性,使之适应雨季作业。在土料中掺入一定比例的砂砾料或岩石碎屑,滤出土料中的水分,降低土料含水量。

(2)合理安排施工,改进施工方法。对含水量高的料场,采用推土机平层松土取料,以利于降低含水量;晴天多采土,加以翻晒,堆成土堆,并将土堆表面压实抹光,以利排水,形成储备土料的临时土库,即所谓"土牛";充分利用气象预报,晴天安排黏土施工,雨天安排非黏性土施工。

(3)增加防雨措施,保证更多有效工作日。对作业面不大的土方填筑工程,雨季施工可以采用搭建防雨棚的方法,避免雨天停工;或在雨天到来时,用帆布或塑料薄膜加以覆盖；当雨量不大，降雨历时不长，可在降雨前迅速撤离施工机械，然后用平碾或振动碾将土料表面压成光面，并使其表面向一侧倾斜，以利排水。

9.1.6 堤防施工质量控制

9.1.6.1 料场的质量检查和控制

对土料场应经常检查所取土料的土质情况、土块大小、含水量和杂质含量是否符合上堤要求。尤其要注意对黏性土含水量的检查和控制。若含水量偏高，一方面应加强改善料场的排水条件和采取有效防范措施；另一方面应将含水量高的土料进行翻晒，或采取轮换掌子面的办法，使土料的含水量降低到规定的范围再开挖。当土料含水量不均匀时，应考虑堆筑“土牛”，使含水量均匀后再外运。当含水量偏低时，应考虑在料场加水，以提高含水量。

9.1.6.2 堤面的质量检查和控制

在土料填筑过程中，应对铺土厚度、填土块度、含水量、压实后的干密度等进行检查，并提出质量控制措施。对黏性土含水量可采用“手检”法，即手握土料能成团，手搓可成碎块，则含水量合格，准确检测应用含水量测定仪测定。取样所测定的干密度试验结果，其合格率应不小于90%，不合格干密度不得低于设计值的98%，且不能集中出现。黏性土和砂土的密度可用体积为500 cm^3 的环刀测定；砾质土、砂砾料、反滤料可用灌水法或灌砂法测定。

9.1.7 施工质量评定与工程验收

堤防工程施工质量评定与工程验收，是保证堤防工程施工质量的重要环节，应严格按《堤防工程施工质量评定与验收规程》(SL 239—1999)和相关规定组织实施。堤防工程施工质量评定包括单元工程质量评定、分部工程质量评定、单位工程质量评定、工程项目质量评定。堤防工程验收包括分部工程验收、阶段验收、单位工程验收和竣工验收。竣工验收合格后，应将所有资料整理成册，移交工程管理单位，以利堤防工程的正常运用和管理，并抄报有关部门备查。

9.2 堤岸防护工程施工

护岸工程一般是布设在受水流冲刷严重的险工险段，其长度一般应从开始塌岸处至塌岸终止点，并加一定的安全长度。

坡式护岸，或称平顺护岸，即顺岸坡及坡脚一定范围内覆盖抗冲材料，这种护岸形式对河床边界条件改变和对近岸水流条件的影响均较小，是一种较常采用的形式。坡式护岸以多年平均最低水位为界，可分为上部和下部两部分。枯水位以下采取护坡脚工程，枯水位与洪水位之间采用护坡工程。护脚工程有抛石护脚、石笼护脚、柴枕护脚、柴排护脚等几种形式；护坡工程有干砌石护坡、浆砌石护坡、抛石护坡等几种做法；坡式护岸包括护脚、护坡、封顶三部分，其施工顺序为护脚、护坡、封顶。

9.2.1 堤脚防护

9.2.1.1 抛石护脚

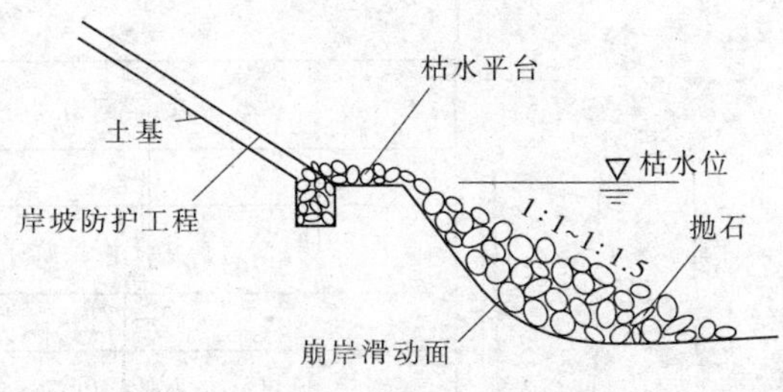

图 9-1 抛石护脚示意图

抛石护脚宜采用较大尺寸的块石，以能抵抗水流冲击不被冲走为原则，并可掺合一定数量的小石块，以堵塞大块石之间的缝隙。这样，既充分利用了开采的石料，又能提高护底防冲效果(见图 9-1)。

抛石护脚范围应能满足在水流淘刷下，保证整个护脚工程有足够的稳定性，并应使河床在出现最大冲刷时，不致危及整个护脚工程的安全。实践证明，在深泓距河岸较近，有局部冲刷坑的河段，护脚范围一般应达到河床坡度为 1∶3.5～1∶4 的床面处。

抛石厚度除了应充分考虑掩护河床和稳定岸坡外，还应考虑抛石的不均匀性。一般均采用将抛石厚度设计为实际使用块石粒径的整倍数。

抛石护脚宜在枯水期组织施工，要严格按施工程序进行，设计好抛石船位置，抛投由上游往下游、由远而近、先点后线、先深后浅、循序渐近、自下而上分层均匀抛投，一般是前后均应进行水下抛护断面的测量。施工过程中，按时测记河段水位、河水流速，检验抛石位移，随抛随测抛石高程，不符合要求时应及时补充。抛石护脚施工技术特性见表 9-3。

表 9-3 抛石护脚施工技术特性

技术要点	技术条件	技术要求
抛石粒径	岸坡 1∶2，水深超过 20 m； 岸坡缓 1∶3，流速不大	粒径为 20～45 cm； 粒径为 15～33 cm
抛石厚度	抛石厚度应不小于抛石块径的 2 倍；水深流急时宜为 3～4 倍	一般堤段为 60～90 cm；主要堤段为 80～90 cm
抛石坡度	枯水位以下	抛石坡度为 1∶1.5～1∶1.4

抛石法施工流程如图 9-2 所示，抛石护脚施工过程一般包括以下步骤：

(1)抛石网格划分。水下抛石多采用网格法来控制抛投施工，划分网格顺水流方向长度一般根据抛石驳船装石甲板的有效长度来确定，垂直水流方向宽度一般从保证抛石均匀性和质量检测要求等方面适当考虑。

(2)测量放样。测量标识可在岸上按网格分界线设置控制桩，同时也可对应在水中设置浮标。

(3)抛前断面测量。每个断面抛投前，应用全站仪、测深仪、测杆、铅鱼式垂球等测量设备测出抛投前原始地面线，以便抛投完成后检测抛投效果。

(4)抛投试验。正式抛石前，在施工水域对各种粒径(重量)的块石在不同水深、不同流速条件下，进行落点水平漂移距离的测量试验，取得经验数据，再与有关文献和规范提供的漂距计算公式或表格相结合，以指导施工中定位船准确定位。

抛石网格划分
施工测量放样
抛投试验（研究块石漂移规律）
开始断面抛石施工
抛前水下地形测量
测量水深、流速和确定漂距
定位船定位
抛石船量方
抛石船挂靠抛投档次
抛石作业
定位船移位
结束本断面抛石施工
抛后水下地形测量
是否满足质量标准
移至下一断面
完成单位工程施工

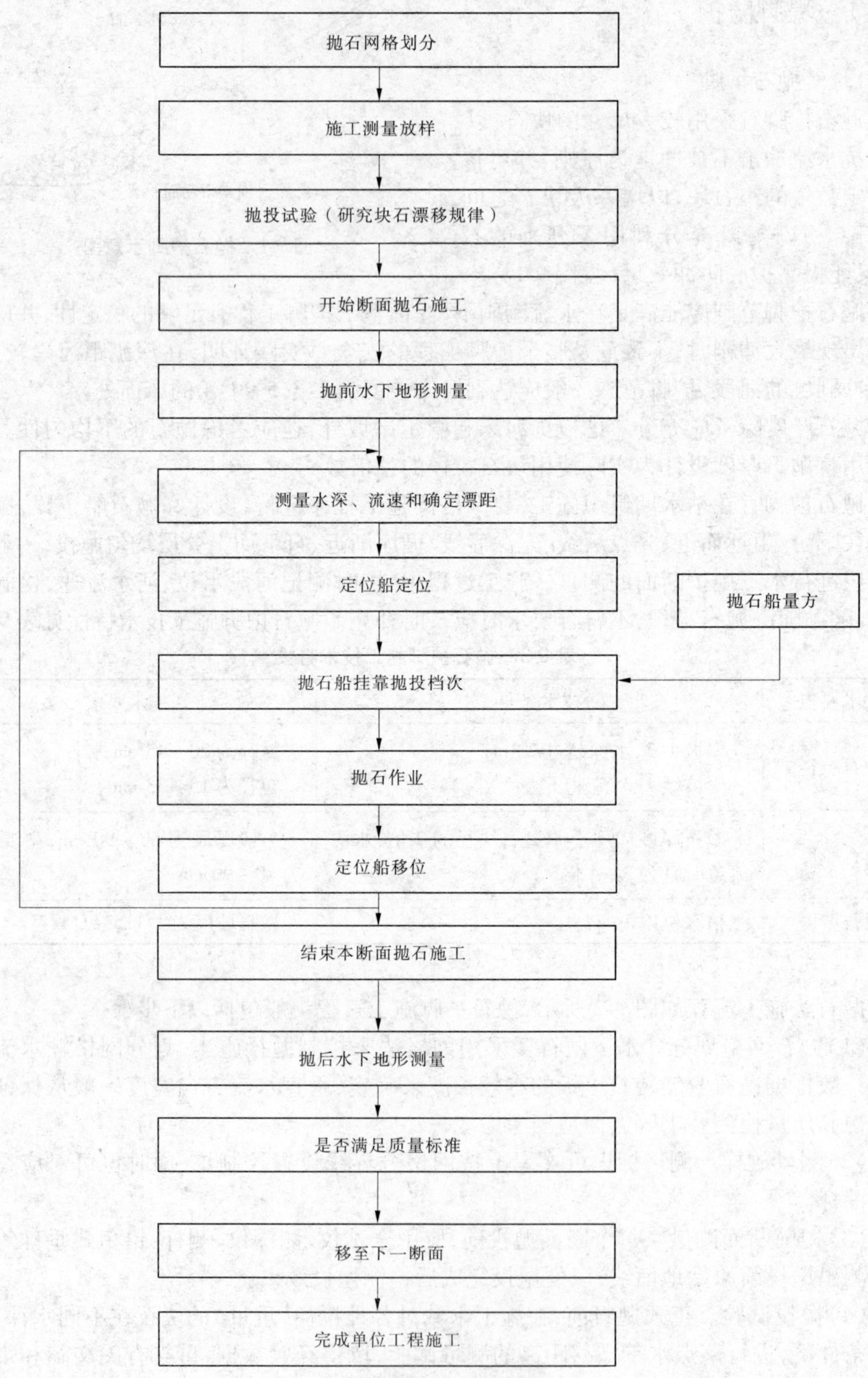

图 9-2　抛石法施工流程

(5)石料称重试验。正式抛石前,选择一般装运状态的典型运石船,先进行石方丈量获得松散堆码体积,然后过磅称量石料,并按密度1.7 t/m^3 换算为石料密实堆码体积,通过比较,得到松散堆码转换为密实堆码的空隙率,用于指导施工过程中的石料收方。

(6)定位船定位。水下抛石施工采用定位船控制平面抛投位置。准确定位之前,需进行水深、流速等参数的测量,以便计算漂距,确定抛投提前量。取得抛投提前量数据以后,进行定位船的精确定位,以保证块石落入预定区域。

(7)块石抛投。按照从江中往岸边,从上游往下游的顺序抛石,保证块石到位的准确性、均匀性和密实性。块石抛投一般采用人工抛投,在单位面积抛投量较大的区域施工,亦可采用自卸式抛石船或机械抛投。

(8)定位船移位。抛石船抛投块石的落点分布宽度为1~2 m,以此宽度为一个抛投挡位,定位船一次定位可挂靠抛石船完成一个或多个挡位的抛投,完成一次定位抛投区域后定位船即横向移动相应挡位的距离,直至整个断面抛投完成以后,定位船移位到下一个断面,依次进行。

(9)抛后断面测量。当每一断面抛投完成以后,及时进行水下断面测量,监测抛投效果。同时对抛投的结果进行分析研究,用以指导下一断面的抛投施工。

9.2.1.2 柴枕护脚

柴枕护脚是将块石捆紧于用柳枝、芦苇、秸料等扎成的梢把中,然后推到冲刷部位的水中用以保护堤脚的一种方式。沉枕主要优点是能使水下掩护层联成紧密的整体,又因具有一定的柔韧性,入水后能紧贴河床,起到沉排作用,防止冲刷的效果好,且易于滞沙落淤,稳定性能好。另外,沉枕护脚和抛石护脚比较,可以节约大量石料。其主要缺点是滚动时容易折断。

柴枕抛护上端应在常年枯水位以下1 m,其上加抛接坡石,柴枕外脚加抛压脚大块石或石笼。柴枕规格根据防护要求和施工条件确定,一般枕长9~15 m,枕径0.6~1.0 m,柴石体积比约为7:3。柴枕一般作成单层抛护,根据需要也可采取双层或三层抛护,如图9-3所示。

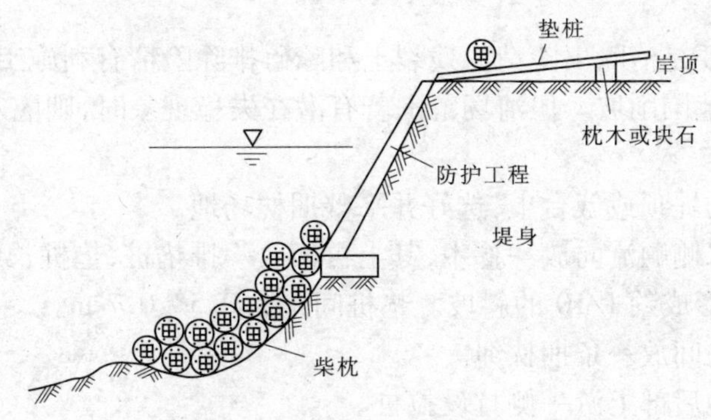

图9-3 柴枕护脚示意图

对于堤坝基础淘刷严重、坍塌范围较大,而且根石走失较多的工况,通常采用柴枕(排)的施工方法以抢险护堤(坝)。柴枕施工流程如图9-4所示。

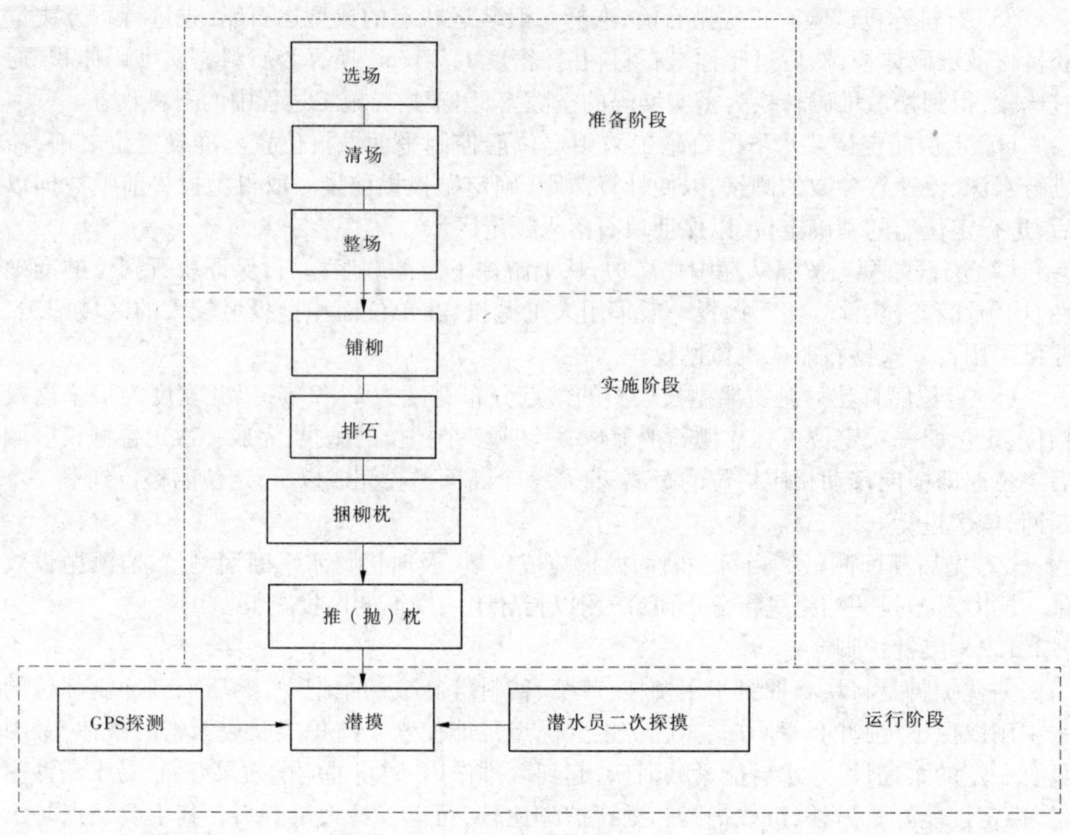

图 9-4　柴枕施工流程框图

1. 选场

在出险的堤坝部位顶部排的位置,选择抢险推(抛)柳石枕(排)的位置称做选场。选场的原则是距离出险处尽量靠近;推(抛)柳石枕(排)的堤坝顶部应为无险稳定地方;有利运送并能在其施工的空间。

2. 清场

此处的清场主要是清除出险情的残裂土和障碍排除险情有利施工的一切物质。无需对出险部位进行大范围削坡。但清场范围若有潜在失稳现象时,则应及时夯实。

3. 整场

(1)在险工段的堤顶或戗台上,选好并平整捆枕场地。

(2)在场地远水侧顺流向放一枕木,其上再横放一排垫桩,垫桩长约 2.5 m,粗头近枕木,细头朝向水流,形成约 1/10 的斜坡。垫桩间距为 0.5 ~ 0.7 m。

(3)在两垫桩之间放一条捆枕绳。

(4)在抛枕场地后部上游一侧打设拉桩。

4. 铺柴排石

(1)在已经布放好的捆枕绳上顺枕轴方向铺放柳枝(苇料、田菁或其他长形树枝软料),宽约 1 m。

(2)柳枝根梢压茬搭接,铺放均匀,压实柳梢厚度为 0.15 ~ 0.20 m。柳梢分两层:第一层从上游端开始，柳梢粗头朝外，均匀交错铺至下游；第二层柳梢粗头反过来，从下游向上游铺。

(3)在压实好的梆梢上面排放石料。石料排成中间宽、上下窄，直径约为0.6 m的圆柱体。要求石料排紧填实，并用小块石填满空隙或缺口以形成枕型。枕两端各留0.5 m空隙不排石块，以盘扎枕头。

(4)当排石达到一半设计高度时，放串心绳（笼筋）一根。绳上拴2～3根"十"字木棍或条形块石，以免笼筋绳滑动。

(5)在铺（排）好的块石上盖柳枝。其分层与铺的方式同(2)。

5. 捆枕

捆枕时，以双股绳与单股绳相间依序捆扎（见图9-5）；将枕下的捆枕绳依次用力拉紧，或用绞杠绞紧；枕头处应用双股绳盘扎好。

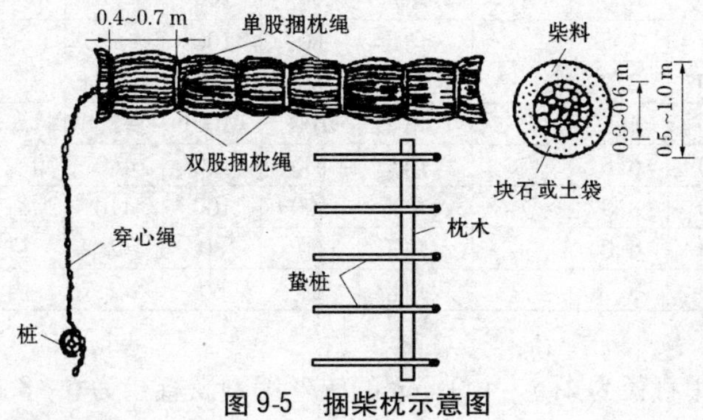

图9-5　捆柴枕示意图

6. 推（抛）枕

(1)施工人员推（抛）枕时在垫桩上。

(2)量测水流流速以计算推（抛）柳石枕的位置。

(3)将穿心绳活扣拴在预先打好的拉桩上，并委以专施人员掌控穿心绳的松紧度。

(4)推（抛）枕的施工人员要均匀地站在枕后，同时推枕垫桩，以确保柳石枕平衡滚落入水。

(5)由上游侧向下游侧逐个靠接，故堤（坝）坡方向由下而上逐个推（抛）贴岸。

(6)当用于抗洪抢险时，应从抢护部位稍靠上游侧推（抛）；采用分段推（抛）枕时，应同时进行。

(7)柳石枕推（抛）达到设计数量后，及时抛压枕石将其压稳。

7. 压稳后潜摸

(1)柳石枕入水后，及时水下探摸，并及时放松穿心绳以调整枕位或在捆枕前先铺上几根底勾绳以控制枕位。

(2)抛压枕石对所有柳石枕压稳后，及时再行水下潜摸，或采用GPS复查定位以校核潜摸结果。

9.2.1.3　石笼护脚

石笼由铅丝、钢筋、木条、竹篾、荆条等制作网格笼状物，内装块石、砾石或卵石构成，石笼护脚多用于流速大于5 m/s、岸坡较陡的岸段。石笼大小视需要和抛投手段而定，石笼体积以 1.0 ~ 2.5 m^3 为宜，铺设厚度一般为 0.4 ~ 0.5 m；块石粒径在 10 ~ 20 cm 之间，特殊取 20 ~ 40 cm 之间；单个块石重量不小于 25 kg，岩石抗压强度大于 60 MPa。我国石笼的型式有标准型、管式、箱式与垫式 4 类，见表 9-4。

表 9-4　国内常用的铁（铅）丝石笼规格

名称型式	笼（箱）规格（m）				网目规格（mm）				应用
	宽	高	长	直径	形状	宽	长	丝径	
标准型	0.9	0.9	2.8		六角形	80	100	3.0	内河堤岸坡脚防护抗冲
管式			1.3	Φ0.8	六角形	60	80	2.7	险工抢护及岸坡护底抗冲
			2.5	Φ0.8	六角形	60	80	2.7	
			5.0	Φ1.0	六角形	80	100	3.0	
			8.0	Φ1.2	六角形	80	100	3.0	
箱式	1.0	1.0	1.5		六角形	80	100	≥2.7	广西漓江护岸抗冲
	1.0	1.0	2.0		六角形	80	100	≥3.4	
	1.0	1.0	4.5		六角形	100	100	≥3.5	海塘（河口堤防）护岸抗冲
	1.0	1.0	6.5		六角形	100	100	4.0	
	1.0	1.0	8.5		六角形	100	100	4.0	海塘砂垫护岸抗冲
垫式	2.0	0.3	6.0		六角形	60	80	≥2.2	广西漓江护岸抗冲
	0.9	0.3	3.7		六角形	60	60	≥2.7	内河护岸排水口处应用

铅丝石笼一般用直径为 2.5 ~ 4.0 mm 的铅丝编网及直径为 6 ~ 8 mm 盘条作框架，一般做成箱形或圆柱形。铅丝石笼可以做成较大的体积，韧性较好，使用年限较长（镀锌铁丝石笼 8 ~ 12 年，普通铁丝石笼 3 ~ 5 年），但造价较高。

双绞格网是将抗腐蚀、耐磨损、高强度的低碳重镀锌钢丝、合金钢丝或包覆聚氯乙烯（PVC）的以上同质钢丝，采用机器编织成双绞状、六边形网眼的网片。用于河道护岸的双绞格网结构有 3 种基本形式：网箱、网垫和网袋（见图 9-6）。结构内部填充卵石或小块漂石，有时也用其他材料如废弃混凝土块、砖块等。

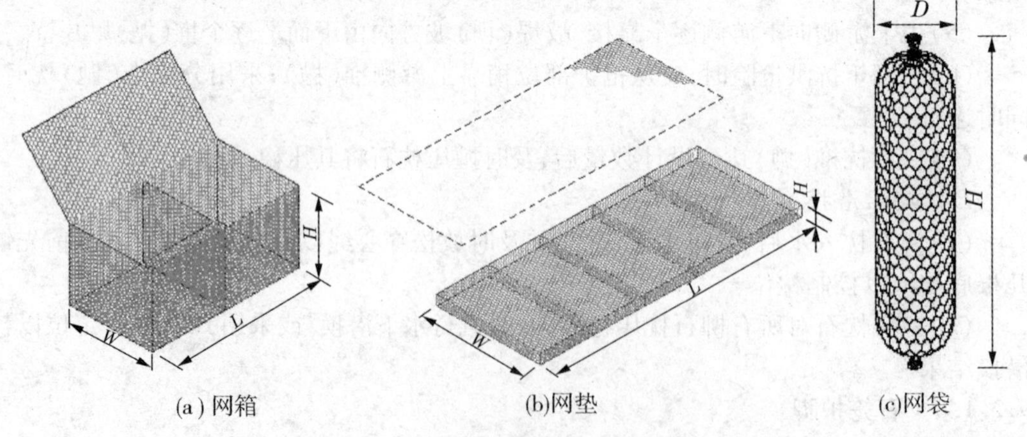

图 9-6　双绞格网结构示意图

沉排护脚工程一般以 50 ~ 90 m 长划分为一个单元工程。石笼沉排施工流程工序如图 9-7 所示。

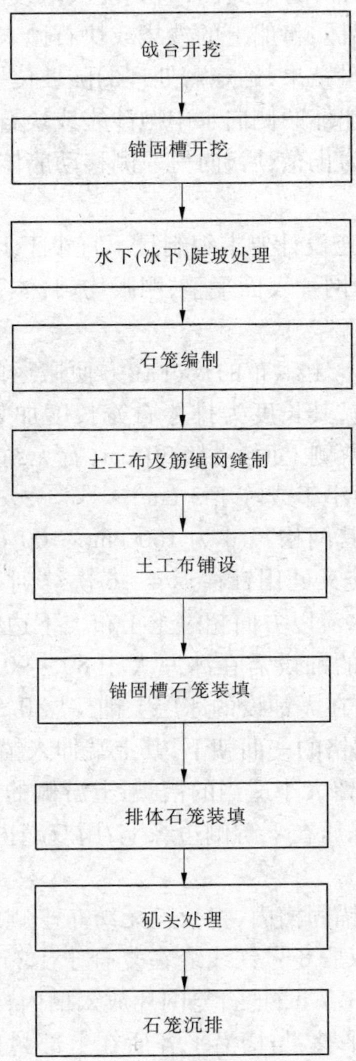

图 9-7　石笼沉排施工流程框图

(1)戗台开挖。戗台高程应按设计高程控制,使石笼护脚上部的护坡结构诸如模袋混凝土等免受冻融破坏和上部护坡工程施工不受洪水干扰为宜。在实际施工中,可根据工程土质、沉陷量、沉排时间等因素,将远离锚固槽一端的高程高出控制高程 30 ~ 40 cm,以确保该处在沉排后达到设计高程。戗台宽度根据工程的实际要求,按施工方案确定,应注意其宽度为实土宽度,开挖弃土形成的平台不做戗台宽度。戗台到水面间土坡坡度一般以 1∶2.5 为宜,并应对其进行清理平整。

(2)锚固槽开挖。锚固槽在排体石笼下端,戗台与岸坡交界处。开挖时,根据设计尺寸与混凝土脚槽一同进行。

(3)水下(冰下)陡坡处理。水下(冰下)陡坡处理方法有冰上处理和水上处理2种。冰上处理时,采用凿冰眼抛石(或抛沙袋,或两者混抛)的方法,其冰眼直径1.0~1.2 m,间距3.0~3.6 m,按梅花形分布,随抛随测,直到陡坡坡度达到设计要求。水上处理时,通过移动装有沙袋或块石的船体,将船上的沙袋或块石抛入指定地点,使陡坡达到稳定边坡。具体做法是:根据施工测量结果,确定需处理的陡坡位置,从一侧开始,将装有沙袋和块石的船体用钢丝绳固定,从船体两侧向水中抛沙袋或块石,用重锤沿垂直河岸方向每米测一次,直到陡坡达到1:2.5为止;然后,向另一侧移动船体,船体原来所在处也以相同方法被抛填到1:2.5的坡度。

(4)石笼编制。网眼尺寸按设计要求编制且不宜小于13 cm×13 cm。石笼网片长度以施工测量结果为标准确定。网片表面平整,网眼均匀;体宽误差不大于5 cm,网眼误差不大于2 cm。

(5)土工布及筋绳网缝制。土工布的尺寸在方便搬运的情况下,应尽量加大其宽度以减少搭接,一般在20 m左右,其长度为排体石笼长度加2 m。缝制两片单片的土工布时,按水流方向上游侧盖在下游侧上面,搭接30 cm,有无纺布的一面朝上,用2 mm聚乙烯绳,以拱针形式缝两趟,针距小于或等于3 cm。

筋绳土工布朝下的一面,其网格尺寸为100 cm×100 cm,误差小于或等于3 cm;用2 mm聚乙烯绳在相邻两筋绳交叉处用针往返4~6次缝到土工布上,筋绳长度在顺水流方向超过边缘15 cm,在垂直水流以方向超过土工布上下边缘1 m。

(6)土工布铺设。土工布的铺设需在冰厚大于80~90 cm时进行,如冰厚达不到要求,要进行人工注水增加冰厚;在需铺设的冰层上铺一层0.5 cm厚的砂土,并对岸坡及戗台进行彻底清理。将有筋绳网格的一面朝下,其上端伸入锚固槽底部,下端比排体石笼长出2 m,按放样尺寸铺好,并预留大小适当的褶皱;上游侧的布排预留8~10 m。相邻两块土工布搭接30 cm,上游侧边缘压在下游侧边缘上,用双趟拱针缝好,针跨小于3 cm,搭接处筋绳头系牢,不能串动。

(7)锚固槽石笼装填。在锚固槽内,将长丝无纺布平顺地铺在土工布下层;在槽内每隔50 cm,按垂直横笼方向用双股8号铁线缝在复合土工布上,8号线长度以把横笼上部的顺笼捆紧为准,且需不小于3.7 m;把石笼网片放入槽内,使其紧贴槽底和槽壁;将块石装到石笼网片上,其上表面要平整,与槽沿平齐后在上部封口,预留的双股8号铁线要露出石笼上部。

(8)排体石笼装填。根据施工测量的水下横断图确定,对深泓线靠近河岸地段,排体石笼长度应超过深泓线2.0 m;对深泓线离岸较远地段,排体石笼应在设计要求的稳定边坡上延伸2.0 m为宜。

石笼排体宽度根据人力与物资情况确定,为减少搭接,一次完成排体越宽越好,但每次施工期限以不超过3~5 d为限。装填时间选在冰厚达到石笼厚度2.5倍以上时进行,不足这一厚度可进行人工浇水增加冰厚。

装填时首先将石笼摊平铺放在土工布上,上端从横笼上部10 cm处开始向下顺延。在尾端预留50 cm石笼网片并压平。然后把土工布及筋绳网格系结在石笼网片上,每4 m一个结点。具体方法是将筋绳网格的交叉点用双股2 mm聚乙烯绳以透针方式往返两次所留下的两根筋绳绑在石笼网片8号铁线上往返2次打一道横隔；相邻2条顺笼，每米用双股8号线拧在一起，每个扣的拧劲儿不得少于5个；顺笼侧向缝笼，笼口两端拧死后，与横笼联结，把尾端横笼铺在顺笼，铺设时预留的50 cm长网片上。封笼，再用双股8号线与每条顺笼联结牢固。最后进行侧边处理。排体石笼的3个侧边，即石笼末端及上、下游侧边缘，用预留的土工布卷到石笼上。再用预留的筋绳和石笼铁线系牢。

(9)矶头处理。如果整体护岸工程上、下游仍处于迎流顶冲变异区，要做石坝矶头对其进行处理。石坝长与排体石笼同长，宽度和高度根据实际情况确定，但宽度不小于5 m，高度需不小于1 m。

(10)石笼沉排。为防止石笼排体下沉时发生沿岸坡滑排现象，要把预留于齿槽上端的地锚用4股8号铁丝与石笼连接，再将块石摆在戗台石笼上面，进行压载。

对水深小于2 m地段，采用自然沉排，即排体放好后，用人工看护，待气温升高冰层融化后石笼自然下沉；对水深大于2 m地段，采用人工沉排，即在距排体末端3 ~5 m范围内沿江岸方向凿一上口50 ~60 cm、下口30 ~40 cm的冰槽，冰槽深以可见水面又不上水为准，待冰槽全部凿完，每15 m左右凿穿槽内冰层，上水，实现沉排。

9.2.2 堤坡防护

常用的护坡方式有抛石护坡、干砌石护坡、混凝土板护坡、模袋混凝土护坡、植物护坡等，堤坡防护型式及特点见表9-5。

表9-5　堤坡防护型式及特点

型式	适用情况	特点
灌砌石、浆砌石、干砌石	抵御较大风浪，工程级别3级以上或堤高超过6 m以上堤防	坚固耐冲刷，削浪作用好；但干砌石整体作用差
混凝土	抵御较大风浪，工程级别3级以上或堤高超过6 m以上堤防	抗冲刷能力强，但削浪作用差
模袋混凝土	抵御较大风浪，工程级别3级以上或堤高超过6 m以上堤防	抗冲刷能力强，整体性好，削浪作用好
草皮	常用于背水坡护坡，也可用于临水坡前有较高和较宽滩地的一般性堤段	抗冲刷能力较差
其他	用于一般风浪及堤段	水泥土护坡削浪作用差，强度较低，耐久性也差

9.2.2.1　块石和混凝土板的土工织物滤层护坡

这种滤层护坡的结构一般包括三层，最上一层为块石或混凝土护面层，最下一层紧贴土体的为土工织物滤层，两者之间视具体情况所需，可设置垫层(见图9-8)。

1.块石和混凝土护面层

采用抛石或人工块体护面，当边坡系数$m=1.5 \sim 5.0$时，在波浪作用下，单个块体的质量和护面层厚度按规定选取。混凝土板护坡除预制板和现浇混凝土板外，还有不同形式的联锁混凝土板。

2. 护坡垫层

护面块石与土工织物层之间宜设置垫层,其作用一是防止块石棱角在施工和护坡运行过程中刺破土工织物,二是可以均布面层的压力,减少块石空隙,防止织物受波浪力作用局部与基土脱离,此外还可减免阳光穿过块石空隙直射土工织物。垫层的材料以不带尖角的碎石为宜。砌石垫层的厚度不宜过厚或过薄,一般可取 9 cm 左右。抛石护坡垫层的厚度宜适当加厚。

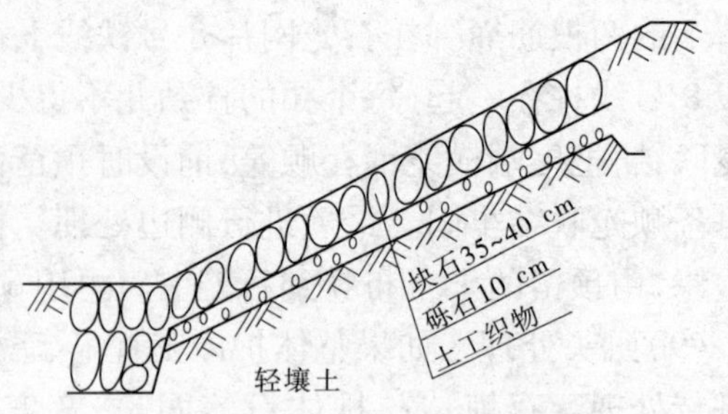

图 9-8 护坡结构示意图

3. 土工织物滤层

当护面层为混凝土板的情况下,用做滤层的土工织物应采用非织造织物,而且宜全面铺设。这是由于非织造土工织物具有良好的平面透水性,而且有一定厚度,有利于基土的排水,如图 9-9 所示。如果基土的渗透系数较大,可考虑顺板间分缝呈条带状铺设。对于块石护坡和基土渗透系数较大的混凝土板护坡,在确认满足透水保土要求、不致严重淤塞的条件下亦可用织造土工织物作滤层。

土工织物的厚度和强度与工程条件、施工方法有关。从构造要求考虑,采用非织造土工织物时,其单位面积质量一般不应小于 400 g/m^2,抗拉强度不小于 9 kN/m。织物的原材料以聚酯(PER)和聚丙烯(PP)为主。

4. 土工织物的铺设、连接和锚固

土工织物幅间的连接方法有缝接、搭接或黏接。一般应尽量采用缝接。缝接方式可根据具体情况取图 9-10 中的一种,搭接宽度不宜小于 30 cm,搭接方式应采取上游幅的下游边压下游幅的上游边。

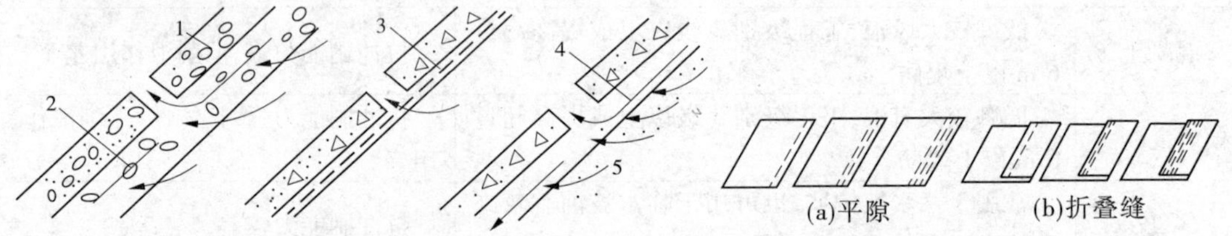

1—混凝土板;2—砂砾垫层;3—薄型土工织物;
4—厚土工织物;5—基土

图 9-9 混凝土板下不同织物垫层时的水流形态

图 9-10 土工织物缝接方式

土工织物的铺设方式有顺坡全长铺设和顺水流方向铺设两种。前者往往受施工速度限制,暴露时间过长,后者则需在顺坡方向进行布幅间的连接。因此,应根据具体情况确定铺设方式。当采取顺水流方向铺设时,顺坡方向的幅间缝接强度应大于母体强度的80%。

土工织物在坡顶的一端必须锚固,以加强护坡沿土工织物与基土面之间的抗滑稳定,同时防止堤顶雨水或其他作用对基土的冲蚀和破坏。锚固方式可在护坡顶部挖槽,沿槽边和槽底将土工织物端头铺好,再填土或加石夯实,必要时在槽底中加打短桩,槽深和宽不宜小于 40 cm。

护坡与下部护脚部分必须连接良好，表面平顺，底部严实，使两部分构成整体护岸结构。护坡段土工织物的坡脚端应与软体排的土工织物排布缝接，并埋入软体排的锚固槽内压紧。无护底软体排的护坡，土工织物在坡脚一端必须压紧在护坡齿墙下面。

5. 土工织物滤层护坡施工要点

土工织物滤层护坡施工要点有以下几个方面。

(1)平整和夯实坡面，清除树根和尖刺物。

(2)铺设宜在无大风天进行。铺设时顺卷打开，不要牵拉过紧，但也不宜过松，以适应坡面地形变化和紧贴坡面为度。

(3)不得在坡面上穿硬质带钉鞋行走。

(4)铺好土工织物后应尽快铺设垫层和面层，不得长时间在阳光下暴露，否则应加覆盖保护。

(5)块石不得沿土工织物坡面下滚，铺块石时尽可能轻放。

(6)护面块石应平面朝下，必须砌筑紧密，咬合良好，填缝密实，以保护土工织物和护坡的稳定。

9.2.2.2 模袋混凝土护坡

1. 模袋的类型和适用条件

混凝土模袋按其充填材料不同分为充填砂浆型和充填混凝土型两种。前者适用于一般坡面、渠道、江河和水库的护坡以及码头工程等，后者适用于有较强水流和波浪作用的岸坡、海堤等，如图 9-11 所示。

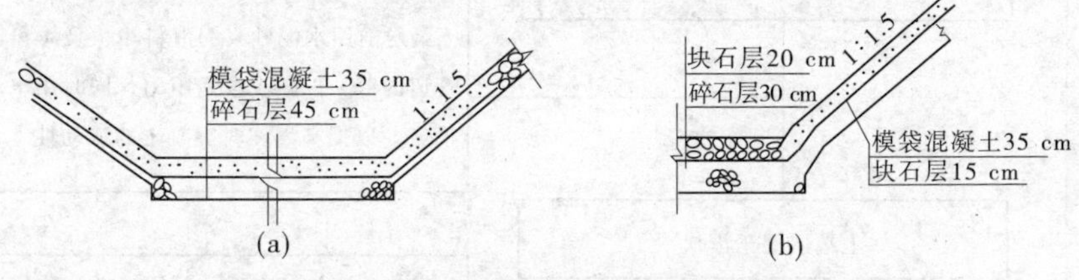

图 9-11 模袋混凝土护坡结构

模袋的类型按所用的材质和加工工艺不同可分为机织模袋和简易模袋。机织模袋主要由锦纶、涤纶和丙纶长丝织物制成，强度高，孔径均匀，充填时基本不漏水泥，可以制成带反滤点形式，可以用泵充灌砂浆或细砾混凝土。简易模袋系我国东北某些省份创造的一种群众性护坡形式，目前均用聚丙烯编织物缝制，袋体本身不具备反滤功能，需在坡面上加铺非织造织物滤层，袋内只充灌砂浆和采取人工自流灌填方式。

2. 模袋法施工流程

模袋法施工流程包括 3 个阶段 9 个工序流程，如图 9-12 所示。

3. 模袋法施工方法

模袋混凝土按其施工方式划分为滑道法和拖排法。模袋滑道法施工，就是通常讲的驳船滑道法施工，它一改传统的“先铺后灌”为“先灌后铺”程序。模袋混凝土施工的核心技术是立足于“滑”，拖排法对模袋混凝土或模袋砂软体排的核心技术，则着重于“拖”——将模袋(排)潜入水中拖移定位来实现护坡功能。

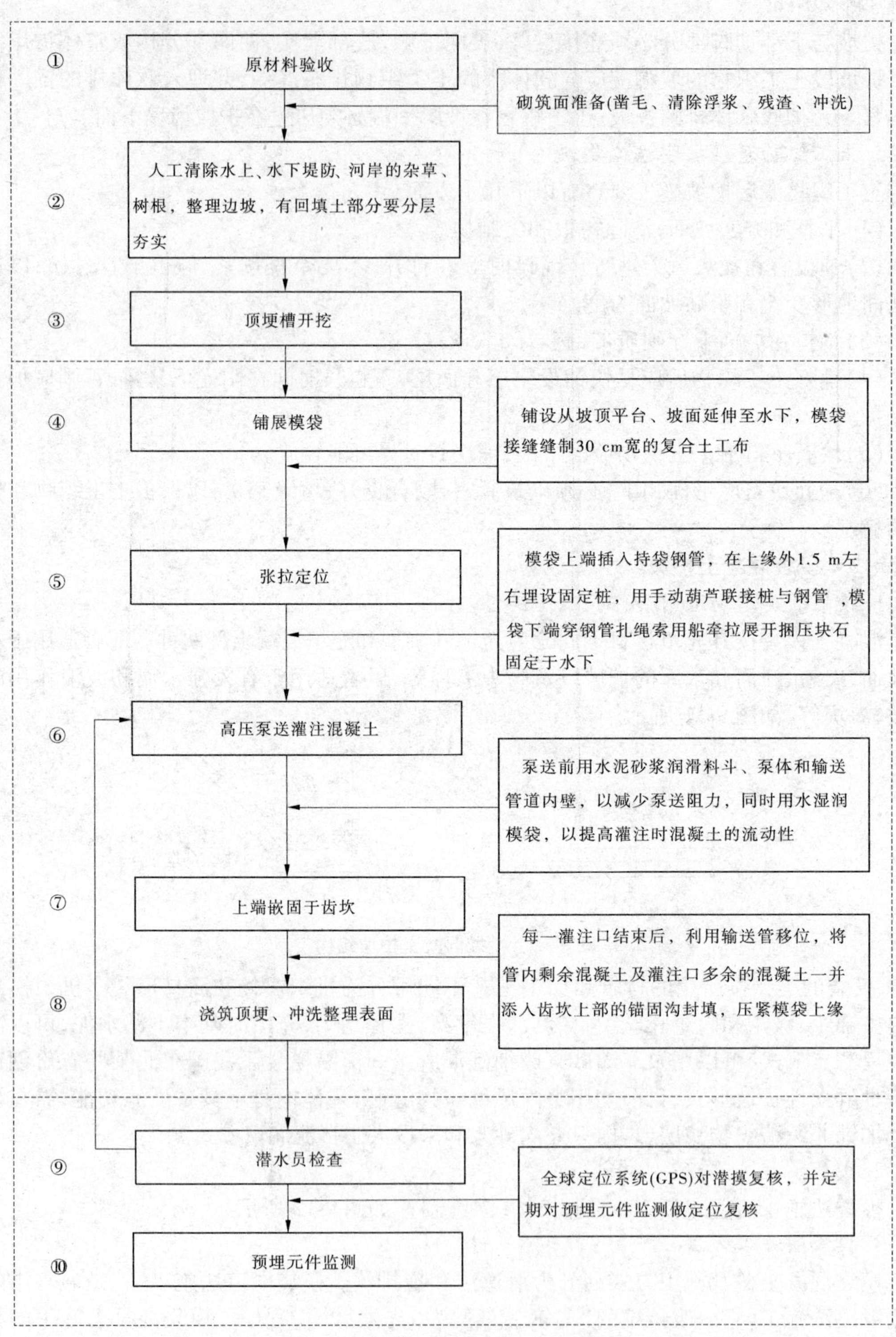

图 9-12　模袋法施工流程

1)滑道法施工

滑道法主要施工工艺流程为理坡、埋固沟开挖→模袋铺设→陆上填模袋混凝土→船舶定位、滑道安装→滑板上充填模袋混凝土→水下铺设。

(1)理坡。陆上理坡采取人工理坡,以突出部位削坡,凹陷部位进行回填、夯实,确保坡面平顺过渡。

水下理坡设计要求按图纸进行坡面平整,消除表面杂物,坡面上不得有凸出块石及凹陷,基面应平顺过渡,无突变,消除向上的块石尖角,平整度要求不大于15 cm。水下坡面基本处于平缓过渡,断面没有大的突变,但有的区域原抛有块石,部分块石突起,且重叠压置,施工时,对于孤立的块石采用调离水面处理,对重叠块石回填石渣缓坡。

陆上埋固沟人工开挖,按施工图进行,弃渣用于理坡回填。

(2)模袋混凝土施工。

①船舶移位、铺设过程定位。在浮吊船尾增抛2只领水锚,绞动领水锚,缓慢放松2根岸缆,使船往江心移动,利用船头上游的横向锚,控制船舶的轴线。在陆上测量人员的指挥下,使滑道中心线对准模袋铺设中心线。在水下潜水员的协助下,下滑充灌好的模袋,进行模袋混凝土铺设作业。

②安装滑道。在浮吊船头设置一座长36 m、宽4.1 m、高2 m的钢结构桁架,桁架始端采用铰支座,桁架上设有4个吊点,浮吊起重系统根据工程需要调整桁架的倾斜坡度。桁架上满铺3 m厚铁板作为模袋铺设、固定、填充、下滑的工作平台。

③混凝土生产、输送、填充。混凝土的拌和场地选择在浮吊上进行,水泥、砂、石子用船由水路运抵,砂、石子用抓斗船抓吊,通过皮带机输送至配料站料斗内计量后进入搅拌机搅拌。混凝土输送采用混凝土泵进行,混凝土熟料出料后进入集料斗。再进入混凝土泵进料口,通过混凝土输送管路进入模袋充灌。

④陆上模袋混凝土铺设。铺好模袋,然后泵灌混凝土,从岸边水面附近进料口由低而高填泵混凝土。

⑤水下模袋混凝土铺设。陆上段混凝土填充完毕后,由岸边水面附近进料口按序向江心方向填充滑道上模袋,填充一段,辅设一段,浮吊沿模袋铺设中心线缓慢向江心移动,并同时调节滑道坡度,使灌满混凝土的模袋沿滑道下滑,准确地着落在堤坡上。

施工中应注意滑道上混凝土顶面不得低于陆上未凝固的混凝土面,以保证模袋内混凝土的密实度。

⑥铅丝石笼固下缘。模袋混凝土泵灌至末端时,将铅丝石笼固定于模袋混凝土末端,随同模袋混凝土一起下滑至水下。重新移船定位,按上游往下游的铺设顺序,逐块泵灌铺设。

2)拖排法施工

拖排法施工主要采用锚碇在水域内的平底甲板驳以“拉缆”来拖排,如图9-13所示。在施工正常情况下,拖排法每天可以铺排3块,每块排体充灌后宽度约14 m,扣除排间搭接2 m,每天可完成铺排宽度约4.0 m,垂直堤轴线方向总长度56 m,每天可完成约2 000 m^2,施工速度很快。

拖排法主要施工工艺流程为:理坡、排水与测量→排体定位→钢桁架安装→摊铺油布

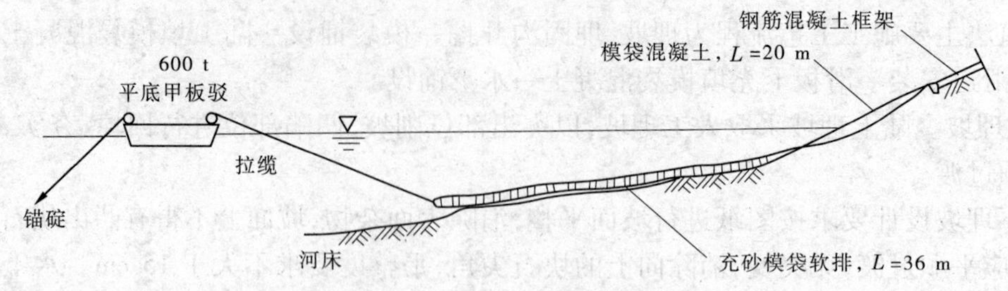

图 9-13　水下拖排示意图

与模袋→模袋充砂→铺设充砂模袋→模袋灌注混凝土→模袋混凝土排体铺设→连接固定。

(1)理坡、排水与测量。

①理坡与排水。按 1:2.5 进行整坡,采取上削下垫的办法进行。水下需垫坡部位最外缘抛投充砂管袋,然后从江中直接抽取河砂充填,逐层往上施工。在水上部分已整好的堤坡上开挖子沟,沟间距 5 m,然后铺设土工布反滤排水;水位变动区从模袋幅间排出渗水;水下部分渗水通过排体排出渗水。

②施工测量放样。根据施工图纸上的铺排位置,在岸上用一台经纬仪定出施工船舶的相应位置,引导施工船舶到达指定的拖排位置,然后抛锚,靠绞锚移位使拖排船位与设计船位相吻合。

(2)施工定位。在岸上安设一台经纬仪,控制好每块排体中轴线与施工船舶上 2 台卷扬机中线重合,确保排体准确到位。这个工作贯穿整个拖排过程,引导施工船舶的移位。

(3)钢桁架安装。拖排时为了平稳牵引,钢桁架与排体拉环连接,采用水平插销,插销采用直径 45 mm 圆钢制作,施工船上钢丝绳通过钢桁架进行拖排作业。考虑到每块排体搭接,桁架两端上仰,仰角为 30°。

(4)铺油布(或编织布)、模袋。为了减少模袋与堤坡的摩擦,避免拖拉作业时破坏已整好的堤坡,在堤坡上铺一层油布(或编织布),然后在油布上铺模袋。由于油布(或编织布)表面摩擦系数小,拖排时要严格控制好拖拉速度,避免尚未充填的模袋一并滑入水中,增加充填困难,甚至影响充填质量。

(5)模袋充砂。排体模袋在岸坡上充填。充砂采用 2 台砂泵轮流逐格充填,砂泵生产能力应大于 40 m^3/h。充砂后模袋饱满度达到 85% 以上,但不能过于饱满,充砂模袋有足够的适应地形的能力,使充砂模袋紧贴岸坡。垂直堤轴线方向充砂模袋总长度为 36 m,作 2 个单元,每个单元长 18 m。

(6)铺设充砂模袋。待充砂模袋第一单元充灌作业完成后,启动施工船舶上卷扬机进行拖排作业。重复步骤(5)、(6),完全充砂模袋软体排第二单元的充灌、拖拉铺排作业。

(7)模袋灌注混凝土。在岸坡上用混凝土泵进行灌注。所用混凝土为细骨料混凝土,必须有足够的流动性,可以适当掺入粉煤灰。垂直堤轴线方向模袋混凝土排体总长度为 20 m,分为 2 个单元,每个单元为 9 cm。

(8)模袋混凝土排体铺设。待模袋混凝土排体第一单元混凝土灌注完成后,启动施工船舶上卷扬机进行拖排作业。重复步骤(7),完成模袋混凝土排体第二单元的灌注,并将排体全部拖拉到位。

(9)模袋混凝土排体与钢筋混凝土地梁连接。将模袋混凝土排体最上端与钢筋混凝土地梁连接在一起,形成整体,共同发挥防冲护岸作用。

另外,组织一定的潜水员,检查排体铺设情况。排体由下游往上游逐块铺设,相邻排体之间搭接宽度为 2 m,后铺排体下游边压住前铺排体上游边。

9.2.2.3 土工织物草皮护坡

土工织物草皮护坡(或称土工织物加筋草皮护坡)是土工织物与植草相结合形成的一种护坡形式。由于两者结合发挥了土工织物防冲固草和草的根系固土的作用,因而这种护坡比普通草护坡具有更高的抗冲蚀能力。

根据上述情况和已有工程经验,这种护坡目前可在各级堤防和土石坝的背水坡、3 级堤防及其以下级别堤防的临水坡采用,这种护坡的优点是造价低,而且具有美化环境的独特效果。

目前,用土工织物加筋草皮有两种基本形式。一是在草籽上覆盖一层薄型土工织物,国外多用非织造土工织物。为加强护坡稳定和抗冲能力,还可加设混凝土或块石方格。草籽发芽生长后通过织物孔眼穿出形成一个抗冲体,茂密的草还可起到保护织物的作用。另一种是采用三维织物网垫,待草生长后形成整体(见图 9-14)。三维网垫空隙大,可往网垫内充填小石子起防冲作用,用于植草护坡时,由于它不像土工织物与坡面紧贴,在未形成草皮前有水流作用的情况下,坡面易受冲蚀。从造价来看,用三维织物网比用土工织物要高。因此,在一般情况下,以采用薄型土工织物作加筋草皮为宜。

土工织物草皮护坡对所用土工织物的要求主要是应具有一定的强度,以提高抗冲能力;抗老化性能较高,以延长在外露应用条件下的使用年限。一般可采用单位面积质量为 150 g/m^2 左右的非织造土工织物,也有用织造土工织物的,如卫运河护岸工程的生物护坡。

1. 三维植被网护坡施工工序

(1)工地准备。清除堤级上的障碍物,平整堤坡,并压实。

(2)固网沟槽。在堤坡的顶、底部按设计断面挖掘固定网沟。

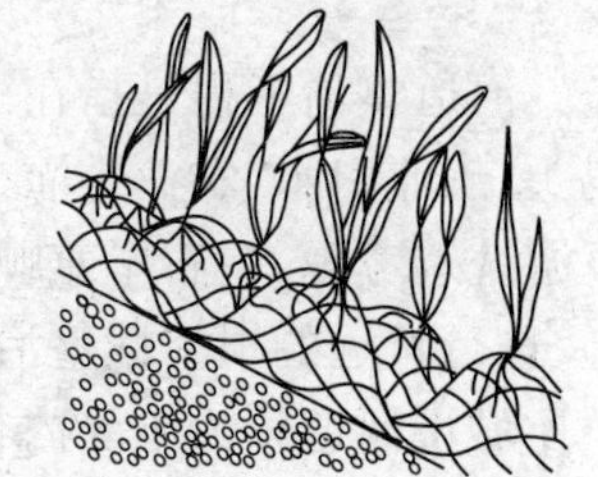

图 9-14 三维网垫植草护坡

(3)三维网的铺设。在坡面平行于水流方向放铺三维植被网,扁平的一向与地面接触;铺网时,网必须铺平,严禁将网拉紧;边坡坡顶和坡底两端的网必须埋入沟里固定。

(4)网与地面的固定。三维网每幅搭接 0.12 m,在网的四周间隔 1.5 m,用 U 形钉进行固定。

(5)施肥。三维网铺好后,可根据实际情况,施加适量的复合肥。

(6)填土。在三维网上回填约 1.8 cm 厚的种植土。

(7)播种、插种选在春秋季,当网土回填土结束后,可直接在网上播撒种子,要求播撒尽量均匀。

(8)盖土。播种后,撒上约 1 cm 厚的沙质肥土。

(9)养护。播种后,在 7 d 之内,每天两次对护坡进行雾状喷水洒水。

2. 施工主要应注意事项

(1)尽可能选择良好的植草期。一般情况下,暖季型草宜在春末至初夏种植,冷季型草宜在夏末种植,不应在入伏或入冬后种草。

(2)坡面处理。适当平整坡面,当土质适宜时,可直接在坡上植土,松土厚度 20 cm 左右;若坡面土不宜于植草,应铺土质适宜的种植层,厚度一般在 50 cm 左右,并适当压实,同时表层应为松土。

(3)播种和覆盖。人工直播时,草种宜拌适宜细砂,撒种应力求均匀。播种后压实坡面,再覆盖土工织物,固定在坡面上。采用三维土工网时,先铺网,再播种。

(4)养护。播种后及时洒水养护,坡土干燥时应连续数天浇水,以保持土中适宜的水分为度。洒水时间应在早晨和日落期间,不得在中午酷热时浇水。

9.2.3 堤顶防护

(1)堤顶路面。对 3 级以上或高度大于 6 m 的堤防,应考虑坎顶对风浪溅顶的抵抗能力,应结合交通要求修筑混凝土或沥青混凝土路面;路面应与临水坡的护坡紧密连接,路面宽度可根据防汛与交通的需要确定。

(2)堤顶防浪墙。设防浪墙抵御风浪经济合理,其结构型式应选择混凝土或浆砌石型式,防浪墙净高不宜超过 1.2 m,埋置深度应超过 50 cm,并应满足稳定和抗冻要求;防浪墙应与堤身防渗体相连接。

(3)护坡与堤顶的连接。砌石型护坡、混凝土护坡在堤顶必须与防浪墙以分缝形式紧密贴合。缝内充填防水材料,未设防浪墙的堤防,护坡应与堤顶防溅紧密连接;否则应做牢固封顶,宽度 1 m。

9.3 河道整治工程施工

河道整治工程是指在一个或几个河段在内的较长河道范围内,根据防洪和航运、港埠码头、工业引水、农业排灌、江沙石开挖、水利灭螺、休闲旅游等方面近期和远景的需要,上下游统筹考虑,左右岸兼顾,采取护岸、裁弯、堵汊、导流、束水、疏浚及其他工程等综合措施,进行长远的根治性整治的工程。

城市河道整治主要内容有河道疏浚、结合堤防建设对河道裁弯取直、清障清淤、整治和加固河道岸线、新建或修复两岸驳坎、河两岸新建和整治绿化等。整治后的河道水体及其周边环境发生较大变化,将达到“河道线形优美、两岸护坡有效、绿化葱郁、排水通畅”的河道整治目标和“引水入城、引景入城、引绿入城”的环境治理目标,较好地发挥河道的泄洪排水和城市景观功能,对运河水质的改善起到了积极的作用,为城市创建环境保护模范城市、花园城市等具有现实的意义。

9.3.1 河道疏浚

9.3.1.1 **疏浚工程的内容**

疏浚工程是利用机械设备进行水下开挖,达到行洪、通航、引水、排涝蓄水容量、改善生态环境等目的的一种施工作业，其内容涉及到以下几个方面：

（1）挖深、拓宽、清理水道，以提高河道的行洪能力或改善河道的通航条件。

（2）新的水道、港池、排灌沟渠、跨河、过海管道沟槽的开挖。

（3）堤坝等水工建筑物基槽的开挖或地基软弱土层的消除。

（4）清除湖泊、水库、排灌沟渠内淤积的泥沙。

（5）水底矿藏覆盖层，水域内受污染底泥的清除。

9.3.1.2 施工船机

在设备选型时要考虑生态环境要求、河道宽度、水深、土质、排泥（弃土）场位置及要求、设备调遣条件及河道通航要求等。

（1）小河道大多为河网中的相配套的二级、三级支叉河道，具有排涝、航运、蓄水、供水等多种功能。目前不少河道长年失修，淤积严重，底质污染严重。小河道治理是水土保持和生态环境建设的关键，但在治理过程中普遍存在着河窄、水浅和跨河桥梁净高净宽小等困难，所以在小流域疏浚时宜采用小型设备（船宽 <6.0 m、吃水 <1.0 m、不可拆高 <2.5 m）施工。与小河道较为相似的有城镇河道治理，城镇河道两岸临河建筑多，淤积严重，垃圾分布广，且水体自净能力差，严重阻碍了经济建设和城市环境治理的发展。针对小河道及城镇河道的特点，适合采用小型疏浚机械，施工机械有泥浆泵、小型绞吸式挖泥船、清淤机（水陆两栖式挖机）等。

（2）大型河道除可用上述施工机械外，还可用耙吸式挖泥船设备、绞吸式挖泥船设备、斗轮式挖泥船设备、抓斗式挖泥船设备、自航式开底泥驳等设备进行河道疏浚。

9.3.1.3 施工工艺

（1）施工工序。定位→抓泥→装泥→运泥→抛泥。

（2）施工定位。根据开挖范围在施工现场放出开挖边线及边界点，并在码头前沿设立水尺，用于控制挖泥深度。根据挖泥范围在边界点抛设浮标，以控制挖泥范围和设立警戒水域，以确保施工安全。

抓扬式挖泥船以一个主锚和四个边锚依据已施工码头和边界浮标定位，并依据水尺控制下斗深度。卸泥船航行和卸泥依据 GPS 卫星导航定位系统定位。

（3）挖泥施工。挖泥顺序：由码头前沿范围向江心划条，分条宽度 9 m，并逐条开挖施工。条形块与码头前沿平行，分条宽度 9 m。由码头前沿往港池方向逐条开挖。挖泥船移动方向由东至西，然后由西至东循环移动作业。

（4）根据对工程所在地地质情况的了解和前阶段已开挖后地下泥面坡比情况分析，疏浚后的坡比自然形成在 1:5 ~ 1:6 之间。

9.3.1.4 质量控制措施

严格执行质量管理制度，根据施工进度情况，经常测量水深。挖泥作业过程勤对标、勤测水深，防止超挖、漏挖或欠挖，以保证施工质量。严格按照交通部颁《疏浚工程质量检验评定标准》和《水运工程测量规范》及工程施工图和技术要求组织施工。要求做到：

（1）挖槽断面的宽度及边坡符合设计要求，实际挖泥时应根据可能的塌坡进行阶梯式开挖。

（2）挖泥船必须按导标的指示挖泥，并经常检查导标的位置。

(3)应经常检查水尺的零点,挖泥船应及时根据水位变化及实际挖深调整下斗深度,并定期进行水深测量。

(4)挖泥船要注意准确定位,勤对标,保证挖泥的准确,做到不漏挖、欠挖或超挖。

(5)在施工过程中,质量员必须经常进行检查,对违章操作者及不符合规程要求的操作及时予以纠正。

(6)经常检测水深,对水深不够的应及时补挖,保证浚深。

9.3.2 堤防加固工程

渗透破坏在堤防工程中非常普遍,渗透破坏分为流土、管涌、接触冲刷、接触流土等4种类型,对黏性土,只有流土、接触冲刷或接触流土3种破坏形式,不可能产生管涌破坏。对无黏性土,则4种破坏形式均可发生。据1998年长江防洪抢险的统计资料,由渗透破坏造成的险情约占险情总数的70%。除去漫溢险情,则溃口性险情几乎全部是渗透破坏所致。防洪抢险及除险加固的实践表明,渗透破坏是堤防工程中最普遍且难以治愈的心腹之患。

9.3.2.1 堤身渗透破坏除险方案的选择

堤身渗透破坏包括渗水(散浸)、漏洞和集中渗流3种类型。根据其不同特点,应选择各自适宜的除险加固措施。

1)渗水除险方案的选择

渗水往往会导致背水坡的脱坡、冲刷、流土甚至形成漏洞和陷坑,应根据其产生的原因和危害程度,采取相应的工程措施进行除险加固。

(1)对威胁背水坡抗滑稳定的严重有害渗水,可采用填筑压实法、机械吹填法或放淤固堤法加宽培厚堤身或做透水后戗,也可以在临水坡外邦或增建防渗斜墙,或采用劈裂灌浆、锥探灌浆、垂直铺塑等做垂直防渗。

(2)对不至于威胁堤坡抗滑稳定,但可能产生堤坡冲刷、流土破坏的渗水,可采用贴坡反滤、透水后戗的方法进行除险。

2)漏洞和跌窝除险方案的选择

堤身漏洞和跌窝往往由生物洞穴产生,汛前较难发现,但这种险情在汛期往往发展很快,加之堤身断面有限,对堤身的危害很大,汛期抢险困难,酿成溃口者有之。为防患于未然,汛前应首先对漏洞和跌窝隐患进行巡视、探查。对洞穴应采取开挖回填的方法进行除险,如果开挖回填困难,可以采取充填灌浆的办法进行处理。

3)集中渗流除险方案的选择

(1)对堤身与穿堤建筑物基础接触面的集中渗流,可采用高喷或静压注浆在临水侧做垂直防渗,也可以在接触面采用静压注浆的办法进行处理,必要时在背水侧做反滤保护。对堤身与穿堤建筑物侧墙间的集中渗流,可以采用接触面静压注浆的方法进行处理。

(2)对新老堤身结合的水平层面产生的集中渗流,可采用临水侧开挖回填封堵或接触面充填灌浆的方法进行处理。

(3)对堤防分段建设的结合部产生的集中渗流,可采用临水坡截渗或结合部挤密灌浆的方法进行处理,必要时在背水坡采取反滤保护措施。

9.3.2.2 渗透破坏除险加固工程的施工

堤身渗透破坏的除险加固措施主要有临水坡斜墙防渗、堤身垂直防渗、贴坡排水、透水后戗(压浸台)、水平排水等,对堤身缺陷可以采用回填或灌浆的办法进行处理。

1)防渗斜墙

施工时应首先清除边坡和坡脚附近的杂草、树木等杂物,清除厚度 9 ~ 20 cm,并适当整平。斜墙应选用黏性较大的土料且不得含植物根茎等杂质,填筑压实度应不小于 0.94,含水率与最优含水率的允许偏差为 ±3%。

当用土工膜作隔渗层建造斜墙时,土工膜幅间的拼接应采取焊接或黏接方式,确保施工质量,并注意施工中不要损坏土工膜。另外,还需保证土工膜与堤身牢固结合,并采取防止生物破坏的措施。

2)堤身垂直防渗

垂直防渗的位置宜布置在临水堤脚或堤顶尽量靠近临水侧,并与堤身防渗体连成一体。根据近几年的实践,比较经济合理有效的堤身垂直防渗技术有锥探灌浆、劈裂灌浆和垂直铺塑等。

(1)锥探灌浆。在堤顶采用梅花形方式布孔并进行充填灌浆。实践证明,锥探灌浆是处理堤身隐患的一个比较有效的方法,但由于钻孔数量多,往往造价较高。

(2)劈裂灌浆。沿堤顶轴线单排布孔,利用灌浆压力将堤身沿其走向劈开并灌浆,从而在堤身内沿其走向形成一厚度为 9 cm 左右的防渗幕。同时还具有压密堤身和充填洞穴的作用,可获得事半功倍的效果。该方法已经在许多堤防和土坝中得到应用,效果明显。

(3)垂直铺塑。在堤顶沿大堤走向用开槽机在堤身内垂直成槽,然后铺设土工膜并用黏土浆回填,从而达到降低堤身渗流量和浸润线的目的。该方法已经在黄河大堤上采用并取得较好的效果。

3)贴坡排水

为避免渗水对堤坡的冲刷和渗流出口发生流土破坏,可以采用贴坡反滤进行处理。施工时应清除堤坡表面的草皮、杂物,清除深度为 9 ~ 20 cm,贴坡反滤的高度应高出最高的渗流出逸点 0.5 ~ 1.0 m,长度应超出散浸堤段两端至少 3 m。根据反滤材料不同,有以下两种方法可供选用:

(1)砂砾料贴坡排水。砂砾料贴坡排水的各层厚度如图 9-15 所示。褥垫排水的设计、材料的选用、反滤层铺设施工等的有关细节,请参见反滤层的设计与施工。

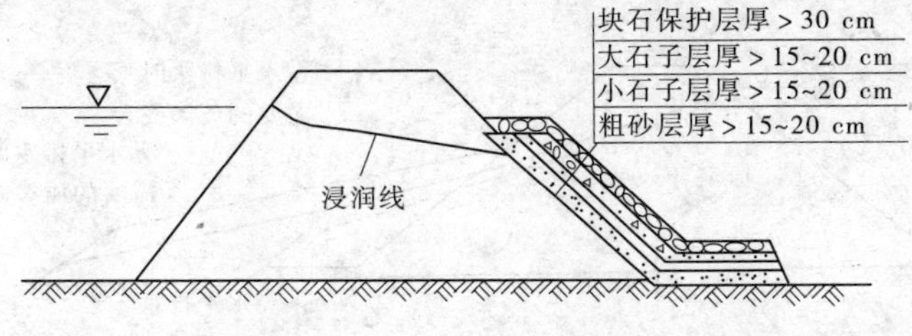

图 9-15 砂砾料贴坡排水

(2)土工织物贴坡排水(见图9-16)。在清理好的堤坡上先铺满足反滤要求的土工织物,机械缝合的搭接宽度不小于5 cm,然后再铺一般的透水料,厚度大于40~50 cm,最后用上压石块保护。

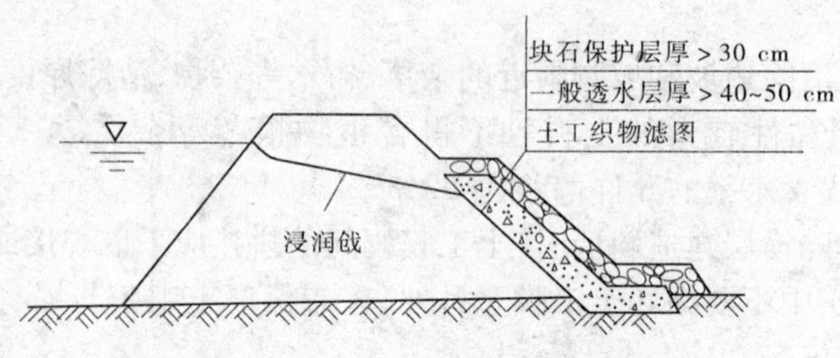

图9-16 土工织物反滤层贴坡排水

4)透水后戗

透水后戗亦称透水压浸平台(见图9-17)。它既能防止散浸造成的渗透破坏,又能加大堤身断面,从而达到稳定堤坡的目的。一般适用于散浸严重、堤身断面单薄、背水坡较陡、外滩狭窄的情况。

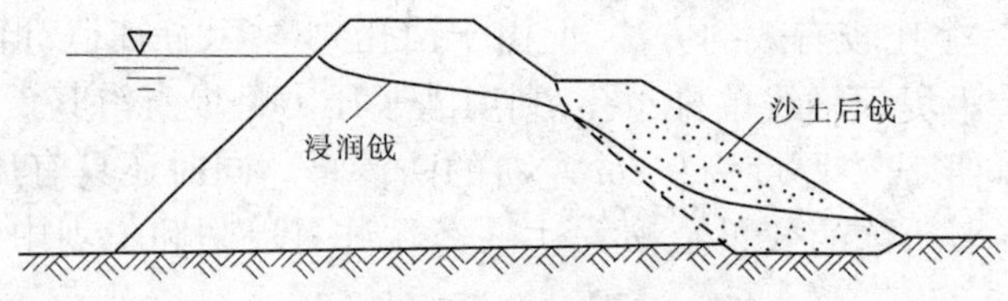

图9-17 透水后戗示意图

透水后戗应采用比堤身透水性大的材料填筑,高度应高出渗水的最高出逸点0.5~1.0 m,顶宽2~4 m,坡度1:3~1:5,长度应超出散浸堤段两端各5 m。戗体材料渗透性大断面可小一些,相反则应大一些。当堤身较高时可采用两级或多级戗台。

施工时应清除堤坡上的草皮和杂物,清除深度为9~20 cm。填筑戗体时应进行压实,相对密度不小于0.65。

5)水平排水

这种方法只有在堤坝加高培厚和增设压渗台时才可能应用。水平排水不但可以降低堤身的浸润线,对透水堤基还可以有效降低堤基的出逸比降,但会使堤基的渗流量有所增加。采用水平排水可以减小压渗戗台的工程量,如图9-18所示。水平排水的长度、厚度应根据渗流计算来确定。

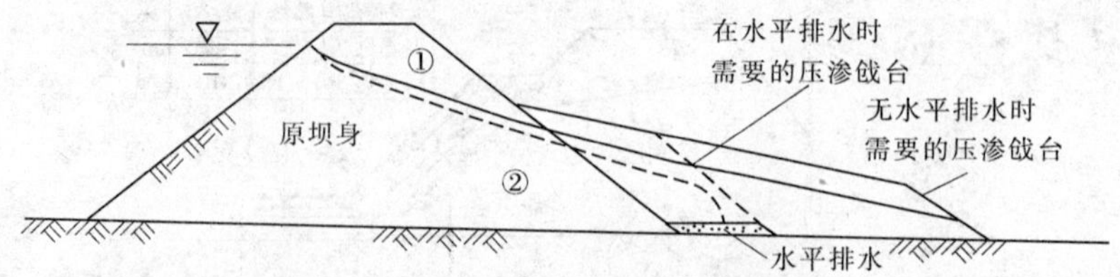

图9-18 水平排水的效果示意图

当采用砂砾料做水平排水体的材料时,材料的选择和施工要求应按照反滤层的设计和施工要求严格执行。

当采用土工织物做反滤层时,采用一般的透水材料即可。但土工织物的选择与施工必须按照反滤层的设计与施工要求严格执行。

6)堤身洞穴的开挖回填

对埋藏较浅的洞穴可以用开挖回填的办法进行处理。施工时先将洞穴内的松土挖出,然后分层填土夯实,直到填满洞穴、恢复堤身原状为止。如洞穴位于临水侧,需采用透水性小于原堤的土料进行回填,如位于背水坡,宜采用透水性能不小于原堤身的土料进行回填。堤身洞穴的开挖回填见图9-19。

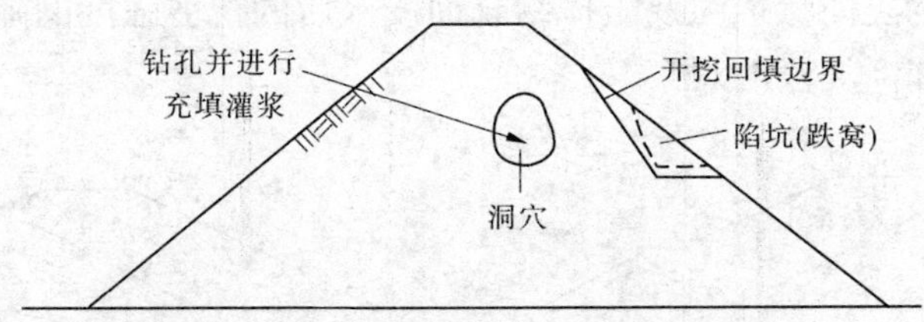

图9-19 陷坑与洞穴的除险加固示意图

9.3.3 扩建工程施工

因自然与人类活动的影响等原因,不少江河湖堤防(此处不包括海堤)的防洪标准很低。从抗御1998年大洪水的实际看来,很多堤防面临着漫顶的现实威胁,出现了靠子堤挡水1~2 m的超常状态,险情极为严重。在正常情况下,堤防要解除漫溢的威胁,堤顶必须达到有关规范规定的设计高程。堤身加高,堤坡和堤顶相应也要加培。

我国绝大多数堤防为黏性土均质堤。若无特殊原因,一般多选择与原堤防相同的土料加固堤身,结构简单,施工便利,有利于新老土层间的结合。若原筑堤黏性土料短缺,且堤防加高高度大,所需黏性土料方量大,则可选择复式断面结构型式,以少量黏土作防渗斜墙,以砂砾石或砾卵石作支承体。也可采用土工膜作防渗斜墙。若当地碎石料或煤矸石料丰富,亦可用碎石料或煤矸石料作支承体。

9.3.3.1 按均质堤型加高

1.背水面培厚加高

背水面培厚加高型式具有土源相对丰富、施工方便的优点,但也应注意防止新、老堤土结合面成为渗流薄弱面。

(1)料场选择的原则。土料的渗透系数一般为9~4 cm/s;土料的黏粒含量应与原堤土相当或略低,土料的渗透系数应与原堤土相当或略大。黏粒含量比原堤土高出较多,渗透系数小得较多的黏土,不应采用,因其不利于堤体渗水的排出;土料天然含水率尽量接近最优含水率;重要堤防的料场应离堤脚300 m以外,或者也可在距堤脚200 m左右处取压盖平台的吹填固结土,但必须尽快吹填补齐;若堤防附近无合适土源,则料场选择还应考虑运距、交通方便、造价等因素。

(2)堤身布置。堤身培厚加高的布置见图9-20。堤顶宽度根据防汛、交通等实际需要确定,一般3级以上堤防不宜小于6 m,堤坡可拟定为1:3。堤高大于6 m者,背水坡应设戗台，其顶宽不小于2 m，戗台的顶高程应在设计水位时的渗流出逸点以上。原堤防临水坡应按加高设计坡度整坡，背水坡则应挖成台阶状，按1:3的坡连接。

2. 临水面培厚加高

当河道整治需要或背水坡有其他工程设置无法培厚时，可考虑在临水面培厚加高堤防，断面布置如图9-21所示。若需在临水面滩地取土，为了保护滩地的天然铺盖作用，取土范围应在距堤脚50 m以外，取土深度不超过1.5 m。土料的渗透系数应小于或相当于原堤土料的渗透系数。原堤防背水坡应按加高设计坡度削坡，临水坡应挖成台阶状，按大于1:3的坡连接，以利于新、老堤身的结合。培厚加高后的临水坡的稳定复核计算，应考虑设计水位降落时的反向渗透力及土体结合面浸水后的抗剪强度的降低。汛期退水时应加强对临水面培厚加高堤段的观察。

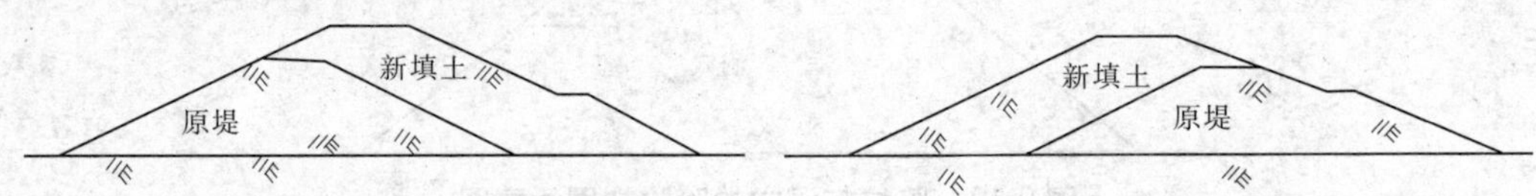

图9-20 背水面培厚加高的均质堤断面　　图9-21 临水面培厚加高的均质堤断面

9.3.3.2 按复式堤型加高

1. 黏性土斜墙复式堤

将原堤防按黏性土斜墙复式断面加高，其断面型式见图9-22。

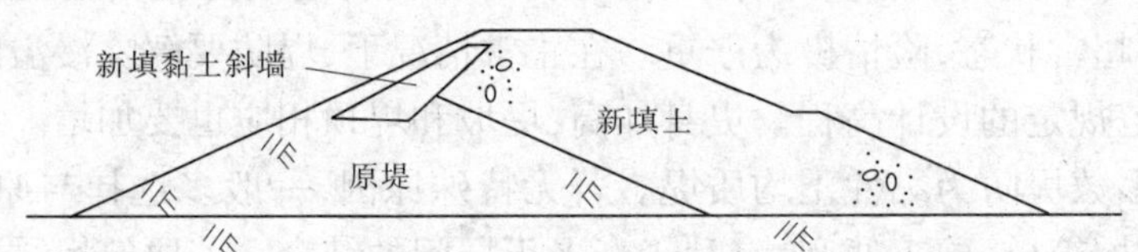

图9-22 背水面培厚加高的黏土斜墙复式堤断面

斜墙土料宜选择黏粒含量为15%～30%的亚黏土或黏粒含量小于30%～40%的黏土。支承体宜选择最大粒径小于60 mm级配较好的砂砾石。黏性土斜墙底部应伸入原堤身1 m，斜墙底宽2～3 m，具体可按接触渗径大于1/3的水头计算，顶宽1 m，应高出设计水位0.5 m。砂砾石堤体的背水坡也应设置贴坡排水与反滤层。

2. 土工膜斜墙复式堤

以土工膜斜墙防渗、砂砾石作支承体的复式加高断面如图9-23所示。若采用单层PE或PVC膜，厚度约为0.4 mm；若采用两布一膜型复合土工膜，膜厚为0.2～0.3 mm，膜两边的土工织物分别为200～250 g/m^2。

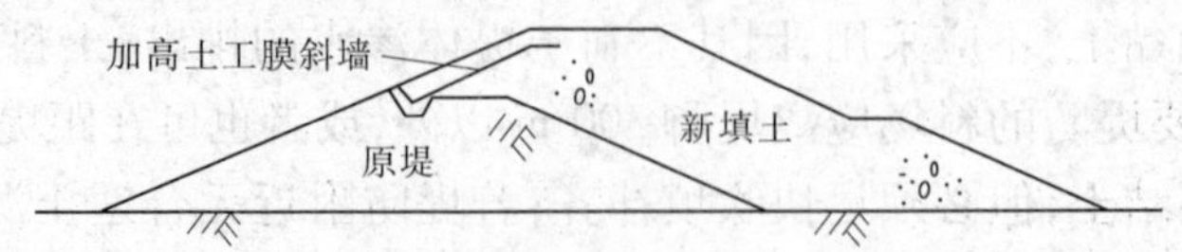

图9-23 土工膜斜墙复式堤断面

土工膜可埋置在原堤顶开挖的槽内，槽的形状尺寸见图9-24，膜与原堤土应紧密贴合,接触渗径应大于承受水头的1/3。复合土工膜也应以单层膜的型式埋置在槽中,否则,带有透水织物的那一面就不能保证应有的接触渗径。土工膜在堤顶应与防浪墙相连接。若不设防浪墙,则可向背水面平铺50 cm作封顶,土工膜上面为保护覆盖层。若原堤防土质疏松或土料渗透性大,也可将土工膜一直铺至堤脚,形成土工膜整体斜墙防渗,如图9-25所示。

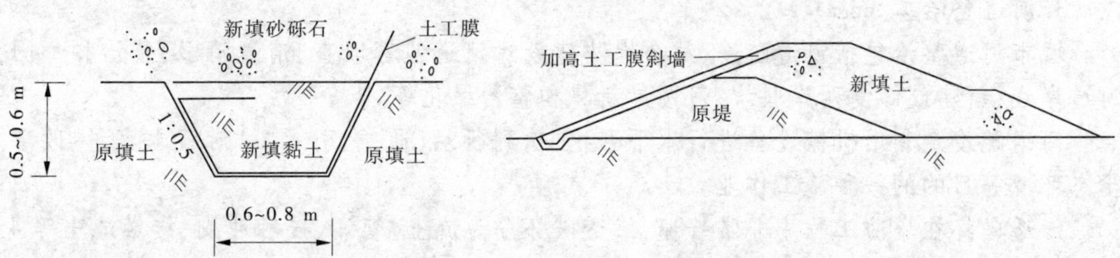

图9-24 土工膜在黏性土中埋置　　**图9-25 背水面培厚加高的土工膜斜墙复式堤断面**

本章小结

1．土堤堤防施工

土堤堤防施工的主要内容包括土料选择与土场布置、堤基清理、铺土压实与竣工验收等。土石坝用料量很大,在坝型选择阶段应对土石料场全面调查,在施工前还应结合施工组织设计,对料场作进一步勘探、规划和选择。料场的规划包括空间、时间和质量等方面的全面规划。

堤防施工前应进行堤基清理,堤基清理的范围包括堤身、戗台、铺盖、压载的基面,其边界应在设计基面边线外0.3～0.5 m。堤基表层的淤泥、腐殖土、泥炭等不合格土及草皮、树根、建筑垃圾等杂物必须清除掉,清除深度一般为0.3～0.8 m;堤基内的井窖、墓穴、树坑、坑塘及动物巢穴,应按堤身填筑要求进行回填处理,同时耙松地表,以利堤身与基础结合。

基坑开挖和地基处理结束后即可进行堤体填筑。土方填筑的特点是作业面狭窄、工种多、工序多、机械设备多,施工干扰大,若组织不好将导致窝工,影响工程进度和施工质量。坝面作业包括铺土、平土、洒水或晾晒(控制含水量)、压实和质量检查等。为了避免施工干扰、充分发挥各不同工序施工机械的生产效率,一般采用流水作业法组织坝面施工。

施工时应对土料场经常检查所取土料的土质情况、土块大小、含水量和杂质含量是否符合上堤要求。尤其要注意对黏性土含水量的检查和控制。在土料填筑过程中,应对铺土厚度、填土块度、含水量、压实后的干密度等进行检查,并提出质量控制措施。

2．堤岸防护工程施工

坡式护岸以多年平均最低水位为界,可分为上部和下部两部分。枯水位以下采取护坡脚工程,枯水位与洪水位之间采用护坡工程。护脚工程有抛石护脚、石笼护脚、柴枕护脚、柴排护脚等几种形式;护坡工程有干砌石护坡、浆砌石护坡、抛石护坡等几种做法。

抛石护脚宜在枯水期组织施工，要严格按施工程序进行，设计好抛石船位置，抛投由上游往下游，由远而近，先点后线，先深后浅，循序渐近，自下而上分层均匀抛投坝。

柴枕抛护范围，上端应在常年枯水位以下 1 m，其上加抛接坡石，柴枕外脚加抛压脚大块石或石笼。柴枕规格根据防护要求和施工条件确定，一般枕长 9 ~ 15 m，枕径 0.6 ~ 1.0 m，柴石体积比约为 7:3。

3. 河道整治工程施工

城市河道整治包括河道疏浚、结合堤防建设对河道裁弯取直、清障清淤、整治和加固河道岸线、新建或修复两岸驳坎、河两岸新建和整治绿化等。

河道疏浚是利用机械设备进行水下开挖，达到行洪、通航、引水、排涝蓄水容量、改善生态环境等目的的一种施工作业。

渗透破坏在堤防工程中非常普遍，渗透破坏分为流土、管涌、接触冲刷、接触流土等 4 种类型，由渗透破坏造成的险情约占险情总数的 70%。除去漫溢险情，则溃口性险情几乎全部是渗透破坏所致。

堤防要解除漫溢的威胁，堤顶必须达到有关规范规定的设计高程。一般多选择与原堤防相同的土料加固堤身，结构简单，施工便利，有利于新老土层间的结合。若原筑堤黏性土料短缺，且堤防加高高度大，所需黏性土料方量大，则可选择复式断面结构型式，以少量黏土作防渗斜墙，以砂砾石或砾卵石作支承体。也可采用土工膜作防渗斜墙。若当地碎石料或煤矸石料丰富，亦可用碎石料或煤矸石料作支承体。

本章重点是堤坝、堤岸防护工程、河道整治工程的施工要求、施工组织及施工质量控制检查。

复习思考题

1. 堤防施工堤面铺土有哪些要求？
2. 堤防施工有哪些特点？
3. 简述堤防施工的全过程。
4. 堤防施工中的质量控制包括哪些问题？
5. 用于堤防护坡的材料有哪些？
6. 坡式护岸包括哪几部分？
7. 护脚工程有几种型式？各适用于什么场合？
8. 简述抛石护脚施工过程。
9. 简述柳石枕施工流程。
10. 模袋法施工有哪几种施工方法？
11. 简述堤坡防护型式及特点。
12. 简述河道疏浚工程的内容。
13. 堤身渗透破坏包括哪几种类型？各种类型可选择哪些除险加固措施？

第 10 章 混凝土建筑物施工

学习目标

- 掌握沉井施工的方法、步骤。
- 了解设备基础混凝土的浇筑方法。
- 掌握泵房下部结构和上部结构的施工方法。
- 掌握水闸施工的分缝分块要求，闸底板、闸墩、止水及二期混凝土施工方法。
- 掌握建筑物基坑开挖的基本要求和施工方法。
- 了解橡胶坝施工步骤和方法。

10.1 泵站厂房施工

10.1.1 概述

泵站建筑一般包括泵房、流道与管道、进出水建筑物等。泵站建筑所使用的建筑材料多为砖石或钢筋混凝土。

泵站如在坡地上施工，为确保边坡稳定和施工安全，应采取先整治边坡，后平整场地；先施工挡土设施，后基坑开挖和安装支护系统；先施工地下结构泵站本体，后地上建筑，最后施工附属设施。在泵站施工中，泵房施工是其主体。

泵站工程具有结构复杂、施工工序多、安全要求高、技术难度大、场地狭窄、工期紧迫等特点。因此，在施工中要加强管理，做好充分准备，合理安排施工程序，认真落实施工组织和技术措施。

10.1.2 沉井施工

沉井施工法是修筑地下工程和深埋基础工程所采用的重要施工方法之一，在给水排水工程中常用于取水构筑物、排水泵站、大型集水井、盾构和顶管工作井等工程。平面布置多为圆形、矩形、椭圆形、棱形或不规则形状。

沉井法施工包括沉井制作、沉井下沉和沉井封底等几个主要部分。根据不同的情况和条件，可以采取一次制作一次下沉，也可以采用制作与下沉交替进行。沉井的井筒一般在地面上制作，在井筒内挖土，使井筒靠自重以克服其外壁与土间的摩阻力而逐渐下沉至设计标高。然后平整筒内土层，浇筑混凝土垫层和混凝土底板，完成沉井的封底工作。因此，在地下水位高、渗水量较大或有地下承压水、流砂、软土层、现场狭窄地段及附近已建成地下管线或地上建筑物等情况下，更显其施工优点。

10.1.2.1 沉井制作

沉井制作的地表应平整，设有良好的排水系统，并保持地下水位低于基坑底面不应小于0.5 m。采用承垫木方法制作沉井，应根据沉井的重力、地基土的承载力等因素，分析计算砂垫层的厚度、承垫木的数量、尺寸等。在较好的均质土层上制作沉井，可采用无承垫木方法，铺垫适当厚度的素混凝土或砂垫层。沉井分节制作时，每节高度应合理，应保证沉井的稳定性和顺利下沉。制作混凝土沉井时要求浇筑应均匀对称，沉井外壁应平滑；刃脚模板应在混凝土达到设计强度的70%后，方可拆除；分节制作时，应在第一节混凝土达到设计强度70%后，再浇筑其上一节混凝土。

1. 基坑土方开挖

为减少沉井下沉深度，在沉井筒体制作前先开挖基坑，基坑开挖采用大开口方式进行，边坡坡比为1∶0.5，基坑底的平面尺寸比刃脚的外壁每侧各大2 m，在基底四周开挖排水沟，并接入基坑内的集水井中，用排水泵将集水井内的水抽排到远离基坑以外，如图10-1所示。

2. 沉井井筒的制作

沉井井筒的制作分为两部分，即刃脚支架的制作和井壁的制作。

(1)刃脚支架的制作。沉井刃脚支架的制作方法视沉井自重、施工荷载和土层承载力等情况而设定，支架方法有砖混结构支架、垫木支架、木支架等类型。

如图10-2所示，为扩大沉井刃脚的支承面积，减小对砂垫层的压力，在刃脚环形混凝土垫层浇筑区按每2 m为单位，将混凝土垫层分为54块，中间用2 cm厚的缝板将混凝土垫层断隔，采用跳挡法浇筑施工。混凝土的强度等级为C10，厚度15 cm，宽度4.2 cm。在已浇筑的混凝土垫层上，采用跳挡施工法用砖砌筑刃脚大放脚基础支架。每挡之间留有2 cm空隙，在靠近刃脚浇筑混凝土的砖模支架面，用水泥砂浆抹面，并铺油毡纸一层。

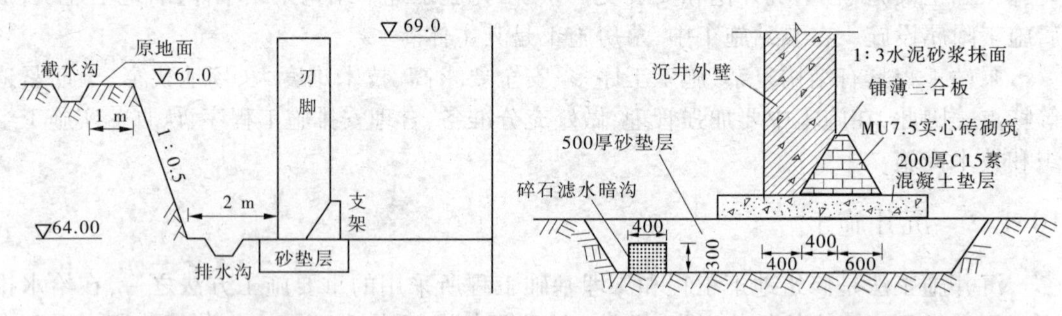

图10-1　基坑开挖示意图　　图10-2　沉井刃脚砖座示意图　（单位：mm）

(2)井壁的制作。沉井模板采用组合钢模竖向分节制作，底梁、刃脚内侧采用非标准木模。支模先支内模，一次支到比浇筑混凝土施工缝高10 cm以上处，待钢筋安装完毕后再进行外模支设和加固。模板纵横向间距60 cm，用钢管紧固立楞，内、外模用钢管紧锁，并用水平撑加剪刀撑固位。内外模直立后，用ϕ18 mm螺栓对拉固定，在每根螺栓距离内、外模20 cm处设置钢板止水片。木模间隙刮腻子找平，模板与已浇筑混凝土接触处，胶贴50 mm宽泡沫塑料带防漏浆，预埋的插筋用夹板密封。用垂球法校正模板垂直度，且围绕沉井井壁内外模的外侧，搭设双排门式脚手架。

混凝土浇筑一般采用泵送混凝土工艺进行。将沉井井壁分成偶数段，布置两个混凝土输送出口,同时对称分层进行。施工中应避免高差悬殊,荷载不均衡,防止造成地基不均匀下沉或产生倾斜。

为保证沉井现浇钢筋混凝土的抗渗性能,防止混凝土现浇后的自身渗漏,将混凝土的施工配制强度比设计要求的混凝土强度值提高。由于大体积混凝土易出现收缩性裂缝,为提高混凝土的抗裂抗渗性能,在混凝土内加入适量的 UEA 微膨胀剂以补偿混凝土的硬化收缩。

沉井井壁现浇钢筋混凝土工作面大,其展开长度较长,在混凝土浇筑前,合理布局浇筑面流程图,精确计算每层混凝土的浇筑厚度、每一层混凝土完成所需时间、确定浇筑层厚、单位泵送量与每层完成时间的对应关系,以控制新浇混凝土层的入模、振捣完成时间必须在已浇混凝土初凝之前完成,避免混凝土浇筑层间隙时间长而形成冷缝。

上、下节井壁混凝土的接缝采用凹式水平施工缝,施工缝处凿毛并冲洗干净后,先浇一层减半石混凝土约 7 cm,然后再按正常混凝土施工配合比浇筑混凝土。

10.1.2.2　沉井下沉

在沉井刃脚浇筑的混凝土达到设计强度,井壁最后一次浇筑混凝土强度达到设计强度的 70% 后,沉井开始下沉。沉井下沉方法如表 10-1 所列。

表 10-1　沉井下沉方法

土质	下沉除土方法	说明
砂土	抓土吸泥	若抓土宜用两瓣式抓斗
卵石	吸泥,抓土	以直径大于卵石粒径的吸泥机吸泥为好,若抓斗宜选用四瓣式
黏性土	吸泥,抓土	一般需辅以高压射水,冲碎土层
风化岩	射水,爆破	碎块可用抓斗或吸泥机取出

1. 排水开挖下沉

在稳定的土层中,渗水量较小时可采用排水开挖下沉。具体施工工艺为:①挖土时先将刃脚内侧的回填土分层挖去,定位承垫处的土最后挖除,一层挖完再挖第二层;②土质松软时,在分层挖回填土的过程中,沉井即逐渐下沉,当刃脚下沉至沉井中部土面大体齐平时,即可在中部先向下下沉 40 ~ 50 cm,再向四周均匀扩挖,再分层挖除刃脚内侧的土台,如图 10-3 所示;③在坚硬的土层中,可先分段掏空刃脚,随即回填砂砾,即跳槽法开挖,最后挖定位承垫下的土(岩)层;④遇有岩层时,顺序开挖刃脚内侧和外侧,风化岩(或软岩)可用风镐、风铲挖除,硬岩层可以采用爆破方式。

2. 不排水开挖下沉

井内挖土深度一般根据土质而定,最深不应低于刃脚下 2 m;尽量加大刃脚对土的压力;通过粉砂、细砂等松软地层时,不宜以降低井内水位而减少浮力的办法促使沉井下沉,应保持井内水位比井外高 1 ~ 2 m 以防止流砂涌向井内,引起沉井倾斜;除了纠偏外,井内

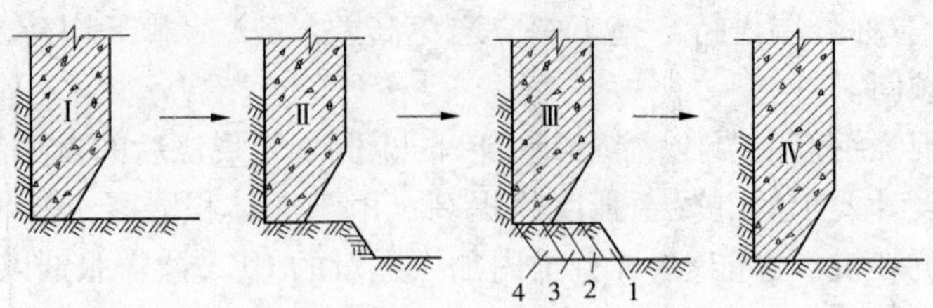

1、2、3、4—开挖顺序

图 10-3　沉井刃脚开挖顺序示意

的土应由各井孔均匀清除，各孔内高差不超过 50 cm。

抓土下沉施工。抓土施工坑底比刃脚低 1 ~ 1.5 m，刃脚周边不易坍落时应采用高压水枪冲刃脚部位辅助下沉，多孔井时，每个井孔需配备一套抓土设备。出土方式可采用特制的挂勾甩土或利用井顶运输轨道。

3. 吸泥下沉

吸泥机有水力吸泥机、水力吸石筒及空气吸泥机。通常采用吊架或吊机维持其悬吊状态，管力垂直，并能在井内移动位置，如图 10-4 所示。吸泥时，其吸泥管口泥面高度一般为 0.15 ~ 0.5 m。吸泥时应经常变换位置，提高吸泥效果，使井底泥面均匀下降，靠近刃脚及隔墙下的土层如不能向中间锅底自行坍落时，可用高压水枪射水冲击。吸泥操作水深不宜小于 5 m，因此筑岛一段开始下沉时，可采用排水开挖或抓斗下沉方法，或向井内注水，增大吸泥深度。吸泥机工作时应经常调整吸泥管口距泥面的高度，以能经常吸出最稠的泥浆为准。工作时注意泥面变化，防止周边坍方埋住吸泥机；停吸时，应先将吸泥机提升一定高度后再关闭风阀。

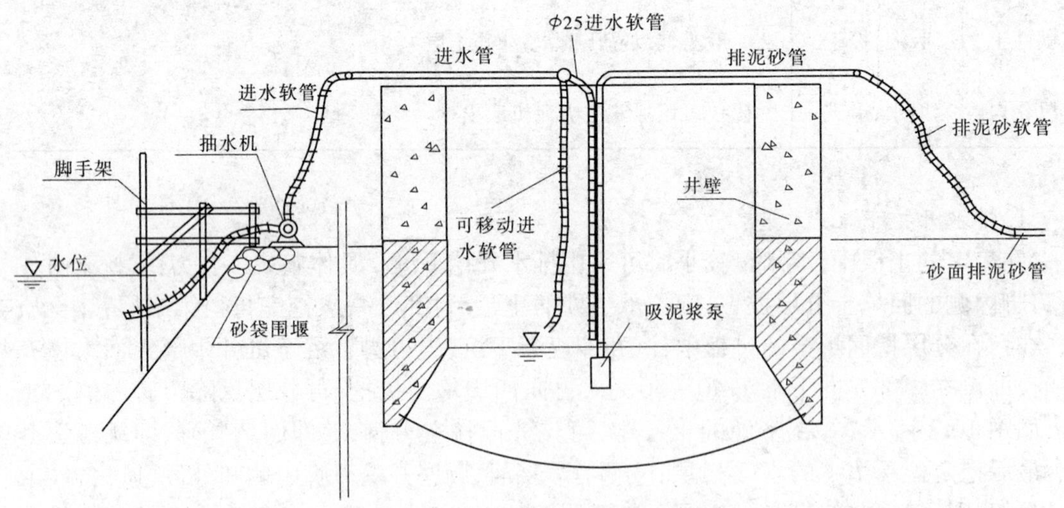

图 10-4　沉井水力吸砂方式下沉施工

4. 沉井下沉过程中发生偏差的原因及预防措施

沉井下沉过程中发生偏差的原因及预防措施见表 10-2。

表 10-2　沉井下沉过程中发生偏差的原因及预防措施

序号	产生原因	预防措施
1	筑岛被水流冲坏或沉井一侧的土被水流冲空	事先加强对筑岛的防护,对水流冲刷的一侧可抛卵石或片石防护
2	沉井刃脚下土层软硬不均	随时掌握地层情况,多挖土层较硬地段,对土质较软地段应少挖,多留台阶或适当回填和支垫
3	没有对称地抽出垫木或未及时回填夯实	认真制定和执行抽垫操作细则,注意及时回填夯实
4	除土不均匀,使井内土面高低相差过大	除土时严格控制井内泥面高差
5	刃脚下掏空过多,沉井突然下沉	严格控制刃脚下除土量
6	刃脚一角或一侧被障碍物搁住没有及时发觉和处理	及时发现和处理障碍物,对未被障碍物搁住的地段,应适当回填或支垫
7	井外弃土或河床高低相差过大,偏土压对沉井的水平推移	弃土应尽量远弃,或弃于水流冲刷作用较大的一侧面,对河床较低的一侧可抛土(石)回填
8	排水开挖时,井内大量翻砂	刃脚处应适当留有土台,不宜挖通,以免在刃脚下形成翻砂通水通道,引起沉井偏斜
9	土层或岩面倾斜较大,沉井沿倾斜面滑动	在倾斜面低的一侧填土挡御,刃脚到达倾斜岩面后,应尽快使刃脚嵌入岩层一定深度,或对岩层钻孔,以桩(柱)锚固
10	在软塑至流动状态的淤泥土中,沉井易于偏斜	可采用轻型沉井,踏面宽度宜适当加宽,以免沉井下没过快而失去控制

10.1.2.3　沉井基底清理

沉井下到设计标高后,应进行基底清理以便封底。

1. 排水清基

当沉井刃脚下岩面较平整,刃脚与岩面间空隙不大时(20 cm 以内),可用 1∶1 水泥砂浆封堵间隙后排水清基;岩石风化层较多,清基时应将风化层全部凿除,然后由潜水工将刃脚与岩石间空隙部分泥砂软层清理干净,在刃脚内侧堆码一圈砂袋,作为封堵砂浆的内模,用塑料袋或桶盛 1∶1 水泥砂浆(必要时可掺 2% 氟化钠)缓缓吊送给潜水工,由潜水工将砂浆倒入砂袋与刃脚的空间内进行封堵,施工应连续进行。待砂浆达到一定强度后抽水进行井内清基工作。

2. 非岩石类土基底水下清基

基底设置在非岩石类土层上的沉井、井孔内、刃脚及隔墙下的土层均应进行清理,以形成封底坑。清基时可采用射水,吸泥泵交替进行。清基时应注意控制泥面高度以及不要过分扰动刃脚下土层,以免引起翻砂或下沉,基底范围内的浮泥松土不易超过 10 cm,封底混凝土高度内的井壁及隔墙底面的黏泥应尽可能洗净。由潜水员和测量人员共同测定井孔底面标高。

10.1.2.4 沉井封底

沉井下沉至设计标高并清除沉淀淤泥后，应进行沉降观察，8 h 内沉降量不大于 10 mm 时方可封底。封底采用垂直导管法灌注水下混凝土封底，在井孔内垂直放入多根内径为 200 ~ 300 mm 的钢制导管，导管数量及在平面上的布置应使各导管有效灌注半径互相搭接，并盖满全部基底。管底距基底面 30 ~ 40 cm，在导管顶部接一漏斗，在漏斗颈部安放球塞，并用绳索系牢。漏斗内盛满陷度较大的混凝土，用砍球法灌注混凝土。在灌注混凝土过程中，对于导管断裂、接头漏水、球塞卡堵等常见故障采取相应预防措施。

10.1.3 设备基础施工

在泵站施工中，设备基础精度要求高，技术复杂，施工工序多，交叉作业多，工作面有限，所以必须组织严密，各工种协调配合。

10.1.3.1 设备基础的施工方案

设备基础施工的先后顺序将影响到结构安装的方法、施工进度和经济效果。设备基础的施工可以有两种方案：

(1)厂房柱基础和厂房结构先施工，设备基础后施工，通常称为封闭式施工。

(2)厂房柱基础和设备基础先施工，厂房结构后安装，通常称为开敞式施工。

两者各有优缺点。封闭式的优点是对构件的预制、拼装、运输和起重机开行都比较方便；设备基础施工不受气候影响，有时还可利用厂房内已安装好的桥式起重机浇捣设备基础混凝土。缺点是：部分土方重复挖填(如靠近柱基处的回填土)；设备基础施工时场地拥挤，开挖土方及浇筑混凝土的施工条件较差。而开敞式的优缺点则相反。

两种方案的选择应根据工期要求、图纸到达时间、土质情况、地下水位、施工设备、基础分布密度、施工地区气候特征和施工季节等具体条件而定。一般来说，如设备基础较大较深、分布密度较大，其挖土范围已与柱基挖土连成一片，或者厂房地区土质不好的往往采用开敞式施工方案。这时，如设备基础有碍结构安装时，起重机的开行可考虑在设备基础内填砂或铺道木；或者在可能条件下先施工地坪以下的设备基础，待厂房结构安装后再施工地坪以上的设备基础。当起重机的起重臂很长，在厂房两侧开行就能解决全部吊装时也可采用开敞式。在特殊情况下，如在湿陷性黄土地区采用重锤夯实法进行土壤地基加固时就只能采用开敞式施工。如设备基础不大、分布密度较小、在结构安装后施工对厂房结构稳定性并无影响时，往往采用封闭式施工方案。有时虽然设备基础较宽较深，但当采用特殊施工方法(如沉井法)时也可采用封闭式。

设备基础混凝土垫层由于平面较大，浇筑时宜根据基础平面特点及运输、浇筑情况，划分若干作业区，分区分层地浇筑。

10.1.3.2 设备基础地脚螺栓的固定

地脚螺栓是用来固定机器设备于钢筋混凝土基础上，其位置是否正确与牢固，直接影响机器设备安装的准确性。因此，地脚螺栓的安装是设备基础施工中一项非常重要的工作。

地脚螺栓依其埋设方式分为活、死地脚螺栓两种。活地脚螺栓是在浇筑混凝土前把木板制的方形或圆形壳子放在螺栓所在位置，预留螺栓孔洞，在浇筑混凝土时将螺栓的锚板埋于基础内，再在锚板下装一小铁匣，以留出小穴，便于安装螺栓头。安装机器时将地脚螺栓通过预留孔洞插入锚板中，旋转90°后，上面用螺母拧紧即可。活地脚螺栓由于施工复杂，应用较少。死地脚螺栓即将地脚螺栓预埋在混凝土内。为保证其位置的正确，浇筑混凝土时需用地脚螺栓固定架临时加以固定。其固定架所用之钢材，部分可回收，另一部分即埋在混凝土中。还可以采用环氧砂浆黏结地脚螺栓的方法，可省去用于固定架所需的钢材和预留孔洞的模板，而且缩短工期、减轻劳动强度、保证地脚螺栓安装精度、降低成本。

10.1.3.3 设备基础混凝土的浇筑

(1)浇筑前的准备工作。浇筑前的准备工作包括混凝土的运输、浇筑方案的制订，现场道路的铺筑，水、电线路的架设，浇捣机具的准备，以及浇筑前的有关质量检查工作等。

设备基础由于体积大而又要求一气呵成，一般需要分层浇筑、分层捣实(或分段分层)，同时又需使每一处的混凝土在初凝前就被上一层的新混凝土覆盖并捣实完毕。

选择浇筑方案时，必须进行具体分析和比较。当厂房内桥式起重机尚未完成时，可采用履带式起重机吊装或混凝土泵泵送；当厂房内桥式起重机已安装好，则利用它来浇筑最为方便。

混凝土浇筑前的质量检查，首先将设计资料逐一查对，然后进行施工检查，检查设备基础的中心线及标高，地脚螺栓及各种管道的位置、标高、数量和规格，埋设铁件的位置和数量，模板的位置和尺寸，钢筋的型式、规格、数量和间距等，并做好记录备查。

(2)设备基础混凝土的浇筑。设备基础的浇筑高度一般应比设计标高低4~5 cm，待设备安装完毕后，再进行二次浇筑找平。混凝土的浇筑只能停歇在伸缩缝处或预先拟定的施工缝处，以保证基础的整体性。

在地脚螺栓附近，每层混凝土的顶面都应比周围稍高，使混凝土泌水流向四周，不致沿螺栓下渗，以免影响混凝土与螺栓的黏结力。螺栓四周必须振捣密实，振动器离螺栓表面必须保持约20 cm的距离，并垂直插入，以免碰动地脚螺栓。在浇筑混凝土时，地脚螺栓的丝扣应包好，以免沾上水泥浆或碰坏。

设备基础中的管道常密排在一起，且上下数层纵横交错，这些地方的浇筑要特别注意。当管道覆盖宽度在0.8~1.2 m且不超过三层时，可由两侧斜向插入振动器捣实管道下的混凝土。在多层管道交叉部分，采用此法难以保证浇筑质量时，应采用坍落度较大(6~8 cm)的混凝土，并多设串筒。

沟道混凝土灌注时若混凝土浇筑到沟底，则应立即捣实，防止在灌注沟侧混凝土时水泥浆下渗，使成沟侧产生蜂窝、麻面。当灌注沟侧混凝土时，部分混凝土可能进入沟底，因此在灌注沟底时，可略低于设计标高，以后补平。

10.1.4 泵房施工

泵房从结构上可以分为下部结构和上部结构。下部结构(如底板层、水泵层等)多为现浇钢筋混凝土，上部结构(如厂房柱、屋面板等)多为预制钢筋混凝土。

泵房施工中，为了防止缝口漏水，在平面上一般不许设置垂直缝。泵房内部的机墩、隔墙、楼板、柱、墙外启闭台、导水墙等可分期浇筑。

10.1.4.1 泵房底板施工

泵房底板地基必须经过工程验收合格,才能进行混凝土施工。施工时,地基面上宜先浇一层素混凝土垫层,其厚度为 80 ~ 100 mm ,混凝土强度不应低于 C10,垫层混凝土面积应大于底板的面积,以利施工,避免搅动地基土。模板制作安装的允许偏差应按有关规定确定。底板上、下层钢筋骨架网应使用有足够强度和稳定性的柱撑。柱撑可为钢柱或混凝土预制柱。底板应架设与上部结构相连接的插筋,插筋与上部钢筋的接头应错开。混凝土浇筑前应全面检查准备工作,经验收合格后才能开盘浇筑。

混凝土应分层连续浇筑,不得斜层浇筑。如果浇筑仓面较大,可采用多层阶梯推进法浇筑,其上下两层前后距离不宜小于 1.5 m,同层的接头部位应充分振捣,不得漏振。在斜面基底上浇筑混凝土时应从低处开始,逐层升高,并采取措施保持水平分层,防止混凝土向低处流动。

混凝土浇筑过程中。应及时清除黏附在模板、钢筋、止水片和预埋件上的灰浆。混凝土表面泌水过多时应及时采取措施,设法排去仓内积水,但不得带走灰浆。混凝土表面应抹平、压实、收光,认真养护,防止产生干缩裂缝。

10.1.4.2 泵房上部结构的施工

泵房上部混凝土结构施工有现场直接浇筑、预制装配及部分现浇、部分预制等形式。浇筑时应先浇筑竖向结构,后浇筑梁、板。

1. 楼层混凝土结构施工缝的设置

(1)在墩、墙、柱底端的施工缝宜设在底板或基础老混凝土顶面,其上端施工缝宜设在楼板或大梁的下面,中部如有与其嵌固连接的楼层板、梁或附墙楼梯等需要分期浇筑时,其施工缝的位置及插筋、嵌槽应同设计单位商定。

(2)与板连成整体的大断面梁宜整体浇筑。如需分期浇筑,其施工缝宜设在板底面以下 20 ~ 30 mm 处。当板下有梁托时,应在梁托下面。

(3)有主、次梁的楼板,施工缝应设在次梁跨中 1/3 范围内。

(4)单向板施工缝宜平行于板的长边。

(5)其他复杂结构的施工缝位置应按设计要求留置。

2. 现浇混凝土的施工

1)混凝土柱的浇筑

(1)混凝土柱浇筑前,柱底基面应先铺 5 ~ 10 cm 厚与混凝土内砂浆成分相同的水泥砂浆,后再分段分层浇筑混凝土。

(2)凡截面在 40 cm × 40 cm 以内或有交叉箍筋的混凝土柱,应在柱模侧面开口装上斜溜槽,以便混凝土入仓,每段高度不得大于 2 m,如图 10-5 所示。如箍筋妨碍溜槽安装时,可将箍筋一端解开提起,待混凝土浇至窗口的下口时,卸掉斜溜槽,将箍筋重新绑扎好,用模板封口,柱箍箍紧,继续浇上段混凝土。采用斜溜槽下料时,可将其轻轻晃动,加快下料速度。采用溜筒下料时,柱混凝土的浇筑高度可不受限制。

(3)当柱高不超过 3.5 m、截面大于 40 cm × 40 cm 且无交叉钢筋时,混凝土可由柱模顶直接倒入。当柱高超过 3.5 m 时,必须分段浇筑混凝土,每段高度不得超过 3.5 m。

(4)混凝土的振捣一般需 3 ~ 4 人协同操作,其中 2 人负责下料,1 人负责振捣,另 1

人负责开关振捣器。

(5)振捣时以混凝土不再塌陷、混凝土表面泛浆、柱模外侧模板拼缝均匀微露砂浆为好。也可用木槌轻击柱侧模判定，如声音沉实，则表示混凝土已振实。

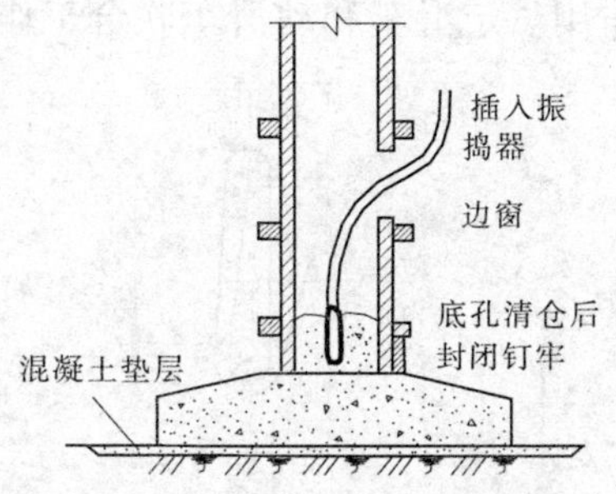

图 10-5　小截面柱侧开窗口浇筑

2)混凝土墙的浇筑

(1)混凝土墙的浇筑应先边角后中部，先外墙后隔墙，以保证外部墙体的垂直度。

(2)高度在 3 m 以内的外墙和隔墙，混凝土可以从墙顶向模板内卸料，卸料时需在墙顶安装料斗缓冲，以防混凝土发生离析。高度大于 3 m 的任何截面墙体，均应每隔 2 m 开洞口，装斜溜槽进料。

(3)墙体上有门窗洞口时，应从两侧同时对称进料，以防将门窗洞口模板挤偏。

(4)墙体混凝土浇筑前，应先铺 5 ~ 10 cm 与混凝土内成分相同的水泥砂浆。

(5)对于截面尺寸较大的墙体，可用插入式振捣器振捣，其方法同柱的振捣。对较窄或钢筋密集的混凝土墙，宜采用在模板外侧悬挂附着式振捣器振捣，其振捣深度约为 25 cm 。

(6)当顶板与墙体整体现浇时，楼顶板端头部分的混凝土应单独浇筑，保证墙体的整体性。

3)梁、板混凝土的浇筑

(1)肋形楼板混凝土的浇筑应顺次梁方向，且主次梁同时浇筑。

(2)梁、板混凝土宜同时浇筑。当梁高大于 1 m 时，可先浇筑主次梁，后浇筑板。凡梁高大于 0.4 m、小于 1 m，应先分层浇筑梁混凝土，待混凝土平楼板底面后，梁、板混凝土同时浇筑。

(3)采用小车或料罐运料时，宜将混凝土料先卸在拌盘上，再用铁锹入仓。在梁的同一位置上，模板两边下料应均衡。浇筑楼板时，可将混凝土料直接卸在楼板上，但应注意不可集中卸在楼板边角或上层钢筋处。楼板混凝土的虚铺高度可高于楼板设计厚度的 2 ~ 3 cm。

(4)混凝土梁应采用插入式振捣器振捣，从梁的一端开始，先在起头的一小段内浇一层与混凝土成分相同的水泥砂浆，再分层浇筑混凝土。待浇筑至一定距离后，再回头浇第二层，直至浇捣到梁的另一端。

(5)浇筑梁柱或主次梁结合部位时，由于梁上部的钢筋较密集，普通振捣器无法直接插入振捣，此时可用振捣棒从钢筋空当插入振捣，并辅助人工插捣。

(6)楼板混凝土的捣固宜采用平板振捣器振捣，振捣方向应与浇筑方向垂直。

10.1.4.3　混凝土预制构件的吊装

1. 吊装机具

(1)绳索。常用绳索有白棕绳、尼龙绳、钢丝绳。前两者适用于起重量不大的吊装工程或作辅助性绳索，后者强度高、韧性好、耐磨，广泛应用于吊装工程中。

(2)滑车及滑车组。滑车又名滑轮或葫芦，分定滑车和动滑车。定滑车安装在固定位置，只起改变绳索方向的作用；动滑车安装在运动的轴上，其吊钩与重物同时变位，起省力作用。定滑车和动滑车联合工作而成为滑车组，普遍用于起重机构中，如图 10-6 所示。

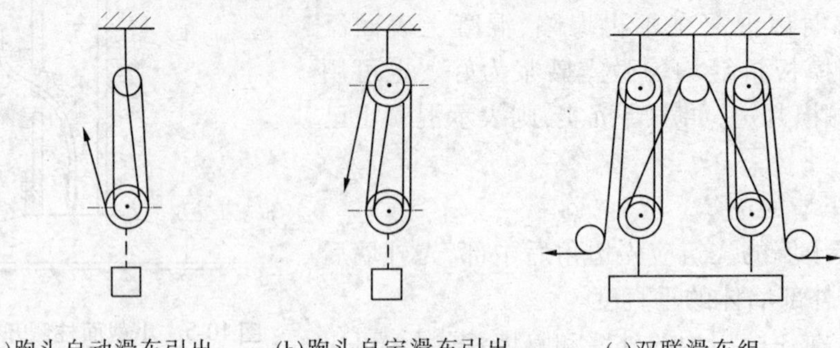

(a)跑头自动滑车引出　(b)跑头自定滑车引出　(c)双联滑车组

图 10-6　滑车组的类型

(3)链条滑车。链条滑车又称神仙葫芦、倒链、手动葫芦或差动葫芦，由钢链、蜗杆或齿轮传动装置组成。装有自锁装置，能保持所吊物体不会自动下落，工作安全。适用于吊装构件，起重量有 1 t、2 t、3 t、5 t、7 t 及 10 t 等，如图 10-7 所示。

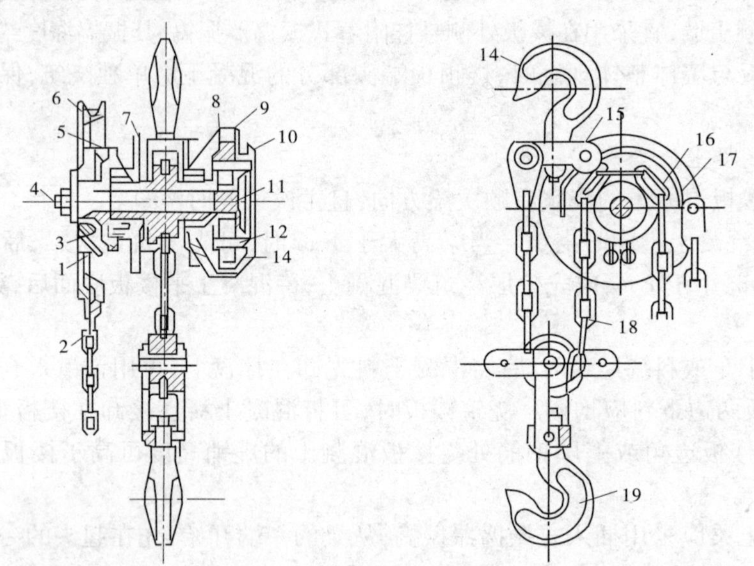

1—摩擦垫圈；2—手链；3—圆盘；4—链轮轴；5—棘轮圈；6—牵引链轮；7—夹板；
8—传动轮；9—齿圈；10—驱动装置；11—齿轮；12—轴心；13—行星齿轮；14—挂钩；
15—横梁；16—起重星轮；17—保险簧；18—起重链；19—吊钩

图 10-7　齿轮式链条滑车

(4)吊具。在吊装工程中最常用的吊具有吊钩、卸甲、绳卡、绳圈(鸭舌、马眼)等。为便于吊装各种构件，尽量使各种构件受力均匀和保持完好，可自制一些特制吊具，如吊梁(钢扁担)、蝴蝶铰、钢桁架、钢拉杆、钢吊轴等，如图 10-8 所示。这些吊具都要进行力学验算和试吊。

(5)牵引设备。吊装的牵引设备一般采用卷扬机。卷扬机有手摇式和电动式两种。手摇式卷扬机又称手摇绞车，是由一对机架支承横卧的卷筒，利用轮轴的机械原理，通过带摇柄的

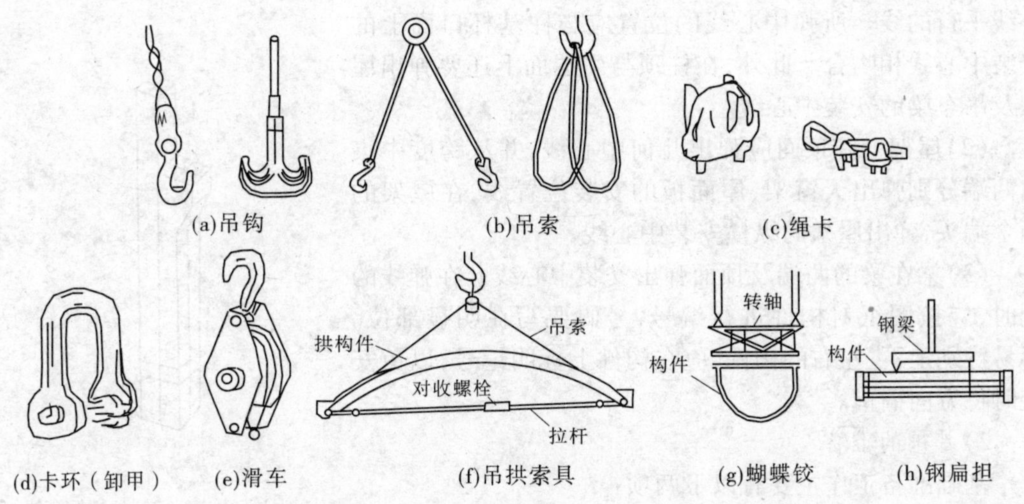

图 10-8　吊具

转轴上的齿轮，采用二级或多级转动推动卷筒上的齿轮，牵引钢丝绳拉动重物。电动卷扬机是电动机通过齿轮的传动变速机构来驱动卷筒，并设有磁吸式或手动的制动装置。

(6)锚碇。锚碇又称地锚或地龙，用来固定卷扬机、绞盘、缆风等，为起重机构稳定系统中的重要组成部分。常用的锚碇有桩锚及地锚型式，如图 10-9 所示。

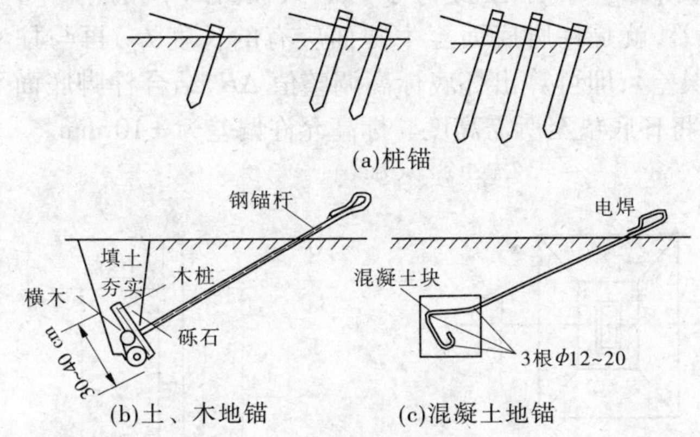

图 10-9　锚碇

(7)起重设备。混凝土预制构件吊装可采用履带式、汽车式或轮胎式吊车，也可因地制宜，根据施工现场地形、地质、构件型式和重量等条件自制简易的起重机构，如独脚扒杆、人字扒杆等。

2. 吊装作业

1)构件的弹线和编号

构件经检查合格后，安装前应在构件表面弹出中心线，以作为构件安装、对位、校正的依据。对形状复杂的构件，还要标出它的重心和绑扎点的位置。

(1)柱子要在三个面上弹出安装中心线(见图 10-10)。矩形截面柱可按几何中心线弹线；工字形截面柱，为便于观察及避免视差，应在工字形截面的翼缘部位弹出一条与中心线平行的线。所弹中心线的位置应与柱基杯口面上的安装中心线相吻合。此外，在柱顶与牛腿面上还要弹出屋架及吊车梁的安装中心线。

（2）屋架上弦顶面应弹出几何中心线，并从跨度中央向两端分别弹出天窗架、屋面板的安装位置线，在屋架的两个端头，弹出屋架的纵横安装中心线。

（3）梁在梁的两端及顶面弹出安装中心线。在弹线的同时，应按图纸对构件进行编号，号码要写在明显部位。不易辨别上下、左右的构件，应在构件上标明记号，以免安装时将方向搞错。

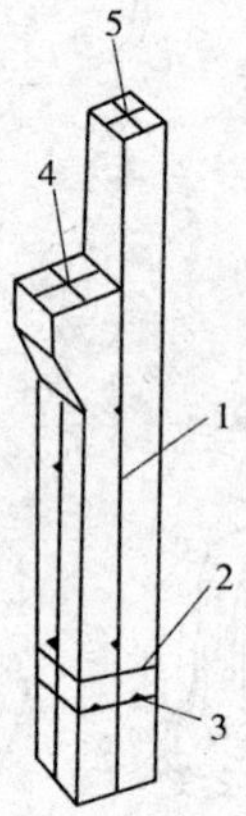

1—柱子中心线；2—地坪标高线；3—基础顶面线；4—吊车梁对位线；5—柱顶中心线

图 10-10　柱子弹线

2）基础的准备

基础准备工作主要有以下两项：

（1）检查杯口尺寸，并根据柱中轴线在基础顶面弹出十字交叉的安装中心线（见图 10-11）。中心线对定位轴线的允许偏差为 ±10 mm。

（2）在杯内壁测设一水平线，并对杯底标高进行一次抄平与调整，以使柱子安装后其牛腿面标高能符合设计要求。如图 10-12 所示，柱基调整时先用尺测出底实际标高 H_1（小柱测中间一点，大柱测四个角点）。牛腿面设计标高 H_2 与杯底实际标高的差，就是柱脚底面至牛腿面应有的长度 L_1，再与柱实际长度 L_2 相比（其差值就是制作误差），即可算出杯底标高调整值 ΔH，结合柱脚底面平整程度，用水泥砂浆或细石混凝土将杯底垫至所需高度。标高允许偏差为 ±10 mm。

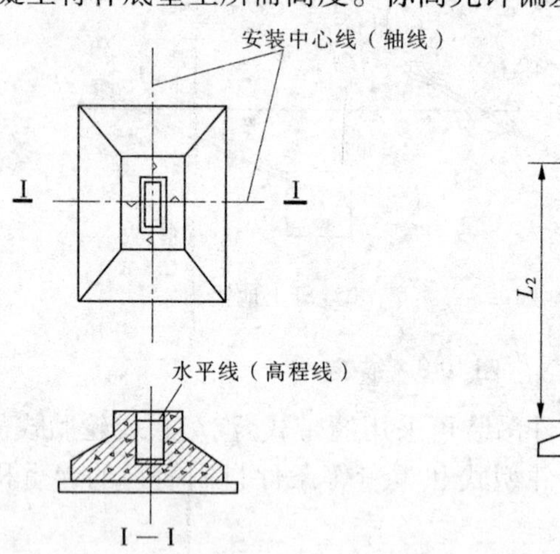

图 10-11　基础弹线

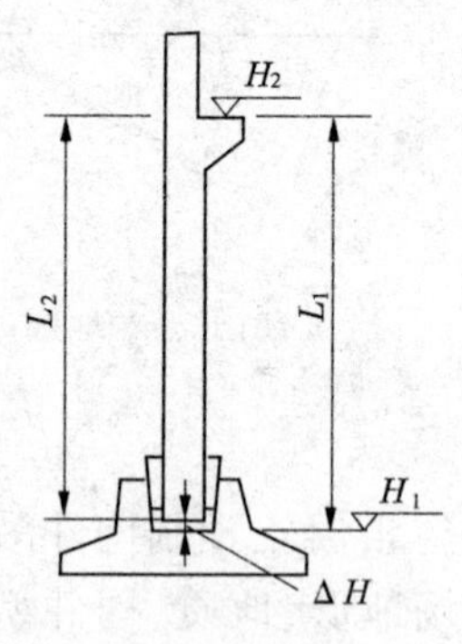

图 10-12　柱基抄平与调整

3）柱子的安装

柱子安装的施工过程包括绑扎、吊升、就位、临时固定、校正、最后固定等工序。

（1）绑扎。常用的绑扎方法有斜吊绑扎法、直吊绑扎法及两点绑扎法。斜吊绑扎法是吊装时直接把柱子从平卧状态下吊起，吊起后柱子呈倾斜状态，吊钩低于柱顶（见

图 10-13),此法适用于吊中小型柱。当构件抗弯能力较大,以及起重杆长度不足时,可采用此法绑扎。

直吊绑扎法是当柱子的截面抗弯能力不足时,吊装前先要将柱子翻身,然后再绑扎起吊,这时要采用直吊绑扎法,吊起后呈直立状态,如图 10-14(a)、(b)、(c)所示,绑扎使用的索具如图 10-14(d)所示。采用直吊绑扎法,柱子便于插入杯口,但吊钩需高过柱顶,因此需要较大的起重高度。此法一般适用中小型柱子的绑扎。

两点绑扎法是当柱身较长、一点绑扎抗弯能力不足时,可用两点绑扎起吊。在确定绑扎点位置时,应使两根吊索的合力作用线高于柱子重心(见图 10-15)。这样,柱子在起吊过程中,柱身可自行转为直立状态。

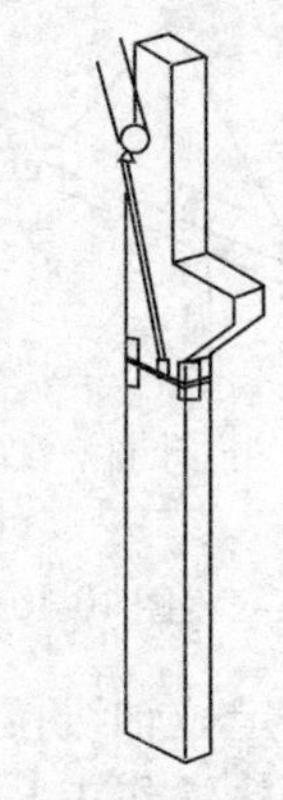

图 10-13 斜吊绑扎法

(2)吊升。柱子的吊升方法应根据柱子的重量、长度、起重机的性能和现场条件而定。单机吊装时一般有旋转法和滑行法两种。

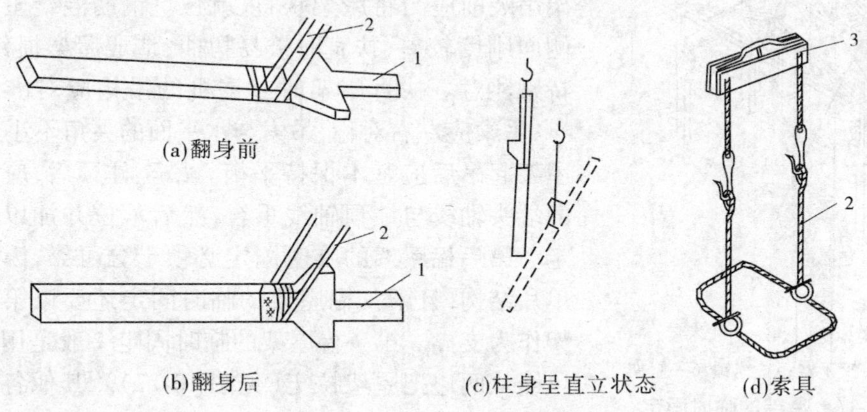

1—柱子;2—索具;3—横吊梁(铁扁担)

图 10-14 直吊绑扎法

(3)就位和固定。柱的就位与临时固定的方法是当柱脚插入杯口后,并不立即降至杯底,而是停在离杯底 30~50 mm 处。此时用 8 只楔块从柱的四边放入杯口,并用撬棍撬动柱脚,使柱的吊装准线对准杯口上的准线,并使柱基本保持垂直。对位后将 8 只楔块略加打紧,放松吊钩,让柱靠自重下沉至杯底,如准线位置符合要求,立即用大锤将楔块打紧,将柱临时固定。然后起重机即可完全放钩,拆除绑扎索具。

柱的位置经过检查校正后,应立即进行最后固定。方法是在柱脚与杯口的空隙中浇筑细石混凝土,所用混凝土的强度等级可比原构件混凝土强度等级提高一级。混凝土的浇筑分两次进行(见图 10-16)。第一次浇筑混凝土至楔块下端,当混凝土强度达到 25% 设计强度时,即可拔去楔块,将杯口浇满混凝土并认真捣实。

(4)吊车梁安装。吊车梁的安装必须在柱子杯口浇筑的混凝土强度达到 70% 以后进行。吊车梁一般基本保持水平吊装,就位后,要校正标高、平面位置和垂直度。吊车梁的标高如果误差不大,可在吊装轨道时,在吊车梁上面用水泥砂浆找平。平面位置可根据吊

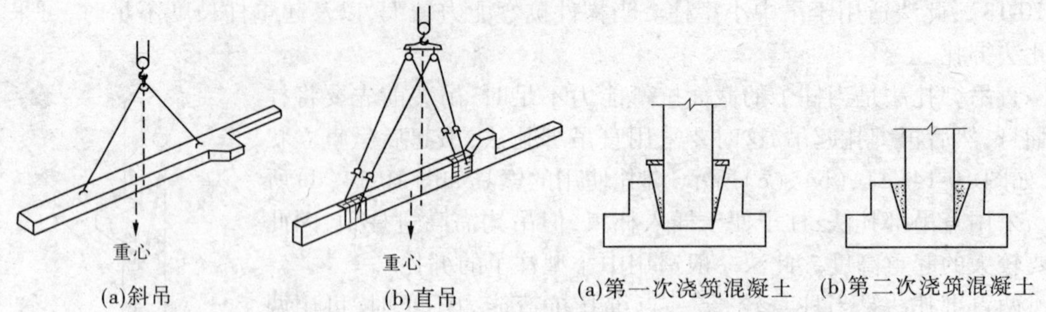

(a)斜吊　　(b)直吊

图 10-15　两点绑扎法

(a)第一次浇筑混凝土　(b)第二次浇筑混凝土

图 10-16　柱子的最后固定

车梁的定位轴线拉钢丝通线,用撬棍分别拨正。吊车梁的垂直度则可在梁的两端支承面上用斜垫铁纠正。吊车梁校正之后,应立即按设计图纸用电焊最后固定。

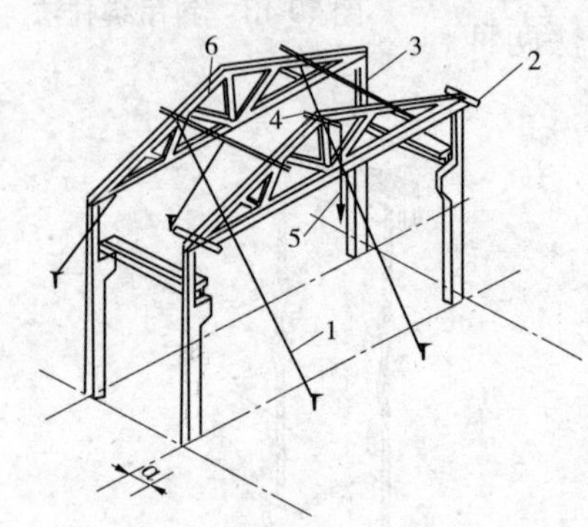

1—缆风绳;2、4—挂线木尺;
3—屋架校正器;5—线锤;6—屋架

图 10-17　屋架的临时固定

(5)屋架安装。屋架多在施工现场平卧浇筑,在屋架吊装前应当将屋架扶直、就位。钢筋混凝土屋架的侧面刚度较差,扶直时极易扭曲,造成屋架损伤,必须特别注意。扶直屋架时起重机的吊构应对准屋架中心,吊索应左右对称,吊索与水平面的夹角不小于 45°。屋架起吊后应基本保持平衡。吊至柱顶后,应使屋架的端头轴线与柱顶轴线重合,然后落位并加以临时固定。第一榀屋架的临时固定必须十分可靠,因为它是单片结构,且第二榀屋架的临时固定还要以第一榀屋架作为支撑。第一榀屋架的临时固定一般是用 4 根缆风绳从两边把屋架拉牢(见图 10-17)。其他各榀屋架可用工具式支撑固定在前面一榀屋架上,待屋架校正、最后固定,并安装了若干大型屋面板后才能将支撑取下。

(6)屋面板的安装。屋面板一般埋有吊环(见图 10-18),起吊时应使 4 根吊索拉力相等,使屋面板保持水平。屋面板安装时,应自两边檐口左右对称地逐块铺向屋脊,避免屋架承半边荷载。屋面板就位后,应立即进行电焊固定。

(a)单块吊　　(b)多块吊　　(c)节点示意

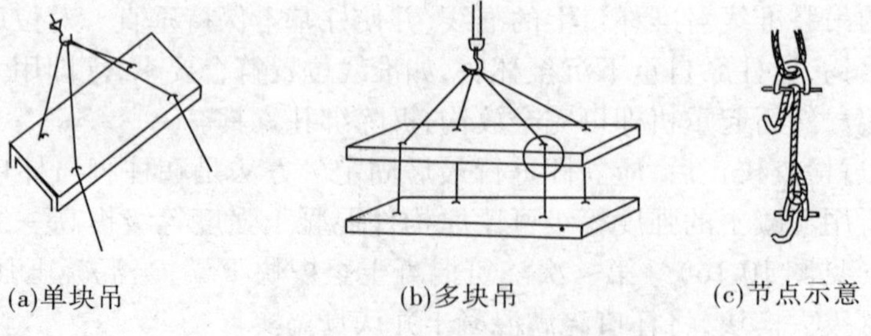

图 10-18　屋面板挂钩示意图

10.2 水闸施工

一般水闸工程的施工内容有导流工程、基坑开挖、基础处理、混凝土工程、砌石工程、回填土工程、闸门与启闭机安装、围堰拆除等。这里重点介绍闸室工程的施工。

水闸混凝土工程的施工应以闸室为中心,按照“先深后浅、先重后轻、先高后低、先主后次”的原则进行。

闸室混凝土施工是根据沉陷缝、温度缝和施工缝分块分层进行的。

10.2.1 底板施工

闸室地基处理后,对于软基应铺素混凝土垫层 8 ~ 10 cm,以保护地基,找平基面。垫层养护 7 d 后即在其上放出底板的样线。

首先进行扎筋和立模。在样线留混凝土保护层厚度后首先放置最外侧 4 根样筋,在样筋上分别画出分布筋和受力筋的位置并用粉笔标记,然后依次摆上设计要求的钢筋,检查无误后用丝扎扎好,最后垫上事先预制好的保护层垫块以控制保护层厚度。上层钢筋是通过绑扎好的下层钢筋上焊上三角架后固定的,齿墙部位弯曲钢筋是在下层钢筋绑扎好后焊在下层钢筋上的,在上层钢筋固定好后再焊在上层钢筋上。立模作业可与扎筋同时进行,底板模板一般采用组合钢模,模板上口应高出混凝土面 10 ~ 20 cm,模板固定应稳定可靠。模板立好后标出混凝土面的位置,便于浇筑时控制浇筑高程。

一般中小型水闸采用手推车或机动翻斗车等运输工具运送混凝土入仓,需在仓面设脚手架,如图 10-19 所示。

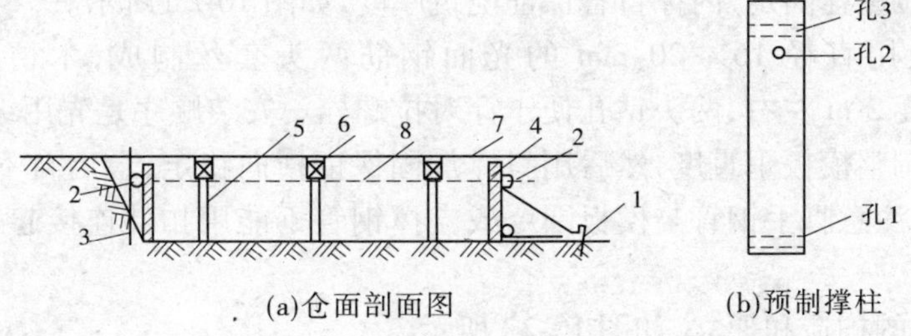

(a)仓面剖面图　　(b)预制撑柱

1—地龙;2—围令;3—支杆(钢管);4—模板;5—撑柱;6—撑木;7—钢管脚手;8—混凝土面

图 10-19　底板仓面布置

脚手架由预制混凝土撑柱、钢管、脚手板等构成。支柱断面一般为 15 cm × 15 cm,配 4 根直径 6 mm 架立筋,高度略低于底板厚度,其上预留 3 个孔,其中孔 1 内插短钢筋头和底层钢筋焊在一起,孔 2 内插短钢筋头和上层钢筋焊在一起增加稳定性,孔 3 内穿铁丝绑扎在其上的脚手钢管上。撑柱间的纵横间距应根据底板厚度、脚手架布置和钢筋架立等因素通过计算确定。撑柱的混凝土强度等级应与浇筑部位相同,在达到设计强度后使用;断裂、残缺者不得使用;柱表面应凿毛并冲洗干净。

底板仓面的面积较大,采用平层浇筑法易产生冷缝,一般采用斜层浇筑法,这时应控制混凝土坍落度在 4 cm 以下。为避免进料口的上层钢筋被砸变形，一般开始浇筑混凝土时，该处上层钢筋可暂不绑扎，待混凝土浇筑面将要到达上层钢筋位置时，再进行绑扎，以免因校正钢筋变形而延误浇筑时间。

为方便施工，一般穿插安排底板与消力池的混凝土浇筑。由于闸室部分重量大，沉陷量也大，而相邻的消力池重量较轻，沉陷量也小。如两者同时浇筑，较大的不均匀沉陷会将止水片撕裂，为此一般在消力池靠近底板处留一道施工缝，将消力池分成大小两部分，如图 10-20 所示。当闸室已有足够沉陷后即浇筑消力池二期混凝土，在浇筑消力池二期混凝土前，施工缝应注意进行凿毛冲洗等处理。

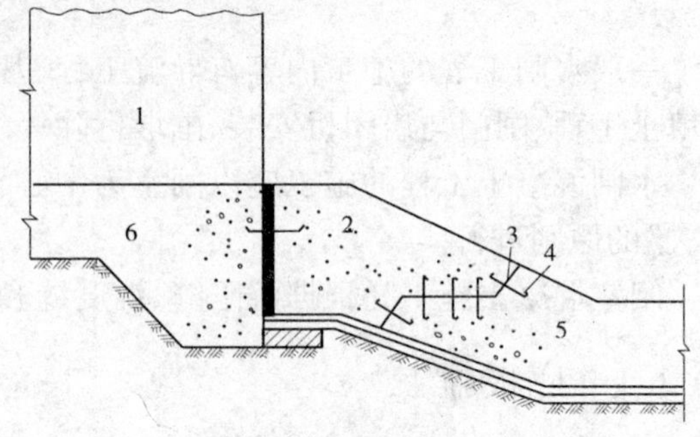

1—闸墩；2—二期混凝土；3—施工缝；
4—插筋；5—一期混凝土；6—底板

图 10-20　消力池的分缝

10. 2. 2　闸墩施工

水闸闸墩的特点是高度大、厚度薄、模板安装困难、工程面狭窄、施工不便、在门槽部位钢筋密、预埋件多、干扰大。当采用整浇底板时，两沉陷缝之间的闸墩应对称同时浇筑，以免产生不均匀沉陷。

立模时，先立闸墩一侧平面模扳，然后按设计图纸安装绑扎钢筋，再立另一侧的模板，最后再立前后的圆头模板。

闸墩立模要求保证闸墩的厚度和垂直度。闸墩平面部分一般采用组合钢模，通过纵横围令、木枋和对拉螺栓固定，内撑竹管保证浇筑厚度，如图 10-21 所示。

对拉螺栓一般用直径 16 ~ 20 mm 的光面钢筋两头套丝制成，木枋断面尺寸为 15 cm × 15 cm，长度 2 m 左右，两头钻孔便于穿对拉螺栓。安装顺序是先用纵向横钢管围令固定好钢模后，调整模板垂直度，然后用斜撑加固保证横向稳定，最后自下而上加对拉螺栓和木枋加固。注意脚手钢管与模板围令或支撑钢管不能用扣件连接起来，以免脚手架的振动影响模板。

闸墩圆头模板的构造和架立，如图 10-22 所示。

闸墩模板立好后，即开始清仓工作。用水冲洗模板内侧和闸墩底面，冲洗污水由底层模板上预留的孔眼流走。清仓后即将孔眼堵住，经隐蔽工程验收合格后即可浇筑混凝土。

为保证新浇混凝土与底板混凝土结合可靠，首先应浇 2 ~ 3 cm 厚的水泥砂浆。混凝土一般采用漏斗下挂溜筒下料，漏斗的容积应和运输工具的容积相匹配，避免在仓面二次转运，溜筒的间距为 2 ~ 3 m。一般划分成几个区段，每区内固定浇捣工人不要往来走动，振动器可以二区合用一台，在相邻区内移动。混凝土入仓时，应注意平均分配给各区，使每层混凝土的厚度均匀、平衡上升，不单独浇高，以使整个浇筑面大致水平。每层混凝土的铺料厚度应控制在 30 cm 左右。

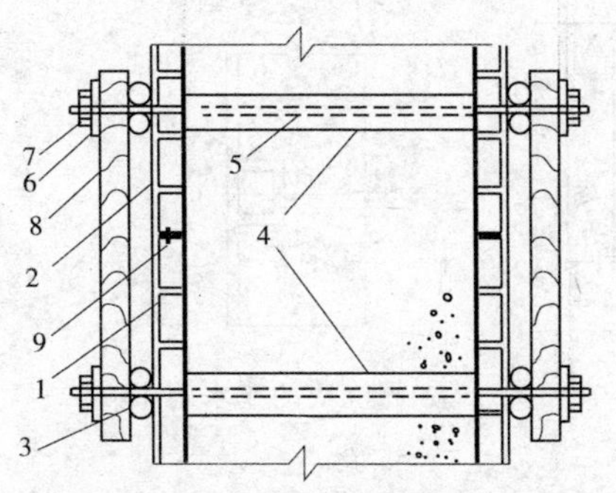

1—组合钢模；2—纵向围令（两根）；3—横向围令（两根）；4—竹撑杆；5—对拉钢筋；6—铁板；7—螺栓；8—木枋；9—U 形卡

图 10-21　闸墩侧模固定示意图

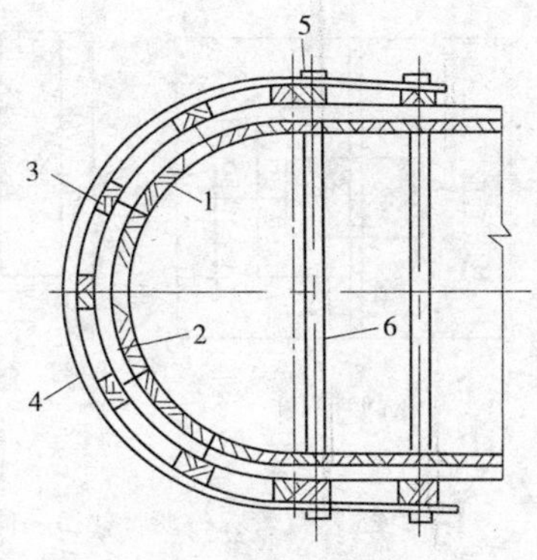

1—模板；2—板带；3—垂直围令；4—钢环；5—螺栓；6—撑管

图 10-22　闸墩圆头模板

10.2.3　接缝止水施工

一般中小型水闸接缝止水采用止水片或沥青井止水，缝内充填填料。止水片可用紫铜片、镀锌铁片或塑料止水带。紫铜止水片常用的形状有两种，如图 10-23 所示。其中铜片厚度为 1.2 ~ 1.55 mm，鼻高 30 ~ 40 mm；U 形止水片下料宽度 500 mm，计算宽度 400 mm；V 形下料宽度 460 mm，计算宽度 300 mm。

紫铜片使用前应进行退火处理，以增加其延伸率，便于加工和焊接。一般用柴火退火，空气自然冷却。退火后其延伸率可从 10% 提高至 41.7%。接头按规范要求用搭接或折叠咬接双面焊，搭焊长度大于 20 mm。止水片安装一般采用两次成型就位法，如图 10-24所示，它可以提高立模、拆模速度，止水片伸缩段易对中。U 形鼻子内应填塞沥青膏或油浸麻绳。

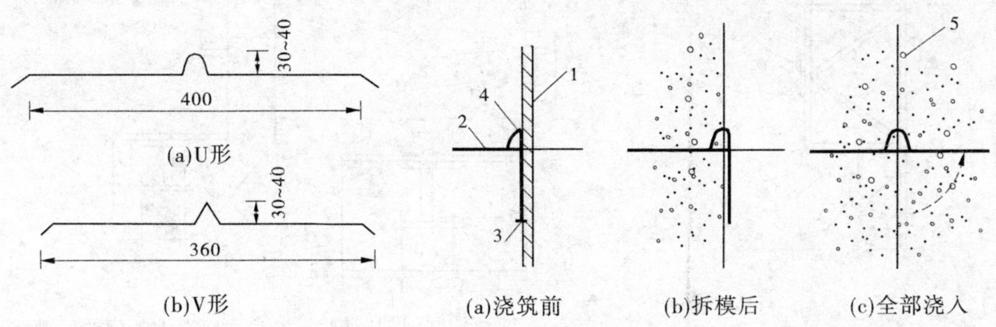

1—模板；2—止水片；3—铁钉；4—贴角木条；5—接缝填料

图 10-23　紫铜止水片形状　（单位：mm）

图 10-24　止水片两次成型示意图

沥青井一般用于垂直止水，如图 10-25 所示。

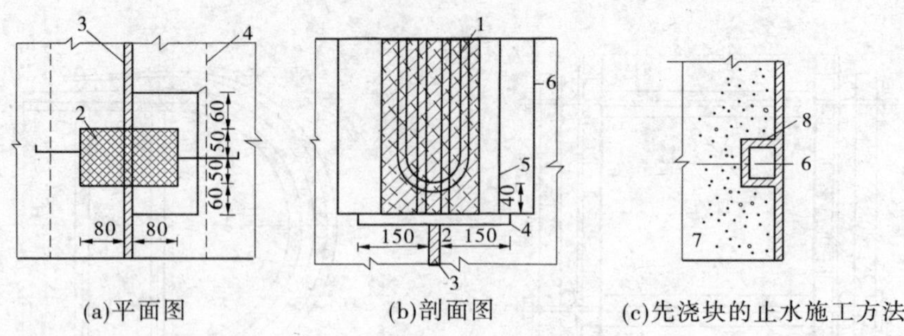

(a)平面图　　(b)剖面图　　(c)先浇块的止水施工方法

1—Φ25 蒸汽管；2—沥青井；3—伸缩缝；4—水平塑料止水带；5—凿毛预制混凝土块；6—垂直止水铝片；7—岸墙；8—模板

图 10-25　沥青井构造及施工示意图　（单位：mm）

沥青井缝内 2 ~ 3 mm 的空隙一般采用沥青油毡、沥青杉木板、沥青砂板及塑料泡沫板作填料填充。沥青砂板是将粗砂和小石炒热后浇入热沥青而成的，在一侧混凝土拆模后用钢钉或树脂胶将填料板材固定在其上，再浇另一侧混凝土即可。

10.2.4　闸门槽施工

中、小型水闸闸门槽施工可采用预埋一次成型法或先留槽后浇二期混凝土两种方法。一次成型法是将导轨事先钻孔，然后预埋在门槽模板的内侧，如图 10-26 所示。闸墩浇筑时，导轨即浇入混凝土中。二期混凝土法是在浇第一期混凝土时，在门槽位置留出一个较门槽稍宽的槽位，在槽内预埋一些开脚螺栓或锚筋，作为安装导轨时的固定点；待一期混凝土达到一定强度后，用螺栓或电焊将导轨位置固定，调整无误后，再用二期混凝土回填预留槽，如图 10-27 所示。

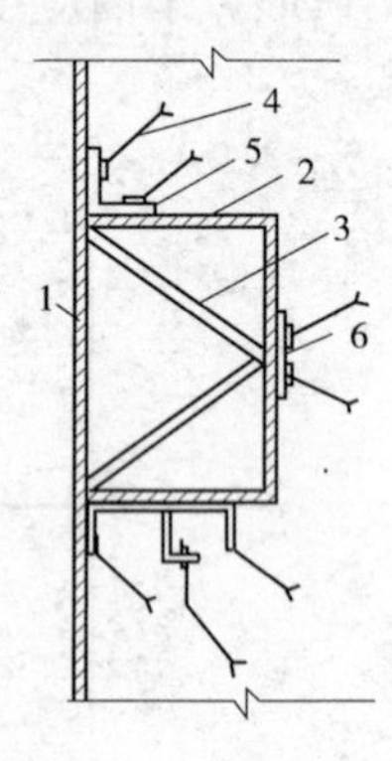

1—闸墩模板；2—门槽模板；3—撑头；4—开脚螺栓；5—门槽角铁；6—侧导轨

图 10-26　闸门槽一次成型法

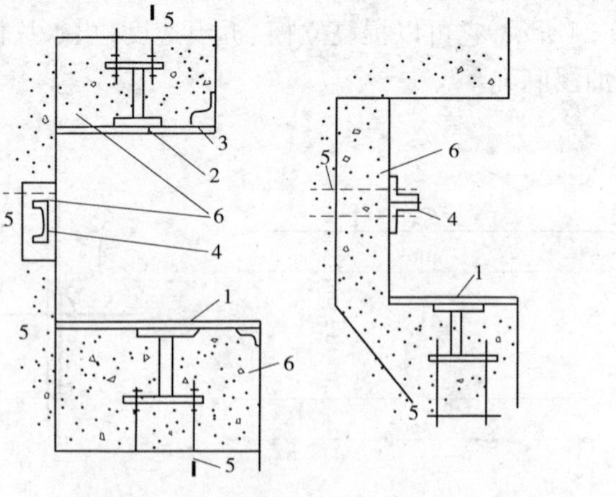

(a)平面滚轮闸门的门槽　　(b)平面滑动闸门的门槽

1—主轮（滑轮）导轨；2—反轨导轨；3—侧水封座；4—侧导轨；5—预埋基脚螺栓；6—二期混凝土

图 10-27　平面闸门槽的二期混凝土

门槽及导轨必须铅直无误，所以在立模及浇筑过程中应随时用吊锤校正。门槽较高时，吊锤易于晃动，可在吊锤下部放一油桶，使垂球浸入黏度较大的机油中。闸门底槛设在闸底板上，在施工初期浇筑底板时，底槛往往不能及时加工供货，所以常在闸底板上留槽，以后浇二期混凝土，如图 10-28 所示。

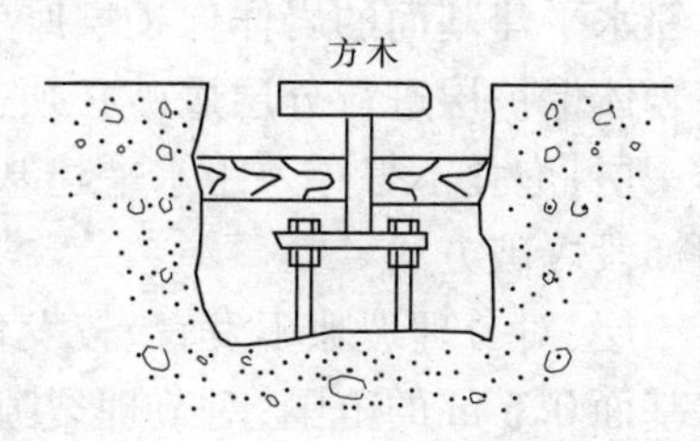

图 10-28 底槛安装示意图

10.3 橡胶坝施工

10.3.1 橡胶坝的组成

橡胶坝整个工程结构是由三部分组成：①土建部分，包括基础底板、边墩（岸墙）、中墩（多跨式）、上下游翼墙、上下游护坡、上游防渗铺盖或截渗墙、下游消力池、海漫等；②坝体（即橡胶坝袋）；③控制和安全观测系统，包括充胀和坍落坝体的充排设备、安全及检测装置。

10.3.2 建筑物施工

10.3.2.1 基坑开挖

1. 河床砂砾石开挖

一般采用反铲挖掘机挖装，自卸汽车运至弃渣区。要求先预留 10 ~ 15 cm 的保护层，用人工挖清理至设计高程，严格控制基础的超、欠挖。

2. 坝基础石方开挖

（1）开挖要求。开挖应自上而下进行，某些部位如需上、下同时开挖，应采取有效的安全措施。设计边坡轮廓面的开挖，应采用预裂爆破或光面爆破方法，高度较大的永久或半永久边坡，应分台阶开挖。基础岩石的开挖，应采取分层的梯段爆破方法。紧邻水平建基面，应采用预留岩体保护层并对其进行分层爆破的开挖方法。设计边坡开挖前，必须做好开挖边线外的危石清理、削坡、加固和排水工作。处于不良地质地段的设计边坡，当其对边坡稳定有不利影响时，应采取措施解决。已开挖的设计边坡，必须在及时检查处理与验收，并按设计要求加固后，才可进行相邻部位的开挖。

基础面的开挖偏差应符合以下规定：

对节理裂隙不发育、较发育、发育和坚硬、中等坚硬的岩体，水平建基面高程的开挖偏差不应大于 ±20 cm；设计边坡轮廓面的开挖偏差，在一次钻孔至全深条件下开挖时，不应大于其开挖高度的 ±2%；在分台阶开挖时，其最下部一个台阶坡脚位置的偏差，以及整体边坡的平均坡度均应符合设计要求。

对节理裂隙极发育和软弱的岩体、不良地质地段的岩体，其开挖偏差均应符合设计要求。

（2）紧邻水平建基面的爆破开挖。紧邻水平建基面的爆破开挖不应使基岩产生大量的爆破裂隙，不使节理裂隙面、层面等弱面明显恶化，并损害岩体的完整性。

紧邻水平建基面的岩体保护层厚度应由爆破试验确定。

对岩体保护层进行分层爆破必须遵守以下规定：

第一层，炮孔不得穿入距水平建基面1.5 m的范围，炮孔装药直径不应大于40 mm，应采用梯段爆破方法。

第二层，对节理裂隙不发育、较发育、发育和坚硬、中等坚硬的岩体，炮孔不得穿入距水平建基面0.5 m的范围；对节理裂隙极发育和软弱的岩体，炮孔不得穿入距水平建基面0.7 m的范围。

炮孔与水平建基面的夹角不应大于60°，炮孔装药直径不应大于32 mm，应采用单孔起爆方法。

第三层，对节理裂隙不发育、较发育、发育和坚硬、中等坚硬的岩体，炮孔不得穿过水平建基面；对节理裂隙极发育和软弱的岩体，炮孔不得穿入距水平建基面0.2 m的范围，剩余0.2 m厚的岩体应进行撬挖。

炮孔角度、炮孔装药和起爆方法，均同第二层的规定。

10.3.2.2 混凝土工程施工

混凝土工程主要项目有上游防渗铺盖混凝土，坝底板混凝土，下游消力池混凝土底板，中墩和边墩混凝土，以及上下游翼墙。混凝土施工流程根据设计分缝，一般从岸边向中间跳仓浇筑，先浇坝基混凝土，再浇上游防渗铺盖混凝土或下流消力池混凝土。

1. 坝底板混凝土施工

坝底板混凝土施工工艺流程为：基础开挖→垫层混凝土→供排水管道安装→钢筋制作、安装→埋件及止水安装→模板安装→混凝土浇筑→拆模养护。

混凝土浇筑采用跳仓浇筑，吊车布置在每个浇筑仓位对应的上游防渗铺盖基础上。混凝土入仓时，应注意吊罐卸料口接近仓面，缓慢下料，避免扰动钢筋或预埋件。混凝土浇筑采用台阶形或斜层铺筑法。每层铺筑厚度为30 cm。先浇筑沟槽，再浇筑底板。混凝土振捣均匀，采用插入式振捣棒，严禁接触预埋件及排水钢管，浇筑至顶面后用平板式振器振平，最后人工用铁泥抹收面压光。

2. 边墩和中墩混凝土施工

橡胶坝边墩和中墩混凝土施工工序流程为：基础开挖→混凝土垫层→供排水管安装→基础钢筋制作、安装→基础预埋件及止水安装→基础模板制作、安装→基础混凝土浇筑→墩墙钢筋制作、安装→墩墙模板安装→墩墙混凝土浇筑→拆模养护。

(1)基础混凝土施工。边墩和中墩基础混凝土施工同坝底板混凝土施工，先浇筑基础混凝土，后浇墩墙混凝土，基础混凝土施工时注意预埋墙体竖向插筋，顶面斜面浇筑时从底部向坡顶进行，满足设计坡度。

(2)墩墙混凝土施工。混凝土浇筑采用1.5 t机动翻斗车运输，25 t汽车吊吊运入仓。墙体顶部设置下料漏斗，均匀下料，分层振捣密实。

10.3.2.3 止水及埋件施工

1. 止水安装

(1)止水材料。橡皮止水带和止水条必须采用正规厂家产品，并带有产品质量证明，使用说明和出厂合格证，不能使用再生材料。橡皮止水的连接必须采用图纸或产品使用说明要求的黏合剂,并按要求进行操作。铝片止水必须满足厚度要求,而且质量合格。止水的焊接要符合有关的技术规范要求。

(2)安装准备。安装前应根据要安装的部位,计算并确定安装长度,根据已有材料的长短进行组接,尽量减少接头数量。铝片止水要根据图纸要求和铝板尺寸进行计划、裁拼,然后加工成型,拼组焊接。

(3)止水安装。安装时应根据止水所在位置加工专用定型模板,将止水按要求夹在模板相应位置并固定牢靠,加固并支撑固定模板。在止水上不得钉铁钉和穿孔。浇混凝土时要派人跟仓保护,调整止水防止止水卷曲和移位。

缝丙铝片止水的一侧有一灌沥青的燕尾槽,施工时必须先进行这一侧,混凝土浇后出燕尾槽内模板,再插入止水并浇筑沥青,然后施工另一侧。

除缝乙内夹三毡四油外,缝甲和缝丙内均夹有沥青杉木板,缝丁的止水以下是沥青杉木板,止水以上是聚氯乙烯胶泥,在施工伸缩缝隙的另一侧时一次放入并固定牢靠。

坝袋的止水胶条应随着坝袋的安装逐渐垫入并压牢。

2. 埋件安装

(1)埋件安装工作内容。埋件安装工作内容有埋设在一期混凝土、地下和其他砌体中的预埋件,包括供排水管和套管,电气管道及电缆;设备基础、支架、吊架、坝袋锚固螺栓、垫板锚钩等固定件,接地装置等预埋件。

(2)坝袋埋件安装。坝袋埋件主要有锚固螺栓和垫板。

锚固螺栓和垫板必须在安装前加工并校正完毕,锚栓的螺栓头和螺帽必须镀锌。

当坝底板立模、扎筋完成以后,应在钢筋上放出锚固槽位置,将垫板按图纸要求摆放到位,在两端焊拉线固定架,拉线确定垫板的中心线和高程控制线,把垫板上抬至设计高程,中心对中然后焊接固定,再进行统一测量,检查调整。全部垫板安装完毕并检查无误后,可将锚固螺栓至下向上穿入垫板锚栓孔内,测量高程,调整垂直度,然后固定。

锚固螺栓和垫板全部安装完成以后,可安装锚固槽模板,然后浇筑混凝土。浇混凝土的过程中必须时刻观察埋件的稳定性,发现位移变形,马上采用相应调整措施。

10.3.3 坝袋安装

10.3.3.1 锚固施工一般规定

1. 螺栓压板锚固的施工

在预埋螺栓时,可采用活动木夹板固定螺栓位置,用经纬仪测量,螺栓中心线要求成一直线。用水准仪测定螺栓高度,无误差后用木支撑将活动木夹板固定于槽内,再用一根钢筋将所有的钢筋和两侧预埋件焊接在一起,使螺栓首先牢固不动,然后才可向槽内浇筑混凝土。混凝土浇筑一般分为两期,一期混凝土浇筑至距锚固槽底 100 mm 时,应测量螺栓中心位置高程和间距,发现误差及时纠正。二期混凝土浇筑后,在混凝土初凝前再次进行校核工作。压板除按设计尺寸制造外,还要制备少量尺寸不规格的压板,以适用于拐角等特殊部位。

2. 楔块锚固和胶囊充水锚固

必须在基础底板上设置锚固槽,槽的尺寸允许偏差为 ±5 mm,槽口线和槽底线一定要直，槽壁要求光滑平整无凸凹现象。为了便于掌握上述标准，可采用二期混凝土施工。二期混凝土预留的范围可宽一些。浇筑混凝土楔块，要严格控制尺寸，允许偏差为±2 mm；特别应保证所有直立面垂直；前楔块与后楔块的斜面必须吻合，其斜坡角度一般取75°左右。

10.3.3.2　坝袋安装顺序和锚固施工步骤

（1）底垫片就位（指双锚线型坝袋）。对准底板上的中心线和锚固线的位置，将底垫片临时固定于底板锚固槽内和岸墙上，按设计位置开挖进出水口和安装水帽，孔口垫片的四周作补强处理，补强范围为孔径的3倍以上；为避免止水胶片在安装过程中移动，最好将止水胶片粘贴在底垫片上。

（2）坝袋就位。底垫片就位后，将坝袋胶布平铺在底垫片上，先对齐下游端相应的锚固线和中心线，再使其与上游端锚固线和中心线对齐吻合。

（3）双锚线锚固型坝袋安装。按先下游、后上游、最后岸墙的顺序进行。先从下游底板中心线开始，向左右两侧同时安装，下游锚固好后，将坝袋胶布翻向下游，安装导水胶管，然后再将胶布翻向上游，对准上游锚固中心线，从底板中心线开始向左右两侧同时安装。锚固两侧边墙时，需将坝袋布挂起撑平，从下部向上部锚固。

（4）单锚线锚固型坝袋的安装。单线锚固只有上游一条锚固线，锚固时从底板中心线开始，向两侧同时安装。先安装底层，装设水帽及导水胶管，放置止水胶，再安装面层胶布。

（5）堵头式橡胶坝袋的安装。先将两侧堵头裙脚锚固好；从底板中线开始，向两侧连续安装锚固。为了避免误差集中在一个小段上，坝袋产生褶皱，不论采用何种方法锚固，锚固时必须严格控制误差的平均分配。

（6）螺栓压板锚固施工步骤。压板要首尾对齐，不平整时要用橡胶片垫平；上螺帽时，要进行多次拧紧，坝袋充水试验后，再次拧紧螺帽；上螺帽时宜用扭力扳手，按设定的扭力矩逐个螺栓进行拧紧；卷入的压轴（木芯或钢管）的对接缝应与压板接缝处错开，以免出现软缝，造成局部漏水。

（7）混凝土楔块锚固施工步骤。将坝袋胶布与底垫片卷入木芯，推至锚固槽的半圆形小槽内；逐个放入前楔块，一个前楔块在两头处打入木楔块，在前楔块中间放入后楔块，用大铁锤边打木楔块，边打后楔块，反复敲打使后楔块达到设计深度并挤紧时，才将木楔块撬起换上另两块后楔块，如此反复进行；当锚固到岸墙与底板转角处，应以锚固槽底高程为控制点，坝袋胶布可在此处放宽300 mm左右，这样坝袋胶布就可以满足槽底最大弧度要求。

（8）胶囊充水锚固。将底垫片、海绵止水胶条和坝袋胶布放入锚固槽后，随之将胶囊置于坝袋胶布之间，整理平顺后即向胶囊内充水，边充水边用钝头棍振捣胶囊，使坝袋胶布与锚固槽壁紧贴密实，待胶囊水压达到设计压力时，即可向坝袋内充水，进行试验。

10.3.4　控制、安全和观测系统施工

10.3.4.1　一般要求

（1）所有闸阀在安装前，都要做压力试验，不漏水（气）才能安装使用。所有仪表在安装前应经调校。

(2)充水式橡胶坝的管道大部分用钢管,其弯头、三通和闸阀的连接处均用法兰、橡胶圈止水连接,尽可能用厂家产品。管道在底板分缝处应加橡胶伸缩节与固定法兰连接。

(3)充气式橡胶坝的管道均采用无缝钢管,为节省管道,进气和排气管路可采用一条主供、排气管。管与管之间尽可能用法兰连接,坝袋内支管与坝袋内总管连接采用三通或弯头。排气管道上设置安全阀,当主供气管内压力超过设计压力时开始动作,以防坝袋超压破坏。另外,要在管道上设置压力表,以监测坝袋内压力,总管与支管均设阀门控制。

(4)施工安装时一定要掌握仪器精度,要保证其灵活性、可靠性和安全性。

(5)坝袋内压的观测要求独立管理,直接从坝内引管观测,上、下游水位观测要求独立埋管引水,取水点尽量离上下游远点。

(6)坝袋的经纬向拉力观测,要求厂家提供坝袋胶布的伸长率曲线。

10.3.4.2 控制、安全与观测设备施工

1.控制、安全设备设置

(1)为防止坝袋超压,充水橡胶坝应在一岸或两岸边墙或中墩上设置安全溢流管(孔),其管出口位置需与坝袋设计内压水头齐平,管径不得小于坝袋充水管管径。溢流管的出口形式有直筒式和弯曲式,为防止洪水倒灌,可设阀门控制。对堵头式充水橡胶坝,在坝袋的两端顶部装设排气帽。

(2)对建在山区河道或水库溢洪道上有突发洪水出现的充水橡胶坝以及重要的橡胶坝,若不能及时坍坝,将可能出现坝袋超压破裂或库区淹没的问题,故提出采用自动坍坝装置,如虹吸管。该装置国外使用较多,我国的广东也使用过,效果较好。

(3)充气橡胶坝必须设置安全排气阀,以防坝袋超压破坏,有条件时还可以设置水封管或U形管。

2.观测装置设置

(1)为准确掌握橡胶坝上、下游水位及坝袋内压情况,以便为控制运用及管理提供准确的依据,有条件时,宜设置上、下游水位及坝袋内压观测装置。

(2)上、下游水位观测简单的方法是采用水位标尺,也可采用连通管接至控制室从玻璃管或塑料管读取。随着我国水利事业管理水平的提高,一些橡胶坝工程已开始采用计算机自控系统,此时水位监测应采用自动水位传感器。

(3)坝袋内压观测,充水橡胶坝一般采用连接管接至控制室从玻璃管或塑料管读取,充气橡胶坝可直接利用压力表读取,当采用计算机自控系统时,应采用压力传感器。

本章小结

1.泵站厂房施工

泵站建筑一般包括泵房、流道与管道、进出水建筑物等。泵站建筑所使用的建筑材料多为砖石或钢筋混凝土。

泵站如在坡地上施工,为确保边坡稳定和施工安全,应采取先整治边坡,后平整场地;先施工挡土设施,后基坑开挖和安装支护系统;先施工地下结构泵站本体,后地上建筑,最后施工附属设施。在泵站施工中,泵房施工是其主体。

泵站工程具有结构复杂、施工工序多、安全要求高、技术难度大、场地狭窄、工期紧迫等特点。因此,施工中要加强管理,做好充分准备,合理安排施工程序,认真落实施工组织和技术措施。

2. 沉井施工

沉井法施工包括沉井制作、沉井下沉和沉井封底等几个主要部分。根据不同的情况和条件,可以采取一次制作一次下沉,也可以采用制作与下沉交替进行。沉井的井筒一般在地面上制作,在井筒内挖土,使井筒靠自重以克服其外壁与土间的摩阻力而逐渐下沉至设计标高。然后平整筒内土层,浇筑混凝土垫层和混凝土底板,完成沉井的封底工作。

在沉井刃脚浇筑的混凝土达到设计强度,井壁最后一次浇筑混凝土强度达到设计强度的70%后,沉井开始下沉。沉井下沉方法有排水开挖下沉、不排水开挖下沉、吸泥下沉等方法。

设备基础的施工,可采用封闭式或开敞式施工。设备基础混凝土垫层由于平面较大,浇筑时宜根据基础平面特点及运输、浇筑情况,划分若干作业区,分区分层地浇筑。地脚螺栓是用来固定机器设备于钢筋混凝土基础上其位置是否正确与牢固,直接影响机器设备安装的准确性。

设备基础由于体积大而又要求一气呵成,一般需要分层浇筑,分层捣实(或分段分层),同时又需使每一处的混凝土在初凝前就被上一层的新混凝土覆盖并捣实完毕。

泵房底板混凝土应分层连续浇筑,不得斜层浇筑。如果浇筑仓面较大,可采用多层阶梯推进法浇筑,其上下两层前后距离不宜小于1.5 m,同层的接头部位应充分振捣,不得漏振。在斜面基底上浇筑混凝土时,应从低处开始,逐层升高,并采取措施保持水平分层,防止混凝土向低处流动。

泵房上部混凝土结构施工有现场直接浇筑、预制装配及部分现浇、部分预制等形式。浇筑时应先浇筑竖向结构,后浇筑梁、板。

混凝土预制构件的吊装作业要精心设计,确保安全。

3. 水闸施工

一般水闸工程的施工内容有导流工程、基坑开挖、基础处理、混凝土工程、砌石工程、回填土工程、闸门与启闭机安装、围堰拆除等。水闸混凝土工程的施工应以闸室为中心,按照"先深后浅、先重后轻、先高后低、先主后次"的原则进行。

闸室混凝土施工是根据沉陷缝、温度缝和施工缝分块分层进行的。

一般中小型水闸底板施工时采用手推车或机动翻斗车等运输工具运送混凝土入仓,需在仓面设脚手架。

水闸闸墩立模时,先立闸墩一侧平面模板,然后按设计图纸安装绑扎钢筋,再立另一侧的模板,最后再立前后的圆头模板。闸墩立模要求保证闸墩的厚度和垂直度。闸墩平面部分一般采用组合钢模,通过纵横围令、木枋和对拉螺栓固定,内撑竹管保证浇筑厚度。

中小型水闸接缝止水采用止水片或沥青井止水,缝内充填填料。止水片可用紫铜片、镀锌铁片或塑料止水带。

4. 橡胶坝施工

进行岩基开挖,首先要根据地质条件、设计要求和施工方案,确定开挖范围和开挖深度。建筑物设计平面轮廓是岩基底部开挖的最小轮廓线，施工时根据施工排水、立模支撑、施工机械运行和道路等因素适当放宽。开挖应自上而下进行，某些部位如需上、下同时开挖，应采取有效的安全措施。设计边坡轮廓面的开挖，应采用预裂爆破或光面爆破方法，高度较大的永久或半永久边坡，应分台阶开挖。基础岩石的开挖，应采取分层的梯段爆破方法。紧邻水平建基面，应采用预留岩体保护层并对其进行分层爆破的开挖方法。

混凝土施工流程根据设计分缝，一般从岸边向中间跳仓浇筑，先浇坝基混凝土，再浇上游防渗铺盖混凝土或下流消力池混凝土。

在预埋螺栓时，可采用活动木夹板固定螺栓位置，用经纬仪测量，螺栓中心线要求成一直线。用水准仪测定螺栓高度，无误差后用木支撑将活动木夹板固定于槽内，再用一根钢筋将所有的钢筋和两侧预埋件焊接在一起，使螺栓首先牢固不动，然后才可向槽内浇筑混凝土。

本章重点为水闸的开挖、浇筑。

复习思考题

1. 沉井施工的工序一般有哪些？
2. 沉井井筒如何进行制作？
3. 沉井如何组织下沉？
4. 沉井如何进行封底？
5. 设备基础的施工方案如何确定？
6. 设备基础地脚螺栓如何固定？
7. 设备基础混凝土如何进行浇筑？
8. 泵房楼层混凝土结构施工缝如何设置？
9. 现浇混凝土柱的浇筑如何进行？
10. 现浇混凝土墙的浇筑如何进行？
11. 现浇混凝土梁、板的浇筑如何进行？
12. 常用的吊装机具有哪些？
13. 如何组织构件的吊装作业？
14. 如何组织水闸底板施工？
15. 如何组织水闸闸墩施工？
16. 如何组织水闸闸门槽施工？
17. 橡胶坝基础石方开挖时开挖要求有哪些？
18. 橡胶坝底板混凝土如何组织施工？
19. 橡胶坝边墩和中墩混凝土如何组织施工？
20. 橡胶坝螺栓压板锚固的施工如何组织？
21. 试述橡胶坝袋安装顺序和锚固施工步骤。
22. 试述橡胶坝控制、安全与观测设备施工方法、步骤。

第 11 章　供、排水管网施工

学习目标

- 了解钢筋混凝土管制作方法。
- 掌握地下管道开槽施工准备工作，沟槽开挖，管子的运输、装卸和堆放，下管、稳管工作内容和方法。
- 掌握地下管道不开槽施工基本方法。
- 了解管道附属设备及附属构筑物施工方法。

11.1　供、排水管的制作

钢筋混凝土管的制作分工厂制作和现场制作两种。由于运输条件的限制，DN3000及其以下的钢筋混凝土管一般在工厂内制作，大于 DN3000 的在现场制作。

常用的钢筋混凝土管制作方法有离心式和立式浇筑法两种。在现场制作采用立式浇筑的较多。工厂制作的，一般采用离心法，也有采用悬辊法的。

11.1.1　立式浇筑

立式浇筑的模具是钢模。钢模由底模、内模和外模组成。底模是一只刚性很强的钢环，外模一般为对称分开的两个半片，也有不分片的，只留一条接缝。这样的模具不便运输。大管道不宜采用。内模是整体的，有一条镶嵌条，镶嵌条可以退出，内模的外径就可缩小，以便脱模。根据管壁的厚薄，较薄的采用附着式振动器，较厚的则采用插入式振动器。内外模与底模的连接处均有“O”形密封圈，确保不漏水泥浆。模具安装的顺序是：先安放底模，再安装内模，接着吊入钢套管，安装钢筋笼，用短钢筋笼将套环与钢筋笼焊牢，最后安装外模。

钢筋笼有内外两层，有用钢筋网片卷成的，也有用钢筋笼成型机编成的。钢筋笼的纵向钢筋和环向钢筋均采用盘筋，环向钢筋在管段两头加密，两端面还有局部加强筋。

钢套管要事先预制，最经济的方法是由带钢来加工。带钢的一边要加工成坡口。根据设计长度下料，转入卷板机卷成圆形，然后焊接成圆。钢套管的不圆度要经过校正，重点是焊缝附近的局部弧度校正。钢套管的局部弧度精度满足后，压入底模时会再次整圆，满足设计要求。

浇筑的混凝土一般是干硬性混凝土，采用早强水泥，坍落度 2 ~ 4 cm。一般采用自然养护，先脱内模。混凝土强度达 25% 后，再脱去外模。转入养护区。可采用自然养护或蒸汽养护，根据施工进度而定。

立式浇筑的特点是工艺简单，使用设备少，便于在现场制管。

11.1.2 离心浇筑

离心浇筑混凝土管要根据不同管径加工钢模,先将钢模放在离心机上,然后放入钢筋笼,注入一定量的混凝土,利用离心力捣固,再用蒸汽养护,最后脱模。

钢筋笼的编制有人工编制和机器编制。钢筋一般采用 ϕ2.4~6 mm 的盘筋。管径在 1 000 mm 以下时,一般采用单层钢筋笼;管径在 1 000 mm 以上时,多采用双层钢筋笼。

混凝土所用的水泥采用早强水泥,另加早强剂。石子颗粒的大小与管壁厚度有关,厚度小于 200 mm 时,粒径应在 10~30 mm 范围内;厚度大于 200 mm 时,最大粒径可增加到 35 mm。

离心浇筑的特点是管段两端平整度高,对顶力传递有利。但管壁过厚时混凝土容易离析,因此管径大于 3.0 m 时要谨慎采用。

11.2 地下管道开槽施工

在城市水利工程中,管道工程是一个重要的组成部分。目前国内管道工程使用的管材种类较多,主要有金属管和非金属管两大类。金属管材有铸铁管、钢管;非金属管材有预应力钢筋混凝土管、自应力钢筋混凝土管、塑料管、混凝土管、钢筋混凝土管等。对于大型排水干管,还有采用现场浇筑或砌筑的管渠。由于管道的工艺特性不同,其所用管材、接口形式、基础类型以及施工方法各不相同。

11.2.1 管道工程的施工准备

11.2.1.1 工程交底

施工单位应对施工图及所有施工文件认真学习、研究,了解设计意图和要求,并进现场踏勘。重点检查环境保护、建筑设施、公用管线、交通配合、地区排水以及工程施工等情况,考虑必要的技术措施和要求,在图纸会审时提出意见。建设单位发送的"图纸会审纪要"是编制施工组织设计的必要依据。

11.2.1.2 现场核查

分析建设单位提供的地质勘探报告中的工程地质、水文地质资料和工程范围内现有地下构筑物和管线的详细资料。对于所给资料应进行现场核查,经过现场核查后的资料才能作为编制施工组织设计的依据。现场核查的主要内容有:

(1)摸清原有的地下管线系统,如管道长度、管径、标高、渗漏、排水管道的排水方向、检查井的完好状况以及河流位置、地貌变化等,并摸清以往暴雨后的积水情况,以便考虑施工期间的排水措施。

(2)调查工程范围内的建筑物,包括结构特征、基础做法、建筑年代等,估计施工期间的影响程度。

(3)核实地下构筑物的位置、深度,施工范围内树木、坟墓、临时堆物、堆土等的数量,联系建设单位和有关单位予以清除、迁移、砍伐;对于施工现场的农业用地、农作物,联系建设单位落实征地及青苗补偿等手续。

(4)核对各种公用事业地厂管线的位置、数量、口径、深度、接头形式,核对各种架空线的杆位、高度(地面至架空线的净高、数量及电压)等。

(5)了解工程用地情况、施工期间现场交通状况、交通运输条件以及对施工的影响程度。

(6)在水体中或岸边施工时,应掌握水体的水位、流量、流速、潮汐、浪高、冲刷、淤积、漂浮物、冰凌和航运等状况,以及有关管理部门的法规和对施工的要求。

11.2.2 沟槽开挖

11.2.2.1 施工要求

(1)一般要求。给水、排水管道埋深应符合下列要求:①非冰冻区的金属管道管顶埋设深度一般不小于0.7 m,当管道强度足够或者采取相应措施时也可小于0.7 m;非金属管道管顶的埋设深度一般不宜小于1 m;②冰冻地区的管顶埋设深度除决定于上述因素外,还应考虑土壤的冻结深度,在无保温措施时,给水管道管顶的埋设深度一般不小于土壤冻结深度加0.2 m,排水管道管内底埋设深度不小于冰冻深度减0.15 m。

(2)沟槽开挖宜分段快速施工,敞沟时间不宜长,管道安装完毕及时验收,合格后立即回填。挖好的沟槽应保证管道安装后的中心线、标高和坡度均能符合设计要求,沟底应平整,沟边不坍塌,沟槽应有足够的宽度。

(3)给水、排水管道与建筑物、铁路和其他管道的水平净距,应根据建筑物基础的结构、路面种类、卫生安全、管道埋深、管径、管材、施工条件、管内工作压力、管道上附属构筑物的大小及有关规定等条件确定。一般不得小于表11-1中的规定。

11.2.2.2 沟槽断面

1.沟槽断面的形式

沟槽断面的形式有直槽、梯形槽、混合槽等。还有一种两条或多条管道埋设同一槽内的联合槽,如图11-1所示。

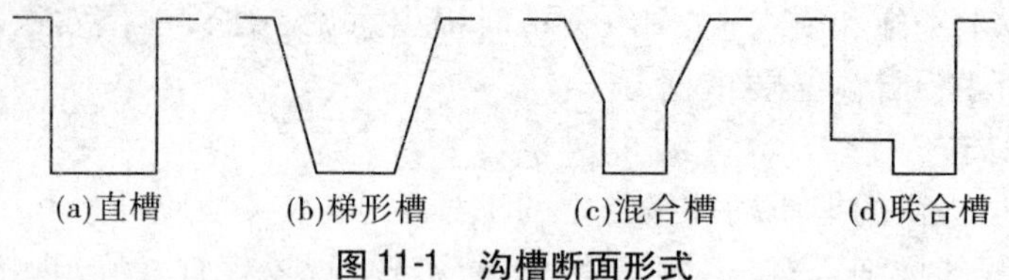

(a)直槽　(b)梯形槽　(c)混合槽　(d)联合槽

图11-1　沟槽断面形式

正确选择沟槽的开挖断面,可以为管道施工创造便利条件,保证施工安全,减少开挖土方量。选定沟槽断面通常应考虑以下因素:土的种类、水文地质情况、施工方法、施工环境、支撑条件、管道断面尺寸、管节长度和管道埋深等。

2.沟槽断面的宽度

管道沟槽底部的开槽宽度,可按下式确定:

$$B = D_1 + 2(b_1 + b_2 + b_3)$$

式中:B为沟槽底宽,mm;D_1为管道结构的外缘宽度,mm;b_1为管道一侧的工作面宽度,mm,见表11-2;b_2为管道一侧的支撑宽度,mm,一般可取150~200 mm;b_3为现场浇筑混凝土或钢筋混凝土管道一侧模板的厚度,mm。

表 11-1　给水排水管道与其他地下管线(构筑物)的最小净距　(单位:m)

名称	与给水管道的水平净距	与排水管道的水平净距	与排水管道的垂直净距
铁路远期路堤坡角	5		
铁路远期路堑坡角	10		
低压煤气管	1.0	1.0	0.15
中压煤气管	1.0	1.5	0.15
次高压煤气管	1.5	2.0	0.15
高压煤气管	2.0	2.0	0.15
热力管沟	1.5	1.5	0.15
通讯及照明杆	1.0	1.5	1.5
高压电杆支座	3.0		
电力电缆	1.0	1.0	0.5
通讯电缆		1.0	直埋0.5,穿管0.15
工艺管道		1.5	0.25
排水管		1.5	0.15

注:1. 表列数字除注明者外,水平净距均指外壁净距,垂直净距指下面管道的外顶与上面管道基础底间净距;

2. 采取充分措施后,表列数字可以减少。

3. 与建筑物的水平净距:管道埋深浅于建筑物基础时,一般不小于2.5 m(压力管道不小于5.0 m);管道埋深深于建筑物基础时,按计算确定,但不小于3.0 m。

4. 排水管道与给水管道水平净距:给水管管径小于或等于200 mm时,不小于1.5 m;给水管管径大于200 mm时,不小于3.0 m。

5. 排水管道与生活给水管道交叉时,污水管道、合流管道在生活给水管道下面的净距不应小于0.4 m。当不能避免在生活给水管道上面穿越时,必须予以加固,加固长度不应小于生活给水槽道的外径加4 m。

表 11-2　沟槽底部每侧工作面宽度　(单位:mm)

管道结构宽度	非金属管道	金属管道	管道结构宽度	非金属管道	金属管道
200~500	400	300	1 100~1 500	600	600
600~1 000	500	400	1 600~2 500	800	800

注:1. 管道结构宽度无管座时,按管道外皮计;有管座时,按管座外皮计;砖砌混凝土管沟按管沟外皮计。

2. 沟底需设排水沟时,工作面应适当增加。

3. 管道有现场施工的外防水层时,每侧工作面宽度宜取800 mm。

3. 不支撑开槽的最大深度

一般沟槽均采用梯形断面,在无地下水天然湿度的土中开挖沟槽,如果沟深不超过表11-3的数值时,可采用不支撑直立的沟槽断面。

表 11-3　不支撑直立的沟槽断面的深度限制

土质	允许深度(m)	土质	允许深度(m)
砂土和砂砾石	1.0	黏土	1.5
砂质粉土和粉质黏土	1.25		

4. 梯形槽的边坡

沟槽槽壁边坡坡度按设计要求确定,如设计无明确规定时,对于地质条件良好、土质均匀、地下水位低于沟槽底、沟槽深度在 5 m 以内,不加支撑的边坡最陡坡度可参考表 11-4。

表 11-4　深度在 5 m 以内沟槽的最陡边坡

土的类别	边坡坡度(高:宽)		
	坡顶无荷载	坡顶有荷载	坡顶有动荷载
中密的砂土	1:1.00	1:1.25	1:1.50
中密的碎石类土(填充物为砂土)	1:0.75	1:1.00	1:1.25
硬塑的中粉质黏土	1:0.67	1:0.75	1:1.00
中密的碎石类土(填充物为黏性土)	1:0.50	1:0.67	1:0.75
硬塑的粉质黏土、黏土	1:0.33	1:0.50	1:0.67
老黄土	1:0.10	1:0.25	1:0.33
软土(经井点降水后)	1:1.00	—	—

注:1. 当有成熟施工经验时,可不受本表的限制。

2. 在软土沟槽坡顶不宜设置静载或动载;需要设置时,应对土的承载力和边坡的稳定性进行验算。

11.2.2.3　沟槽开挖

在管道工程施工中,沟槽开挖的工作量占整个工程的很大比重,应该合理地组织沟槽开挖。对于埋设较深、距离较长、直径较大的管道,由于土方量多,管道穿越地段的水文地质和工程地质变化较大,在施工前应采取挖探和钻探的方法查明与施工相关的地下情况,调查的主要内容有各管段的地下水位和土质情况,已有地下管道与施工管线有关或交叉的具体位置,地下各种电缆的具体位置,施工管道与已建的管道、构筑物衔接的平面位置和高程校对等,以便合理地采取相应的措施。沟槽开挖的方法有两种,即人工开挖与机械开挖,应根据沟槽的断面形式、地下管线的复杂程度、土质坚硬程度、工作量和施工场地的大小以及机械配备、劳动力等条件确定。

1. 机械开挖

机械开挖沟槽时应注意下列事项:

(1)机械开挖应严格控制标高,为防止超挖或扰动槽底面,槽底应留 0.2 ~ 0.3 m 厚的土层暂时不挖,待临铺管前用人工清理挖至标高,并同时修整槽底。

(2)沟槽开挖需要井点降水时,应提前打设井点抽水,将地下水位稳定至槽底以下0.5 m时方可开挖,以免产生挖土速度过快,因土层含水量过大支撑困难、不能及时支护导致塌方危险。井点降水提前抽水的时间参见表11-5。

表11-5　井点降水提前抽吸时间参考　(单位:d)

土层性质	土层疏干			土体加固	
	开槽	顶管	工作坑洞口	开槽	工作坑后靠
黏性土层	3~5	>7	5~7	>14	>21
砂性土层	2~3	>5	3~5	>10	>14

(3)沟槽开挖需要支撑时,挖土应与支撑互相配合,机械挖土后及时支撑,以免槽壁失稳导致坍塌。当采用挖掘机挖土时,挖掘机不得进入未设支撑的区域内。

(4)对地下管线和各种构筑物应尽可能临时迁移,如无法迁移,必须挖出使其外露,并采取吊、托等加固措施,同时对挖掘机司机作详细交底,如无把握,应改为人工挖土。

2.人工开挖

在工作量不大、地面狭窄、地下有障碍物或无机械施工条件等情况下,采用人工开挖。人开挖沟槽,应集中人力尽快挖成,转入下一工序施工。开挖时应注意下列事项:

(1)沟槽应分段开挖,并应合理确定开挖顺序和分层开挖深度,若有坡度,应由低处向高处进行,当接近地下水时,应先开挖最低处土方,以便在最低处排水。

(2)开挖人员不应分布过密,以间隔5 m为宜,在开挖过程中和敞沟期间应保持沟壁完整,防止坍塌,必要时应支撑保护。

(3)开挖的沟槽如不能立即铺管,应在沟底留0.15~0.2 m厚的土层暂不挖除,待铺管时再挖至设计标高。

(4)沟槽底不得超挖,如有局部超挖,应用相同的土壤填补,并夯至接近天然密实度,或用砂、砂砾石填补。槽底遇有不易清除的大块石,应将其凿至槽底以下不少于0.15 m,再用砂土填补夯实。

(5)开挖沟槽遇有管道、电缆或其他构筑物时,应严加保护,并及时与有关单位联系,会同处理。

3.多层槽的层间留台宽度

当沟槽开挖深度较大时,应分层开挖,合理确定分层开挖的深度,并应在层间设置台阶。人工开挖沟槽的槽深超过3 m时应分层开挖,每层的深度不宜超过2 m。多层槽的层间留台宽度放坡时不应小于0.8 m,直槽时不应小于0.5 m,安装井点设备时不应小于1.5 m。当沟槽采用机械开挖时,沟槽的分层深度应按机械性能确定。

4.槽边堆土的有关规定和注意事项

沟槽开挖时,弃土若堆在槽边,沟槽每侧临时堆土或施加其他荷载时,应保证槽壁稳定且不影响施工。沟槽弃土应尽量堆在沟上的一侧,如沟槽较深,可两侧堆土。堆土坡角距槽口上缘距离不宜小于0.8 m,堆土高度不宜超过1.5 m。

沟槽堆土不得影响建筑物、各种管线和其他设施的安全,不得掩埋消火栓、管道闸阀、雨水口、测量标志以及各种地下管道的井盖，以免影响正常使用。

在农田里开槽时，表层土与下层生土分开堆置，以利表层土回用，同时要方便原土原层回填时的装取和运输。在高压线变压器附近开槽时，一般应尽量避免在高压线下堆土，如必须堆土时，除按供电部门的有关规定办理外，还要考虑堆、取土机械及行人攀缘、电压线类等安全因素。

5. 沟槽开挖注意事项

(1)应向施工人员进行详细的施工交底，内容一般包括挖槽断面、堆上位置、地下情况、安全要求等。

(2)挖土机械应保持良好的工作状态，挖槽时为了确保槽底土壤不被扰动和破坏。开挖时应在设计槽底高程以上留 20 cm 左右不挖，此层用人工清除。单斗挖土机和吊车不得在架空线路正下方工作，如在架空线路一侧工作时，其与线路的垂直、水平安全距离，不应小于表 11-6 的规定。

表 11-6　管沟支撑间距

图示	间距(m)	管沟深度	
		3 m 以内	3 ~ 5 m
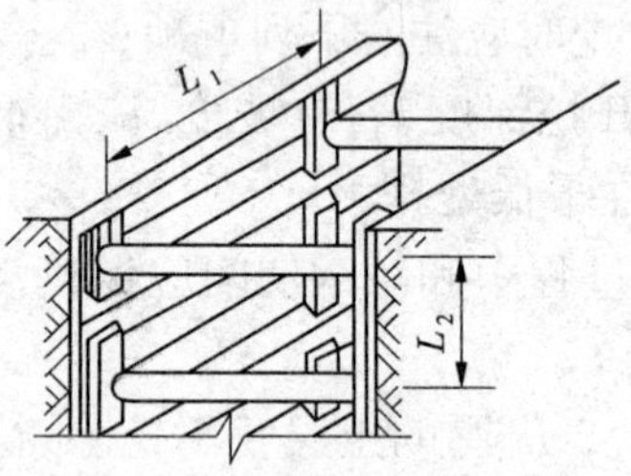	L_1	1.2 ~ 2.5	1.2
	L_2	1.0 ~ 1.2	1.0
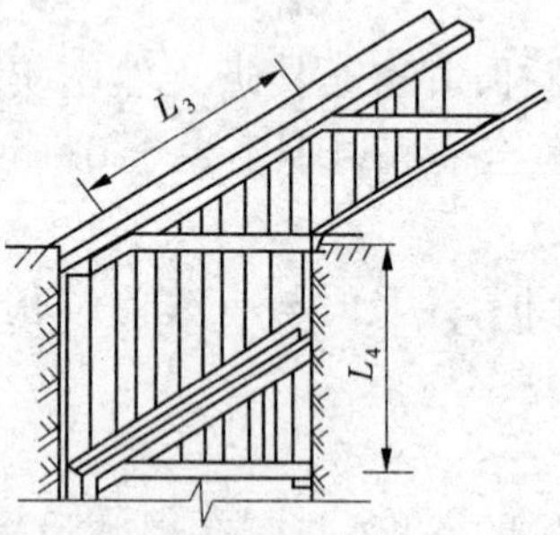	L_3	1.2 ~ 1.5	1.2
	L_4	1.0 ~ 1.2	1.0

注：撑板长度(L)一般为 4 m。

(3)在街道、厂区、居民区及公路上开挖沟槽，无论工程大小，应在沟槽两端设立安全设施和警告标志，如护栏、路障及危险旗，在夜晚应悬挂红灯。

11.2.2.4　沟槽支撑

支撑是防止沟槽土壁坍塌的一种临时性挡土结构。一般情况下，沟槽土质较差、深度较大而又挖成直槽时，或高地下水位、砂性土质并采用表面排水措施时，均应支设支撑。支设支撑的直壁沟槽，可以减少土方量，缩小施工面积，减少拆迁。在有地下水时支设板桩支撑，由于板桩下端深入槽底，延长了地下水的渗水途径，起到一定的阻水作用。但支撑增加材料消耗,也给以后工序作业带来不便。因此,是否设置支撑,应根据土质、地下水情况、槽深、槽宽、开挖方法、排水方法和地面荷载等情况确定。

1. 沟槽支撑的形式和适用范围

1)支撑形式

沟槽支撑一般由木材或钢材制作。支撑形式有横撑、竖撑和板桩撑等。横撑分断续式水平撑(疏撑)和连续式水平撑(密撑)两种,疏撑时撑板之间有间距,分单板撑、井字撑和稀撑等;密撑是各撑板间紧密相接。部分支撑的形式如图 11-2 所示。

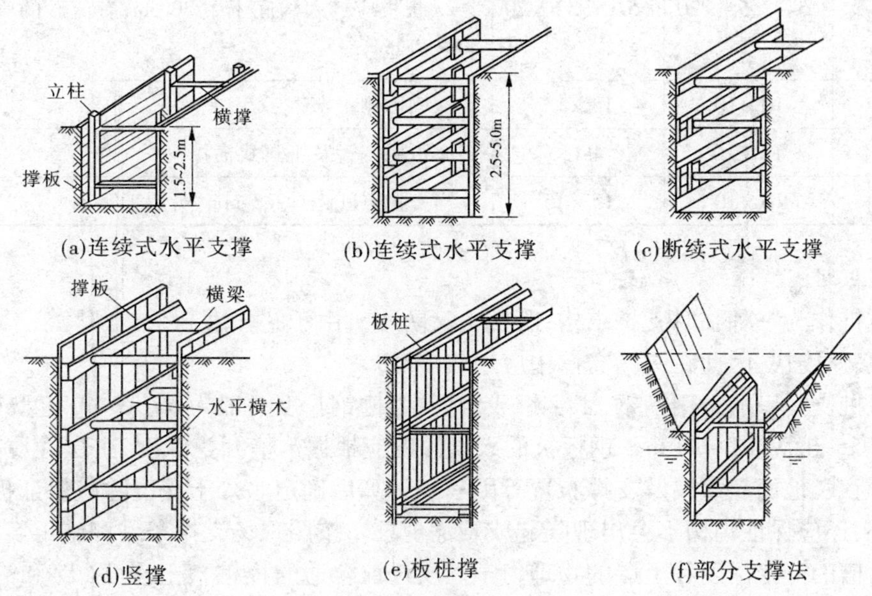

(a)连续式水平支撑　(b)连续式水平支撑　(c)断续式水平支撑

(d)竖撑　(e)板桩撑　(f)部分支撑法

图 11-2　沟槽支撑形式

2)支撑的适用范围

(1)横撑。横撑用于土质较好、地下水量较小的沟槽。当在砂质土壤、挖深为 1.5 ~ 2.5 m 时采用图 11-2(a)形式;而沟槽挖深在 2.5 ~ 5.0 m,并有少量地下水时,可采用图 11-2(b)的形式;如开挖段土质较硬则可采用图 11-2(c)的形式。

(2)竖撑。在土质较差,地下水较多或散砂中开挖时采用图 11-2(d)的形式。竖撑的特点是撑板可在开槽过程中先于挖土插入土中,在回填以后再拔出,因此,支撑和拆撑都较安全。

(3)板桩撑。常用于地下水严重、有流砂的弱饱和土层中。板桩在沟槽开挖之前用打桩机打入土中,并且深入槽底一定长度,故在沟槽开挖及其以后的施工中,不但能起到保证安全的作用,还可延长地下水的渗水路径,有效地防止流砂渗入。

2. 沟槽支撑的间距和材料

(1)沟槽支撑的间距。深度在 5 m 以内的支撑间距参见表 11-6。

(2)沟槽支撑的材料。沟槽支撑的材料可选用钢材、木材或钢木混合使用。钢支撑的撑板采用钢模板,横梁或纵梁采用槽钢、工字钢,横撑可采用钢管。深度在 5 m 以内支撑材料的规格尺寸参见表 11-7。

表 11-7　沟槽支撑材料规格尺寸　（单位：cm）

支撑名称	管沟深度（m）		说明
	≤3	3～5	
撑板	5×20	5×20	1. 撑板长度一般为 400 cm 2. 连续水平撑板宽度不限制
板桩	（5～7.5）×20	（5～7.5）×20	1. 为便于施工，板桩不宜过长 2. 板桩应打入沟底土中 30 cm，有流砂的管沟打入 50～80 cm
立柱	10×10	15×15	深槽可用工字钢
横撑	ϕ8～10	ϕ15	亦可用钢管及工具式横撑
水平横木	10×10	15×15	当支撑点间距 >2.5 m 时可用工字钢

3. 钢板桩

钢板桩作为一种临时支护结构，既挡土又防水。由于它强度高、结合紧密、不易漏水、施工简便、速度快，因此在沟槽支撑中应用较广泛。

钢板桩支撑一般采用槽钢、工字钢或定型钢，槽钢长度一般为 6～12 m，定型板（拉森板桩）长度一般为 10～20 m。钢板桩的入土深度应根据沟槽开挖深度、土层性质、施工周期、施工荷载、地面超载以及支撑布置等因素经计算后确定。入土深度除应保证板桩自身的稳定外，还应保证沟槽不会出现隆起或管涌现象。按照现场支撑条件和施工实际情况，应根据沟槽的开挖深度和土层的物理力学性质选取合适的板桩入土深度（T）和沟槽深度（H）的比值，板桩入土深度和沟槽深度的比值见表 11-8。

表 11-8　板桩入土深度和沟槽深度的比值

槽深（m）	T/H	槽深（m）	T/H
5 m 以内	0.35	>7	0.65
5～7	0.5		

表 11-8 中的 T/H 值适用于一般土质条件，当土质条件较好，液性指数 $I_L \leq 0.25$ 的硬塑黏性土，降水良好的砂性土层中 T/H 值可适当减小；当土质条件较差，在 $I_L \geq 1$ 的软塑、流塑的黏性土、降水效果不明显的黏性夹粉砂的土层中，T/H 值可适当增加。

槽钢作为钢板桩材料，一般在开挖前将钢板桩用打桩机打入土中，然后边挖土边加横撑稳固。槽钢之间采用搭接（咬口）组合，搭接组合方式又分稀疏搭接和密搭接两种。密搭接用料多，但阻止流砂与塌方效果较好。槽钢板桩咬口排列方式见图 11-3。

1）钢板桩打设方式

钢板桩的打设方式通常有如表 11-9 所示的几种。

2）钢板桩打设工艺

钢板桩打设的工艺过程为：钢板桩矫正→安装围檩支架→钢板桩打设。

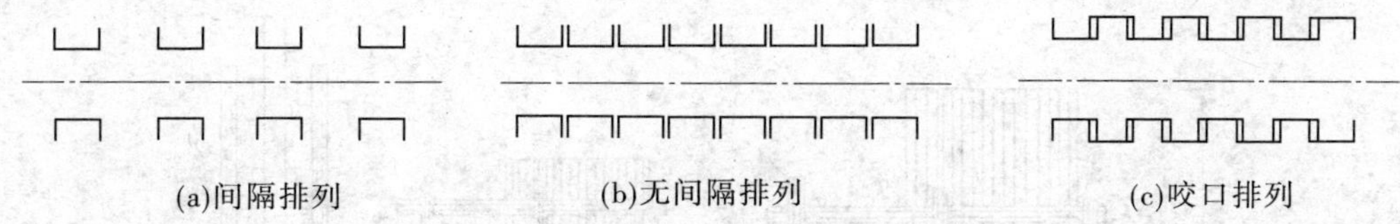

图 11-3　槽钢板桩搭接组合示意图

(1)钢板桩矫正。对所要打设的钢板桩要保证外形平直,弯曲变形的桩可用油压千斤顶顶压或火烘等方法进行矫正。

(2)安装围檩支架。围檩支架的作用是保持钢板桩垂直打入和打入后钢板桩墙面平直。

表 11-9　钢板桩常见的几种打设方式

打桩方式	施工要点	优缺点
单桩打入法	以一块或两块钢板桩为一组,从一角开始逐块(组)插入	优点:施工简便,速度快 缺点:单块打入易向一边倾斜,误差积累不易纠正;墙面平直度难控制,桩长度不大(约 10 m)工程要求不高时较适宜
双层围檩打入法	在地面上一定高度处离轴线一定距离,先筑起双层围檩架,而后将板桩依次在围檩中全部插好,再逐渐按阶梯状将板桩逐块打至设计标高	优点:能保证板桩坡的平面尺寸、垂直度和平直度 缺点:施工复杂,不经济,速度慢
屏风法	用单层围檩,每 10 ~ 20 块钢板桩组成一个施工段,插入土中一定深度形成较短的屏风墙,对每一个施工段,先将其两端 1 ~ 2 块钢板桩打入,严格控制其垂直度,用电焊固定在围檩上,然后对中间的钢板桩再按顺序分 1/2 或 1/3 板桩高度打入	优点:能防止板桩过大的倾斜和扭转;能减少打入的累计倾斜误差;由于分段施工,不影响邻近钢板桩施工 缺点:桩的自立离度大,要采取措施保证墙的稳定和操作安全

围檩支架由围檩和围檩桩组成(见图 11-4),其形式平面上有单面围檩和双面围檩之分;在高度上有单层、双层和多层之分。围檩支架多为钢制(H 钢、工字钢、槽钢)和木质,但都必须牢固,尺寸要准确。围檩支架每次安装的长度视具体情况而定,应考虑重复使用,以提高利用率。

(3)钢板桩打设。先用吊车将钢板桩吊至插桩点处进行插桩,插桩时锁口对准,每插入一块即套上桩帽轻轻加以锤击。在打桩过程中,为保证钢板桩的垂直度,用两台经纬仪加以控制。为防止锁口中心线位移,可在打桩进行方向的钢板桩锁口处设卡板,阻止板桩位移,同时在围檩上预先标出每块板桩的位置,以便随时检查校正。

4. 沟槽支撑注意事项

(1)撑板必须随挖土深度及时安装,雨季施工不得空槽过夜。

(2)撑板应均匀地与槽壁紧贴,当有空隙时用土填实。

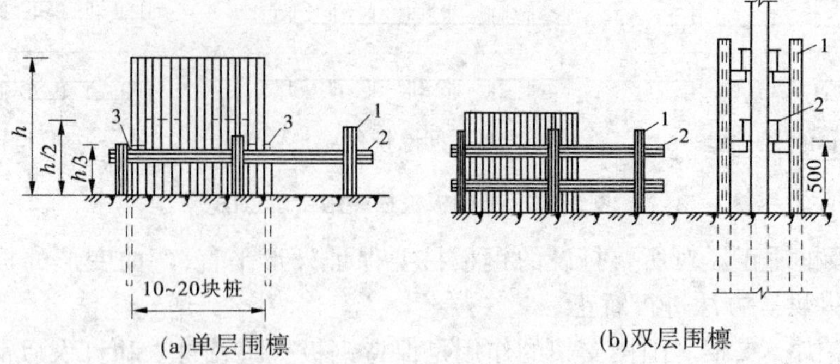

(a)单层围檩　　(b)双层围檩

1—围檩桩;2—围檩;3—两端先打入的定位桩

图 11-4　钢围檩支架

(3)撑板必须牢固可靠,并应经常检查,发现松动及时加固。

(4)在软土或其他不稳定土层中采用撑板支撑时,开始支撑的开挖沟槽深度不得超过 1.0 m,以后挖深与支撑交替进行,每次交替的深度宜为 0.4 ~0.8 m。

(5)劈裂、腐朽的木料不得作为支撑材料。

(6)采用木料支撑时,横撑应在垂直垫板上,横撑端下方应钉木托;在水平垫板上,横撑端应用铁抓钉与水平托板钉牢,且横撑端头下方亦钉木托。

(7)上下沟槽应设安全梯,严禁攀登横撑。

5. 拆撑

沟槽内的施工过程全部完成后,应将支撑拆除。拆撑施工的注意事项如下:

(1)拆撑时应边回填土边拆除,拆除时必须注意安全,继续排除地下水。

(2)竖撑拆除时,一般先填土至下层撑木底面,再拆除下撑,然后还土至半槽,再拆除上撑,拔出木板或板桩。竖撑板或板桩一般采用导链或吊车拔出。

(3)水平撑拆除时,先松动最下一层的横撑,抽出最下一层撑板,然后回填土,回填完毕后再拆上一层撑板,依次将撑板全部拆除,最后将立木拔出。如果一次拆撑有危险时,必须进行倒撑,即另用撑木将上半槽撑好后,再拆除原有支撑。

(4)拆撑前,应仔细检查沟槽两边的建筑物、电杆及其他外露管道等是否安全,必要时应进行加固。

11.2.2.5　沟槽回填

沟槽回填应在管道隐蔽工程验收合格后进行。凡具备回填条件时均应及时回填,防止管道暴露时间过长造成损失。

1. 沟槽回填前应具备的条件

(1)预制管节现场铺设管的现浇混凝土基础强度、接口抹带或预制构件现场装配的接缝水泥砂浆强度不小于 5 N/mm^2。

(2)现场浇筑混凝土管道的强度应达到设计规定值。

(3)混合结构的矩形管道或拱形管道,其砖石砌体水泥砂浆强度达到设计规定值;当管道顶板为预制盖板时应装好盖板。

(4)现场浇筑或预制构件现场装配的钢筋混凝土拱形管道或其他拱形管道应采取措

施确保回填时不发生位移或损伤。

(5)压力管道水压试验前除接口外,管道两侧及管顶以上回填高度不应小于0.5 m;水压试验合格后,及时回填其余部分。

(6)管径大于900 mm的钢管道,必要时可采取措施控制管顶的竖向变形。

(7)回填前必须将槽底杂物(草包、模板及支撑设备等)清理干净。

(8)回填时沟槽内不得有积水,严禁带水回填。

2. 沟槽回填土料的要求

(1)槽底至管顶以上0.5 m范围内,不得含有机物、冻土以及大于50 mm的砖石等硬块;在抹带接口处、防腐绝缘层或电缆周围应采用细粒土回填;

(2)采用砂、石灰土或其他非素土回填时,其质量要求按施工设计规定执行;

(3)回填土的含水量宜按土类和采用的压实工具控制在最佳含水量附近。

3. 回填施工

沟槽回填施工包括还土、摊平和夯实等施工过程。

(1)还土时应按基底排水方向由高至低分层进行,同时管腔两侧应同时进行。沟槽底至管顶50 cm的范用内均应采用人工还土,超过管顶50 cm以上时可采用机械还土。还土时按分层铺设夯实的要求,每一层应采用人工摊平。沟槽回填土的夯实通常采用人工夯实和机械夯实两种方法。

(2)回填土压实的每层虚铺厚度,应按采用的压实工具和要求的压实度确定。对一般压实工具,铺土厚度参见表11-10。

表11-10　回填土压实每层的虚铺厚度

压实工具	虚铺厚度(cm)	压实工具	虚铺厚度(cm)
木夯、铁夯	不应大于20	压路机	20~30
蛙式夯、人力夯	20~25	振动压路机	不应大于40

(3)回填土每层的压实遍数,应按回填土的要求压实度、采用的压实工具、回填土的虚铺厚度和含水量经现场试验确定。

(4)回填压实应逐层进打。管道两侧和管顶以上50 cm范围内的压实应采用薄铺轻夯夯实,管道两侧夯实面的高差不应超过30 cm。管顶50 cm以上回填时应分层整平和夯实,若使用重型压实机械压实或较重车辆在回填土上行使时,管道顶部以上必须有一定厚度的压实回填土,其厚度通常不小于70 cm。

(5)回镇土的压实度。沟槽回填土的最小压实度见表11-11。管道沟槽位于路基范围内的回填土压实度见表11-12。

3. 回填土的施工要点和注意事项

(1)管道两侧和管顶以上50 cm的范围内还土,应由沟槽两侧对称进行,不得直接扔在管道上。

(2)需要拌和的回填材料,应在运入槽内前拌和均匀,不得在槽内拌和。

(3)管道基础为弧形基础时,管道与基础之间的三角区应填实。夯实时,管道两侧应对称进行,且不得使管道位移或损伤。

表 11-11　沟槽回填土的最小压实度

<table>
<tr><th>沟槽</th><th>部位</th><th>管道种类</th><th>压实度(%)</th></tr>
<tr><td rowspan="2">路基范围内</td><td>管顶以上 25 cm 范围内</td><td rowspan="2"></td><td>87</td></tr>
<tr><td>其他部位</td><td>见表 11-12</td></tr>
<tr><td rowspan="3">路基范围外</td><td>管道两侧</td><td>混凝土管、钢筋混凝土管、铸铁管</td><td>90</td></tr>
<tr><td>管道两侧</td><td>钢管</td><td>95</td></tr>
<tr><td>管道两侧</td><td>矩形管道、拱形管道</td><td>90</td></tr>
<tr><td rowspan="2">无修路计划</td><td>管顶以上 50 cm,宽为管道两侧外缘间距的范围内</td><td rowspan="2"></td><td>85</td></tr>
<tr><td>其他部位</td><td>90</td></tr>
</table>

表 11-12　沟槽回填土作为路基的最低压实度

<table>
<tr><th>由路槽底算起的深度范围(cm)</th><th>条件</th><th>最低压实度(%)</th><th>由路槽底算起的深度范围(cm)</th><th>条件</th><th>最低压实度(%)</th></tr>
<tr><td rowspan="3">0～80</td><td>快速路及主干道</td><td>98</td><td>80～150</td><td>支路</td><td>90</td></tr>
<tr><td>次干道</td><td>95</td><td rowspan="4">>150</td><td rowspan="2">快速路及主干道</td><td rowspan="2">90</td></tr>
<tr><td>支路</td><td>92</td></tr>
<tr><td rowspan="2">80～150</td><td>快速路及主干道</td><td>95</td><td>次干道</td><td>90</td></tr>
<tr><td>次干道</td><td>92</td><td>支路</td><td>90</td></tr>
</table>

注:1. 本表中回填土的压实度,除设计文件规定采用重型夯实标准外,皆以轻型夯实试验求得,最大干密度为100%。

2. 排水管渠沟槽回填土压实质量的检验:①检验范围:两井之间;②检验点数:每层一组(3 点);③检验方法:用环刀法检验。

(4)采用木夯、蛙式夯等压实工具时,应夯夯相连;采用压路机时,碾压的重叠宽度不得小于 20 cm。

(5)管道覆土较浅,管道的承载能力较低,压实工具的荷载较大,或原土回填达不到要求的压实度时,可与设计单位协商采用石灰土、砂、砂砾等具有结构强度或容易压实的材料回填,其压实度标准应由设计文件规定。为提高管道的承载能力,也可采取措施加固管道。

(6)检查井、雨水口及其他井室周围的回填,应符合下列规定:现场浇筑混凝土或砌体水泥砂浆强度应达到设计规定;路面范围内的井室周围应采用石灰土、砂、砂砾等材料回填,其宽度不宜小于 40 cm;井室周围的回填应与管道沟槽的回填同时进行。当不便同时进行时应留台阶形接茬;井室周围回填压实时应沿井室中心对称进行,且不得漏夯;回填材料压实后应与井壁紧贴。

11.2.2.6 沟槽冬期施工

寒冷地区沟槽土方开挖不宜在冬期施工。如必须在冬期施工时，施工方法应经技术经济比较后确定。施工前应周密计划，做好施工准备，做到连续施工。

1. 沟槽开挖

(1)开挖冻土可采用钢钎撬挖、爆破开挖、重锤击碎或在开挖面上撒厚约 25 cm 的锯末(或谷壳)，焖火烘烤加温融化后开挖。

(2)每天开挖沟槽工作结束前在沟底可留有厚约 30 cm 的虚土暂不清除，作为防冻层，第二天上班后边清理虚土边开挖实土。

(3)管道或管道基础下的基土不应是冻结的土壤(无膨胀的砂土、砾石土及岩石沟底除外)。

(4)沟槽挖好后，用隔热材料加以覆盖，防止沟底受冻。常用的保温材料一般为干砂、锯末、草帘、树叶、虚土等，其厚度视气温而定，一般为 15~20 cm。

(5)禁止在沟槽内烧火取暖，以防边坡冻土融化坍塌。

2. 沟槽冬期施工回填的特殊要求

(1)回填土必须在不冻的情况下进行夯实，可采用缩短填和夯的间隔时间或采取地表加热解冻措施。

(2)顶管以上 0.5 m 范围以外，回填时可均匀掺入冻上，其数量不得超过填土总体积的 15%，且冻块尺寸不得超过 0.1 m，槽底至管顶 0.5 m 范围内的回填土不得含有冻土块。

(3)回填工作应连续进行，防止基土或已填土层受冻。

(4)沟槽上口结冰或积雪应于回填前清除，回填过程中也应随时清除。

(5)回填土应连续分层进行，每层的铺土厚度较夏季小，一般为 20 cm。

11.2.3 管子的运输、装卸和堆放

(1)管子的运输。管子在运输过程中应有防止滚动和互相碰撞的措施。非金属管材可将管子放在有凹槽或两侧钉有木楔的垫木上，管子上下层之间应用垫木、草袋或麻袋隔开。装好的管子应用缆绳或钢丝绑牢，金属管材与缆绳或钢丝绑扎的接触处，应垫以草袋或麻袋等软衬，以免防腐层受到损伤。铸铁直管装车运输时，伸出车体外部分不应超过管子长度的 1/4。

非金属管材应尽量避免在坚硬或碎石地面上滚动，短距离搬运可在管下垫以草袋或在木板上滚运。金属管材的短距离滚运也应清除地面上的石块等杂物，以免损坏防腐层，严禁在地面上托拉管子。

(2)管子的装卸。装卸管子宜用吊车，捆绑管子可用绳索兜底平吊或套捆立吊，如图 11-5所示，不得将吊绳由管膛穿过吊运管子。采用兜底平吊管子时，吊绳与管子的夹角不宜过小，一般夹角大于 45°为宜。装卸管子时，严禁管子互相碰撞和自由滚落，更不得向地面抛掷。

(3)管子的堆放。管子堆放场地要平整，不同类别和不同规格的管子要分开堆放。跺与跺之间要留有通道，以便进出管理。

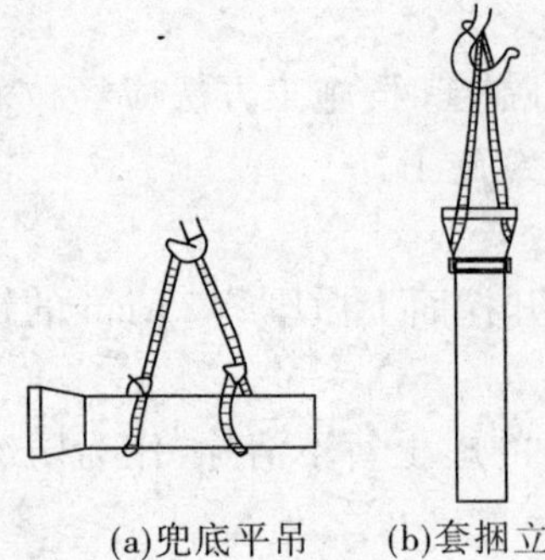

(a)兜底平吊　(b)套捆立吊

图 11-5　管材捆吊

管径较小时,金属管材可以纵横交错堆放,每层管子的承插口相间平放,但应注意堆放时将管子用木块垫好,以免管子滚动。非金属管材应用垫木垫起,每层管子之间的垫木必须上下对齐在一条直线上,每根管子的两块垫木间距宜为 0.6 倍的管子长度。铸铁管、钢管堆放管垛高度不得超过 3 m,垛旁设支柱,防止管子滚动。

11.2.4　下管

下管是在沟槽和管道基础已经验收合格后进行。为了防止将不合格或已经损坏的管材及管件下入沟槽,下管前应对管材进行检查与修补。管子经过检验、修补后,在下管前应先在槽上排列成行(称排管),经核对管节、管件无误方可下管。重力流管道一般从最下游开始逆水流方向铺设,排管时应将承口朝向施工前进的方向。压力流管若为承插铸铁管时,承口应朝向介质流来的方向,并宜从下游开始铺设,以插口去承口;当在坡度较大的地段,承口应朝上,为便于施工,由低处向高处铺设。

下管的方法要根据管材种类、管节的重量和长度、现场条件及机械设备等情况来确定,一般分为人工下管和机械下管两种形式。

11.2.4.1　人工下管

人工下管多用于施工现场狭窄、不便于机械操作或重量不大的中小型管子,以方便施工、操作安全为原则。可根据工人操作的熟练程度、管节长度与重量、施工条件及沟槽深浅等情况。考虑采用何种下滑方法。常用的下管方法有压绳下管法和塔架下管法及溜管下管法。

1. 压绳下管法

压绳下管法在人工下管法中应用较为广泛,方式也较多,如人工压绳下管法和立管压绳下管法,见图 11-6、图 11-7。人工压绳下管法适用于管径为 400 ~ 600 mm 的管子,立管压绳下管法适用于较大管径。它们的基本操作方法是在管子两端各套一根大绳,然后由人工再借助一些工具(如撬棍、立木或管子)控制大绳,使管子沿槽壁徐徐溜入槽底。

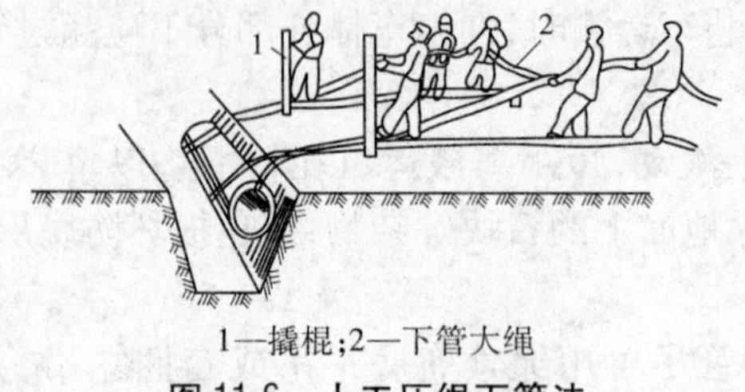

1—撬棍;2—下管大绳

图 11-6　人工压绳下管法

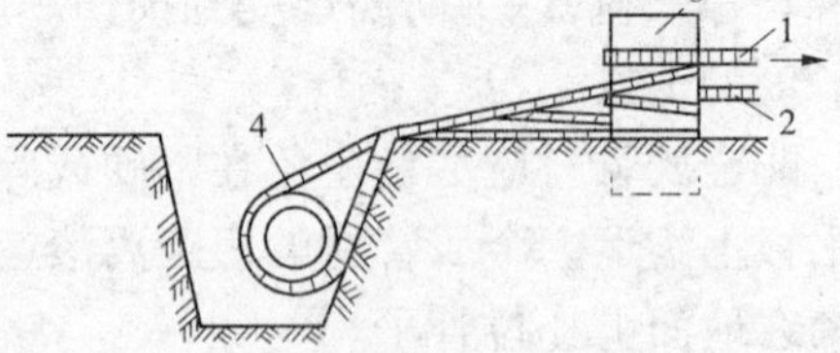

1—放松绳;2—绳子固定端;3—立管;4—管子

图 11-7　立管压绳下管法

下管用的大绳应质地坚固,不断股,不腐朽,无夹心,其直径选择可参考表 11-13。

2. 塔架下管法

利用装在塔架下的吊链进行下管,其方法是先将管子滚至架下横跨沟槽的横梁上,然后将它吊起,撤掉横梁后,将管子下到槽底。塔架的种类有三角塔架、四角塔架及高凳等,如图 11-8 所示。

表 11-13 下管大绳截面直径参考值

管子直径(mm)			大绳截面直径(mm)
铸铁管	预应力钢筋混凝土管	混凝土及钢筋混凝土管	
≤300	≤200	≤400	20
350 ~ 500	300	500 ~ 700	25
600 ~ 800	400 ~ 500	800 ~ 1 000	30
900 ~ 1 000	600	1 100 ~ 1 250	38
1 100 ~ 1 200	800	1 350 ~ 1 500	44
—	—	1 600 ~ 1 800	50

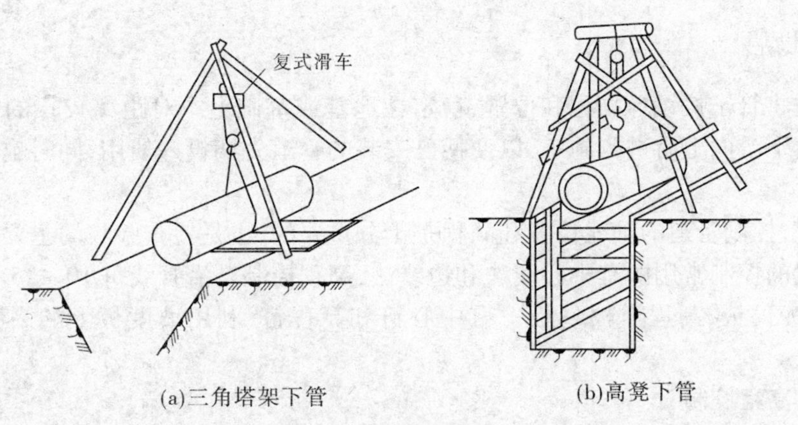

(a)三角塔架下管 (b)高凳下管

图 11-8 塔架下管法

3. 溜管下管法

将由两块木板组成的三角木槽斜放在沟槽内,管子的一端用带有铁钩的大绳钩住管子,绳子的另一端由人工控制将管子沿木槽溜入沟槽内。此法适用于管径小于 300 mm 以下的混凝土管、缸瓦管。

11.2.4.2 机械下管

机械下管一般是用汽车式或履带式起重机械进行下管,机械下管有分段下管和长管段下管两种方式。分段下管是起重机械将管子分别吊起后下入沟槽内,这种方式适用于大直径的铸铁管和钢筋混凝土管。长管段下管是将钢管节焊接连接成长串管段,用 2 ~ 3 台起重机联合起下管,故每段管道一般不宜多于 3 台起重机联合下管。长管段下管方式如图 11-9 所示。

机械下管注意事项:

(1)机械下管时,起重机沿沟槽开行距沟边应间隔 1 m 的距离,以避免沟壁坍塌;

(2)吊车不得在驾空输电线路下作业,在架空线路附近作业时,其安全距离应符合当地电业管理部门的规定;

图 11-9 长管段下管示意图

(3)机械下管应有专人指挥,指挥人员必须熟悉机械吊装的有关安全操作规程和指挥信号,驾驶员必须听从信号进行操作;

(4)绑(套)管子应找好重心,平吊轻放,不得忽快忽慢和突然制动;

(5)起吊及搬运管材、配件时,对于法兰盘面、非金属管材承插口工作面、金属管防腐层等,均应采取保护措施,以防损坏,吊装闸阀等配件时不得将钢丝绳捆绑在操作轮及螺栓孔上;

(6)在起吊作业区内,任何人不得在吊钩或被吊起的重物下面通过或站立;

(7)管节下入沟槽时,不得与槽壁支撑及槽下的管道相互碰撞;沟内运管不得扰动天然地基。

11.2.5 稳管

稳管是将管子按设计高程和位置,稳定在地基或基础上。对距离较长的重力流管道工程一般由下游向上游进行施工,以便使已安装的管道先期投入使用,同时也有利于地下水的排除。

稳管时,控制管道的轴线位置和高程是十分重要的,也是检查验收的主要项目。管道的轴线位置的控制常用的有中心线法和边线法,高程控制是沿管线每 10 ~ 15 m 埋设一坡度板(又称龙门板、高程样板),板上有中心钉和高程钉,利用坡度板上的高程钉进行控制。

11.2.5.1 高程控制

在稳管前面测量人员将管道的中心钉和高程钉测设在坡度板上,两高程钉之间的连线即为管底坡度的平行线,称为坡度线。坡度线上的任何一点到管底的垂直距离为一常数,称为下反数。稳管时用一木制样尺(或称高程尺)垂直放入管内底中心处,根据下反数和坡度线则可控制高程。样尺高度一般取整数,以 50 cm 一档为宜,使样尺高度固定,不易搞错。

坡度板应设置在稳定地点,每一管段两头的检查井处和中间部位放测的三块坡度板应能通视。坡度板必须经复核方可使用,在挖至底层土、做基础、稳管等施工过程中应经常复核,发现偏差及时纠正,放样复核的原始记录必须妥善保存,以备查验。

11.2.5.2 轴线位置控制

(1)中心线法。在连接两块坡度板的中心钉之间的中线上挂一垂球,在管内放置一块带有中心刻度的水平尺,当垂球线穿过水平尺的中心刻度时,表示管子已对中,如图 11-10(a)所示。

(2)边线法。即在管子同一侧,钉一排边桩,边桩高度接近中心处。在每个边桩上钉一小钉,其位置距管道轴线的水平距离为一常数。稳管时,在边桩上的小钉挂上边线,使管外皮与边线保持同一距离,则管道即处于中心位置,如图 11-10(b)所示。

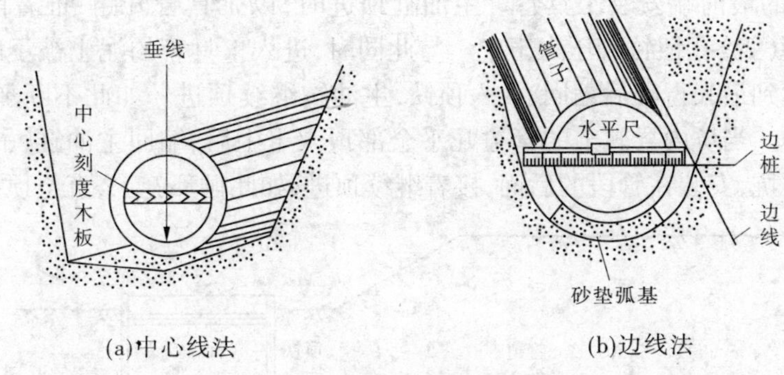

(a)中心线法　　(b)边线法

图 11-10　中心控制

11.3　地下管道不开槽施工

11.3.1　概述

地下管道不开槽施工是指一切在地下铺设或修复旧管道利用少开挖或不开挖技术的施工方法。采用这一方法不需要在地面全线开挖,而只要在管线的特定场所出发,采用暗挖的方法就可在地下敷设管道。改明挖敷设为暗挖敷设,这是管道不开挖施工的特点。这一特点对交通繁忙、人口密集、地面建筑物众多、地下构筑物和管线复杂的城市来说是非常重要的。为了减少对交通、市民正常活动的干扰,减少房屋的拆迁,改善市容和环境卫生,地下管道的不开挖槽施工目前已成为市政基础设施施工中的最佳方案。

不开槽施工敷设管道的应用有以下几个方面:

(1)穿越管道。管道穿越的对象通常有高速公路、高等级公路、城区交通干道以及铁路等不便中断交通的交通要道,另外,还有穿越江河等不便中断水上交通或无法排水施工的河流、大江和海峡。

(2)通向水域管道。通向水域的管道通常有深水取水管道和深水排污管道等两大类,管道的一端与水体连通。

(3)构(建)筑物下管道。管道在地面构(建)筑物下敷设,这在城区是经常遇到的,这些构(建)筑物通常有居民区,厂区,公园,街道,地下已有管道、隧道,防洪大堤等。

(4)埋置较深的管道。有些管道虽然可以开槽埋设,但因埋置太深,土方量较大,也往往采用不开槽方法施工。

地下管道不开槽敷管通常有以下几种:顶管、定向钻、气动矛、夯管锥等。本节主要介绍顶管法施工。

11.3.2　顶管的工艺与特点

采用顶管法,在敷设管道前,管线的一端事先建造一个工作坑(井),如图 11-11 所示。在坑内的顶进轴线后方,布置一组行程较长的油缸(称主站油缸,简称主油缸)。一般左右成对布置,如 2 只、4 只、6 只、8 只,根据管径大小而定。将敷设的管道放在主油缸前面的导轨上,管道的最前端安装工具管。主油缸顶进时,以工具管开路,推着前面的管道穿过坑壁上的穿墙(管)孔把竹管压入土中。与此同时,进入工具管的泥土被不断挖掘排出管外。当主油缸达到最大行程后缩回,放入顶铁,主油缸继续顶进。如此不断加入顶铁,管道不断向土中延伸。当坑内导轨上的管道几乎全部顶入土中后、缩回主油缸,吊去全部顶铁,将下一节段吊下坑,安装在管段的后面,接着继续顶进,如此循环施工,直至顶完全程。

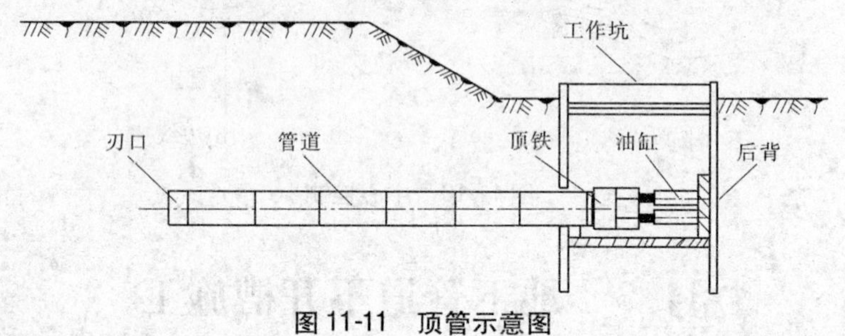

图 11-11　顶管示意图

顶管法的特点是顶管管道既起掘进空间的支护作用,又是构筑物的本身。顶管法与盾构法在这一双重功能上是相同的,所不同的是,顶管法(插入)以顶入管段延长管道,拼装处在管道的尾部,而盾构法以拼装管片延长管道,拼装处在盾构的后部,管片要通过管内运输。两者相比,顶管法适合于较小的管径,顶管法敷设的管道整体性好、刚度大;盾构适合于较大的管径,管径越大越显示其优越性。

11.3.3　钢筋混凝土管材

11.3.3.1　接头

钢筋混凝土管是由管段互相承插连接起来的,相邻管段之间的连接称为接头。接头不但要承插方便,而且又要密封。管道接头性能好坏与顶管施工、管线的质量关系极大。

顶管施工中钢筋混凝土管接头上作用有:①顶进时在管段间传递纵向顶力,防止钢筋混凝土管管壁裂缝;②在管轴线弯曲或曲线顶管时传递横向力,防止相邻管段错位;③管段间的密封,防止管道内外互相渗漏。

为了可靠地传递纵向顶力,需要在管段之间设置弹性垫片。这种垫片必须能够比较均匀地将顶力由前一管段传递到下一管段上去。设计顶力在钢筋混凝土管段上的平均应力并不高,为 9 ~ 13 MPa,但管道一旦产生偏差,管端的局部应力就很快升高,偏差越大,局部应力也越大。对 C50 的钢筋混凝土管,要求局部应力应控制在 30 MPa 范围内,这就要求接头有良好的性能。为了减小局部应力,传力面上应加上垫片,而且应当柔软。垫片的另一作用是补偿管段端面的不平整度。在传递顶力的过程中,要求垫片应发生塑性变形,同时又不会变硬;垫片又要有弹性,但弹性又不能太大。弹性太大的垫片,在主站或中继站油缸卸载时,会导致管段一段一段地回弹,使顶进行程受到损失。因此,垫片的选择在顶管施工中是重要的。

为了将两段管段连接在一起,可按图 11-12(a)所示,用一个钢套管套在两相邻管段之间,在直线顶进情况下足以保证管段间的连接。但在偏差段或在曲线段,由于横向力的出现,两管端之间则可能发生相对错动,这样会使钢套管倾斜。因为钢套管仅有两点支承，当支承点变位时，钢套环必然倾斜，如图 11-12(b)所示。如果将带着倾斜钢套管的管子继续向前顶进，便会把泥土挤入管端与钢套之间，这将导致顶进阻力的迅速增加，结果是刮松了土体，并造成钢套管的撕裂，顶管施工的停顿。

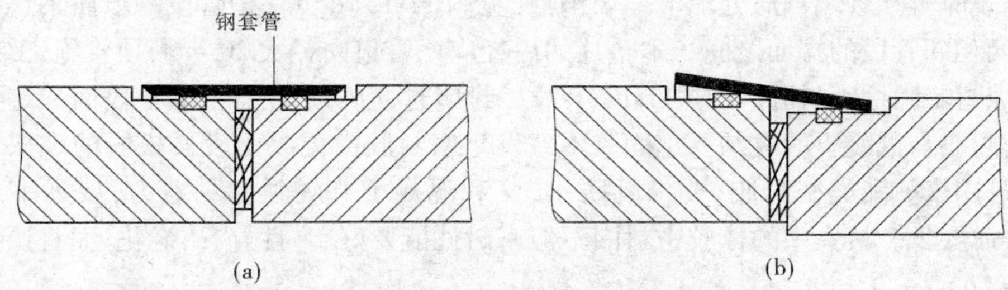

图 11-12　钢套管倾斜示意图

改用"T"形接头，用腹板定位，情况有所好转，但危险依然存在。后来为了避免这种危险，将钢套管与前方管段的混凝土浇铸成一体，这就是"T"形接头向"F"形接头的演变过程。

"F"形接头的钢套管在管段上必须要牢固地固定。应用短钢筋将钢套管与钢筋笼焊接在一起(见图 11-13(a))，或在钢套管内侧焊上一个完整的钢环(见图 11-13(b))，不使钢套管松动。有了钢环，对提高钢套管与钢筋混凝土管之间的水密性也有利。

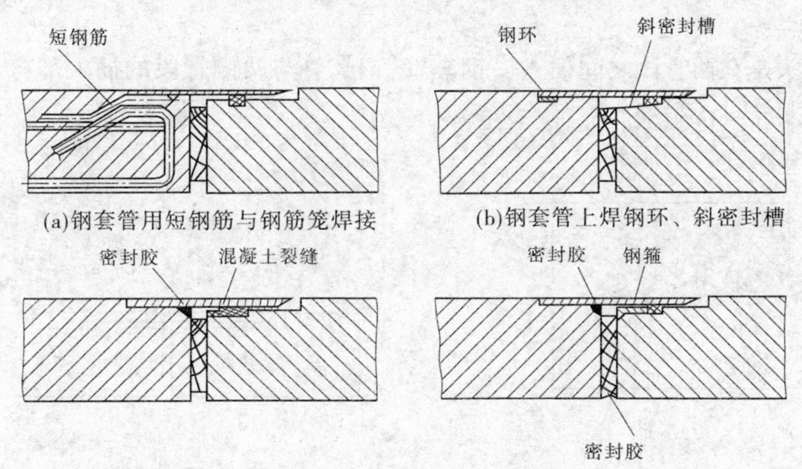

图 11-13　"F"形接头密封和受力示意图

钢套管与钢筋混凝土管虽然浇筑在一起，但毕竟是两种弹性模量不一样的材料，而且黏结表面有限，所以还存在结合面渗漏的可能性。为了阻止结合面的渗漏，浇筑时在管端平面上靠钢套管一侧留有一个梯形槽，在梯形槽内充填弹性密封胶(见图 11-13(c))。

"F"形接头的密封采用双重形式。第一道密封是在钢套管与后续管段的插头之间安装一条橡胶密封圈。设计必须保证在承插时或在横向力作用下，橡胶密封圈不会受到损坏，同时还要考虑浇筑混凝土时插头的脱模方便。图 11-13(b)表示的插头其密封圈槽是个斜面，混凝土浇筑后脱模是方便的，接头承插也是方便的，但不能承受较高的外部水压力。图 11-13(a)表示的插头其密封圈槽是条环形的凹槽。橡胶密封圈的前后都有挡肩，可以承受较大的内外水压力，但脱模比较困难，特别是管端的挡肩容易损坏，不但脱模时容易损坏，运输过程中也容易损坏，而且在传递纵向应力时也容易损坏(见图 11-13(c))。为此，浇筑时可在管端挡肩处加上一个钢箍(见图 11-13(d))保护管段的承插头。第二道密封在两相邻管段的端面之间。木垫片的内径应比管道内径大 20 mm，顶管施工结束后，在该缝隙封堵弹性密封胶(见图 11-13(d))。封堵时，应特别注意混凝土表面一定要清洗干净，密封胶与混凝土的黏结要牢固。不致发生密封胶由混凝土表面松脱的现象。弹性密封胶可用聚氨酯类密封胶，要求既防水，又和混凝土有较强的黏着力，展延率要大于 20%，寿命要长。接头中的橡胶密封圈不但密封性能要好、弹性好、耐老化，而且要有一定的强度。

常见的接头有以下 3 种。

1. 企口接头

企口接头见图 11-14。管段间采用企口连接，其间设有一道密封圈。这种形式的接头将管壁在接头处分成内外两部分，插口深度和插头长度是不一样长的，一般要差 3 ~ 5 mm，插入后间隙小的部分传递顶力，另一半不传递顶力。企口接头传递顶力的能力是比较小的，还不及其他接头的一半。企口接头的钢筋混凝土管不宜用于较长距离的顶管，特别是中长距离的顶管。

2. "T"形接头

"T"形接头是在两管段之间插入一钢套管，钢套管与两侧管段的插入部分均有橡胶密封圈(见图 11-15)。

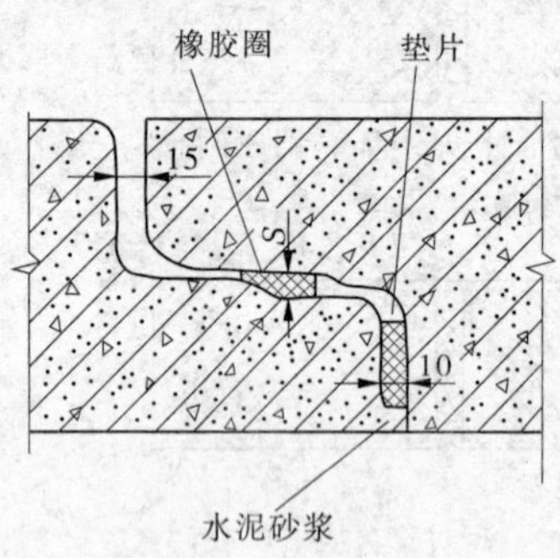

图 11-14　企口接头　(单位:mm)

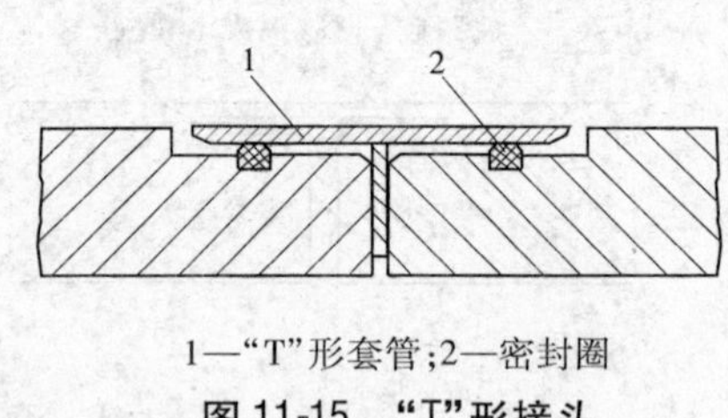

1—"T"形套管;2—密封圈

图 11-15　"T"形接头

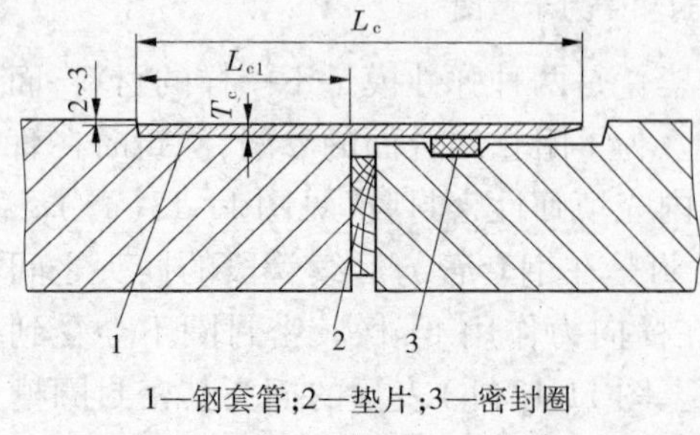

1—钢套管;2—垫片;3—密封圈

图 11-16　"F"形接头　(单位:mm)

3. "F"形接头

"F"形接头是"T"形接头的发展。典型的"F"形接头见图 11-16。钢套管是一个钢筒，与管段的一端浇筑成一体，形成插口。管段的另一端用混凝土做成插头，插头上有密封圈的凹槽。相邻管段连接时，先在插头上安装好密封圈，在插口上安装好木垫片，然后将插头插入插口就完成连接。这种接头在使用时一定要注意方向，插口始终是朝后的。

1)钢套管

钢套管在接头中主要起连接的作用。钢套管的厚度为6~10 mm，宽度为250~300 mm，见表11-14，可由条形钢板卷制而成，宜采用耐腐蚀的钢材。钢套管的一端有坡口，便于压入密封圈。另一端与混凝土浇筑成一体，内外要涂上防腐涂料。钢套管的外径一般比混凝土管的外径小2~3 mm。

表11-14 钢套管的尺寸 (单位:mm)

公称直径 D	L_c	L_{c1}	L_{c2}
800~1 200	250	100	6
1 400~2 200	250	100	8
2 400~3 400	300	150	10

2)密封圈

密封圈形式很多，常用的有3种："O"形、楔形和锯齿形。

(1)"O"形密封圈。"O"形密封圈是最早采用的一种密封圈，形状简单，成本低，但压缩率小。密封圈的装配间隙要精确，设计压缩率可采用30%。"O"形密封圈可用于地下水压力较小或无地下水的场合，不适合用于曲线顶管。密封圈选用的直径见表11-15。

表11-15 "O"形圈密封断面

公称直径	800~1 200	1 400~2 200	2 400~3 400
"O"形密封圈断面	$\phi 15$	$\phi 20$	$\phi 25$

(2)楔形密封圈。楔形密封圈是后期发展起来的新型密封圈，见图11-17、表11-16。压缩率最大可达57%，设计时可采用40%。装配间隙宽、容量大，可用于曲线顶管。楔形断面的滑动侧留有唇边，密封性能好，能承受较大的地下水压力。

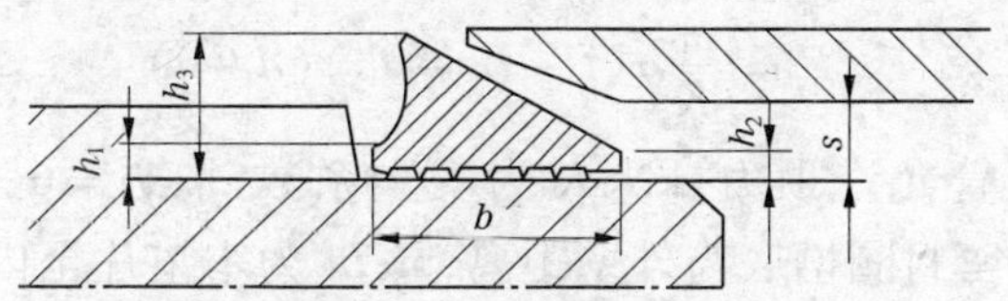

图11-17 楔形密封圈

表11-16 楔形密封圈尺寸 (单位:m)

s	h_1	h_2	h_3	b
9~15	4±0.5	4±0.5	21±1.0	36±1.3
11~18.5	6±0.5	5.5±0.5	26±1.3	36±1.3
13~21.5	7±0.7	6.5±0.7	30±1.3	42±1.6

(3)锯齿形密封圈。锯齿形密封圈(见图11-18)的压缩率较大，设计时可采用38%。

装配间隙宽、容量较大,可用于曲线顶管。密封性能好,能承受较大的水压力,但断面形状复杂,制造比较困难。

"F"形接头的密封圈可根据具体情况,在此3种形式中挑选。

3)木垫片

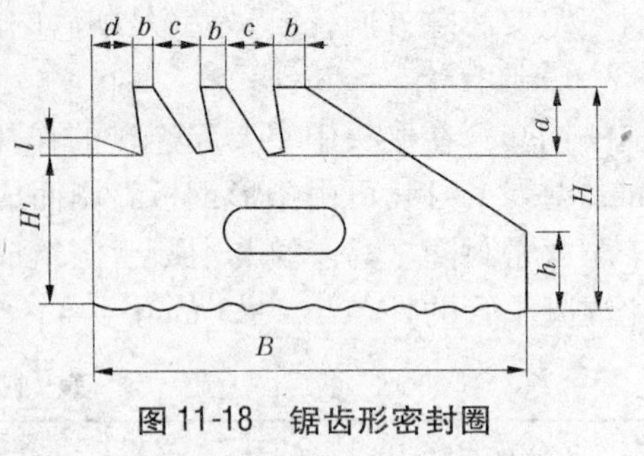

图 11-18　锯齿形密封圈

木垫片的作用是传递顶力,使顶力传递均匀。木垫片的材料最好是软到中等硬度的木材,质地要均匀,并有弹性,如松木、杉木等,不宜用硬木。其厚度一般采用20~30 mm,在曲线顶进或管径较大的场合应采用较厚的木垫片,反之管径较小的直线顶管或顶力偏小的场合可采用较薄的木垫片。木垫片由弧形拼接而成,垫片上要去掉木节,垫片的宽度要比管壁小,安装时每边至少要留出20 mm,以防止混凝土的边缘开裂。有的地方木垫片也有被木屑板、层压板等所代替,但弹性不如木材。在顶力较大、口径较大或曲线顶管中均不宜代用。

11.3.3.2　钢筋混凝上管段的长度与壁厚

钢筋混凝土管段的长度决定于制管、吊装和运输能力,另外还根据曲顶管的曲率大小而定。对于直线顶进,如果吊装和运输能力允许,管段长度宜放长,一般采用2.5~3.0 m。如采用长行程油缸,管段长度可放长到3.5 m。从经济角度审视,因钢套管较贵,所以管段宜长不宜短。管段长还有利于加快施工速度,降低施工成本。

钢筋混凝土管的壁厚一般为内径的1/12~1/10,曲线顶管还要加厚。日本标准的管壁较薄,德国较厚。根据我国的具体情况,制作工艺还不够成熟,宜采用较厚的管壁。

11.3.3.3　钢筋混凝土管允许顶力

钢筋混凝土管的混凝土强度等级世界各国都要求在C50以上,但设计取用的允许顶力各不相同。

根据我国的具体情况,钢筋混凝土管的允许顶力可按下式计算:

$$F = \frac{\pi}{K}\sigma(t - L_1 - L_2)(d + t)$$

式中:F为钢筋混凝土管允许顶力,kN;K为安全系数,取$K=6$;σ为混凝土抗压强度,kPa;t为壁厚,m;L_1为密封圈槽底与外壁距离,m;L_2为木垫片至内壁的预留距离,m;d为钢筋混凝土管内径,m。

11.3.3.4　工具管

工具管是顶管的关键机具,一般应具有掘进、防坍、出泥和导向等功能。不同工具管有不同的特性,所以,应依据工程的特点、地质情况和设计要求选择工具管。

目前常用的几种工具管如下。

(1)简易工具管。简易工具管一般是指刃口工具管。这种工具管纠偏简单,人工挖掘。这是顶管发展初期最早采用的一种工具管,至今在特定的土质条件下仍然被采用。这是因为刃口工具管构造简单,只要土质好,适合掘进,施工成本是比较低的。

刃口工具管有两类:无纠偏装置和有纠偏装置(见图11-19)。刃口又分有格栅和无格栅两种。有无格栅应根据管径的大小和土体稳定程度而定，一般来说，管径较大的应有格栅。但也有这种情况，管径虽大而土体稳定的也可以不用格栅。合理的办法是：格栅做成活动的，可拆可装，根据实际情况决定装或拆除。刃口工具管的刃口起切土作用并保护钢筋混凝土管，另外还起导向作用。

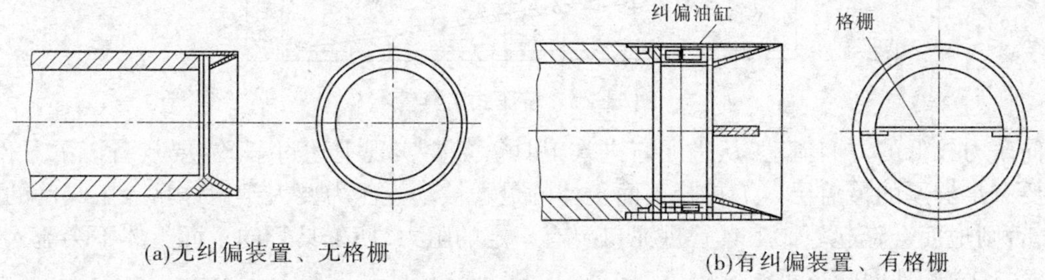

图 11-19 刃口工具管

有纠偏装置的刃口依靠纠偏油缸改变刃口的方向，实现纠偏。无纠偏装置的刃口工具管纠偏方法如下（见图 11-20）：①管内挖土纠偏，开挖面的一边保留土体，另一边被开挖，顶进时土体的正面阻力移向保留土体的一侧，管道向该侧纠偏。②管外挖土纠偏，管内的土被挖净，并挖出刃口，管外形成洞穴。洞穴的边缘、一边在刃口的内侧，一边在刃口的外侧，顶进时管道顺着洞穴方向移动。

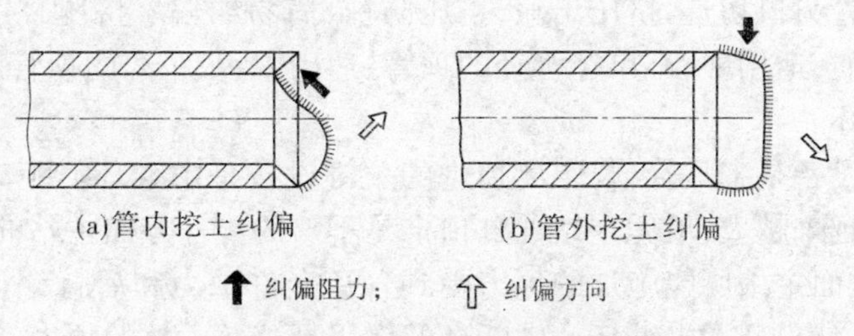

图 11-20 挖土纠偏示意图

简易工具管刃口切土，人工掘进，格栅防坍，简易纠偏。简易工具管适用于无地下水（包括降水）并对沉降无严格要求的粗砂、细砂、粉砂、砂质粉土、黏质粉土，不适用于渗透系数较大的土层，例如含水卵石层、砂土、砂质粉土，也不适用含水量较高的淤泥；适用中、大口径管径顶管；适用中、短距离顶管。

（2）挤压式工具管。挤压式工具管是由刃口发展而来的。对含水量较高、孔隙比较大的淤泥质土和部分淤泥，可采用挤压式工具管。

将刃口工具管的刃口锥面向内延长成喇叭状，即成挤压式工具管（见图 11-21）。

喇叭口的大端是工具管的外径，小端是进泥口，进泥口的面积与工具管进泥面的面积之比叫挤压式工具管的开口率。

$$\alpha = d^2/D^2$$

式中：α 为开口率；D 为工具管的外径；d 为进泥口的内径。

挤压式工具管的工作原理是，当工具管在顶力的作用下向前推进时，工具管正面的土

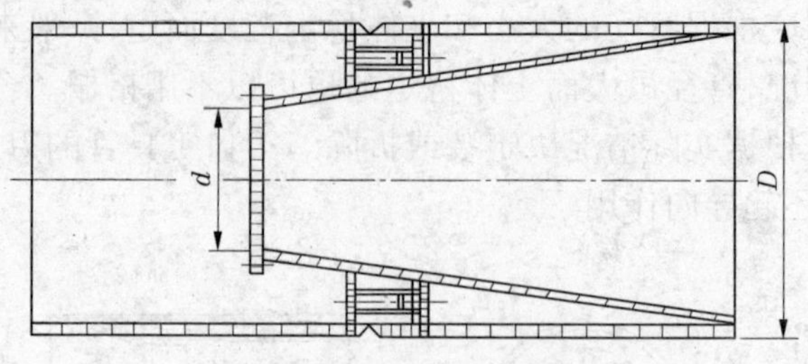

图 11-21　挤压式工具管

体向压力较低的方向流动,从进泥口进入工具管。要实现上述过程,需要具备以下条件:①要有足够厚的覆盖层。工具管正面土体的最大被动土压力要大于土体挤入工具管的阻力,否则地面会隆起。②工具管进泥口要有一定的阻力,使工具管的正面土体不会流入工具管。否则,地面会下沉。

土体挤入工具管的阻力大小随开口率的改变而改变。阻力与开口率成反比,开口率大,阻力就小;开口率小,阻力就大。开口率的大小应该根据土的流动性来决定。土的流动性大,开口率要小;土的流动性小,开口率要大。土的流动性大小,可根据天然含水量和孔隙比判别。

均质土工具管开口率可以固定。但对不均质土,开口率最好能改变。这时可将锥管分段,可拆可装可接长。要增加阻力可将锥管接长,要减小阻力又可将锥管拆卸。在淤泥层中顶进,挤压式工具管在息工期间应将进泥口封住,以防止涌土和预防管涌。

挤压式工具管刃口切土,挤压出泥,挤压防坍,简易纠偏。挤压式工具管适用淤泥质土和部分淤泥土质;适用中、小口径管径的顶管;适用中、短距离的顶管。

11.3.3.5　中继环

顶管的关键设备是工具管,长距离顶进的关键设备是中继环。距离较长的管道因管道四周的摩阻力越来越大,单凭主站油缸顶推是不够的。一方面主站的顶力有限,不可能无限增加;另一方面主站所能施加的顶力受到管道允许顶力和后背允许顶力的制约。为了解决上述问题,就出现了中继环。中断环的作用是分散主站的顶力,管道由中继环分段顶进。

图 11-22 是中继顶进的示意图。最前面的是工具管,紧跟着的是管道,随着顶进距离的增长,主站的顶力不断增加,当顶力增加到预定顶力时,安装第一只中继环。中继环后再安装管道。中继环加入顶管时,先启动第一只中继环,承担第一区段管道的顶进。主站顶进时,一号中继环回缩,第二区段的管道被主站顶进。距离再增加。用同样的方法再增加二号中继环、三号中继环。

采用中继环顶管,就是将一根长管道分成数个区段。区段与区段之间加入中继环,每只中继环只承担顶推前面区段的管道,后面区段由它后面的中继环顶推,最后区段由主站承担顶推。一般主站的顶力要大于中继环的顶力。

钢筋混凝土顶管中继环的构造常见的如图 11-23 所示。这种中继环前后的管段是特制的。在前后管段之间加入一只钢护套管,钢护套管与管段套接也有在预制时浇筑在一起的。不论是前者还是后者,中继环动作时,钢护套管与前方管段是相对静止的。中继环的后方管段预制时在其管端埋入一只带有凹槽的密封圈,密封圈及其调节密封圈的弧形

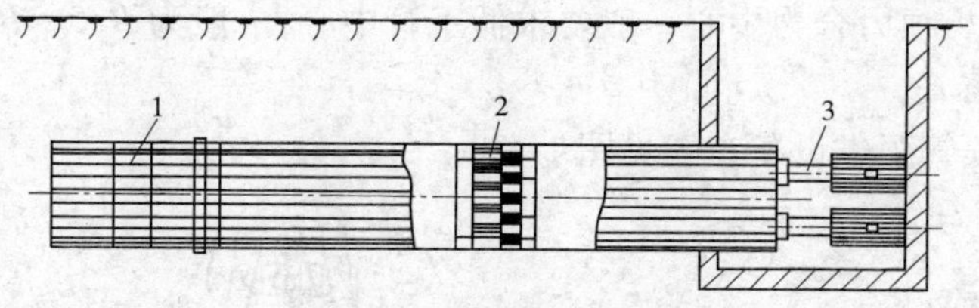

1—工具管;2—中继环;3—主油缸

图 11-22 中继顶进示意图

压板安装在此槽内,凹槽后方还有顶推弧形压板的调节螺栓,可以调节密封圈的压紧程度。密封圈磨损后,通过调节螺栓再压紧密封圈仍然起密封作用。数十只油缸安装在前后管段之间,固定在钢护套管上。密封圈的断面可以较大,部分磨损后仍然可以使用,但磨损到一定程度后,仍然需要更换。更换时需要在气压下进行。

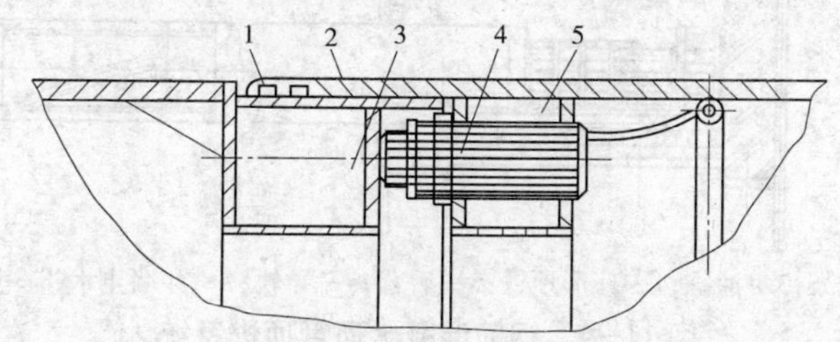

1—密封圈;2—钢护套管;3—后段环形梁;4—中继油缸;5—前段环形梁

图 11-23 钢管中继环构造图

顶管结束后,拆掉油缸,前后管段靠拢,其余处理与普通管段相同。

这种钢筋混凝土管中继环的优点是密封圈的压缩率可调,密封圈磨损后,再次压紧可以继续使用。与钢管中继环相比,可以承受较高的水压力,使用寿命较长。但更换密封圈仍然比较困难,同样需要在气压下进行,不适用于超长距离顶管。

11.3.4 顶进系统

安装在工作坑(井)内的顶推设备统称为顶进系统,其中主要设备是主油缸,其作用是造成强大的顶力,将管道沿着设计轴线顶出工作坑(井)。

11.3.4.1 定位

1. 主油缸的合力中心

数台主油缸组成顶管主站。主油缸布置原则是左右对称,可以是 2、4、6、8 台。无论采用几台油缸,其合力中心是依据顶推的需要决定的。在穿墙阶段,与主油缸顶力抗衡的是工具管的正面阻力,如果主站的合力中心偏上,管道穿墙后可能偏下。反之,合力中心偏下,管道可能偏上。

管道穿墙时,工具管入土较浅,土的支承面较小,支承面的应力就较大,工具管容易下沉。入土深度增加后支承面应力很快就减少,工具管不再下沉。为了防止穿墙初期工具管下沉,顶力的合力中心也应偏下。

一方面覆土较薄时,合力中心需要下移;另一方面,穿墙时为防止管道下偏,合力中心也需要下移。所以,顶力合力中心一般要求低于管中心,一般为 $R/5 \sim R/4$。

2. 坑(井)底标高

钢筋混凝土顶管顶进设备布置见图 11-24。

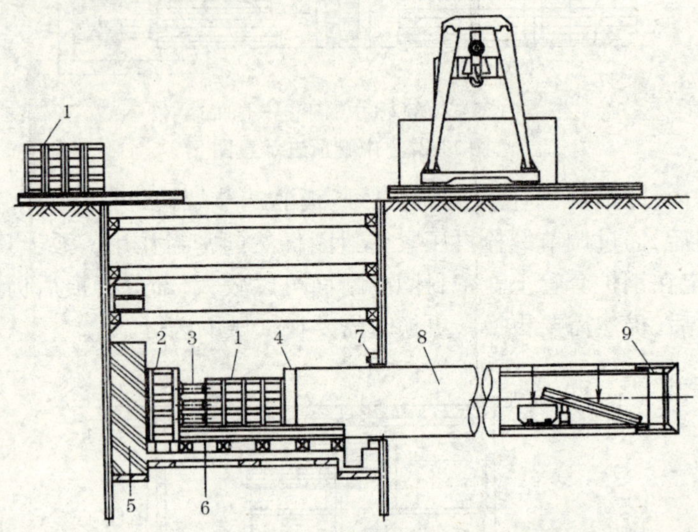

1—顶铁;2—油缸架;3—油缸;4—环形顶铁;5—后背;6—导轨;7—穿墙止水;8—管道;9—工具管

图 11-24 钢筋混凝土顶管顶进系统

管轴线离底板的高度为

$$H = \frac{D}{2} + H_1$$

式中:H 为管轴线离底板的高度;D 为管道的外径;H_1 为管底离底板的高度,钢管取 800 ~ 900 mm,钢筋混凝土管取 400 ~ 450 mm。

11.3.4.2 顶进设备

管轴线离底板的高度确定以后,主油缸的合力中心高度也相应确定。顶进设备安装时均应以此为依据。顶进设备包括导轨、主油缸、顶铁、后背及后座。

1. 导轨

导轨安装在前方,接近穿墙管。它的作用是支托未入土的管段和顶铁,起导向的作用。

钢筋混凝土管顶管导轨见图 11-25。支托轨道有面支承、线支承两种。管道较大时,宜采用面支承。

导轨应牢固地固定在底板上,底板上应有预埋板与导轨联结。导轨对管道的支承角一般选用 60°。导轨安装应顺直、平行,高程等于或略高于该处管道的设计高程,其纵坡应与管道的设计一致。

2. 主油缸

主油缸是顶进系统的核心,安装时应根据已确定的合力中心位置左右对称布置。主油缸轴线应与管轴线平行,与后背(或后座)垂直。油缸着力点无间隙。主油缸一般应安放在支架上,主油缸的支架如图 11-26 所示。对自重较轻的主油缸可以不用支架。

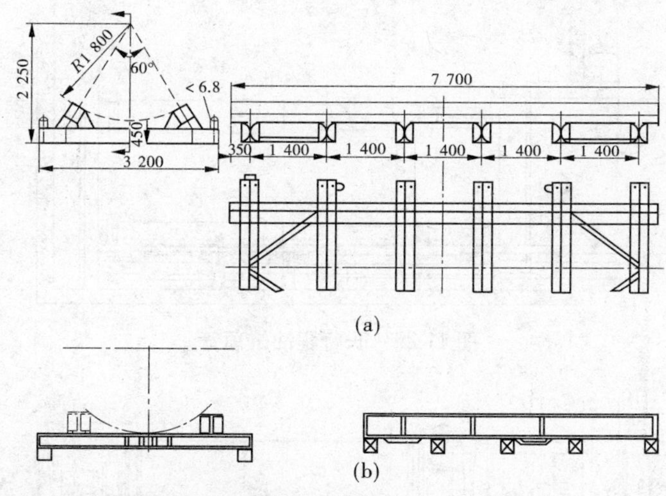

图 11-25　钢筋混凝土管顶管导轨　（单位：mm）

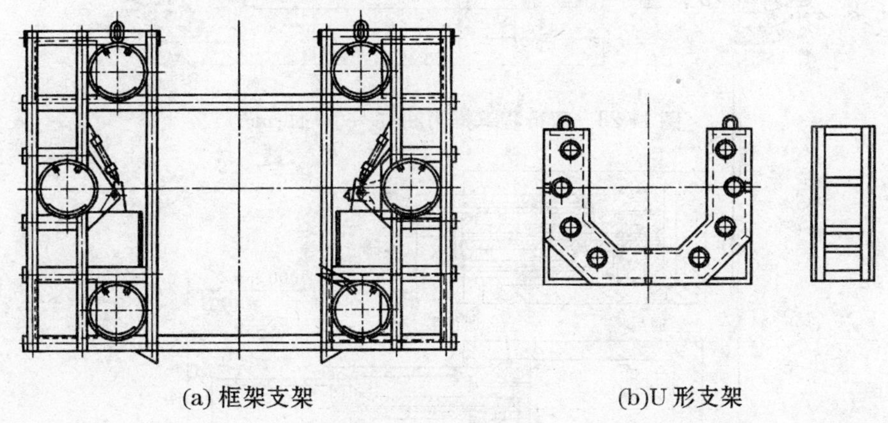

(a) 框架支架　　(b)U 形支架

图 11-26　油缸支架

主油缸的顶力一般采用 1 000、2 000、3 000 kN 和 4 000 kN，行程要长，一般应大于 1 m，否则影响顶管施工效率。长行程油缸是发展方向，行程长可以减少吊放顶铁的次数，提高施工效率，如行程长度超过下井管段的长度，则可以取消顶铁，施工效率更高，如图 11-27 所示。钢筋混凝土管段一般长度为 2.0 m 或 2.5 m。所以，采用行程 3.0 m 的主油缸就可以取消顶铁。

长行程油缸一般是双行程等推力油缸，如图 11-28、图 11-29 所示。油缸行程分两节，而且每节顶力不减。第一节工作时，顶力由大活塞产生。第一节顶到位后，第二节活塞杆继续向前伸出。第二节的顶力由第二节活塞杆的液压面加第二节活塞杆内的小活塞面共同产生。该油缸的工作原理也可以理解为由两只双作用油缸组成，其中第二只油缸是第二活塞杆，这是一只倒装的油缸。

3. 顶铁

顶铁是为了弥补油缸行程不足而设置的。顶铁要传递顶力，所以顶铁两面要平整，厚度要均匀，受压强度要高，刚度要大，以确保工作时不会失稳。顶铁厚度要小于主油缸的

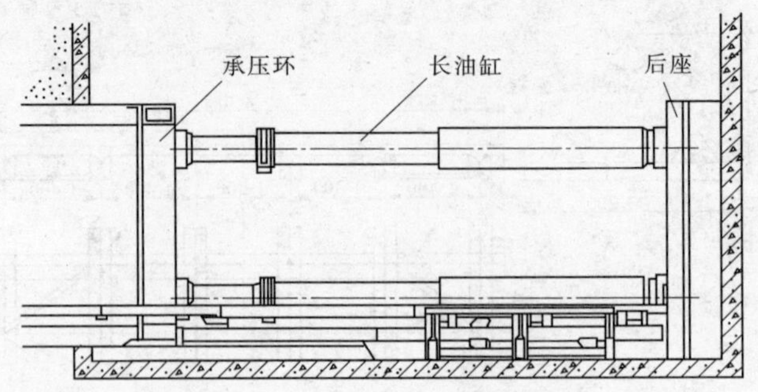

图 11-27　长行程油缸顶管

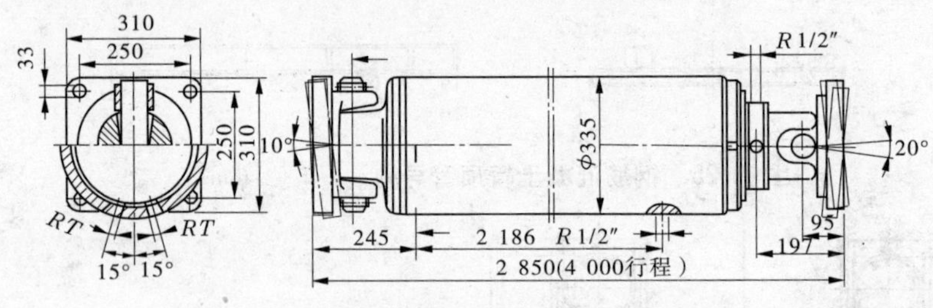

图 11-28　双行程等推力油缸　（单位:mm）

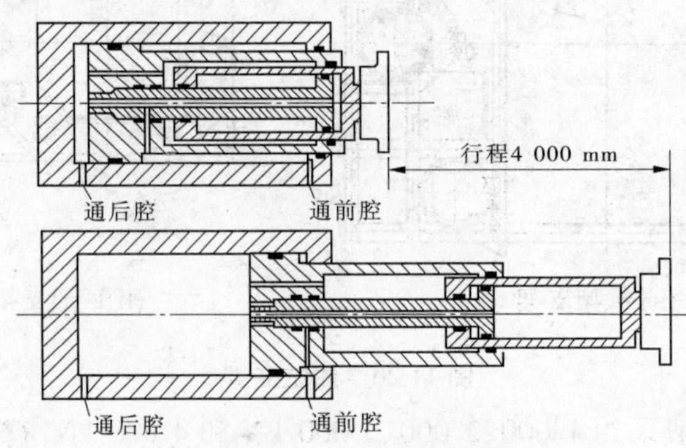

图 11-29　双行程等推力油缸工作原理图

行程,顶铁厚度可按下式计算:

$$t = l - l_1 - l_2$$

式中:t 为顶铁厚度,mm;l 为主油缸行程,mm;l_1 为回弹量,一般取 100 mm;l_2 为吊具间隙,一般取 100 mm;例如,油缸行程是 1.2 m,顶铁厚度是 900 mm。

顶铁形状有两种,即弧形顶铁和 U 形顶铁,见图 11-30。弧形顶铁的开口是向上的,它是由两块弧形的钢板之间焊上筋板或无缝钢管而成的。弧形顶铁一般用于钢筋混凝土顶管。弧形的内圆与钢筋混凝土管的内径相等,内缘焊上钢板,便于行走和车辆进出。

U 形顶铁的开口也是向上的,结构与弧形顶铁相同,仅仅外形不相同,一般用于钢管顶铁。这种顶铁便于人员行走。但车辆进出不便,适用于管道排泥。

另一种顶铁是环形顶铁,外形呈闭合状,是直接与管段接触的顶铁。它的作用是将顶力尽量均匀地传递到管段上(见图 11-31)。图 11-31(a)是用于钢管顶管的环形顶铁,环

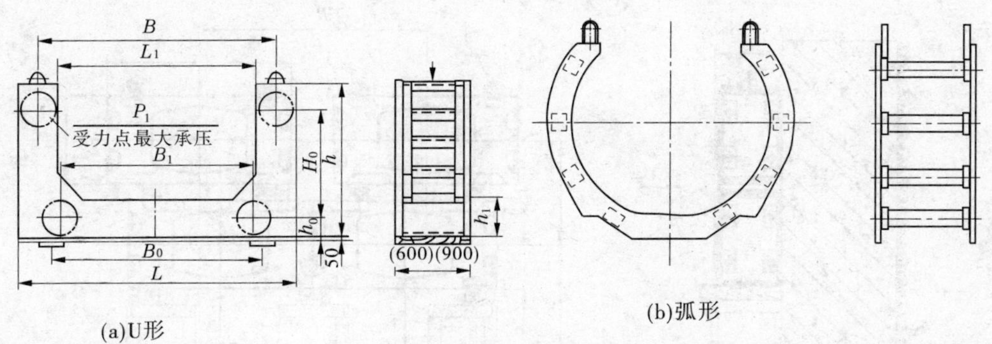

图 11-30　顶铁　（单位:mm）

面的中心与钢管管壁接触,图 11-31(b)是用于钢筋混凝土顶管的环形顶铁,因为"F"形接头的钢护套管是朝后的,因此必须要用此环形顶铁,安装时将部分环形顶铁插入钢护套管,使钢护套管不承受顶力。

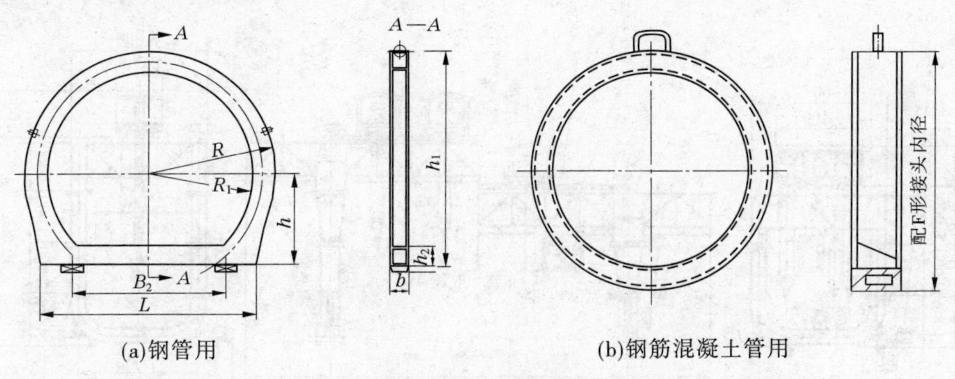

图 11-31　环形顶铁

4. 后背及后座

后背是指将主油缸的顶力传递到土体上去的承重结构,如图 11-32 所示。例如钢板桩围成的基坑,承受不了主站的后座反力,因此需要另浇筑钢筋混凝土的后背,或者吊放一块钢后背。但是如果基坑是沉井,则井墙就是很大的后背,不需要再添后背。这时为了使作用于井墙上的油缸反力扩散,保护井墙不受损伤,在井墙前才加上后座。

11.3.5　吊装设备

基坑上下的吊装以门式吊车为宜。门吊吊装方便,操作安全。门吊的起吊能力以满足大众吊运件为主。工具管自重如果超过门吊的起重能力,则可以另行处理。门吊有变跨度和固定跨度两种。

钢管顶管往往遇到这种情况,工作井大小不一,要求门吊跨度也能变。变跨度门吊可以根据现场具体情况改变跨度。图 11-33 是一台专为顶管设计的门吊。根据需要可拼装成两种不同高度和多种不同跨度,根据起吊重量和跨度可以拼成单梁或双梁,以适应施工的流动性和不同跨度要求。

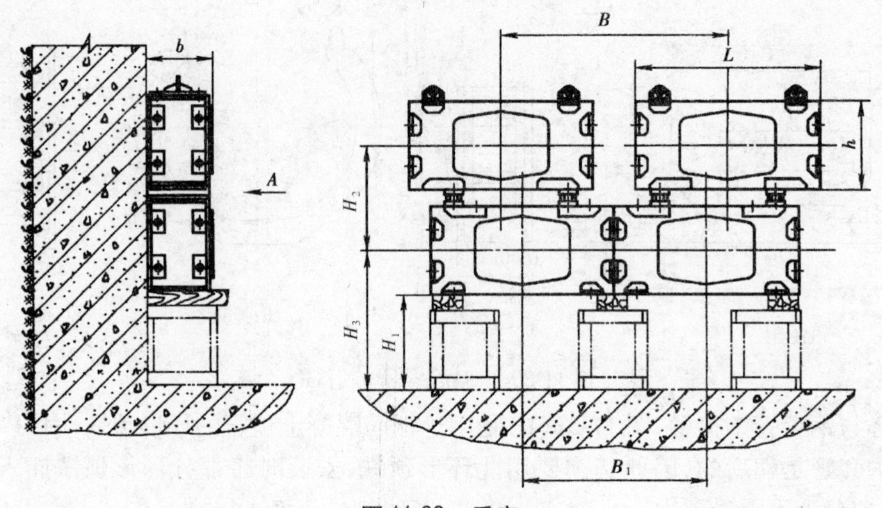

图 11-32　后座

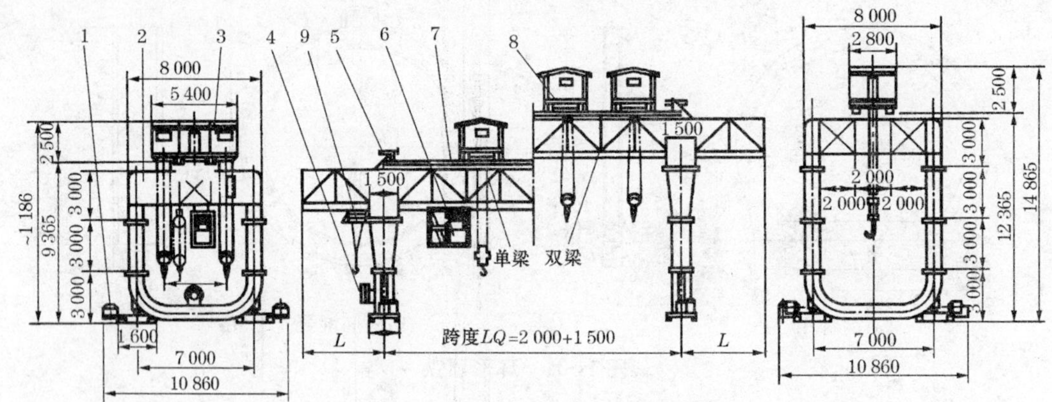

1—大车行走机构;2—支腿;3—起重小车;4—电缆卷筒;5—弹簧缓冲器;
6—操纵室;7—主梁;8—起重小车;9—电动葫芦

图 11-33　拼装式门吊　（单位:mm）

11.3.6　出泥设备

顶管出泥有两类,即管道输送和车辆运输。出泥的效率往往制约着顶管施工进度,因此出泥设备的选择要与工具管搭配。

1. 管道运输

管道运输的优点是连续高效,适用于中长距离和超长距离顶管。缺点是不适合输送较大的碎石和卵石。管道运输的方法有以下两种。

(1)水力吸泥机。水力吸泥机也称水力机械,是一种射流泵(见图 11-34)。高压水流从进水口进入,从喷嘴高速射向出口,在喉管产生负压,泥水从吸口被吸入,与高速水流混合后经过扩散管向后排放,这就是水力吸泥机的工作原理。

水力吸泥机特点是高压水走弯道,泥水混合体走直道。泥水中夹着泥沙、石块等,如果走弯道,要猛烈撞击管壁,使管磨损严重,能量损失大,效率降低。该水力吸泥机无上述

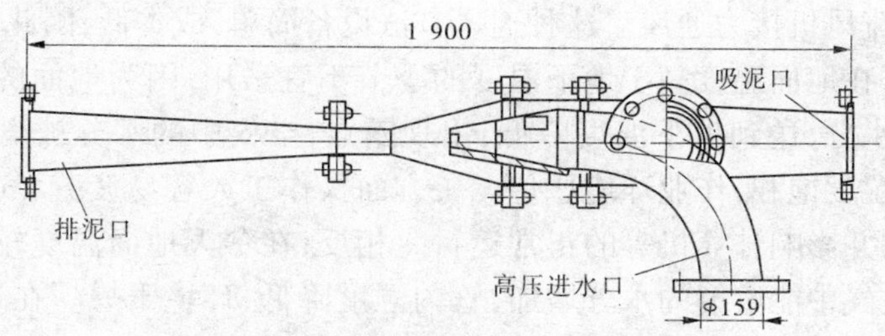

图 11-34　水力吸泥机　（单位：mm）

弊病，效率高，扬程大。水力吸泥机输送的是泥水，只能与水力挖掘配合。

水力吸泥机的优点是设备简单，吸泥机的动力不需要进管道，可大大减小管内供电量；缺点是噪声大，排放的颗粒不能大于 5 cm，消耗的功率大。

(2)泥浆泵。泥浆泵有管道型无堵塞排污泵和螺旋不堵塞泵两种。

泥浆泵串联后，排放距离可以不断增加，但用电量也不断增加，串联后的群泵必须实现自动启动和自动停止，才能满足顶进的要求。泥浆泵的优点是可以不受顶进距离的限制，可输送较大的粒径；缺点是管内供电量增加。适用于局部气压工具管、泥水平衡工具管及其他采用泥水排放的工具管(见图 11-35)。

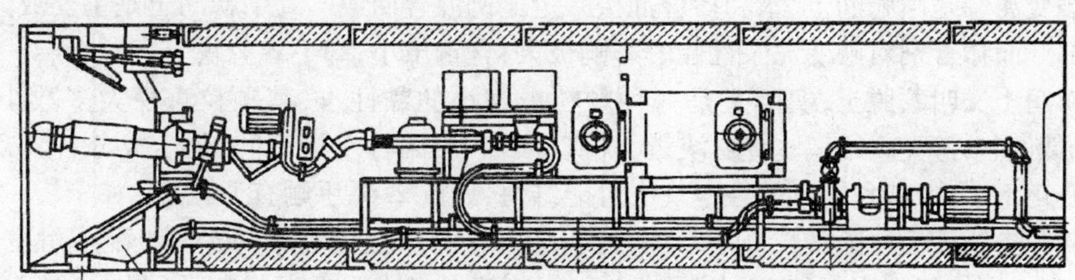
图 11-35　泥浆泵排泥

2. 车辆运输

管道内通常采用的车辆运输有两种，即有轨矿车和无轨矿车。矿车可由电瓶车牵引，也可由绞车牵引，但不能用内燃机车牵引，因为会污染管道内的空气。

有轨矿车一般为双轨，距离较长时要有交会车的地方，只有 DN3500 以上的管径才有条件铺设双轨。如果中短距离的顶管，则可采用无轨矿车，用绞车牵引。无轨矿车的车轮直接在管壁上滚动。

11.3.7　通风设备

对长距离和超长距离顶管，管道内的通风是必要的，操作人员在地下作业要不断补充新鲜空飞，作业中产生的废气需要及时排除。这里所指的通风不包括为排除地下有害气体的通风。地下有害气体一般只有在开敞式挖掘时才进入工具管，如地下有有害气体，应避免使用这类工具管。

参考地下巷道的通风，地下作业通风的最低标准是每人每小时 30 m^3，这相当于 0.5 m^3/min 的耗量。

管内通风通常采用鼓风机，并配上鼓风管。鼓风管一般采用塑料布加工的软皮管，距离增加后再设轴流风机接力通风。这种通风方法设备简单,成本低,因此常被采用。它的缺点是有季节性,在地面温度高于地下温度的季节不宜采用,因为地面的空气温度高,空气中含有大量的水分,送到地下温度降低,出现露点,空气中的水分被离析,管壁上出水珠。使管道内的湿度饱和,作业环境恶化。一方面操作工人容易疲劳、气闷;另一方面电器设备容易漏电,并影响计算机等的正常运行。相反,在冬天地面温度较低,冷风送到地下后温度升高,空气中能溶解的水分增加,管内湿度降低,环境干燥。在这种季节采用鼓风机通风是合理的。鼓风机通风的另一缺点是风量损失较大,距离越长时效率越低。

经过长期的摸索,在长距离顶管中研制成功了一套专用的通风设备。该设备采用压缩空气通风。压缩空气经过干燥、净化后送到工具管或管内的其他工作面。来自空压机的压缩空气先送入储气包,并保持在 0.6 MPa 的压力。从储气罐出来的压缩空气再送入冷却器和油水分离器,通过两次冷却除水和两次油水分离的压缩空气,再通过干燥器再次除去空气中的水分。后进入净化器除去空气中的杂质。然后经过送风管,送到工具管和其他管工作面。送风口有消音器,以减少送风时的噪音。

11.3.8 触变泥浆

触变泥浆是由膨润土、水和掺合剂按一定比例混合而成。其中膨润土是主要成分,水占大部。而掺合剂对触变泥浆性能的影响极大,含量虽小,却不容忽视。

膨润土又叫蒙脱土,实际上是一种颗粒极细小的黏性土,其颗粒直径大多数小于 2 μm。膨润土的颜色一般呈白色、淡黄、淡灰、淡棕等,因含水量不同,化学成分各异,而且颜色变化不一,粉状长期存放在空气中可能结块,比重 2.6,手触有油腻感。

膨润土物理性能除颗粒极小以外,另一个是它的水化和湿胀。膨润土配成触变泥浆时,土在水中体积膨胀,可达原来的 8 ~ 10 倍,高度分散在整个泥浆内,似乎是土遇水而发生变化,遇湿而膨胀起来,因此称为水化或湿胀。

用于顶管的膨润土泥浆通常称触变泥浆,其作用是减少管壁与土体之间的摩擦力。为减少摩阻力,要求触变泥浆具有良好的润滑作用和支承作用。

触变泥浆的配比与膨润土微细颗粒所占的数量、膨润土的种类有关。所以实施配比要经过实验室的测试后确定。

一般情况,按重量计的触变泥浆配比大致是:水∶土 = (4 ~ 5)∶1;土∶掺合剂 = (20 ~ 30)∶1。掺合剂为碱(Na_2CO_3)、化学浆糊(CMC)、高分子化合物等,其他掺合剂如废机油、木屑、粉煤灰等不在上述比例之列。

颗粒极细的膨润土,用土量可以减少,反之应该增加。加碱的作用是使钙基膨润土转化为钠基膨润土,有的土不需要加碱是因为本身就是钠基膨润土,所以加碱率有多有少。钙基膨润土一般加碱率是膨润土的 2% ~ 10%。加化学浆糊的目的是提高泥浆的黏度,降低失水量和增加泥浆的稳定性,一般用于长距离顶管或遇地下水矿化度较高的地层。加高分子化合物的目的同样是提高泥浆的黏度,降低失水量和提高稳定性,对中短距离的顶管可以不加。

对于在砂性土中的顶管,为了防止泥浆扩散过快,应增加用土量,掺加 CMC 和高分子胶凝剂。对于粗砂层顶管,还应增加粉煤灰、木屑等。

触变泥浆制浆过程一定要严格,达到搅拌均匀。泥浆拌和后需经 24 h 静置方可使用。存放泥浆可以是池也可以是槽,根据需要而定,一般有两只,一只供浆,另一只制浆,轮流使用。掺合剂中如有纯碱,应注意防护,因碱对眼睛、皮肤有伤害,特别要注意对眼睛的防护。

用于顶管的触变泥浆的减阻作用主要依赖于泥浆的润滑和支承。因使用条件不一样,有别于钻井、地下墙、钻孔桩中采用的泥浆。

在顶管中为了减少管壁四周的摩阻力,在管壁外压注触变泥浆,形成一定厚度的泥浆套,利用触变泥浆的支承作用,不使土体坍塌,利用触变泥浆的润滑作用,以减少管壁与土体间的摩阻力。

泥浆在高于水压力的情况下向周围渗透,同时在土体表面形成泥皮,泥皮的形成阻止泥浆向土中渗透,泥皮在泥浆压力的作用下又平衡土压力,不使土体坍塌。

触变泥浆套的形成依赖于工具管。工具管的外径一般比管道外径大 2 ~ 5 cm,随着管道的顶进,工具管后面逐渐形成 1 ~ 2.5 cm 厚的环状空间。与此同时,工具管向管外压注触变泥浆,填充环状空间,形成泥浆套。在长距离或超长距离顶管中,由于施工工期较长,泥浆的失水将会导致触变泥浆失效,因此必须在管道沿程,从工具管开始每隔一定距离设置补浆孔,及时补充新的触变泥浆。通常在中继环附近均设置补浆孔。

触变泥浆减阻的效果,除了泥浆自身的质量以外,还与注浆压力、注浆程序、注浆量、注浆孔的布置等有关。

11.3.9 其他应该注意的问题

11.3.9.1 穿墙

从打开穿墙管闷板,将工具管顶出井外,到安装好穿墙止水,这一过程通称穿墙。穿墙是顶管中的一道重要工序,因为穿墙后工具管方向的准确与否将会给以后管道的方向控制和井内管道的拼装工作带来影响。穿墙时首先要防止井外的泥水大量涌入,井内严防塌方和流砂;其次要使管道不偏离轴线,顶进方向要正确。穿墙时,要特别注意防止塌方和工具管下跌。

11.3.9.2 施工测量

顶管施工测量一般建立独立的相对坐标,设工作井穿墙管法兰中心是 X 坐标的零点。该点与接收井接收孔法兰中心的连线是 X 坐标。如果顶管先施工,接收并后竣工,则 X 坐标的方向还要以竣工后的接收孔实测位置再作调正。如果没有接收井,则 X 轴方向可根据设计方位角确定。Y 坐标可以和绝对高程一致,也可另设相对高程。

11.3.9.3 纠偏

纠偏是指工具管偏离设计轴线后,利用工具管的纠偏机构,改变管端的方向,减少偏差,这一过程就叫纠偏,目的是使管道沿设计轴线顶进。

在顶管的施工过程中,工具管以后的管道必然跟随行进。实际上这一过程是工具管开挖出洞穴,管道沿洞穴敷设。因此,工具管曾经产生过的偏差都将全部保留在全管线上。所以工具管的纠偏是非常重要的,工具管纠偏的好坏,将直接影响顶管施工的质量。

工具管开挖出洞穴,洞穴的质地根据土质不同有硬有软,所以洞穴形状不是一层不变的。直线顶管中的偏差,在顶进过程中,因洞穴磨损会变直,偏差会减少。洞穴磨损程度与土质有关,软黏土洞穴中容易磨损,这对减少偏差有利。不利的一面是,中继环在偏差段动作时,有可能使偏差增加,使轴线失稳,这是要防止的。特别是在软弱土层中顶管,更要严加防范。

11.3.9.4 纠扭

顶管施工中常常遇到扭转,这对刃口、挤压形等简易工具管影响不大。但对绝大部分工具管有影响,主要影响出泥。特别是长距离和超长距离顶管,如果不能控制管道扭转,任其发展,必将带来严重后果,甚全无法施工。

根据管道扭转原因,首先是预防扭转,措施为管内设备布置重量要对称;主油缸安装要稳,并且要与管轴线平行;全断面钻进机要经常变换方向;要尽量采用小角度纠偏。

其次是纠扭。除全断面钻削机以外,其余工具管均可采用压重的办法纠扭,即管道单边压重,使管道相反扭转。

11.3.9.5 地面沉降的控制

顶管施工都力求不发生地面沉降,但是不管采用哪一种施工设备,要完全避免沉降。无论在理论上还是在实践上都证明是非常困难的,只能做到力求减少沉降,使沉降维持在最小范围内。

造成沉降的原因有工作面塌方、地层损失造成沉降、触变泥浆造成沉降、纠偏造成沉降、覆盖层薄造成沉降。

减少地面沉降的措施有:①根据土质合理选择工具管;②加强管理,严格遵守操作规程;③尽量避免大角度纠偏;④覆盖层不能太薄;⑤触变泥浆套不宜太厚,如有必要,顶管后期应用迟凝泥浆置换触变泥浆。

11.3.9.6 防止管道纵向失稳

管道失稳是指工具管后续管道的纵轴线弯曲率不断增加,甚至失去控制这一情况。发生管道轴线失稳的情况仅限于长距离顶管和超长距离顶管。只有采用中继环的钢管和钢筋混凝土管顶管才能发生管道失稳。管道失稳的后果是很严重的,有可能造成工程停顿和失败。因此,在顶管迅速推广的今天,应引起工程界的足够重视。

管道纵向失稳的直接原因是顶力的侧向力。严格地说,只有直线顶进无偏差时才无侧向分力,但无论怎样精心施工,管轴线不可能毫无偏差,有偏差就有侧向力。侧向力大到一定程度,管轴线有可能开始失稳。失稳后,管轴线曲率增加,侧向力增加。侧向力增加后又造成曲率增加,如此发展下去,这是一个恶性循环,所以一定要严加防止。

防止管道纵向失稳的措施有:①不在不稳定土体中顶管;②对承载力过低的土体,要事先加固;③管顶要有足够厚的覆盖层;④要尽量减少轴线偏差;⑤要控制压浆量,特别在软土地层中;⑥中继环通过弯曲段要调正合力中心。

11.4 管道附属设备及附属构筑物施工

给排水管道上的附属构筑物主要有各种井室、管道支墩和进出水口构筑物。

11.4.1 阀件安装

安装阀件应注意以下几个方面：

(1)安装阀件前应检查填料是否完好，压盖螺栓有否足够调节余量。

(2)法兰或螺纹连接的阀件应在关闭状态下安装。

(3)焊接阀件与管道连接焊缝的封底宜采用氩弧焊施焊，以保证其内部平整光洁。焊接时阀件不宜关闭，以防止过热变形。

(4)安装阀件前，应按设计核对型号，并根据介质流向确定其安装方向。

(5)水平管道上的阀件，其阀杆一般应安装在上半圆范围内。

(6)阀件传动杆(伸长杆)轴线的夹角不应大于30°，其接头应转动灵活。有热位移的阀件，传动杆应具有补偿措施。

(7)阀件的操作机构和传动装置应做必要的调整和整定，使其传动灵活，指示准确。

(8)安装铸铁、硅铁阀件时，需防止因强力连接或受力不均而引起损坏。

(9)安装高压阀件前，必须复核产品合格证和试验记录。

11.4.2 井室

给水排水井室多为砖结构，部分用混凝土或钢筋混凝土现浇，对一部分小型构筑物也有用预制装配构件的，如雨水口、圆形井室及井筒、井盖板等。顶管施工中的检查井，也有采用钢筋混凝土沉井结构的。井壁需在稳好管子和做好接口后方可砌筑或浇筑混凝土。

11.4.2.1 管道附件与井室的控制尺寸

给水管道的井室安装闸阀时，井底距承口或法兰盘的下缘不得小于100 mm。井壁与承口或法兰盘外缘的距离，当管径小于等于400 mm时，不应小于250 mm；当管径大于等于500 mm时，不应小于350 mm。

11.4.2.2 井室砌筑

井底基础应与管道基础同时浇筑。砌筑井室时，用水冲净基础后，先铺一层砂浆，再压砖砌筑，必须做到满铺满挤，砖与砖间灰缝保持1 cm。排水管检查井内的流槽，宜与井壁同时砌筑。当采用砖石砌筑时，表面应用砂浆分层压实抹光，流槽应与上下游管道接顺，管内底高程应符合非金属管道基础及安装的允许偏差。砖砌圆形检查井时，应随时检测直径尺寸，当需要收口时，如为四面收进，则每次收进不应大于30 mm；如为三面收进，则每次收进不应大于50 mm。砌筑检查井及雨水口的内壁应用原浆勾缝，有抹面要求时，内壁抹面应分层压实，外壁用砂浆搓缝并应压实。砌筑井内的踏步应随砌随安，位置准确，踏步安装后，在砌筑砂浆或混凝土未达到规定抗压强度前不得踩踏。混凝土井壁的踏步在预制或现浇时安装。砌筑检查井的预留支管应随砌随安，预留管的管径、方向、标高应符合设计要求，管与井壁衔接处应严密，不得漏水，预留支管口宜用低强度等级砂浆砌筑封口抹平。如井身不能一次砌完，在二次接高时，应将原砖面上的泥土杂物清理干净，然后用水清洗砖面并浸透。检查井接入圆管的管口应与井内壁平齐，当接入管径大于300 mm时，应砌砖圈加固。管子穿越井室壁或井底，应留有30～50 mm的环缝，用油麻—水泥砂浆，油麻—棉水泥或黏土填塞并捣实。检查井采用预制装配式构件施工时，企口坐浆与竖缝灌浆应饱满，装配后的砂浆凝结硬化期间应加强养护，并不得受外力碰撞或震动。检查井及雨水口砌筑或安装至规定高程后，应及时浇筑或安装井圈，盖好井盖。雨期检查井或雨水口，在管道铺设后井身应一次砌起。为防止漂管，必要时可在检查井的井室底部预留进水孔，但还土前必须砌堵严实。冬期检查井应有覆盖等防寒措施，并应在两端管头加设风挡。特殊严寒地区管道施工应在解冻后砌筑。

11.4.2.3　**井室砌筑的质量要求**

检查井及雨水口的周围回填前各项应符合下列规定：①井壁的勾缝抹面和防渗层应符合质量要求；②井盖高程的允许偏差为 ±5 mm；③井壁同管道连接处应严密，不得漏水；④闸阀的启闭杆中心应与井口对中。

检查井施工允许偏差应符合表 11-17 的规定。

表 11-17　检查井施工允许偏差　　（单位：mm）

<table>
<tr><th colspan="2">项目</th><th>允许偏差</th><th colspan="2">项目</th><th>允许偏差</th></tr>
<tr><td rowspan="2">井身</td><td>长、宽</td><td>±20</td><td rowspan="2">井盖与路面高程差</td><td rowspan="2">路面</td><td>+5</td></tr>
<tr><td>直径</td><td>±20</td><td>0</td></tr>
<tr><td rowspan="2">井盖与路面高程差</td><td rowspan="2">非路面</td><td>+20</td><td rowspan="2">井底高程</td><td>$d<1\,000$</td><td>±10</td></tr>
<tr><td>0</td><td>$d>1\,000$</td><td>±15</td></tr>
</table>

雨水口施工质量应符合下列规定：位置应符合设计要求，不得歪扭；井圈与井墙吻合，允许偏差不得大于 10 mm；井圈与道路边线相邻边的距离应相等，其相邻近两端允许偏差为 10 mm；雨水支管的管口与井墙相齐；井圈的高程应比周围路面低 10 ~ 30 mm。

11.4.2.4　**雨水口与检查井的连管**

雨水口与检查井的连管应符合：连管必须顺直、无错口，坡度符合设计规定；连管埋设深度较小时，应根据施工荷载校核埋管负荷，超过破坏荷载时，对连管应采取必要的加固措施；雨水口底座及连管应设在坚实土质上。

11.4.3　进出水口构筑物

进出水口一般分为一字式翼墙和八字式翼墙两种，一字式用于与渠道顺接，八字式用于与渠道成 90° ~ 135°交错相接。进出水口可用砖砌、石砌（片石、料石、块石等）及混凝土，但有冰冻情况时不可采用砖砌。

进出水口构筑物宜在枯水期施工，进出水口构筑物的基础应建在原状土上，当地基松软或被扰动时，可采用砂石回填、块石砌筑或填混凝土，处理后的地基应符合设计要求；进出水口的泄水孔必须畅通，不得倒流；翼墙变形缝应位置准确，安设顺直，上下贯通，其宽度允许偏差为 0 ~ 5 mm。

翼墙背后填土应满足下列要求：在混凝土或砌筑砂浆达到设计抗压强度标准值以后，方可进行；当未达到设计抗压强度以前进行回填时，其允许填土高度应与设计单位协商确定；填土时，墙后不得有积水；墙后随铺设反滤层随填土，反滤层铺筑断面不得小于设计规定；泄水孔的滤层应根据设计要求铺设；回填土应分层压实，其压实度不得小于 95%。

管道出水口防潮闸门井的混凝土浇筑前,应将防潮闸门框架的预埋铁准确固定,并不得因混凝土的浇捣而产生位移。其预埋件允许偏差应符合现浇钢筋混凝土管渠模板安装允许偏差的规定。护坦干砌时,嵌缝应严密,不得松动;浆砌时灰缝砂浆应饱满,缝宽均匀,无裂缝、无鼓起,表面平整。护坡砌筑的施工顺序应自下而上,石块间相互交错咬搭,使砌起缝隙严密,砌块稳定,坡面平整,并不得有通缝、叠砌和架空现象。

11.4.4 支墩

压力管道为防止管道内水压通过弯头、三通、堵头和叉管等处产生拉力,以致接头产生松动脱节现象,应根据管径大小、转角、管内压力、土质情况及设计设置支墩。

11.4.4.1 支墩材料

支墩材料可采用砖、石、混凝土或钢筋混凝土,其材质应满足下列要求:砖的强度等级应不低于 MU7.5,片石的强度等级应不低于 MU20,混凝土应不低于 C10,砌筑用砂浆应不低于 M5。

11.4.4.2 管道支墩的施工要求

管道支墩的施工要求有以下几个方面。

(1)管道及闸件的支墩和锚碇结构应位置准确,锚碇必须牢固。

(2)支墩应在密实的土基或坚固的基础上修筑。其后背应紧密与承载力相当的原状土或基背相接触。当无条件靠在原状土上时,应采取措施保证在受力情况下,不致破坏管道接口。当采用砌筑支墩时,原状土与支墩间应用砂浆填塞。

(3)管道支墩应在管道接口做完,管道位置固定后修筑。管道安装过程中的临时固定支架,应在支墩的砌筑砂浆或混凝土达到规定强度后方可拆除。

本章小结

1. 供排水管的制作

钢筋混凝土管的制作分工厂制作和现场制作两种。钢筋混凝土管制作方法有离心浇筑法和立式浇筑法两种。在现场制作采用立式浇筑的较多。工厂制作的一般采用离心法,也有采用悬辊法的。

立式浇筑的模具是钢模。钢模由底模、内模和外模组成。浇筑的混凝土一般是干硬性混凝土,采用早强水泥,坍落度 2 ~ 4 cm。一般采用自然养护,先脱内模,混凝土强度达25%后,再脱去外模,转入养护区。可采用自然养护或蒸汽养护,根据施工进度而定。

离心浇筑混凝土管要根据不同管径加工钢模,先将钢模放在离心机上,然后放入钢筋笼,注入一定量的混凝土,利用离心力捣固,再用蒸汽养护,最后脱模。

2. 地下管道开槽施工

沟槽断面的形式有直槽、梯形槽、混合槽等。选定沟槽断面通常应考虑以下因素:土的种类、水文地质情况、施工方法、施工环境、支撑条件、管道断面尺寸、管节长度和管道埋深等。

沟槽开挖的方法有两种,即人工开挖与机械开挖,应根据沟槽的断面形式、地下管线的复杂程度、土质坚硬程度、工作量和施工场地的大小以及机械配备、劳动力等条件确定。

管子经过检验、修补后，在下管前应先在槽上排列成行（称排管），经核对管节、管件无误方可下管。重力流管道一般从最下游开始逆水流方向铺设，排管时应将承口朝向施工前进的方向。下管的方法要根据管材种类、管节的重量和长度、现场条件及机械设备等情况来确定。

3. 地下管道不开槽施工

顶管用钢筋混凝土管材的长度决定于制管、吊装和运输能力，另外，还根据曲顶管的曲率大小而定。

钢筋混凝土管的壁厚，一般为内径的1/12～1/10，曲线顶管还要加厚。

工具管是顶管的关键机具，一般应具有以下功能：掘进、防坍、出泥和导向等。常用的工具管有简易工具管、挤压式工具管、中继环。

安装在工作坑（井）内的顶推设备统称为顶进系统，其中主要设备是主油缸，其作用是造成强大的顶力将管道沿着设计轴线顶出工作坑（井）。

4. 管道附属设备及附属构筑物施工

给排水管道上的附属构筑物主要有各种井室、管道支墩和进出水口构筑物。

阀件安装应按阀件设计要求进行，焊接阀件与管道连接焊缝的封底宜采用氩弧焊施焊，以保证其内部平整光洁。

给水排水井室多为砖结构部分用混凝土或钢筋混凝土现浇，对一部分小型构筑物也有用预制装配构件的，如雨水口、圆形井室及井筒、井盖板等。顶管施工中的检查井，也有采用钢筋混凝土沉井结构的。井壁需在稳好管子和做好接口后方可砌筑或浇筑混凝土。

进出水口一般分为一字式翼墙和八字式翼墙两种，一字式用于与渠道顺接，八字式用于与渠道成90°～135°交错相接。进出水口构筑物宜在枯水期施工，进出水口构筑物的基础应建在原状土上，当地基松软或被扰动时，可采用砂石回填、块石砌筑或填混凝土，处理后的地基应符合设计要求；进出水口的泄水孔必须畅通，不得倒流；翼墙变形缝应位置准确，安设顺直，上下贯通。

压力管道为防止管道内水压通过弯头、三通、堵头和叉管等处产生拉力，以致接头产生松动脱节现象，应根据管径大小、转角、管内压力、土质情况及设计设置支墩。

管道及闸件的支墩和锚碇结构应位置准确，锚碇必须牢固。

复习思考题

1. 试述钢筋混凝土管离心浇筑法制作方法。
2. 试述钢筋混凝土管立式浇筑法制作方法。
3. 地下管道开槽施工的施工准备工作有哪些？
4. 地下管道开槽施工沟槽开挖要求有哪些？
5. 地下管道开槽施工沟槽断面如何确定？
6. 地下管道开槽施工沟槽支撑方式如何确定？
7. 地下管道开槽施工沟槽回填应注意哪些问题？

8. 地下管道开槽施工下管方法有哪些?
9. 地下管道不开槽施工顶管的管材有哪些要求?
10. 顶进系统如何构成?
11. 阀件安装应注意哪些问题?
12. 如何组织给水排水井室施工?
13. 如何组织进出水口构筑物施工?

参考文献

[1] 袁光裕.水利工程施工[M].北京:中国水利水电出版社,2005.

[2] 董邑宁.水利工程施工技术与组织[M].北京:中国水利水电出版社,2005.

[3] 廖代广.土木工程施工技术[M].武汉:武汉理工大学出版社,2002.

[4]《中国水力发电工程》编审委员会.中国水力发电工程·施工卷[M].北京:中国水利水电出版社,2000.

[5] 梁建林,胡育.水利水电工程施工技术[M].北京:中国水利水电出版社,2005.

[6] 董哲仁.堤防抢险实用技术[M].北京:中国水利水电出版社,1999.

[7] 王萍.中国堤防工程施工丛书·模袋法[M].北京:中国水利水电出版社,2006.

[8] 魏山忠,藤建仁.中国堤防工程施工丛书·堤防工程施工工法概论[M].北京:中国水利水电出版社,2007.

[9] 尚文勇,张杰董.中国堤防工程施工丛书·柴枕法[M].北京:中国水利水电出版社,2006.

[10] 包承纲.堤防工程土工合成材料应用技术[M].北京:中国水利水电出版社,2005.

[11] 钟汉华.水利水电工程施工技术[M].北京:中国水利水电出版社,2004.

[12] 钟汉华.施工机械[M].北京:中国水利水电出版社,2007.